高等院校财经类专业应用型本科系列教材

市场营销学

SHICHANG YINGXIAOXUE

◎主　编　胡晓峰　石忠义

◎副主编　文薏涵　李　雪　陈　蓉　王岩岩

重庆大学出版社

内容提要

本书是市场营销课程教学内容和课程体系改革计划的研究成果,是为高等学校工商管理类专业学生编写的基础教材。

本书从当代国内外营销理论和实务发展的现状出发,博采众长,全面、系统地介绍了市场营销学的基本理论、基本知识、基本方法和最新研究成果及发展趋势,并将学科发展的前沿理论与传统理论有机地结合起来,形成独具特色的,有一定创新性、前瞻性、实用性的学科理论。

本书创新之处体现在坚持理论与实践相结合、叙述与评价相结合、论证与个案相结合。在结构安排上,本书从市场营销学概述、市场营销环境、市场竞争战略、市场购买行为分析、市场营销调研与需求预测方面展开论述,涉及目标市场营销战略、产品策略、价格策略、渠道策略、促销策略、市场营销新领域与网络营销内容。这种模块化的结构设计,更加适合个性化教学。

本书既可作为高等学校工商管理类专业的基础教材,也可作为关注市场营销问题的经理人、研究人员、咨询培训师的参考读物。

图书在版编目(CIP)数据

市场营销学 / 胡晓峰,石忠义主编. -- 重庆：
重庆大学出版社,2022.8
ISBN 978-7-5689-3278-3

Ⅰ.①市… Ⅱ.①胡…②石… Ⅲ.①市场营销学—高等学校
—教材 Ⅳ.①F713.50

中国版本图书馆 CIP 数据核字(2022)第 081339 号

高等院校财经类专业应用型本科系列教材
市场营销学
主　编　胡晓峰　石忠义
副主编　文蕙涵　李　雪
　　　　陈　蓉　王岩岩
策划编辑:龙佩瑶

责任编辑:姜　凤　　版式设计:龙佩瑶
责任校对:关德强　　责任印制:张　策

*

重庆大学出版社出版发行
出版人:饶帮华
社址:重庆市沙坪坝区大学城西路 21 号
邮编:401331
电话:(023) 88617190　88617185(中小学)
传真:(023) 88617186　88617166
网址:http://www.cqup.com.cn
邮箱:fxk@ cqup.com.cn(营销中心)
全国新华书店经销
中雅(重庆)彩色印刷有限公司印刷

*

开本:787mm×1092mm　1/16　印张:21.25　字数:506千
2022 年 8 月第 1 版　　2022 年 8 月第 1 次印刷
ISBN 978-7-5689-3278-3　定价:58.00 元

前言

市场营销是企业以满足消费者需求为中心进行的一系列活动,"市场营销学"是系统研究市场营销活动规律的一门学科。目前,相关教材大多注重内容的全面性和适用的广泛性,而对创新型人才培养的需求缺乏指导,本书注重理论与实践相结合,在全面、系统地阐述市场营销理论体系的基础上,注重语言的组织、案例的选择和市场营销方法的运用,对创新型人才培养有一定的帮助和指导作用。

市场营销领域一直以来存在着营销理论与实践的冲突、变革、拓展、分化。本书坚持理论与实践相结合,同时以实践印证理论,以理论引导实践,在简明阐述经济与管理的基本理念的基础上,重点对市场实践中各个核心影响因子进行分类剖析,同时对各个因子之间相互作用、相互影响的关系做出深刻的阐述,在策略和方法上着手,从市场实践方面提供相关的经验和指导,具有一定的创新性、前瞻性和较强的实用性。每章后的应用题、案例分析、营销实训具有很强的实践指导性和思维启发性,方便学生进行拓展性学习和训练。本书最大的特色在于突出原理的实际应用,着力围绕基本原理与市场实践相结合的具体情况进行解析,注重加强对学生实践能力的培养;围绕各章节的"引例"展开主题内容,通过章节中大量引入的系统性的实例介绍,激发学生的求知欲和提高学生的分析能力,启迪学生的创新意识。此外,本书加大了对营销实训的组织与考核的比重,强调培养学生的综合素质和解决实际问题的能力。

与同类教材相比,本教材的特色主要体现在以下几个方面:

1.适合应用型本科院校对本科和专科人才培养方案的要求,既重视知识向技能的转化,也注重学生理论素养的培养。

2.注重营销实战能力的培养。本书在编写过程中,注意选取具有典型性代表意义的实战营销案例。

3.在内容安排上,严格按照市场营销工作流程将主要内容分为11章,包括市场营销学概述、市场营销环境、市场竞争战略、市场购买行为分析、市场营销调研与需求预测、目标市场营销战略、产品策略、价格策略、渠道策略、促销策略、市场营销新领域与网络营销。

本书的编写人员及分工如下：胡晓峰编写第4、7、8章并统筹设计全书的应用题；石忠义编写第3、9、10、11章并负责全书的案例分析、营销实训等；文蕙涵编写第2章；陈蓉编写第5章；李雪编写第1章；王岩岩编写第6章。

由于编者水平有限，书中难免存在不足或不当之处，在此恳请广大读者批评、指正，以便我们进一步修正和提高。

编　者

2022 年 3 月

目录 CONTENTS

第1章 市场营销学概述

【本章重点】

1.市场营销学的基本概念及相关的核心理念。
2.市场营销观念的演变过程及各阶段的特点。
3.顾客让渡价值,如何吸引顾客和培养顾客忠诚。
4.市场营销学的研究方法和对象。

【引例】

"虚假打折"营销就是欺诈

《法治日报》报道,近日,屈臣氏北京延庆一分店因涉嫌利用虚假的价格诱骗消费者与其进行交易,被市场监管部门警告并罚款5万元。行政处罚书显示,该店开展促销活动期间,将两款面膜标原价49元,促销价44元,而实际上这两款面膜促销活动前20天,多次成交价平均为44.1元。

一方面以"打折让利消费者"的名义攫取流量,另一方面又把消费者当"韭菜"收割,屈臣氏被罚实属咎由自取。值得警惕的是,随着"6·18"购物节临近,不少商家耍起了手段,给"虚假打折"行为披上"隐身衣"。有的提前上调商品价格,为后续"打折"预留空间,实则明降暗升;有的以满减优惠、赠折扣券等手段,迷惑消费者,让人防不胜防。

"虚假打折"营销手段欺骗消费者感情,侵犯消费者权益,甚至践踏法律底线。根据相关法律规定,经营者开展促销要公示促销规则、促销期限以及对消费者不利的限制性条件等,充分保障消费者的知情权,维护消费者的合法权益。因此,经营者宣传虚假优惠折扣,导致消费者无法获悉真实交易价格,涉嫌侵犯消费者的知情权、公平交易权等合法权益,属于欺诈行为。对这种假打折、真骗人的营销套路必须严惩不贷。

法律权威不容亵渎,消费者合法权益不容侵害。有关部门要切实规范和维护市场竞争秩序,严惩违法经营者,增加不法商家的违法成本,并利用网络监管手段对"虚假打折"等违法经营行为强化监督、露头就打,形成规模打击震慑效应。消费者也要增强辨识能力和防骗意识,切实维护好自身合法权益。

(资料来源:学习强国)

— 1 —

市场营销学是一门以经济科学、行为科学和现代管理学理论为基础,研究面向市场的一切个人和组织如何根据市场需求和竞争状态来构想和出售自己的产品和价值的学科。市场营销既是企业生产经营活动的起点,也是终点。它不仅是以营利为目标的企业面对竞争日趋激烈的市场谋求生存与发展的管理利器,而且还是各种非营利性组织如大学、医院、政府机构的研究对象,希望能用其解决组织运行过程中所面临的各种问题。

1.1　市场与市场营销的基本概念

如今企业以消费者需求为导向,由消费者与企业共创的价值决定市场、价值的最高点,企业所有的产品、营销活动都必须围绕消费者和消费者需求进行。如消费者希望拥有高档汽车,那么在他们的周围就出现了汽车制造商和经销商,出现了购车金融信贷和保险机构,出现了加油站和维修站,出现了汽车信息服务提供商和广告代理商等。这些活动都是围绕消费者希望购买汽车的需求进行的,通过企业与消费者之间的互动共同创造价值,实现共赢。

1.1.1　市场的概念

传统观念认为市场就是指商品交换的场所,如商店、集市、商场、批发站、交易所等,这是市场的最一般、最容易被人们理解的概念,所有商品都可以从市场流进流出,实现了商品由卖方向买方的转换。经济学者认为,市场是商品供求关系、交换关系、价值及利益交换关系的总和,是商品所有者之间进行商品交换关系的总和。政府官员认为,市场是各种资源交换的体系或集合,它由各种资源要素交换关系组成,如商品市场、劳动力市场、资金市场、技术市场、信息市场等。管理学者则认为,市场是供需双方在共同认可的条件下进行商品或劳务交换的活动。

从经营者的角度看,人们常常把卖方称为行业,而将买方称为市场。在市场经济条件下,每个人在从事某项工作中逐渐趋向专业化,接受报酬并以此购买所需之物。每一个国家的经济和整个世界的经济都是由各种市场组成的复杂体系,而这些市场之间则由交换过程来联结。它们的关系如图1-1所示。

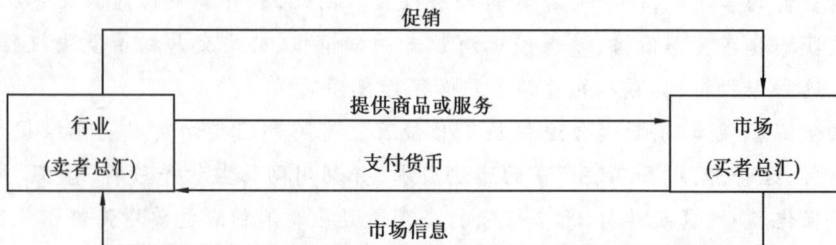

图1-1　市场与行业的关系

这里买方与卖方之间由四种流动相连,卖方把商品或服务送到市场,并与市场取得沟通,买方把金钱或信息送至行业,图1-1中,内环表示钱物交换,外环表示信息交换。

从营销的角度看待市场,市场是由人口、购买力和购买动机(欲望)有机组成的总体。它包含三个主要因素,即有某种需要的人,有满足这种需要的购买能力和购买欲望,用公式表示就是:市场=人口+购买力+购买欲望。

1)人口

人口是构成市场最基本的要素。凡有人居住的地方,就有各种各样的物质和精神方面的需求,于是市场应运而生,没有人就不存在市场。人口越多,表明需求越多。人的欲望是无穷的,而人的需求则是可以引导的,营销的一个重要功能就是引导市场消费。许多外商觉得中国是一个非常庞大的市场,这里的"大",主要是指中国拥有一个14亿人口的生机勃勃的庞大市场,市场的现实需求和潜在需求都很大,正因如此,世界知名的跨国公司纷纷大举进入中国市场。

2)购买力

购买力是消费者支付货币、购买商品或劳务的能力。购买力的高低决定了市场容量的大小。然而消费者购买力是由消费者的收入决定的。从人口角度来看,中国拥有一个无人能比的庞大市场,但从购买力来看,中国市场与一些发达国家相比还不够发达。例如,其实很多人想要购买奢侈品,但是由于个人可支付收入的限制,相当多的消费者不具备相匹配的购买力。

3)购买欲望

购买欲望是指消费主体购买商品的动机、愿望或要求,是消费者把潜在购买力变成现实购买力的重要条件,因而也是构成市场的基本因素之一。人口再多,购买力水平再高,如果对某种商品没有购买动机,没有购买欲望,也形成不了购买行为,这个商品市场实际上也就不存在。从这个意义上讲,购买欲望是决定市场容量最权威的因素。

总之,市场容量的大小,完全受上述三个因素的制约,只有当这三个因素同时具备、有机结合时,才能使观念上的市场变为现实市场,才能决定市场的规模和容量。例如,一个国家或地区虽然人口众多,但收入低,购买能力有限,因此就不能形成容量很大的市场。又如,购买力虽然很大,但人口很少,也不能形成很大的市场。只有人口既多,购买力又强的国家或地区,才能成为一个颇具潜力的大市场。但是,如果产品不适销,不能激起人们的购买欲望,对销售者来说,仍然不能成为现实的市场。所以,市场是上述三因素的统一。

1.1.2 市场类型

从宏观角度来看,市场是所有交换关系活动的总和,其交换内容可以是有形的,如商品市场、金融市场、生产要素市场等;也可以是无形的,如服务市场,这些由交换连接而成的市场就构成了一个复杂的整体市场,如图1-2所示。

在整体市场中,生产者主要从资源市场(工业品市场)购买资源,生产出商品或服务卖给中间商,中间商再出售给消费者,消费者则通过出卖劳动力获得的报酬来购买所需的商品或服务;政府则是另一种市场,它为公众提供需要的服务,对各市场征税,同时也从资源市场、

资源 货币 —— 资源市场 —— 资源 货币

税金、商品 | 服务、资金

生产者市场 —— 服务、资金 税金、商品 —— 政府市场 —— 税金 服务 —— 消费者市场

服务、资金 | 税金、商品

货币 商品和货币 —— 中间商市场 —— 货币 商品和货币

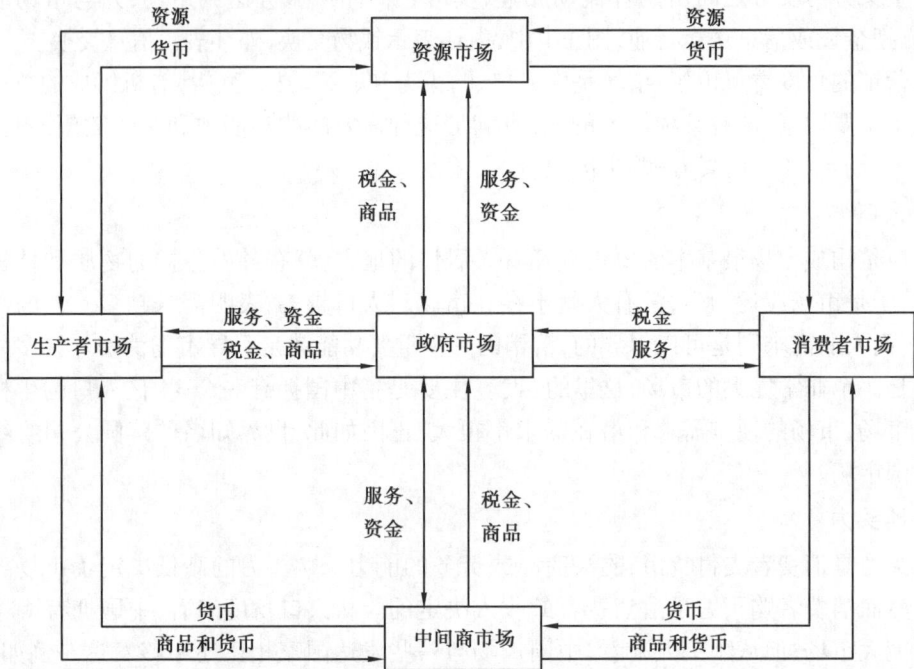

图 1-2　整体市场的流程结构

生产者市场和中间商市场进行商品采购与服务。

1.1.3　市场营销的概念

"市场营销学"一词的含义是什么？长期以来,许多人把市场营销仅仅理解为推销(Selling)。其实,推销只是市场营销多种功能中的一项,并且通常还不是最重要的一项功能。正如美国著名管理学家彼得·德鲁克所言:"可以设想,某些推销工作总是需要的,然而营销的目的就是要使推销成为多余,从而使产品或服务完全适合顾客需要而形成产品自我销售;理想的营销会产生一个已经准备来购买的顾客群体,剩下的事情就是如何便于顾客得到这些产品或服务。"

本书采用的是菲利普·科特勒提出的定义:"市场营销是个人和群体通过创造产品和价值并同他人进行交换以获得所需所欲的一种社会及管理过程。"

根据这一定义,市场营销概念可归纳为以下要点:

①市场营销的终极目标是满足需求和欲望。

②市场营销的核心是交换,而交换过程是一个主动、积极寻找机会,满足双方需求和欲望的社会及管理过程。

③交换过程能否顺利进行,取决于营销者创造的产品和价值满足顾客需要的程度和交换过程管理的水平。

市场营销研究如何能比竞争对手更好地满足消费者的需求,这是顾客面临多层次、多种选择的必然结果。生产力的发展带来了极为丰富的产品,而选择满足什么样的需求,人们就

有了非常宽泛的选择余地。首先,人们有很多的需求,但谁也不可能满足自己的所有需求,这是愿望与需求之间的竞争。其次,人们要选择什么产品来满足自己的需求,这是产品之间的竞争。最后,人们必须决定选择哪个品牌,除了极少数垄断性产品,每种产品都有不同厂家生产的多个品牌可供选择,这是品牌之间的竞争。显然,选择标准只能是哪种需求更为迫切,哪种产品能更好地满足需求、对哪家企业有更好的品牌偏好,哪家企业的产品性价比更高、更符合人们的消费习惯,哪家企业就会在竞争中胜出。

在当今的消费格局中,消费人群在很大程度上以 70 后、80 后为主导,近年来 90 后也开始影响市场发展。特别是中国独生子女一代的 80 后、90 后人群,已成为最年轻、最活跃的消费力量,而 70 后的优秀分子已成为引领社会的精英,在各个层面发挥着重要作用。企业要观察 70 后、80 后和 90 后消费人群,了解他们有怎样的消费观念与消费行为;同时面向互联网时代的营销模式已经演变成为 AISAS。这里 A 仍然是引起注意,I 仍然是产生兴趣,第三个阶段则是打开互联网搜索(Search)关键词,第四个阶段是购买行动(Action),第五个阶段则是人人分享(Share)。在互联网和移动互联网的影响下还产生了很多新的营销模式,如精准广告、网络社区、网络视频、微博、微信、网络电视等。这表明今天的市场营销是一个理解客户需求、满足客户需求,从而与客户共创价值的社会管理活动,而不只是简单的商品买卖。由此可见,在互联网营销模式下,消费者行为模式已经发生了重大改变,分享和搜索成为非常容易实现、非常容易满足消费者需求的行为。

互联网营销强调企业营销要从"由内到外"的产品中心思维向"由外到内"的用户中心思维转型。企业之所以要转变思维方式,是因为市场营销领域主导权发生了转移。在互联网时代,由于信息透明、选择过剩,客户掌握了主导权,假如企业无法满足客户的需求就将失去客户,因为有更多的潜在企业可以代替服务。在客户主导时代,占据主导地位的不是产品,而是理解和满足客户需求。

【案例 1-1】

小不点何以战胜大巨头?

以当今很热的智能手机为例,最早的手机不是苹果,而是来自我国台湾的 HTC。在早期,HTC 的地位仅次于苹果,但时至今日,HTC 的地位已一落千丈,甚至离被出售已经不远了。作为台湾女首富旗下的企业,本身并不缺钱,但是为什么一个曾经名冠全球的智能手机企业,如今却沦落到如此境况呢? 不拿华为这种本身具有强大开发能力的巨头企业去跟HTC 相比较,仅仅拿大陆没有一点手机研发、制造背景的小米作比较,今天的市场份额早已超越了 HTC。从传统的角度来看,小米对手机的积累是零,无论是渠道还是研发。相较于HTC,初创期的小米就是一个小公司,小米何以超越 HTC 呢?

不走寻常路,是我研究过的此类商业案例的共同特征。我不知道今天小米手机的用户是怎么评价小米的,无论口碑如何,它从一开始走的路就跟一个常规的智能手机公司不同。在小米还没面世前,小米团队在干什么呢? 开发与智能手机有关的论坛,在论坛上发布自己的移动软件产品,比如米聊,米聊的模式跟今天的微信模式差不多。要知道,米聊的开发比微信还要稍早,至于它今天不如微信,在此暂不作研究,但这些基于移动端的软件产品在小米手机还没问世前,就为小米积累了一定的用户,而且是基于用户互动的基础上不断开发出的各种手机端应用软件。这些软件意味着什么?意味着小米是个互联网公司!智能手机取代传统手机,最重要的一点就是智能手机把之前在 PC 端上才能干的事搬到手机端了,而小米的定位就是要做一个拥有移动端硬件设备的移动互联网公司!阿里巴巴和 HTC,哪个更有发展前途?地球人都知道阿里巴巴的发展模式更具成长性。因此,小米的定位和 HTC 的定位完全不一样。HTC 到今天还是一个以硬件为主的手机制造公司,虽然 HTC 可能压根看不上小米,但是殊途同归,从这一阶段来看,小米更胜一筹。

互联网公司 360,作为电脑安全领域的巨头,曾经以特别方式颠覆了同行成为行业老大。而今 360 公司的领域,也被同行以不同于 360 的方式在蚕食。巨头一旦成长为巨头,若创新的灵魂渐渐丧失,就容易对市场麻木,360 也同样如此。在 2014 年之前的 360 可谓风光无限,创始人周鸿祎也心安理得地以行业大佬的姿态自居,这一切都暗藏隐患。如今,360 仍然还是巨头,但是面临的形势十分严峻。比如,猎豹移动旗下的清理大师已在清理概念市场远远超越了 360。猎豹清理大师如何不声不响地超越了 360?猎豹移动的创始人实际上出身于 360,互联网安全的概念,是基于早期电脑病毒太多产生的。在杀毒已经不再令消费者担心的今天,我们发现,手机装的东西越多,缓存越多,手机运行越慢,甚至有过手机打开一个软件直接死机的现象!360 主打安全,但是市场不仅仅需要安全,还需要把这些垃圾给清理出去!其实,360 干的事情,未尝跟猎豹清理大师不一样,360 杀毒检测的同时,不是也在清理缓存让电脑、让手机运行得更加快速吗?但是,二者的宣传侧重点完全不一样,猎豹清理大师,精准对应的就是在乎手机运行速度的细分人群市场。凭资金凭技术,猎豹清理大师显然不是 360 的对手,但是猎豹清理大师偏偏就从 360 不重视的边缘市场或者说细分市场入手分得一杯羹,现在这部分细分市场的人群把票投给了猎豹清理大师,360 再想剿灭这个小对手,已经不容易了。

做对手不重视的,做细分的,做边缘的,并非无奈,而是机会。刘邦难道不想直接灭了秦国吗?为何非要把功劳让给项羽呢?刘邦灭了秦国,还有后来的汉朝吗?在强大的巨头面前,先生存下来,比什么都重要,找准了巨头的不足,就有了机会。

无论是企业发展的策略,还是品牌的策略,其实都一样,必须寻找差异化。市场需要与巨头不一样的独一无二的新公司,而非一模一样的后来者。仔细想想,任何一个红海市场,我们是不是还有机会呢?

(资料来源:小不点何以战胜大巨头?以少胜多的商业案例)

1.1.4　市场营销的相关概念

正确理解市场营销的定义,还必须弄清其涉及的相互关联的几组概念:需要、欲望和需求,产品,价值与满意,交换、交易和关系,市场营销者,如图 1-3 所示。

1)需要、欲望和需求

(1)需要

构成市场营销基础的最基本的概念就是人类需要这个概念。它是指人们没有得到某些

```
┌─────────────────────────────────────────────────────────────────────────┐
│  ╭──────────╮      ╭────────╮     ╭──────────╮    ╭────────╮    ╭──────────╮ │
│  │ 需要、欲望 │ ──→  │  产品   │ ──→ │ 价值与满意 │──→ │交换、交易│──→│市场营销者│ │
│  │ 和需求    │      │        │     │          │    │ 和关系  │    │         │ │
│  ╰──────────╯      ╰────────╯     ╰──────────╯    ╰────────╯    ╰──────────╯ │
└─────────────────────────────────────────────────────────────────────────┘
```

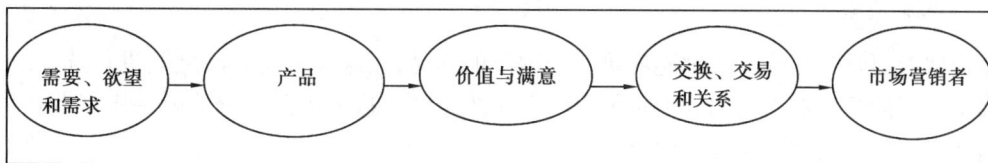

图 1-3 市场营销相关概念流程图

满足的感受状态,人们在生活中需要空气、食品、衣服、住所、安全、感情以及其他一些东西,但是这些需要都不是社会和企业所能创造的,而是人类自身本能的基本组成部分。

(2)欲望

它是指人们想得到这些基本需要的具体满足物或方式的愿望。一个人需要食品,他就想要得到一个面包;需要被人尊重,他就想要得到一辆豪华小汽车,这就是欲望。

(3)需求

它是指人们有能力购买并且愿意购买某种商品或服务的欲望。人们的欲望几乎没有止境,但资源却是有限的。因此,人们想用有限的金钱选择那些价值最大和满意程度最高的商品或服务,当有购买力作后盾时,欲望就变成了需求。

企业并不创造需要,需要早于营销活动之前出现,企业以及社会上的其他因素只是影响了人们的欲望,他们向消费者建议什么样的商品可以满足消费者哪些方面的需求,如一套豪华住宅可以满足消费者对居住及社会地位的需要。优秀的企业总是力图通过使商品富有吸引力、适应消费者的支付能力和容易得到来影响需求。

2) 产品

人们在日常生活中需要各种商品来满足自己的各种需要和欲望。从广义上来说,任何能满足人们某种需要或欲望而进行交换的东西都是产品。

产品一词在人们心目中的印象是一个实物,例如,汽车、手表、面包等。但是,诸如咨询、培训、运输、理发等各种无形服务也属于商品范畴。一般用商品和服务这两个词来区分实体商品和无形商品。在考虑实体商品时,其重要性不仅在于拥有它们,更在于使用它们来满足人们的欲望。人们购买汽车并不是为了观赏,而是因为它可以提供一种被称为交通的服务。所以,实体产品实际上是向人们提供服务的工具。服务则是一种无形产品,它是将人力和机械的使用应用于人与物的结果。例如,保健医生的健康指导、儿童钢琴知识教育、汽车驾驶技能的培训等。

当购买者购买商品时,实际上是购买该商品所提供的利益和满意程度。例如,在具有相同的报时功能的手表中,为什么有的消费者偏爱价格高昂的劳力士手表?原因在于它除了基本的报时功能外,还是消费者成功身份的象征。这种由产品和特定图像、符号组合起来表达的承诺,能够帮助消费者对有形产品和无形产品做出购买判断。在很多情况下,符号和无形的产品让消费者感到更有形、更真实。

产品在日益丰富的同时,新产品也在不断地将旧产品迅速淘汰出局。企业只把眼睛盯着自己的产品,只看见自己的产品质量好,看不到其他产品对同一需求的更好满足,是一种市场营销近视症,很容易导致企业陷入经营困境。

3) 价值与满意

消费者通常都面临一大批能满足某一需要的商品,在这些不同商品之间进行选择时,一般都是依据商品所能提供的最大价值做出购买决定的。这里所谓的价值就是指消费者付出与消费者所得之间的比率。一般来说,消费者在获得利益的同时也需要承担成本。消费者所获得的利益包括功能利益和情感利益,而成本则包括金钱、时间、精力以及体力,因此,价值可用以下公式表达:

$$价值 = \frac{利益}{成本} = \frac{功能利益 + 情感利益}{金钱成本 + 时间成本 + 精力成本 + 体力成本}$$

企业可通过以下几种方法提高购买者所得价值:

①增加利益;

②降低成本;

③增加利益同时降低成本;

④利益增加幅度比成本增加幅度大;

⑤成本降低幅度比利益降低幅度大。

一名顾客在对两件商品进行选择时,这两件商品的价值分别为 V1、V2,如果 V1 与 V2 相比价值大于 1,这名顾客会选择 V1;如果比值小于 1,他会选择 V2;如果比值等于 1,他会持中性态度,任选 V1 或 V2。

如果满意解释为顾客通过对某商品可感知的效果与他的价值期望相比较后所形成的愉悦或失望的感觉状态,则满意水平可表示为感知效果与价值期望之间的差异函数,即

$$满意水平 = 感知效果 - 价值期望$$

如果效果超过期望,顾客就会高度满意;如果效果与期望相等,顾客也会满意;但如果效果低于期望,顾客就会不满意。

4) 交换、交易和关系

需要和欲望只是市场营销活动的序幕,只有通过交换,营销活动才能真正发生。交换(Exchange)是提供某种东西作为回报而与他人换取所需东西的行为,它需要满足以下五个条件:

①至少要有两方;

②每一方都要有对方所需要的有价值的东西;

③每一方都要有沟通信息和传递信息的能力;

④每一方都可以自由地接受或拒绝对方的交换条件;

⑤每一方都认为同对方的交换是称心如意的。

如果存在上述条件,交换就有可能,市场营销的中心任务就是促成交换。交换的最后一个条件是非常重要的,它是现代市场营销的一种境界,即通过创造性的市场营销,交换双方都达到双赢。

交易是交换的基本单元,是当事人双方的价值交换。或者说,如果交换成功,就有了交易。怎样达成交易是营销界长期关注的焦点。

关系是指买卖双方由交换而产生的供求联系及互惠互利联系等。关系市场营销是企业

与其顾客、分销商、经销商、供应商等建立和保持并加强联系,通过交换互利及共同履行诺言,使有关各方实现各自目的。

精明的市场营销者,总是试图与其顾客、分销商、经销商、供应商等建立起长期的互信互利关系,这就需要以公平的价格,优质的产品,良好的服务与对方交易。同时,双方的成员之间还须加强经济、技术及社会等方面的联系与交往。双方越是增进相互信任和了解,便越有利于互相帮助。关系市场营销还可节省交易成本和时间,并由过去逐项、逐次的谈判交易发展成为例行的程序化交易。

5)市场营销者

前面已经指出,市场营销以满足人们各种需要和欲望为目的,通过市场变潜在交换为现实交换的活动。在这种交换活动中,对交换双方来说,如果一方比另一方更积极主动地寻求交换,则前者称为营销者,后者称为潜在顾客。具体来说,营销者是指希望从他人那里得到资源,并愿意用一种同等价值的东西作为交换的人。显然,营销者可以是卖方,也可以是买方。假如有几个人同时想买某座漂亮的房子,每个想成为房子主人的人都力图使自己被卖方选中,这些购买者都在进行营销活动,所以就都是市场营销者。

1.1.5 市场营销的功能

登山、蹦极等极限运动的兴起,坐奔驰、开宝马的追求,星巴克、哈根达斯等产品所代表的小资情调,这一切无不与营销的努力密切相关。营销总监和老板的博弈,时有发生的营销团队的集体跳槽,表明营销在企业经营中的作用在急剧上升,营销人员在企业管理过程中的地位在提升。

1)了解市场消费需求

在现代市场营销观念指导下的营销过程是始于市场、终于市场。所以首先要了解顾客需求特点和需求动向,只有从需求出发生产的产品才能受到顾客的欢迎。企业在满足需求的同时还必须引导需求、激发和创造需求。

2)指导企业生产

通过市场营销活动,可将顾客的需求和市场竞争的信息反馈到企业决策和生产中,对生产起指导作用。企业应当设计、生产顾客需要的产品,在品种、花色、款式、价格、服务等方面,最大限度地满足其需求。

3)开拓销售市场

在市场分析的基础上选择最有利于企业发展,最有利于发挥企业优势的产品进行经营。这就需要通过市场营销活动扩大优势产品的需求,通过促销使顾客接受新产品,满足和扩大现实需求,挖掘潜在需求,增加市场销售,实现企业目标。

4)满足顾客需求

市场是连接生产与消费的桥梁,为了使产品尽快送到顾客手中,就要通过合理渠道,通过营销的各种努力,做好销售前后的各种服务,倾听消费者对产品的意见。

上述四个功能如图1-4所示。

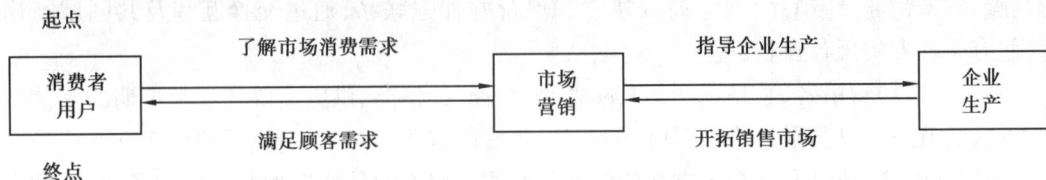

图1-4　企业市场营销的四项功能

市场营销的另一个重要作用是积聚企业家的才能。在对美国250家主要公司高级管理人员进行调查后发现,公司的第一任务是发展、改进及执行竞争性的市场营销策略;第二任务是控制成本;第三任务是改善人力资源。由此,大部分企业的高级管理人员都有过在市场营销部门工作的经历,比如美国克莱斯勒汽车公司总裁艾可卡便来自营销部门,国内企业如联想总裁杨元庆、前微软中国公司总经理吴士宏、格力总裁董明珠,无一不是从营销第一线迅速成长为企业的最高领导人。

1.2　营销观念的发展

【案例1-2】

中药精粹同仁堂

北京同仁堂是中药行业著名的老字号,创建于清朝康熙八年(1669年)。自雍正元年(1723年)同仁堂开始正式供奉清皇宫御药房用药,历经八代皇帝,长达188年。至今300多年的风雨历程中,历代同仁堂人始终恪守"炮制虽繁,必不敢省人工;品味虽贵,必不敢减物力"的古训,树立"修合无人见,存心有天知"的自律意识,造就了同仁堂在制药过程中兢兢业业、精益求精的严谨精神,其产品以"配方独特、选料上乘、工艺精湛、疗效显著"而享誉海内外。

同仁堂行为理念:

同仁堂企业目标:以高科技含量、高文化附加值、高市场占有率的绿色医药名牌产品为支柱,具有强大国际竞争力的大型医药产业集团,简称"三高一强"。

同仁堂企业使命:弘扬中华医药文化,领导"绿色医药"潮流,提高人类生命与生活质量。

同仁堂企业精神:同修仁德,济世养生。

同仁堂管理信念:同心同德,仁术仁风。

同仁堂服务铭:为了您的健康与幸福,尽心尽意,尽善尽美。

同仁堂广告语:神州国药香,北京同仁堂。

同仁堂生产现场标语:质量即生命,责任重泰山。一百道工序,一百个放心。

生产一流产品,同仁堂永恒的信条。创造国际名牌,同仁堂不懈地追求。修合无人见,存心有天知。

同仁堂启示：

1.保证药品质量,严把选料关

自开业起,同仁堂就十分重视药品质量,并以严格的质量管理为保证。创始人乐显扬的三子乐凤鸣子承父业,于1702年在同仁堂药室的基础上开设了同仁堂药店。他不惜五易寒暑之功,苦钻医术,刻意精求丸散膏丹及各类型配方,分门汇集成书。乐凤鸣在该书的序言中提出遵肘后,辨地产,炮制虽繁,必不敢省人工;品味虽贵,必不敢减物力。为同仁堂制作药品建立起严格的选方、用药、配比及工艺规范,代代相传,培育了同仁堂良好的商誉。

2.仁行天下

同仁堂历经沧桑,金字招牌长盛不衰,秘密在于同仁堂人把崇高的精神、传统文化与美德,熔铸于企业的经营管理中,并内化为员工的言行,形成了具有中药行业特色的企业文化体系。的确,质量与服务是同仁堂金字招牌的两大支柱,坚持质量第一,一切为了患者是同仁堂长盛不衰的最根本原因。

以提高员工综合素质为目标,形成特色突出的文化环境。同仁堂从最初的作坊店发展到今天的集团公司,从民间验方、宫廷秘方到高科技含量的中药产品,从丸散膏丹到片剂、口服液、胶囊剂等多种剂型,332年的历史蕴含着同仁堂文化的创新发展观。

市场营销观念是企业开展市场营销工作的指导思想或者称为企业的经营思想。企业的市场营销活动是在特定的经营观念指导下进行的。它集中反映了企业以什么态度和思想方法去看待和处理企业、社会和顾客三者之间的利益关系。市场营销工作的指导思想正确与否对企业经营的成败兴衰具有决定性意义。企业营销观念变化趋势如图1-5所示。

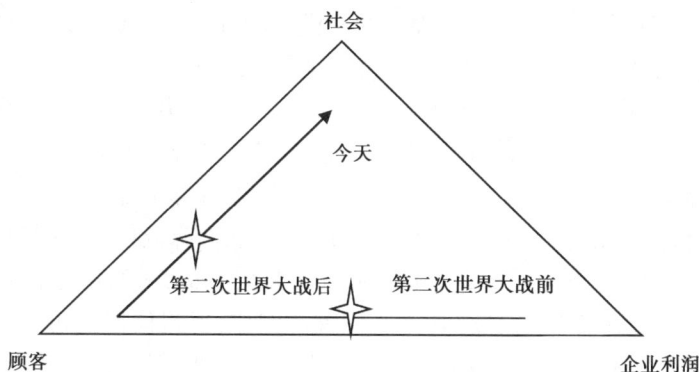

图1-5　企业营销观念变化趋势

企业市场营销的指导思想是在一定的社会经济环境下形成的,并随着这一环境的变化而变化。当然,指导思想的变化会促使企业的组织结构以及业务经营程序和方法的调整和改变。一个世纪以来,西方企业的市场营销观念经历了一个漫长的演变过程,可分为:生产观念、产品观念、推销观念、市场营销观念和社会营销观念等五个阶段不同的观念,如图1-6所示。前三个阶段的观念一般称为旧观念,是以企业为中心的观念;后两个阶段的观念是新观念,分别称为顾客导向观念和社会营销导向观念。

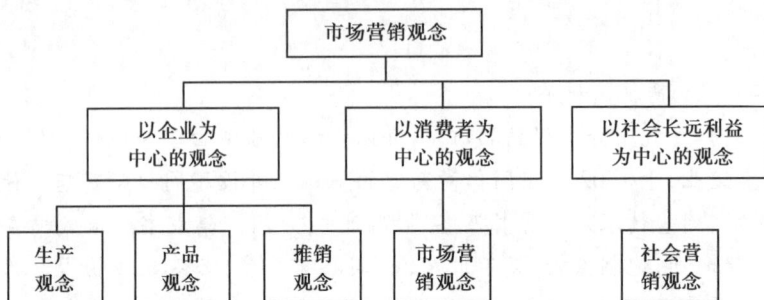

图 1-6   市场营销观念

1.2.1   以企业为中心的观念

1) 生产观念

生产观念是一种传统的经营思想,产生于 19 世纪末 20 世纪初。这时资本主义国家处于工业化时期,市场需求旺盛,由于生产效率较低,许多商品的供应还不能充分满足市场需要,市场处于卖方市场。所谓生产观念,就是卖方的一切经营活动以生产为中心。其典型口号是"我们生产什么,就卖什么"。生产观念的假设前提是消费者只求"买得到"和"买得起"商品。因而企业的主要任务就是努力提高生产效率,降低成本,扩大生产,那么盈利就越多。产品在市场上就成了"皇帝的女儿不愁嫁"。

20 世纪初,亨利·福特在开发汽车市场时创立了"扩大生产、降低价格"的经营思想。福特汽车公司从 1914 年开始生产 T 型汽车,福特将其全部精力与才华都用于改进大规模汽车生产线,使 T 型汽车的产量达到非常理想的规模,大幅度地降低了成本,使更多的美国人买得起 T 型汽车。他不注重汽车的外观,曾傲慢地宣称:"不管顾客需要什么颜色的汽车,我只有黑色的一种。"这种只求产品价廉而不讲究花色式样的经营方式无疑是生产观念的典型表现。生产观念是一种"以产定销"的经营指导思想,它在以下两种情况下仍然显得有效:

①市场商品需求超过供给,卖方竞争较弱,买方争购,选择余地不大。

②产品成本和售价太高,只有提高效率,降低成本,从而降低售价,才能扩大销路。

在这种经营思想指导下运作的企业也面临一大风险,即过分狭隘地注重自己的生产经营,忽视顾客真正需要的东西,会使公司面临困境。例如,得州仪器公司在电子表市场采用这一策略时,便遭到了失败。尽管该公司的电子表定价很低,但对顾客并没有多少吸引力。在其不顾一切降低价格的冲动中,忽视了顾客的其他需求,即不仅要价廉,还要物美。

2) 产品观念

产品观念认为,消费者会欢迎质量最优、性能最好、特点最多的产品,因此,企业应把精力集中在创造最优良的产品上,并不断精益求精。因此,如何比其他竞争对手在上述方面为消费者提供更优质的产品就成了企业的当务之急。这种观念常常成为一些企业经营的指导思想。

目前,我国还有部分企业不同程度地奉行产品观念,它们把提高产品功能与质量作为企业的首要任务,提出了"企业竞争就是质量竞争""质量是企业的生命线"等口号,这无疑有助于推动我国企业产品的升级换代,缩短与国外同类产品的差距,一些企业也由此取得了较好的经济效益。

无论是质量、性能还是优点,都不是越高越好,也不是越多越好,一件衣服10年穿不烂,一辆汽车的使用寿命50年,一台洗衣机万次运行无故障,这些都是多余的,成熟的消费者不会为此而增加支付成本。正如科特勒所言:某些企业的管理者深深迷恋上了自己的产品,以至于没有意识到市场上可能并不那么迎合时尚,甚至市场正朝着不同的方向发展。不少企业抱怨自己的服装、洗衣机或其他高级家用电器质量本来是最好的,但奇怪的是,市场并不欣赏。

然而,这种观念也容易导致公司在设计产品时过分相信自己的工程师知道怎样设计和改进产品,它们很少深入市场去了解顾客的需求意愿,不考察竞争者的产品情况。铁路管理部门认为用户需要的是火车本身,而不是为了解决交通运输问题,于是忽略了飞机、公共汽车、货车和小汽车日益增长的竞争;计算尺制造商认为工程师需要的是计算尺本身而不是计算能力,以致忽略了袖珍计算器的挑战。

【案例 1-3】

自行车行业的风水轮流转

我国过去垄断自行车市场的三大王牌是凤凰、飞鸽和永久,产品极为抢手,凭票才能买到,在自行车王国呈三足鼎立之势,其他品牌的自行车想挤进这个王国非常困难。但进入20世纪80年代中期后,情形就不同了。由于一些企业能够顺应消费者的需求变化,生产销售各种各样的山地车、跑车、郊游车、共享单车等新品种,迅速进入了自行车市场,打破了三足鼎立的格局。正是由于这些王牌企业患上了"市场营销近视症",未能考虑到消费者需求的变化所带来的新要求,只盯着自己的产品,盲目地联营与扩大生产规模,等到发现时却为时已晚,失去了原有市场。

3) 推销观念

1920年到1945年,西方国家从生产不足开始进入生产过剩,企业之间的竞争日益激烈。特别是1929年爆发的严重经济危机,大量商品卖不出去,销售困难,竞争加剧。残酷的事实使许多企业家认为即使物美价廉的产品,也未必能卖出去,人们担心的已不是生产问题而是销路问题。于是,推销技术受到企业的特别重视,推销观念成为当时工商企业主要的指导思想。

推销观念认为企业只要努力推销,消费者或用户就会更多地购买。对于这一观念,消费者通常表现出一种购买惰性或者抵触心理,企业则可以利用一系列有效的推销或促销工具去刺激他们大量购买。在这种观念指导下,企业十分注重运用推销术和广告术,大量雇用推销人员,向现实和潜在买主大肆兜售产品,以期压倒竞争者,提高市场占有率,取得更多的利润。

自从产品供过于求、卖方市场转化为买方市场后,推销观念就被企业普遍采用,尤其是生产能力过剩和产品大量积压时期,企业常常本能地采纳这种理念。前些年,在我国几乎被奉为成功之路的"全员推销"典型地代表了这种理念。

然而,推销观念注重的仍然是企业的产品和利润,并不注重市场需求的研究和满足,也不注重消费者利益和社会利益。强行推销不仅会引起消费者的反感,还可能使消费者在不自愿的情况下购买了并不需要的商品,严重损害了消费者利益,这样,反过来又给企业造成了不良后果。正如科特勒教授所指出:"感到不满意的顾客不会再次购买该产品,更糟糕的情况是,感到满意的普通顾客仅会告诉其他三个人有关其美好的购物经历,而感到不满意的普通顾客会将其糟糕的经历告诉其他十个人。"

1.2.2 市场营销观念

20世纪50年代以后,资本主义发达国家的市场已经变成名副其实的供过于求,卖主之间竞争激烈,买主处于主导地位的买方市场。同时,科学技术发展,社会生产力得到了迅速的提高,人们的收入水平和物质文化生活水平也随之提高,消费者的需求向多样化发展并且变化频繁。在这种背景下,企业意识到传统经营观念已不能有效地指导新形势下的企业营销管理工作,于是市场营销观念应运而生。

市场营销观念是指企业以消费者需求为中心,强调发现和满足消费者特定需求,奉行"顾客至上",强调四大支柱、目标市场、消费需求、整合营销、盈利性(以需求的满足为前提)。这种营销观念的具体表现是顾客需要什么,就卖什么。

市场营销观念的出现,是企业营销观念发展史上的一次革命,主要表现有如下几方面:

①市场营销观念把企业经营的重点放在消费者身上,一切营销努力都在于使消费者(顾客)满意。而第一、二阶段的营销观念则把经营重点放在产品上。

②市场营销观念要求从市场的整体出发,运用各种市场营销方法,不断对市场动态进行预测和研究,以满足消费者需要为前提来组织全部营销活动。而第一、二阶段的营销观念只是把销售作为一般手段和经营的一个环节,放在次要位置上。

③市场营销观念对利润的取得不拘泥于每一次交易,而是从市场全局考虑,着眼于长期的、综合的、最后的利润。而第一、二阶段的营销观念对利润的取得则着眼于每一次的交易活动上。

④市场营销观念要求企业的管理体制和组织结构要服从于满足消费者需要的共同目标,合理分工,协调行动,以经营或销售部门为核心部门,不允许各部门只根据本位利益而各行其是。在这种观念的指导下,"顾客至上""顾客是上帝""顾客永远是正确的""爱你的顾客而非产品""顾客才是企业的真正主人"等成为企业家的口号和座右铭。营销观念的形成,不仅从形式上,更从本质上改变了企业营销活动的指导原则,使企业经营指导思想从以产定销转变为以销定产,第一次摆正了企业与顾客的位置,所以是市场观念的一次重大转变。如图1-7所示为营销观念与推销观念的本质区别。

由于市场营销观念符合"生产是为了消费"的基本原理,既能较好地满足市场需要,同时也提高了企业的环境适应能力和生存发展能力,因而自从被提出后便引起了广泛的注意,为众多企业所追捧,并成为当代市场营销学研究的主体,对西方企业改善经营起了重要作用,如美国的可口可乐、万宝路、P&G、IBM、麦当劳等公司都是运用市场营销观念的成功典范。

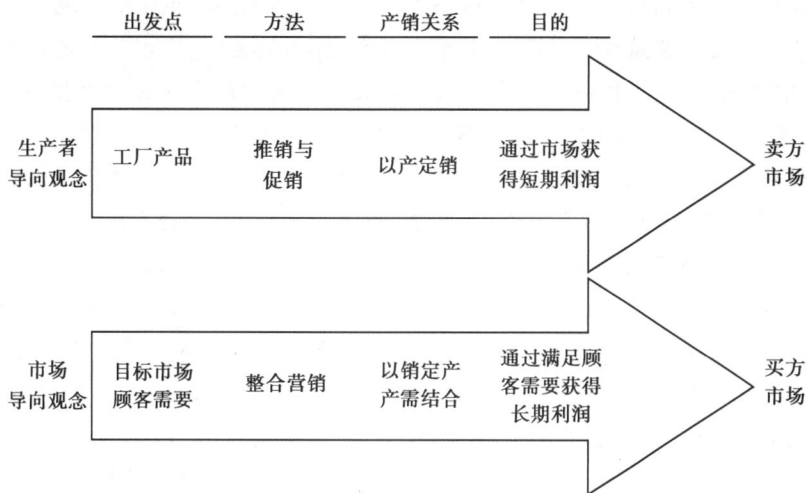

图1-7 营销观念与推销观念的区别

1.2.3 社会市场营销观念

进入20世纪60年代后,市场营销观念在美国等西方国家受到质疑。第一,不少企业为了最大限度地获取利润采用各种方式扩大生产经营,而不顾对消费者以及社会整体利益的损害。只顾生产而忽视环境保护,致使环境恶化、资源短缺等问题变得相当突出。如清洁剂工业满足了人们洗涤衣服的需要,却严重污染了江河,大量杀伤鱼类,危及生态平衡。第二,某些标榜自己奉行市场营销观念的企业以次充好、大搞虚假宣传、牟取暴利,损害了消费者权益。第三,某些企业只注重消费者眼前需要,而不考虑长远需要。如化妆品,虽然短期内能美容,但有害元素含量过高;汉堡包、炸鸡等快餐食品虽然快捷、方便、可口,但由于脂肪与糖分含量过高而不利于消费者的长期健康。这些质疑导致了人们从不同角度对市场营销观念进行补充,如理智消费者的营销观念、生态营销观念等均属社会营销观念之列。

【案例1-4】

公益、暖心、营销"一个没少"

正能量是可以在社会流行的,有人说"利润和责任是一枚硬币的两面,不可分离且相互促进。企业做大了,更应该把公益事业看作企业发展不可或缺的一部分"。如果说广告是直接推品牌和产品的卖点、价值,是公开叫卖,公益活动则是巧妙地拉近与消费者的关系,是拉拢,是悄然入心。公益活动的本质在于影响社会舆论,往往可以在不经意间以春风化雨般的形式在公众心目中树立企业的良好形象,从而与消费者建立起信任的纽带。

2013年"梦之蓝"公益营销牵手中央电视台《梦想星搭档》,看似娱乐营销,实则为公益而来。据了解,《梦想星搭档》总共11期,涉及帮助西藏阿里地区先天性心脏病孩子、关注烧烫伤儿童、关注全国孤儿生存现状等5个方面的公益内容。梦之蓝系洋河股份蓝色经典系列也将为这些公益项目捐助 380 万元。该公司相关负责人透露,节目中展现的公益项目都将赢得中国梦·梦之蓝公益梦想基金。以娱乐之名,行公益之实,这才是梦之蓝所看重的。

同时,由中央电视台、中国扶贫基金会、极草 5X 冬虫夏草联合推出的大型公益益智类节目——《极草为你而战》,也成就了极草 5X 冬虫夏草的公益营销。公益基金由青海春天药用资源科技利用有限公司独家捐赠,公益援助金总额高达 1 300 万元,极草总设计师张雪峰表示:热心公益事业是每一位公民的义务,愿在《为你而战》这个平台上为我国公益事业尽一份绵薄之力。其不但独家冠名和捐助《极草为你而战》,受到了网友的广泛关注和赞誉;还投入数千万元支持央视公益广告《关爱老人之打包篇》播出。这条公益广告在播出后迅速引起了社会民众的强烈共鸣,在论坛、微博等网络阵地收获了大批网民的高度赞誉,成为 CCTV 近年来最成功的社会公益广告之一。而极草 5X 也通过公益营销手法,收获了公益、暖心和营销的多重机会,达到了通过公益实现"四两拨千斤"的营销效果。

(资料来源:公益营销的"四两拨千斤")

社会市场营销观念要求企业在确定营销决策时要权衡三方面的利益:即企业利润、消费者需要的满足和社会利益。这样,企业既发挥特长,在满足消费者需求的基础上获取经济效益,又符合社会利益,从而使企业具有强大的生命力;而企业把社会市场营销观念看作改善企业名声、提升品牌知名度、增加顾客忠诚度、提高企业产品销售额以及增加新闻报道的一个机会。随着环境与资源保护、健康意识的深入人心,顾客将逐渐转向寻找在提供理性和情感利益上具有良好形象的企业。从企业的长期经营来看,社会市场营销观念将带给企业更大的利益,不顾社会长远利益的经营行为终将被时代所抛弃。

1.3 顾客价值与顾客满意

1955 年,52 岁的克劳克以 270 万美元买下了理查兄弟经营的 7 家麦当劳快餐连锁店及其店名。1986 年,其年销售额已高达 124 亿美元,年盈利 4.8 亿美元。

麦当劳公司是怎样取得如此瞩目的成就呢?这归功于公司的市场营销观念。公司认为,一个好的企业形象将给企业市场营销带来巨大的促进作用。创始人克劳克在努力树立企业产品形象的同时,更着重于树立良好的企业形象,树立起"M"标志的金色形象。当时市面上可买到的汉堡包比较多,但是绝大多数的店铺汉堡包质量较差、供应速度很慢、服务态度不好、卫生条件差、餐厅嘈杂,消费者很不满。针对这种情况,麦当劳公司提出了著名的"Q""S""C"和"V"经管理念,Q 代表产品质量"Quality",S 代表服务"Service"、C 代表清洁"Cleanness",V 代表价值"Value"。该公司深刻意识到向顾客提供适当的产品和服务,并不断满足顾客不时变化的需要,是树立企业良好形象的重要途径。

由于到麦当劳快餐店就餐的顾客来自不同的阶层,具有不同的年龄、性别和爱好,因此,汉堡包的口味及快餐的菜谱、佐料也迎合不同顾客的口味和要求。这些措施为公司赢得了人们的广泛赞誉,树立起了良好的企业产品形象,而良好的企业产品形象又为树立良好的企业国际形象打下了坚实基础。

麦当劳快餐店总是在人们需要就餐的地方出现,特别是在高速公路两旁,上面写着:"10米远就有麦当劳快餐服务",并标明醒目的食品名称和价格;有的地方还装有通话器,顾客只要在通话器里报上食品的名称和数量,待车开到分店时,就能一手取餐,一手付款,马上驱车赶路。由顾客带走在车上吃的食品,不但事先包装妥当,不至于在车上溢出,而且还备有塑料刀、叉、匙、吸管和餐巾纸等,饮料杯盖则预先代为划十字口,以便顾客插入吸管。如此周详的服务,更为公司形象添加了多彩的一笔。

评析:

分析一下麦当劳的成长过程,为什么一种速食品牌能成为大众文化的象征? 其中原因很多,如方便上口的名称、清洁优雅的就餐环境、良好的食品质量等,但每一个原因都是一条营销策略,需认真贯彻、实施。企业的产品和服务能为顾客所承认、接纳,这个企业才能在市场上站住脚,因此企业全部经营活动的出发点和归宿,就是千方百计地使顾客对其产品和服务感到满意。想顾客之所想,急顾客之所急,而且想得要更加周全细致。

市场竞争实际上就是争夺顾客的竞争,谁赢得了顾客,谁就赢得了市场。最初以产品为中心单纯注重产品质量,到以"顾客为导向"争取"顾客满意"与"顾客忠诚",只有那些以消费者为中心,为目标市场提供卓越价值的企业才能赢得市场,这些企业不仅仅制造产品,而且善于创造顾客。本节进一步具体分析企业如何赢得顾客并战胜竞争者,顾客满意是现代营销的核心理念。

1.3.1 顾客让渡价值

以麦当劳为例,人们离不开遍布世界的一万多家麦当劳,因为喜爱麦当劳的汉堡包。虽然其他一些餐馆能制作出味道更好的汉堡包,但消费者钟爱的并不是汉堡包本身,而是一种系统,一种遍及世界的高标准的被麦当劳称为 QSCV 的系统,即质量、服务、整洁和价值。麦当劳的所有经营者,包括供应商、特许经销代理商、职员和其他合作者都能有效地为顾客提供高品位的价值,这使麦当劳成为唯一一家达到如此高效率的快餐店。价值能诱导出一种崭新的生活方式。

这就是以顾客为中心或导向的企业哲学或价值营销。现代管理学大师彼得·德鲁克就洞察到一个公司的首要任务是创造顾客。但是,今天的顾客面临着纷繁复杂的商品和品牌选择,价格和供应商选择,这就带来一个问题:顾客是如何做出选择的? 相信顾客是按所提供的最大价值进行估价的。在搜寻成本和有限的知识、流动性和收入等限制范围内,顾客是价值最大化者,他们形成一种价值期望并照此行事。然后他们将得知某项供给是否符合他们的价值期望,这将影响他们的满意度,并将影响再次购买的可能性。

1) 顾客让渡价值

顾客在购买过程中,运用自己的知识、经验、努力和收入等,按照"价值最大化"原则,从众多的品牌和供应商中选择自己需要的产品。其中,"价值最大化"是顾客每次交易力争实现的目标,也是其评判交易成功与否的标准。

著名营销专家菲利甫·科特勒以"顾客让渡价值"(customer delivered value)概念,把顾客购买过程高度程式化,并使之成为营销学的基础理论。他指出"顾客让渡价值"是顾客获得的总价值与顾客获得这些总价值支付的总成本差额。简言之,顾客让渡价值是指顾客总价值与顾客总成本的差额。顾客让渡价值的构成要素如图 1-8 所示。

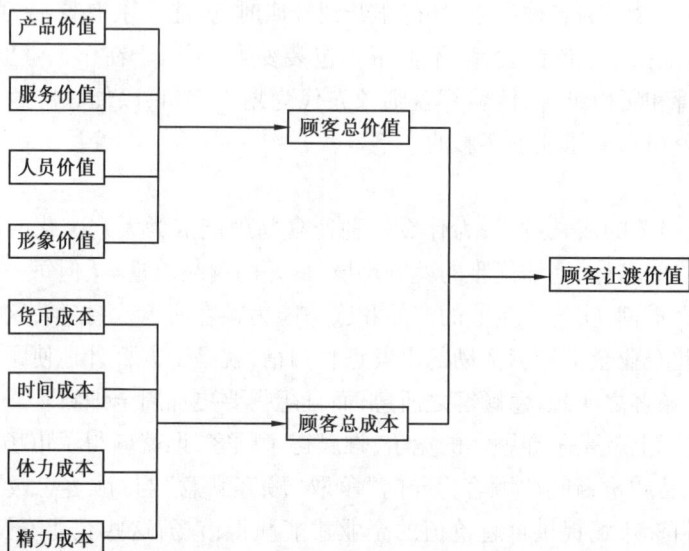

```
产品价值 ┐
服务价值 ├──→ 顾客总价值 ┐
人员价值 │                ├──→ 顾客让渡价值
形象价值 ┘                │
                          │
货币成本 ┐                │
时间成本 ├──→ 顾客总成本 ┘
体力成本 │
精力成本 ┘
```

图 1-8 顾客让渡价值及其构成要素

2) 顾客总价值

顾客总价值是指顾客从购买的特定产品和服务中所期望得到的所有利益。顾客总价值一般由以下几部分构成:

(1) 产品价值

顾客对产品各方面特征的总体评价,主要取决于产品所具有的功能、可靠性、耐用性等,还取决于品牌间的比较,信誉好、知名度高的品牌对顾客来说通常具有更高的价值。产品价值是顾客满足需求的基本手段,因而既是顾客选购产品的首要因素,也是决定整体顾客价值的主要因素。

(2) 服务价值

服务价值是企业向顾客提供的各种附加服务,包括使用产品的培训、安装、维修、调试和产品保证等所产生的价值。

(3) 人员价值

人员价值是顾客通过与企业营销人员建立相互帮助的伙伴关系,或者能及时得到企业营销人员的帮助所感受到的价值。员工在与顾客面对面的交流中扮演着宣传企业品牌的角色,高素质的、充满活力和竞争力的员工队伍,比良好硬件设施更能创造顾客满意,进而创造优异业绩。只有出于对顾客的信任与尊重,永远真诚地视顾客为朋友、给顾客以"可靠的关怀"和"贴心的帮助"才是面对顾客唯一正确的心态,才能赢得顾客。

(4) 形象价值

形象价值是企业及其品牌在社会公众中的总体形象所产生的价值。顾客通过购买产品与服务,使自己成为一个特定企业的顾客,如果企业具有良好的形象与声誉,顾客可能受到他人赞誉,或者与这样的企业发生联系而体现出一定的社会地位。形象对于企业来说是宝贵的无形资产,良好的企业形象对企业产品产生巨大的支持作用,带给顾客精神上和心理上的满足感、信任感,使顾客的需要获得更高层次和最大限度地满足,赋予产品较高的价值,从而增加顾客购买的总价值。

3) 海底捞的顾客让渡价值

(1)涨价初期

海底捞从 2020 年 3 月底开始低调涨价,因品牌及品质所带来的消费者忠诚度,多数消费者对涨价不敏感或未察觉。在此期间,顾客总成本中货币成本增加,时间、精神、体力成本基本不变,总成本上升;顾客总价值基本不变;顾客让渡价值低于前期。

(2)涨价中期

海底捞是头部企业,在特殊时期涨价,成为公众话题,新闻媒体也聚焦此类涨价事件。网友们晒单,力证客单价大幅上涨。大多数消费者出现不满情绪,在线上线下表态会"用脚投票"。在此期间,货币成本增加,因顾客期望值下降,导致精神成本微增,时间、体力成本不变,顾客总成本上升;顾客总价值中产品、服务、人员不变,形象价值下降(公司在疫情防控期间涨价,部分消费者不认可公司职业道德行为),总价值下降;顾客让渡价值低于前期。

(3)涨价结束

海底捞 2020 年 4 月 10 日晚致歉并将菜品价格恢复停业前标准。大多数网友表示,海底捞知错能改,会继续支持。涨价结束后,顾客总成本不变;顾客总价值因形象价值下降而略有下降(新浪财经微博 2020 年 4 月 10 日"海底捞道歉你怎么看"投票显示,部分消费者表示会减少消费次数甚至不去);顾客让渡价值略低于前期。

通过三个阶段的对比可知,顾客让渡价值均低于涨价前的价值。作为头部企业在特殊时期涨价很不明智。顾客满意度的下降,必将影响消费购买行为。所幸海底捞公关部门关注到了舆情,果断采取行动向消费者和社会公众道歉,最终赢回了多数消费者的信任。

顾客让渡价值是企业营销活动的核心内容,餐饮行业同质性较高,海底捞要想在市场竞争中继续占据头部地位,最佳方法就是向顾客提供更高的顾客让渡价值。海底捞应扩大自身优势,专注目标顾客,坚持产品质量最优化,坚持服务至上、顾客至上,提高员工综合素质和企业形象,从而提高产品的总价值;通过降低损耗与销售成本,优化减少顾客等待时间、体力与精神的耗费,从而降低货币与非货币成本。在消费分级与消费升级并行趋势下,消费者既要"品质"又要"实惠",海底捞在一、二线城市的成功经验不能照搬到三线城市,因为三线城市的顾客更看重性价比,对价格更敏感。有针对性地降低顾客总成本,更能激发顾客的消费热情,进而影响顾客的消费或购买行为。同时,海底捞下沉市场之路才能平稳顺遂。

4) 顾客总成本

顾客在获得上述一系列价值时,都不会是无偿的,也要相应地付出一些代价,体现为顾客总成本。顾客总成本是指顾客为购买某一产品所支付的货币资金以及所耗费的时间、精力和体力。顾客总成本一般包括四种成本:

（1）货币成本

顾客购买产品或服务，首先就要支付货币。产品功能、品质相同时，顾客总是希望价格越便宜越好。

（2）时间成本

时间成本是顾客选择产品时，学习使用、等待需要的服务等所需付出的成本或损失。随着生活节奏的加快，一家企业能使顾客在购物时节省时间，那么它将更易赢得顾客的"满意"和"忠诚"。例如，支付宝和微信的付款方式为顾客节省了大量的时间，并且不用找零，现在超市、商场和菜市场的小商贩都用这些方式收付款，非常方便。

（3）精力成本

精力成本是顾客为了学会使用保养产品，为了联络企业营销人员，或者为安全使用产品所付出的担心，等等。

（4）体力成本

体力成本是顾客在使用产品、保养维修产品等方面付出的体力。图1-8表明，顾客总价值越大，总成本越低，则顾客让渡价值越大。

提高顾客让渡价值是增加顾客满意程度、吸引购买、扩大销售、提高经济效益、增强企业竞争力的重要途径，提高顾客让渡价值，有两个途径三种组合：或者尽力提高顾客价值，或者尽力减少顾客成本，或者在提高顾客价值和减少顾客成本两个方向上都做出营销努力。

具体而言，提高顾客让渡价值的途径有：

①在不改变整体顾客成本的条件下，通过改进产品、改善服务、提高人员素质、提升企业形象来提高整体顾客价值。

②在不改变整体顾客价值的条件下，通过降低价格或减少顾客购买企业产品所花费的时间、精力、体力来降低整体顾客成本。

③在提高整体顾客价值的同时，提高整体顾客成本，使两者的差值增大，从而增加顾客让渡价值。

可见，顾客让渡价值的大小决定于顾客总价值和顾客总成本，而这两类因素又由若干个具体因素构成。顾客总价值的构成因素有产品价值、服务价值、人员价值和形象价值等，其中任何一项价值因素的变化都会引起顾客总价值的变化。顾客总成本的构成因素有货币成本、时间成本、精力成本和体力成本，其中任何一项成本因素的变化都会引起顾客总成本的变化。任何一项价值因素或成本因素的变化都不是孤立的，而是相互联系、相互作用的，会直接或间接引起其他价值因素或成本因素的增减变化，进而引起顾客让渡价值的增减变化。

1.3.2　顾客满意

顾客让渡价值，很好地说明了顾客的购买选择与行为取向。但顾客的让渡价值，仅仅是他选择购买哪个厂家产品时的一种价值判断。购买后，顾客对于购买成功与否的评价，还要取决于顾客是否满意。

1）顾客满意

顾客满意是指顾客通过对一个产品的可感知绩效（感知价值）与预期绩效（期望价值）

比较后所形成的感觉状态。

顾客的感知价值是指购买和使用产品后可以得到的好处，实现的利益，获得的享受，被提高的个人生活价值。

顾客的预期价值是指顾客在购买产品前，对产品具有的可能给自己带来的好处或利益，是对产品或服务提高生活质量方面的期望。

在很大程度上，他人的评价、介绍和厂家许诺等对形成顾客的期望价值有很大影响。显然，顾客满意是二者的函数，如图1-9所示。

$$顾客满意 = f(感知价值，期望价值) \begin{cases} 感知价值>期望价值——很满意 \\ 感知价值=期望价值——满意 \\ 感知价值<期望价值——不满意 \end{cases}$$

图1-9 顾客满意的形成过程

对于奉行营销观念的企业，顾客满意是最高目标；对于企图争取更多的顾客并保持已有的顾客的企业，最主要的努力方向就是使顾客具有满意感。因此，从顾客满意的概念和形成机制可知，企业可以在降低预期价值、提高感知价值方面分别或综合性地做出营销努力，来提高顾客的满意度。

2）顾客关系：让顾客满意

一个人买了他的第一辆雷克萨斯新车，价值45 000美元。他可以买得起奔驰、美洲虎或者凯迪拉克，但是他买了雷克萨斯。办完了新车的交付手续，他开始驾车回家，享受着高级皮革的气味和精致的操作手柄。在州际公路上，他把加速踏板踩到底，感受着雷克萨斯车带来的极致体验。照明灯，挡风玻璃擦，新发明的水杯固定器，可以在寒冷的冬日早晨温暖他身体的座位加热器——他带着愉悦的心情尝试了所有这些功能。一时兴奋，他打开了收音机，古典音乐电台正在播放着他喜欢的好听音乐，通过四声道扬声器在车内环绕。他按下了第二个按钮，这是他喜欢的新闻频道。第三个按钮带来的是他喜欢的脱口秀节目，这个节目能让他在旅途中保持清醒，第四个按钮开启了他女儿喜欢的摇滚音乐电台。事实上，每个按钮都符合他的某种特殊偏好。顾客知道这个车很灵巧，难道它能通灵？不是的。是因为雷克萨斯的机械师已注意到他之前所进行的广播按钮操作，并且在新车中进行了调整。顾客很高兴，现在这是他"自己"的车了——完完全全。没有人告诉机械师要么做，这只是雷克萨斯的企业文化：让顾客满意，再让顾客满意，然后你就会拥有一个终身客户。机械师所做的事情并没有花公司什么钱，一分都没有，但是这些调整巩固了客户关系，从而为雷克萨斯带来了六位数的价值。全美的雷克萨斯经销商都充满了这种与客户建立关系的激情，使得雷克萨斯成为美国销量最好的豪华车。

3）顾客满意战略

企业的生存和长期发展，必须建立在顾客满意的基础上。20世纪80年代后期，一些跨国公司陆续引进顾客满意战略（Customer Satisfaction，CS）。日本汽车业首先引进和推行CS战略，大大增强了国际竞争力，取得了丰硕成果。随后，日、美等国的电脑制造业、通信业、航空服务业、旅游业、银行业和证券业等服务性行业都纷纷引进顾客满意战略。在我国，上海宝钢集团于1995年下半年推出了顾客满意战略,紧紧围绕质量、交货期、服务、价格、创新、环境六大要素制订了目标和对策,有效地增强了竞争实力和提高了整体管理水平。此外,国内许多著名企业如海尔集团、沈阳金杯汽车公司、格兰仕集团、上海三菱电梯公司等在推行CS战略方面也是不遗余力并卓有成效。

4) 顾客维系

越来越激烈的市场竞争使企业竭力与最终顾客形成更牢固的契约和忠诚关系。以往很多企业总是漫不经心地对待顾客。因为他们认为顾客或者没有很多可供选择的供应商;或者其他供应商无法提供达到一定质量和服务要求的产品;或者市场增长很快,企业无须担心顾客是否充分满意。企业在竞争中可能一周损失100个顾客,同时又获得另外100个顾客,从而认为销售额仍然是令人满意的。但是,这只是一种高度的"顾客交叉状态",因为它所带来的成本费用要比留住原有的100个顾客所投入的成本要高得多。

顾客维系的一个更好办法是传递高度的顾客满意,这样,竞争者就很难简单地运用低价和诱导转换等策略打破各种壁垒。这种提高顾客忠诚度的方法即所谓"关系市场营销"。

5) 关系营销

首先,我们需要区分与顾客之间的五种不同程度的关系。

①基本型:销售人员把产品销售出去就不再与顾客接触(例如,汽车推销商仅仅推销汽车)。

②被动型:销售人员把产品销售出去并提醒顾客在遇到问题或有意见时给企业打电话。

③负责型:销售人员在产品售出后不久打电话给顾客,回访产品是否符合顾客的期望。销售人员同时向顾客寻求有关产品改进的各种建议,以及任何特殊的缺陷与不足。这种信息能帮助公司不断地改进产品供应。

④主动型:企业销售人员不断地给顾客打电话,提供有关改进产品用途的建议或者关于有用的新产品的信息。

⑤伙伴型:企业不断地与顾客共同努力,寻求顾客合理开支的方法;或者帮助顾客更好地进行购买。

大多数企业在市场规模很大且企业的单位边际利润很小的情况下,实行基本型营销(表1-1)。例如,宝洁公司就不可能给每位买主打电话,以表示对顾客购买该公司一次性尿布的关注。宝洁公司最多建立一个顾客咨询服务台实行被动型营销。另外一个极端是:市场上顾客很少而边际利润很高。在这种情况下,大多数销售商将转向伙伴型市场营销。例如,波音公司与马来西亚航空系统密切地合作,设计并保证波音飞机能充分满足马来西亚航空系统的要求。在这两种极端情况之间,其他各种关系市场营销的水平都是恰当的。

表1-1 关系营销水平

顾客/分销商数量	利润		
	高边际利润	中等边际利润	低边际利润
大量顾客/分销商	责任型	被动型	基本/被动型
适量顾客/分销商	主动型	责任型	被动型
少量顾客/分销商	伙伴型	主动型	责任型

当一个公司想培养强烈的顾客契约精神和顾客满意度时,应当运用什么特别的市场营销手段呢? 白瑞和帕拉苏拉曼归纳了三种建立顾客价值的方法。

第一种方法主要依赖于对顾客关系增加财务利益。这样,航空公司可以对经常乘坐者给予奖励;旅店可对常客提供高级别的住宿;超级市场可以对老主顾实行折扣退款等。尽管这些奖励计划能够树立顾客偏好,但是很容易被竞争者模仿,因此常常不能长久地同其他企业的优惠行为区别开来。

第二种方法是增加社会利益,同时也附加财务利益。在这种情况下,公司人员可以通过了解单个顾客的需要和愿望,并使其服务个性化和人格化,来增强公司与顾客的契约关系。两者的区别在于:对于一个机构来说,顾客也许是不知名的,而委托人则不可能不知其姓名。顾客是针对一群人或一个大的细分市场的一部分而言的,委托人则是针对个体而言的。顾客是由任何可能的人提供服务,而委托人是被那些指派给他们的专职人员服务和处理的。

第三种方法是增加结构纽带,与此同时附加财务和社会利益。例如,公司可为顾客提供特定的设备或计算机联网,以帮助顾客管理订货、付款、存款等事务。一个优秀的典范是美国强生医药公司,该公司职员帮助医院管理存货、订货、购入以及商品存储。

1.4 市场营销学的性质、特点及研究对象

市场营销学是一门以经济学和管理学为基础,多学科交叉渗透,研究以满足消费者需求为中心的企业营销活动及其规律性的综合性应用学科。事实上,市场营销学的发展经历了一个充分吸收相关学科研究成果、博采众家之长的跨学科演变过程,进而逐步形成了具有特定研究对象和研究方法的独立学科。

1.4.1 市场营销学的产生与发展

市场营销学译自英文"Marketing"一词,其意是指企业的市场买卖活动,即企业的市场营销活动。为此,市场营销学不是观念的产物,而是企业活动的产物。市场营销学的产生与发展与企业的市场营销活动是紧密联系在一起的,企业营销活动为市场营销学的成长提供了条件,而市场营销学的发展又被用于指导企业的营销实践。20 世纪初,随着商品经济的高度发展,市场营销学首先在美国从经济学中分离出来,逐步发展为一门独立学科。市场营销学的发展大体经历了创建时期、应用时期、发展时期和创新时期四个阶段。

1) 市场营销学的创建(1900—1920 年)

早在 19 世纪末期,美国学者就陆续发表了一些有关推销、广告、定价、产品设计、品牌业务、包装、实体分配等方面的论著。但是,直到 20 世纪初期,美国一些学者才试图将上述有关方面综合起来,建成一门专门的学科。

尽管当时还没有"市场营销"这一名称,但已成为一门新学科的雏形出现在大学课堂上。1904 年克鲁希在宾州大学讲授了名为产品市场营销的课程;1910 年巴特勒在威斯康星大学

讲授了名为市场营销方法的课程;1912 年赫杰特齐出版了一本名为《市场营销学》的教科书,全面论述了有关推销、分销、广告等方面的问题。它标志着市场营销学作为一门独立学科的产生。

这一时期的市场营销学研究内容仅限于商品销售和广告业务两方面的问题,实际影响不大,尚未引起社会的广泛关注,市场营销的完整体系远未完成。

2) 市场营销学的应用(1921—1945 年)

1929—1933 年资本主义国家爆发了严重生产过剩的经济大危机,震撼了各主要资本主义国家。由于严重的生产过剩,商品销售困难,工商企业纷纷倒闭。这时企业的首要问题不是怎样扩大生产和降低成本,而是如何把产品卖出去。为了争夺市场,解决产品销售问题,企业开始实施市场销售活动。市场营销学的研究也大规模开展起来,市场营销学逐渐成为指导市场营销实践活动的一门实用性学科。

在这一时期,美国的高等院校和工商企业建立起各种市场营销的研究机构,有力地推动了市场营销学的研究和普及。例如,1926 年,美国在"全美广告协会"的基础上成立了"全美市场营销学和广告学教师协会";1937 年,全美各种市场研究机构联合组成了"全美市场营销学会"(America Marketing Association,AMA),不仅有工商企业人士和经济学家、管理学家参加,而且吸引了市场行情、广告、销售、信托等方面的专家入会。目前,该学会的成员遍及世界各地,实际上已成为国际性组织,该学会的现任主席为美国西北大学教授菲利普·科特勒。在此期间,全美市场营销学会开始为工商企业提供咨询服务,咨询内容包括广告、推销员培训、开拓流通渠道、加强促销等。理论与实践的结合促进了企业营销活动的蓬勃发展,同时,也促进了市场营销学的发展。但这一阶段的市场营销研究仍局限于产品推销、广告宣传、推销策略等。

3) 市场营销学的发展(1945—1980 年)

20 世纪 50 年代以来,随着国际政治环境的相对稳定以及第三次科技革命的展开,资本主义国家社会生产力得到了较快的发展,产品产量剧增,花色品种日新月异,社会消费能力也有了较大增长,人们的消费需求和消费欲望不断提升,市场竞争日益激烈,政府对经济的干预明显增强,营销环境复杂多变。在这种情况下,企业要想求得生存与发展,就必须从总体上进行规划,要在产品生产之前、不能在产品生产出来后才考虑市场问题,要按照市场需求安排生产,组织营销活动;企业不能仅考虑当前盈利,还要考虑到未来的长远发展;企业的市场营销不应局限于产品推销问题,应当包括企业与市场以及整个营销环境保持衔接关系的整体性经营活动。市场营销学逐步从经济学中独立出来,吸收了行为科学、心理学、社会学、管理学等学科的若干理论,形成了自身的完整理论体系。

与此同时,市场营销学也开始广为传播。一方面,在应用领域上,市场营销学理论不仅广泛应用于以营利为目的的企业运作上,而且还逐渐应用到行政机构以及其他非营利组织,涉及社会经济生活的各个方面,如军队、法院、宗教团体、慈善机构和学校都公开或非公开地引进了营销观念和方法。另一方面,在应用区域上,市场营销学不断地从起源国——美国向其他国家传播。20 世纪 50 年代以来,美国的市场营销学先后传入了日本、西欧、中国台湾以及东欧和前苏联等国家和地区,20 世纪 70 年代末开始传入中国大陆。一般来说,商品经济愈发达的地方,市场营销学也愈盛行。

4)市场营销学的创新(1980 年以后)

随着经济全球化趋势的加强,参与国际竞争的国家和企业急剧增加,市场竞争的范围不断扩大,程度不断加剧。在 20 世纪 80 年代中期,科特勒进一步发展了市场营销理论,提出了大市场营销的观念,突破了传统营销理论中阐明的企业可控制的市场营销组合因素与外界不可控的环境因素之间简单相适应的观点,把企业市场营销组合所包括的 4PS 策略扩大到 6PS 策略,即产品、价格、分销、促销、政治权力和公共关系等六大策略。这一思想对跨国企业开展国际营销活动具有重要的指导意义。

进入 20 世纪 90 年代,市场营销理论研究不断地向新的领域拓展,出现了定制营销、绿色营销、营销决策支持系统、整合营销等新的理论领域,并打破了美国营销管理学派一统天下的局面,对传统营销理论提出了质疑,形成了不同的营销学派。

进入 21 世纪,互联网的发展和应用推动了网络营销的迅猛发展。相信这些新观念、新方法必将把现代市场营销学推向一个新的发展阶段。

1.4.2 市场营销学在我国的传播与应用

新中国成立前,我国曾对市场营销学有过一些研究,但也仅限于几所设有商科或管理专业的高等院校。在半殖民地半封建社会的旧中国,市场经济十分落后的情况下,市场营销学的传播与应用必然受到严重阻碍。新中国成立后,由于片面强调计划经济,在 1949—1978 年,除了港澳台地区的学术界、企业界对这门学科已有广泛的研究和应用外,在整个中国大陆,市场营销学的研究一度中断。

从 1978 年党的十一届三中全会到 1992 年十四大的十几年间,党中央提出了对外开放、对内搞活的总方针,为我国引进和研究市场营销学创造了有利的环境。

如今,市场营销学已成为各高校的必修课,市场营销学原理与方法也已广泛地应用于各类企业。由于各地区、各部门之间生产力发展不平衡,产品市场趋势有别,加之各部门经济体制改革进度不一,各企业经营机制改革深度不同等,市场营销学在各地区、各部门、各类企业的应用程度不尽相同。为此,市场营销学的思想和理论要作为企业营销活动的指南,还需进一步发展和加强。

1)市场营销学的学科性质

市场营销活动是商品或服务从生产者手中移交到消费者手中的一种过程,是企业或其他组织以满足消费者需要为中心进行的一系列营销活动,市场营销学是系统地研究市场营销活动规律性的一门科学。美国著名市场营销学家菲力普·科特勒指出:“市场营销学是一门建立在经济科学、行为科学、现代管理理论之上的应用科学。”因为“经济科学提醒我们,市场营销是用有限的资源通过仔细分配来满足竞争的需要;行为科学提醒我们,市场营销学是涉及谁购买、谁组织,因此,必须了解消费者的需求、动机、态度和行为;管理理论提醒我们,如何组织才能更好地管理其营销活动,以便为顾客、社会及自己创造效用”。

市场营销学之所以是一门交叉学科,首先,因为它研究的内容涉及经济学、社会学、心理学、组织行为学、管理学、法学、广告学、公共关系学、审计学、会计学、金融学、美学等学科的理论与知识;其次,它是一门能够直接指导企业市场经营实践的应用性学科,具有较强的实践性与可操作性;再次,从学科归属上看,它属于广义的管理类学科,而更确切地说,它属于经营学范畴。与偏重企业内部管理的狭义的管理学最本质的区别在于其市场经营性;最后,市场营销学介绍的内容主要涉及一些反映一般规律,解决一般问题,并具有普遍指导意义的基本知识、基本概念与基本方法。凡是产生交换关系的领域,就会有市场营销学的运用,因而市场营销学覆盖的领域十分广泛。但不同的领域有不同的特点,由此又逐步建立起一些以市场营销学为基础的专业市场营销分支学科,因此,学习市场营销学,在解决某些具体的专业性问题时,还需深入学习一些专业的市场营销理论。

从市场营销的实践来说,市场营销是企业在激烈的市场竞争中求生存、求发展的科学,是一种技术和一门艺术,它具有科学性、艺术性、技术性的特点。一方面,市场营销是有规律可循的,是可以熟练掌握与操作的;另一方面,它又具有很强的艺术性,并非将营销知识背诵得"滚瓜烂熟",就一定可以取得好的营销业绩。

2)市场营销学的研究对象

市场营销学研究市场营销活动及其规律。它的核心思想是:企业必须面向市场、面向消费者,必须适应不断变化的环境并及时做出正确的反应;企业的存在要为消费者或者用户提供令其满意的各种产品或服务,并且要用最少的费用、最快的速度将产品送达消费者或者用户手中;企业应该而且只能在消费者或者用户的满足中实现自己的各项目标。

市场营销学研究的主要内容包括:

①营销原理:由市场分析、营销观念、市场营销系统与营销环境、消费者需要与购买行为、市场细分与目标市场选择等理论组成;

②营销实务:由产品策略、定价策略、分销渠道策略、促销策略、市场营销组合策略等组成;

③营销管理:由营销战略、计划、组织和控制等构成;

④特殊市场营销:由网络营销、服务市场营销和关系营销、绿色营销等组成。

总之,市场营销学的研究是以了解消费者需求为起点,以满足消费者需求为终点,通过研究,制订出营销活动战略、策略及方法技巧,以便企业在满足消费者需求的过程中实现利润目标,在激烈的竞争市场上求得生存和发展。

【本章小结】

市场营销就是通过创造和交换产品和价值,从而使个人或群体满足欲望和需要的社会和管理过程。它涉及的核心概念有:需要、欲望和需求,产品,价值、满意和质量,交换、交易、关系和网络,市场,市场营销者。

市场是商品经济特有的经济范畴,是一种以商品交换为内容的经济联系形式。市场的形成必须具备一定的条件。从不同的角度分析,市场具有不同的含义。但市场营销学从营销的角度看待市场,认为市场是由人口、购买力和购买动机(欲望)构成的总和。

市场营销观念的正确与否,关系到企业营销的成败和企业的兴衰。市场营销观念随着生产发展、科技进步和市场环境的变化,经历了生产观念、推销观念、产品观念、市场营销观念、社会营销观念,要结合市场营销活动的实际情况综合运用。

顾客让渡价值是整体顾客价值与整体顾客成本之间的差额。顾客通常选择能使让渡价值最大化的产品和服务供给。顾客满意是买方在经历了能实现预期的企业绩效后的一种感受。要实现顾客满意,企业必须以一种"顾客为中心"的方法管理自身的价值链以及整个价值让渡系统。企业的目标不仅是要赢得顾客,更重要的是维系顾客。

【思考与练习】

1.本章所论述的市场营销和你以前所了解的有何不同?

2.生产观是不是一种不考虑消费者需要的营销观?

3.你赞同"顾客是上帝"的提法吗?

4.举例说明可能会影响下列产品向其顾客提供的价值和收益与成本:

　①手表;

　②一种减肥食谱的补充品;

　③乘坐豪华游轮观光。

5.请举出自己经历的一件事说明厂商对顾客是尊重或是不尊重。

6.请分析零售业留住老顾客的意义,并提出你的方法和建议。

【应用题】

亚马逊公司于1995年7月16日成立,性质是基本的网络书店。它极具远见地洞察到了网络的潜力和特色,当大型实体书店提供20万本书时,网络书店能够提供比20万本更多的选择给读者。亚马逊目前是美国最大的一家网络电子商务公司,也是网络上最早开始经营电子商务的公司之一。一开始亚马逊只经营网上书籍销售业务,现在则扩大到了范围相当广泛的其他产品,已成为全球商品品种最多的网上零售商和全球第二大互联网企业。在公司名下,登记有 Alexa Internet、Lab126 和互联网电影数据库等子公司。亚马逊及其他销售商为客户提供数百万种独特的全新、翻新及二手商品,如图书、影视、音乐和游戏、数码下载、电子产品和电脑、家居园艺用品、玩具、婴幼儿用品、食品、服饰、鞋类和珠宝、健康和个人护理用品、体育及户外用品、玩具、汽车及工业产品等。

2004年8月,亚马逊全资收购卓越网,实现亚马逊全球领先的网上零售专长与卓越网深厚的中国市场经验相结合,进一步提升客户体验,并促进中国电子商务的快速成长。2016年10月,亚马逊排名2016年全球100大最有价值品牌第8名。2017年2月,Brand Finance 发布2017年度全球500强品牌榜单,亚马逊排名第三。你可以去亚马逊主页沉浸式体验网络购物过程,亲身感受亚马逊网上商品是如何满足不同顾客需求的。

【案例分析】

宜家

1943 年,瑞典人英格瓦·坎普拉德 17 岁时,父亲送给他一份毕业礼物,帮助他创建自己的公司,从此以简约设计和快乐购物体验闻名的宜家出现在世人面前。最初,还只是做些卖笔、圣诞卡和自家农场种子的小生意,如今宜家已发展成为家居用品的零售巨头。宜家本身也成为一种全球性的文化现象,被《商业周刊》称为"一站式购买时尚家居用品的圣地"和典型的崇拜忤品牌。

宜家拥有忠诚的顾客群体,平均每天的顾客人数达到 110 万人。2005 年,伦敦的新店开张时,6 000 人在店门没开时就开始排队等候了。宜家在亚特兰大的新店曾举办了一次名为"快乐大使"的比赛,最后产生了 5 位获奖者。为了获胜赢得宜家优惠券,他们得在还没开业的宜家店铺里整整生活 3 天。然而,他们做到了。

宜家如此成功是因为它给顾客提供了独特的价值:时尚的北欧设计风格以及低廉的价格。宜家的时尚廉价品包括:249 美元的克利帕沙发,120 美元的比力书架,以及 13 美元的拉克边桌。在北欧市场上,宜家甚至卖出了 2 500 个价值大约 45 万美元的组装房屋。宜家的价格如此低廉,有部分原因是大部分的商品都需要顾客自己组装。这意味着更方便运输,占货架面积小,极少需要送货,因此降低了成本。

宜家的使命是提供价值。创始人坎普拉德曾说:"人们并不富裕。我应该考虑他们的利益。"宜家一直遵循着这一理念,每年都将产品价格降低 2~3 个百分点。宜家以价值为中心的战略也使其自身受益:宜家的利润率达 10%,高于其他竞争者,比如塔吉特(7.7%)和 Pier (5%)。宜家的很多产品在全世界都是相同的,但也有一些是专门用来满足当地市场需求的。例如,在中国,宜家配合鸡年主题推出了 25 万个塑料餐桌垫,很快就在春节期间脱销了。当宜家意识到美国顾客认为一般的喝水杯太小,转而购买花瓶当水杯时,宜家马上为美国市场推出了更大容量的水杯。

宜家的经理曾亲自拜访欧洲和美国的家庭,了解到欧洲人一般喜欢将衣服挂起来,而美国人喜欢折叠起来存放。因而美国市场的衣橱被设计成有更深的抽屉。在美国加利福尼亚州,宜家拜访西班牙裔家庭后,增加了厨房的餐桌座位和用餐空间设计,采用了更明亮的色调,在墙面挂上了更多的画框。

宜家最大的创新来自对自有品牌的坚持,这种坚持的背后是坚持自己掌控商标、设计权和专利,宜家一直坚持由自己设计所有的产品并拥有专利,以此避开制造商的谈判压力。宜家的创新还来自塑造了独特的销售文化,它针对不同大小和风格的户型设计了不同风格的样板间,实地展现每一种组合的空间效果,让顾客自己去体验。宜家在沙发、餐椅的展示处特意提示顾客："请坐上去，感受一下它是多么舒服！"可别小看这些告示，它们正是宜家体验营销的独特之处。

宜家不允许销售人员直接向顾客推销，而是任由顾客自己做出购买决定。这种体验式的销售使得顾客逛宜家就像在逛一个大家庭一样有趣。宜家是最先将"家居"概念引入中国的品牌，顾客来到宜家，不一定购物，也许只是当作一个休闲散心的好地方，然而正是这样的"休闲散心"却可能成为他们下一次购买或者他们朋友下一次购买的动力。

2016年9月10日，宜家公布了其2014—2015财年报告，截至8月31日，宜家销售总额为319亿欧元（约合2 276亿元人民币），同比增长11.2%，同店销售额增长5.1%。宜家全球CEO皮特·安格菲尔表示，下一财年将在中国广州、苏州、成都三个城市开店，至2020年，宜家在中国的门店数将达到500家。

宜家的上述报道指出，中国以88亿元人民币的总销售额以及20%的增速成为宜家目前在全球销售增长最快的市场。此外，俄罗斯市场的增速也达到了两位数。宜家之所以能够在全球零售业绩普遍放缓的情况下继续在中国扩张开店，除了其良好的业绩增长外，中国成为宜家为数不多的、拥有全供应链的国家，也是宜家最近几年开店计划得以顺利实施的一个重要原因。因为，缩短供应链距离使得宜家产品每年有2%的降价幅度。另外，对于印度这个新兴的潜力市场，宜家表示，未来15~20年将向印度市场投资约20亿美元（约合127.55亿元人民币）并开设25家门店。

目前，宜家集团拥有318家门店，其中不包括40多个品牌特许经营门店，宜家的目标是在2020年将门店数量增至500家左右。

【思考与讨论】

宜家给顾客提供了什么独特的价值？低廉的产品价格是如何做到的？

科特勒观点：营销的变与不变

谈到如今激荡变化的商业世界和层出不穷的营销理念，菲利普·科特勒认为要做好营销必须深刻理解"不变"和"变"。

营销之不变

营销的核心目标是不变的——为顾客创造价值；营销体系的核心架构也是不变的：R→STP→4Ps→I→C。

（1）市场营销始于R（research）

对市场的调研和洞察。

（2）市场研究赋能STP

①市场细分（segmentation）：在市场中按照各种标准建立子市场的过程。

②目标选择（targeting）：决定公司应该追求和服务的群体或团体。

③定位（positioning）：给选定的目标市场一个明确的信息，即它向目标市场提供的有竞争力和差异化的价值。

（3）4Ps

公司为每一个选定的细分市场制订一个单独的 4P 计划。

（4）I 实施（implements）

公司具体实施 4P 计划。

（5）C 控制（control）

公司搜集、反馈实施的情况，以改进其在下一轮目标市场中服务的 4P 组合。

营销之变

（一）营销最大的变化是技术和顾客的欲望

科特勒认为，今天营销正在经历一场真正的革命，大量的企业都在尽一切努力跟上它的步伐。将新旧营销进行对比，可见旧营销都是关于大众营销，例如，过去可口可乐（Coca Cola）或麦当劳（McDonalds）等公司需要随处向所有人销售他们的品牌。他们的成功之道在于投放大规模广告和大规模分销渠道布局。

大众广告开始于平面广告、广播广告、电视广告、户外广告以及许多促销活动，如"买2送1""今日特价""打折"。公司寻求在每个可以想象的零售场所分销他们的产品并获得最好货架空间。主要竞争对手可以学习和复制这些"成功营销"，做更多更好的广告，投入更多的渠道资源等。消费者自始至终除了看到的广告和朋友口口相传之外，几乎没有产品信息获取途径。

今天的营销正在经历数字革命，其核心特点是"生活场景的数字化"。互联网使消费者能够方便地查询有关公司、产品、社会责任和使用感受等大量信息。消费者可以访问亚马逊、淘宝、京东、脸书并交换产品、品牌体验经历和意见。每个消费者都能了解竞争品牌的价格及质量排名和特性。

因此，现在的消费者可以完全控制购买过程。消费者可以在商店准备购买某种产品的同时查阅手机，搜索是否有更优惠的价格，引导消费者议价或在线购买。几乎所有公司都把手机视为消费者作出购买决策的关键伴侣。"移动营销""社交营销"是热门话题，现在的公司越来越多地被视为生态系统和平台的发起者和参与者。

"生活场景数字化"之后公司搜集了大量的消费者个人信息，带来公司对消费者的深度理解及全新的市场细分战略。STP 是所有制胜营销战略的基石，其中市场细分又是重中之重。

过去，市场细分的主要方法是基于"有限样本"的调研数据，消费者会在调查和焦点小组中作出有意识的决定并分享他们的意见和喜好，企业用统计学方法提取特征，把这些特征再加上公司对市场经验性的理解设置成"细分维度"，构建"细分模型"，然后以"演绎法"把市场想象成细分模型下的若干子市场，如都市白领、小镇青年、全职妈妈、单身贵族等。过去，营销人员认为消费者知道他们喜欢什么，甚至知道喜欢的理由。

然而，在真实世界中这样做最大的问题是"看不到真正的具体顾客"。公司现在认识到很多无意识因素影响着消费者真正的购买决策。消费者受到更深层次的思维和隐喻的影响，虽然消费者看起来"look alike"，但是其行为和动机差别极大，也不知道这些消费者是谁以及他们在哪里。最终，市场细分沦为传播指导工作。

现在,生活场景的数字化和数据分析技术使企业可以实时地、全数据分析消费者行为和态度,从而实现"归纳法"的市场细分,还可以精准到具体顾客,实现 4P 的有效对接。一方面企业正在开发和使用新的工具和指标,以指导他们的实时决策;另一方面企业正在使用物联网和人工智能来进行一些自动营销活动和响应。营销专业人士也正在使用新方法搜索潜意识的力量和心理决策参考框架,并将这些发现转化为故事和叙述,以激发更深层次的顾客动机。

这将导致任何只研究旧营销的人员都不能与数字营销人员相提并论。随着企业招聘年轻的数字原生代,科特勒预计专业营销人员的平均年龄会降低,以商业目标为导向的技术和创意兼备型人才将十分受欢迎。

(二)营销之变:数字化时代的营销特征和首席营销官(CMO)的未来

1993 年,佩珀和罗杰斯在《一对一的未来》中提到,公司建立客户关系,不仅需要了解市场细分,还需要了解个别客户;数字革命尚未开始,但我们拥有实施一对一的未来工具。

几乎每个客户交易都是通过信用卡或在线支付进行的。超市可以查询任何个人客户购买的产品和品牌。英国超市运营商 Tesco 甚至开展活动邀请新妈妈、葡萄酒爱好者或其他一些团体,搜集他们对这些活动感兴趣的有价值的访谈内容。这些都可以通过他们的交易数据实现。

公司大量招聘数字营销人员并为他们提供小额预算,以便通过使用不同的数字营销工具来实现业绩增长。如果初步结果很有效,公司将增加其数字营销预算。科特勒预计如果数字营销效果良好,普通公司的营销预算中用于数字营销的比例将达到50%。但仍需重视和保持强大的传统电视广告和户外广告(尽管存在低打开率和互动性弱的现象)覆盖率,因为它提供了构建品牌整体形象的高效率信任平台。

公司的 CMO 必须平衡公司在传统营销和数字营销之间的支出,并有效利用两者之间的协同效应。CMO 认识到内容营销的重要性日益增加,内容营销并不直接推广市场营销学品牌,而是促进客户与品牌之间更强的互动效应。真正的挑战是制订良好的指标,以帮助公司了解哪些营销活动和投资产生了良好的投资回报。

(三)营销之变:营销创新驱动企业发展

科特勒认为大多数企业喜欢常年以相同的方式运营,但这种态度在迅速变化的市场中可能是致命的。顾客的喜新厌旧程度超出了企业的预测,顾客一直在寻求新的产品和体验。营销创新应当帮助公司不断地更新产品和服务组合。

科特勒建议企业通过多种方式进行创新:

①快速复制其竞争对手的成功产品并介绍一些差异。

②激励企业员工将创新视为企业成功的关键。鼓励产品、服务、营销、财务、会计等方面的创新。

③进行客户访谈,以制订新的产品和服务理念清单。

④与一小部分"关键客户"合作,共同创造新的产品和服务理念。

⑤开发众包项目,以刺激客户提出新想法。

⑥检查是否有其他人正在开发可能对该企业感兴趣的新想法。

营销创新需要更好地了解消费者的思想、动机和决策。比如:现在许多企业使用神经扫描来捕获和测量客户对控制打印和视频刺激的响应;萨尔特曼隐喻诱引技术让营销人员更深入地了解客户的无意识思维和由产品情境和经验引发的欲望和感受;跟踪品牌价值和营销投资回报的新营销指标。营销创新正在带动新的营销指标控制体系(marketing dashboard)。

(资料来源:营销的未来:变与不变)

【思考与讨论】

1.谈谈生活中你遇到过哪些令人耳目一新的营销方案。

2.营销人员应该如何应对未来的营销变化?

【营销实训】

实训考核与组织

教师根据班级学生人数确定数个小组,形成该课程实训小组,并确定负责人(组长)。每一小组人数以5~6人为宜(根据实际情况可适当增减),小组要求合理分工、合作。在教师指导下完成该课程实训;实训结束时教师根据采集到的不同资料和数据,经充分讨论、研究,形成小组实训成绩。

要求:

1.实训前,学生应根据实训内容,做好以下工作:

(1)阅读教材相应章节内容,熟悉所用的原理与策略;

(2)每组成员应做好实训前的准备工作,明确本次实训需达到的目标;

(3)制订合理的实施计划。组长应对组员的分工与协作负责。

2.按照实训要求,开展工作,并对收集到的资料进行汇总、整理,撰写实训报告。

实训题

1.节庆商机发掘。如情人节、母亲节(每年五月第二个星期日)、父亲节(每年六月的第三个星期日)、五一国际劳动节、六一国际儿童节、教师节、国庆节等。任选一节日,如父亲节,请同学们进行商机发掘,如开发设计某种产品、提供某种服务等,以赢得目标对象的好感,创造流行。

2.熟练掌握本章理论,注意观察现实生活,就自己熟悉的企业,或者通过报纸、杂志和网络了解的某个企业,分析其营销指导思想的类型,并预测该企业在此营销观念的指导下发展前景如何。

第 2 章　市场营销环境

【本章重点】

1.营销环境的内涵和特征。
2.微观环境和宏观环境的主要内容。
3.企业应对营销环境变化的对策。

【引例】

以公正监管保障公平竞争
2022 年反不正当竞争专项执法行动启动

为深入贯彻党中央、国务院关于加强反不正当竞争的决策部署,全面落实《2021 年政府工作报告》深入推进公平竞争政策实施、维护公平有序市场环境的工作要求,市场监管总局近日印发通知,部署开展 2022 年反不正当竞争专项执法行动,聚焦重点,规范竞争,推进建设全国统一大市场。

专项执法行动突出五个重点:突出重点领域,聚焦民生和新消费、重要商品和要素市场、新经济等领域的竞争秩序。突出重点行业,聚焦早教、中介、第三方测评、医美植发等行业乱象问题。突出重点人群,聚焦老年、青少年、女性等群体合法权益的维护。突出重点地区,聚焦农村、城乡接合部、医疗机构周边、学校周边、文化娱乐场馆周边等违法行为多发地区。突出重点商品,聚焦"保健"产品、农产品、防疫用品等重要商品。严厉打击仿冒混淆、"口碑"营销、商业贿赂、"二选一"等不正当竞争行为,着力营造放心消费环境,维护公平竞争市场秩序。

各地市场监管部门要深刻理解、把握反不正当竞争在新发展阶段的重要战略定位,强化竞争执法,切实解决影响公平竞争、制约经济活力的难点堵点问题,着力激发市场主体创新活力,进一步提升我国市场竞争整体的质量和水平。要加强组织领导,创新执法方式,积极应对当前不正当竞争行为呈现的技术性、隐蔽性、复杂性趋势。充分发挥反不正当竞争协调机制的作用,强化协作,形成部门合力,着力解决新型不正当竞争行为跨地域、跨行业、跨平台所带来的挑战。要及时归纳总结经验,开展交流学习,提升执法能力,注重舆论宣传,加强以案释法,营造公平竞争的社会氛围。

(资料来源:学习强国)

2.1 市场营销环境及其分类

2.1.1 营销环境的含义

市场营销环境是指影响企业营销的外界力量和因素。企业得以生存的关键,在于其在环境变化需要新的经营行为时所具有的自我调节。

根据营销环境对企业市场营销活动发生影响的方式和程度,可将市场营销环境分为两大类:微观营销环境和宏观营销环境。微观营销环境又称为作业环境和直接环境,因其与企业具有一定的经济联系,直接作用于企业为目标市场服务的能力。宏观营销环境又称为间接环境,因其诸要素与企业不存在直接的经济联系,是通过直接环境的相关因素作用于企业的较大的社会力量。微观环境与宏观环境不是并列关系,而是包容和从属的关系,微观环境受宏观环境的大背景所制约,宏观环境则借助于微观环境发挥作用。

2.1.2 营销环境的特征

1) 客观性

环境作为营销部门外在的不以营销者意志为转移的因素,对企业营销活动的影响具有强制性和不可控性的特点。一般说来,营销部门无法摆脱和控制营销环境,特别是宏观环境,企业难以按自身的要求和意愿随意改变它。

2) 差异性

不同的国家或地区之间,宏观环境存在着广泛的差异,不同的企业,微观环境也千差万别。正因营销环境的差异,企业为适应不同的环境及其变化,必须采用各具特色和针对性的营销策略。环境的差异性也表现为同一环境的变化对不同企业的影响不同。

3) 多变性

市场营销环境是一个动态系统。构成营销环境的诸多因素都受众多因素的影响,每一环境因素都随着社会经济的发展而不断变化。20 世纪 60 年代,中国处于短缺经济状态,短缺几乎成为社会经济常态。改革开放 20 年后,中国已遭遇"过剩"经济,不论这种"过剩"的性质如何,仅就卖方市场向买方市场转变而言,市场营销环境已发生重大变化。营销环境的变化,既给企业提供机会,也给企业带来威胁。

4) 相关性

营销环境诸因素之间,既相互影响,又相互制约,某一因素的变化,会带动其他因素的相互变化,形成新的营销环境。例如,竞争者是企业重要的微观环境因素之一,而宏观环境中的政治法律因素或经济政策的变动,均能影响一个行业竞争者加入的多少,从而形成不同的竞争格局。又如,市场需求不仅受消费者收入水平、爱好以及社会文化等因素的影响,政治法律因素的变化,往往产生决定性的影响。

由于市场营销环境对企业营销活动的影响具有以上特点,使之复杂多变,难以捉摸。因此,企业应设置或委托专门智囊机构,安排专业人员对营销环境进行日常监测和分析,针对不断发展变化的环境提出可行的应变策略;此外,企业还需加强与政府部门联动,及时了解国家对宏观经济的调控措施,以及各项出台与即将出台的改革方案,使企业在应对宏观环境变化时能有所准备,帮助企业实现业绩增长或尽量减少损失。

2.2　微观营销环境

微观市场营销环境对企业营销活动的影响,主要体现在企业具体对外业务往来过程中,与企业营销形成协作、竞争、服务、监督的关系,直接影响与制约企业的营销能力,它包括企业内部环境及其营销渠道企业、目标顾客、竞争者和各种公众等与企业有双向运作关系的个人和组织。相较于宏观营销环境,在一定程度上,企业可以对其进行控制。

2.2.1　企业内部环境

一个企业的市场营销部门不是孤立的,营销经理不是在真空中作业,它面对着许多其他职能部门,如高层管理(董事会、总裁等)、财务、产品开发、采购、制造和会计等部门,它们必须与公司的最高管理层以及各个部门紧密合作。而这些部门、各管理层次之间的分工是否科学,协作是否和谐,目标是否一致,配合是否默契,这些因素都会影响企业的营销管理决策和营销方案的实施,企业目标的实现依需要靠企业内部各部门的相互配合。正是企业内部的这些力量构成了企业内部营销环境。企业的市场营销部门在制订营销计划和决策时,不仅要考虑企业外部的环境力量,还要考虑到与企业内部其他部门的协调。

2.2.2　供应商

供应商是向企业及其竞争者供应原材料、部件、能源、劳动力等资源的企业和个人。供应商能对企业的营销活动产生巨大的影响,体现在三个方面。首先,原材料、设备和能源等资源供应充足与及时与否,是企业营销活动顺利进行的前提。如果供应不足,或发生工人罢工等其他事故,将极大地影响企业按期完成交货任务,损害企业在顾客中的信誉。第二,供应商提供的原材料价格直接关系到企业生产成本。供应商原材料价格提高,企业也不得不提高产品价格,这必然影响到产品的市场竞争力,对企业销售量和利润产生一定影响。第三,供应商所提供的原材料质量直接影响企业的产品质量,如果供货质量出现问题,而本企业对检测环节把关不严,有问题的原材料进入生产环节,并最终形成产品投放入市场,很可能给企业造成灭顶之灾。近年来,我国多家食品企业出现的质量危机就深刻地体现了这一点,某些不负责任的企业和唯利是图的供应商制造出大量问题食品,极大地伤害了消费者的精神和身体健康,给整个行业造成极其恶劣的影响,甚至在很大程度上损害了中国的国际形象。所以选择合适和优秀的供应商,对于企业经营和发展非常重要。

2.2.3 营销中间商

在市场经济蓬勃发展的今天,企业通过各种市场营销中介进行市场营销过程中的各种活动,正是社会分工的要求,也是社会发展的标志之一。营销中间商是指那些帮助公司向最终买主推广、销售和分销产品的机构,包括中间商、实体分配机构、营销服务代理机构和财务中介机构。这些都是市场营销中不可或缺的中间环节,大多数企业的营销活动,都需要有它们的协助才能顺利进行。

供应商和营销中介都是企业向消费者提供产品或服务价值过程中不可缺少的支持力量,是价值让渡系统中的主要组成部分。企业不仅要把它们视为营销渠道成员,更要视为伙伴,追求整个价值让渡系统业绩的最大化。

2.2.4 顾客

顾客是企业的服务对象,是企业产品的直接购买者或使用者。企业与市场营销渠道中的各种力量保持密切关系的目的就是有效地向目标顾客提供产品或服务。顾客的需求正是企业营销努力的起点和核心,顾客是企业最重要的微观环境因素。根据购买者和购买目的可将目标顾客分为五类,分别是:

①消费者市场,也称生活资料市场。消费者市场由为了个人消费而购买的个人和家庭构成。

②生产者市场,也称生产资料市场。生产者市场是由为了加工生产来获取利润而购买的个人和企业构成。

③中间商市场。中间商市场由为了转卖来获取利润而购买的批发商和零售商构成。

④政府市场和非营利性组织市场。政府为了履行政府职责而进行的采购。例如:政府机构向地震灾区捐赠的药品、食物的采购等。

⑤国际市场。国际市场由国外的购买者构成,包括国外的消费者、生产者、中间商和政府机构。

每种市场类型在消费需求和消费方式上都具有各自鲜明的特色。企业的目标顾客可以是以上五种市场中的一种或几种。也就是说,一个企业的营销对象不仅包括广大的消费者,还包括各类组织机构。企业必须分别了解不同类型目标市场的需求特点和购买行为。

2.2.5 竞争者

正所谓"知己知彼,百战百胜",一个企业想要在竞争中取胜,首先必须辨认竞争者,必须能够比竞争者更好地满足目标市场消费者的需要和要求。因此,除了发现并迎合消费者的需求外,识别竞争对手、时刻关注他们,并随时对其行为作出及时反应也是成败的关键。

从消费需求的角度看,我们可以将企业的竞争者分为以下四种类型:

1) 欲望竞争者

欲望竞争者又称愿望竞争者,指提供不同产品以满足消费者的不同需求的竞争者。当一个消费者休息时可能想看书、进行体育运动或吃东西,每一种愿望都可能意味着消费者将在某个行业进行消费,而提供书籍、体育运动和饮食消费来满足消费需求的各企业或个人就构成欲望竞争者。假如你是旅游服务人员,在十一长假期间,顾客的购买能力有限,只能在购物、娱乐和旅游等商品中选择其一。那么商场、娱乐公司、旅行社就是愿望竞争者。如何促使消费者旅游,而不是进行其他消费,这就是一种竞争关系。所以,愿望竞争要靠全行业的努力,在产品没有成为消费者的消费时尚或必需品前,不能搞窝里斗,这会导致顾客将有限的资金或资源投向另一种愿望产品。

2) 属类竞争者

属类竞争者又称类别竞争者或平行竞争者,指提供能够满足同一种需求的不同类别产品的竞争者。例如,为满足消费者饮食需要,各式餐厅如韩国料理、日本料理、川菜馆、火锅店等餐厅之间就形成了属类竞争者关系。再如,为满足顾客代步需求,汽车、摩托车、电动车、自行车等生产商之间也相互称为属类或平行竞争者。

3) 产品形式竞争者

产品形式竞争者指生产同种产品,但提供不同规格、型号、款式的竞争者。例如,计算机的种类有台式机、一体机、液晶电脑、笔记本、上网本等。又如某人想吃零食,并且从土豆片、水果、薯条等零食中选择吃糖果,这时选择吃哪种形式的糖果成为一个问题,如巧克力块、甘草糖、水果糖,这些糖果都是满足吃糖欲望的不同形式,它们称为产品形式竞争因素。提供这些不同形式产品的企业构成竞争关系,相互之间称为产品形式竞争者。

4) 品牌竞争者

品牌竞争者指产品相同、规格、型号等也相同,但品牌不同的竞争者。如笔记本电脑的品牌有联想、Acer、索尼、戴尔、三星等,这些品牌生产商之间就形成了竞争关系。

品牌竞争是这四个层次的竞争中最常见和最显眼的,其他层次的竞争则比较隐蔽和深刻。有远见的企业并不仅仅满足于品牌层次的竞争,而是会关注市场发展趋势,识别和研究更深层次的竞争者,从而在更宽、更广的领域寻找到商机。

2.2.6 公众

公众是指对企业实现市场营销目标的能力有着实际或潜在影响的群体。公众可能有助于增强一个企业实现目标的能力,也有可能妨碍这种能力。企业的主要公众包括金融界、新闻界、政府、社区公众和企业内部公众。有时候公众的态度会直接影响企业营销的成功,因此,成功地处理好与公众的关系格外重要。目前,许多企业建立了公共关系部门,专门筹划与各类公众的良好关系,为企业营建宽松的营销环境。现代企业是一个开放的系统,它在经营活动中必然与各方面发生联系,必须处理好与各方面公众的关系。

企业内部、供应商、营销中间商、顾客、竞争对手、公众等六种力量构成企业营销的微观环境,它们对企业经营发展产生直接影响,企业应将其视为营销系统的一个有机组成部分。有效管理和改善企业与各因素之间的关系,促进企业的健康稳定发展。

2.3 宏观营销环境

菲利普·科特勒指出：宏观环境是影响企业微观环境中所有行为者的大型社会力量，主要包括人口、经济、自然、技术、政治和法律、文化六大因素。这些因素既相互独立又相互作用，对企业的市场营销活动既是威胁又是机会，并通过微观环境的作用，对企业的营销活动进行限制和制约。对于宏观营销环境，企业通常应遵循主动了解和适应的原则，趋利避害，以变应变，求得与大环境的和谐共进。

2.3.1 人口环境

人口是构成市场的第一位因素，市场由有购买愿望并且具备购买能力的人构成，人的需求正是企业营销活动的基础，对人口环境的考察是企业把握需求动态的关键。从量的角度看，人口数量是市场规模的重要标志，在人均消费水平一定的情况下，人口数量越多，市场需求规模就越大。人口的年龄结构、地理分布、婚姻状况、出生率、死亡率、人口密度、流动性、文化教育等特性，又会对市场需求格局产生深刻影响。

1) 人口数量

随着世界科学技术进步、生产力发展和人民生活条件改善，世界人口平均寿命延长，全球人口尤其是发展中国家的人口持续增长。据估计，目前世界总人口已经超过 60 亿，并将在 2025 年达到 79 亿以上。人口的迅速增长意味着人类需求的增长和市场的扩大。东亚地区被人们誉为"最有潜力的市场"，除了该地区近年来经济发展迅速外，也因其人口数量庞大且增长较快，使得该地区的市场需求日益扩大。

世界人口的增长呈现极端不平衡之势。发达国家的人口出生率下降，甚至出现人口负增长，导致这些国家市场需求呈缓慢增长，有的甚至开始萎缩。例如，欧洲儿童数量的减少，给以儿童市场为目标的企业造成威胁，而年轻夫妇有更多的闲暇和收入用于旅游和娱乐，则为另一些行业带去佳音。我国人口众多，无疑是一个巨大的市场。因为人口增加，消费需求也会迅速增加，则市场潜力就会很大。例如，随着我国人口增加，人均耕地减少，粮食供应不足，人们的食物消费模式将发生变化，这就可能对我国的食品加工业产生重要影响；随着人口增长，能源供需矛盾将进一步扩大，因此研制节能产品和技术是企业必须认真考虑的问题；而人口增长将使住宅供需矛盾日益加剧，这就给建筑业及建材业的发展带来机会。又如由于房屋紧张引起房价上涨，从而增大企业产品成本。另外，人口增长还会增加交通运输压力，企业对此应予以关注。

2) 人口结构

人口结构可从自然结构(性别、年龄)和社会结构(文化素质、职业、民族和家庭)两方面进行分析。

（1）人口的自然结构

人口的性别构成与市场需求的关系密切。男性和女性在生理、心理和社会角色上的差异决定了他们不同的消费内容和特点。一些产品有明显的性别属性，只为男性或女性专用。生产烟酒的企业其目标市场是以男性为主，而生产化妆品的企业其目标客户则以女性为主。在购买行为上，女性通常购买衣服等日用品，而男性往往是购买大件物品的决策者，例如汽车、住房等。

人口年龄结构是企业分析市场环境的主要内容之一，人口可细分为6个年龄组：学龄前、学龄儿童、少年、青年人、中年人和老年人。不同年龄层次的消费者因为生理和心理特征、人生经历、收入水平和负担状况的不同，有着不同的消费需要、兴趣爱好和消费模式。

目前，人口老龄化是世界人口年龄结构变化的新特点，其原因在于许多国家尤其是发达国家的人口死亡率普遍下降，平均寿命延长。这一人口环境动向对市场需求的影响十分深刻：市场对摩托车、体育用品等青少年用品的需求将会减少，而且老年人对添置住宅、汽车等高档商品兴趣不大，这部分产品的市场需求也呈下降趋势；另一方面，老年人的医疗和保健用品、生活服务、旅游和娱乐的市场需求将会迅速增加。据测算，仅潜在消费每年也在3 000亿元人民币以上，老年人的消费需求以人寿保险、医疗保健和生活服务为热点。

（2）人口的社会结构

人口的社会结构包括人口的文化素质、职业群体、家庭结构和民族等。

人口的文化素质对市场消费需求的影响亦不可忽视。一般来说，随着受教育人数和受教育水平的提高，市场将增加对优质高档产品、旅游、书籍杂志等文化消费品的需求，而且人们的需求会更加追求个性化和多样化。此外，企业采用的营销手段及效果也因目标顾客的受教育程度而异。

职业体现一个人的社会地位和角色，不同的职业有不同的生活方式，也有不同的收入水平，这些都直接影响消费方式、习惯和购买能力。一位出租车司机、一名新闻记者、一名画师、一名政府公务员和一位高校教师，职业特点各不相同，接触人群和购买兴趣均不会相同。

家庭是社会的细胞，也是某些商品的基本消费单位，例如住房、成套家具、电视机、厨房用品等商品的消费数量就和家庭单位的数量密切相关。目前，家庭规模缩小已呈世界趋势。家庭规模小型化，一方面导致家庭总户数的增加，进而引起对家庭用品总需求的增加，家庭数量的剧增必然引起家用电器、住房和装修等需求的迅速增长；另一方面则意味着家庭结构的简单化，从而引起家庭需求结构的变化，例如单人户、双人户和三人户的增加使得家庭对产品本身的规格和结构有不同于多世同堂的大家庭对产品的要求。而随着家庭人数的减少，小型炊具的需求将越来越大，大型炊具市场将逐渐萎缩。营销者应在产品设计、包装和促销上做出相应的调整。

（3）人口分布

人口的地理分布指人口在不同地区的密集程度。由于自然地理条件，以及经济发展程度等多方面因素的影响，人口的分布绝不会是均匀的。从我国来看，人口主要集中在东南沿海一带，人口密度逐渐由东南向西北递减。另外，城市人口比较集中，尤其是大城市人口密度很大，例如上海、北京、深圳等城市，而农村人口密度则相对较小。

不同地域的消费者,其消费习惯不尽相同,市场需求特性也因此不同。例如,东南沿海城市居民收入较高,消费倾向于享受型和发展型,这些地区的旅游业和娱乐业以及新兴产业会比较发达;而内地和西部地区收入较低,消费以基本型为主。再如,北方天气寒冷,冬天居民都需要安装暖气,而南方天气比较炎热,空调的需求则不断增大。

2.3.2　经济环境

在人口因素既定的情况下,市场需求规模与社会购买力水平成正比关系,社会购买力与经济环境密切相关。经济环境包括许多因素,如产业结构、经济增长率、货币供应量、利率等。而社会购买力正是以上一些经济因素的函数。所以,企业必须密切注意其经济环境的动向,尤其要着重分析社会购买力及支出结构的变化,高度重视促成其变化的各种因素。

1) 消费者收入

消费者的收入是消费者购买能力的源泉,包括消费者的工资、奖金、津贴、股息、租金和红利等一切货币收入。消费者收入水平的高低制约了消费者支出的多少和支出模式的不同,从而影响了市场规模的大小和不同产品或服务市场的需求状况。

研究消费者收入,必须明确个人可支配收入和可任意支配收入两个概念。个人可支配收入是指在个人总收入中扣除税金后,消费者真正可用于消费的部分,它是影响消费者购买力水平和消费支出结构的决定性因素。个人可任意支配收入是指在个人可支配收入中减去消费者用于购买食品、支付房租及其他必需品的固定支出所剩下的那部分收入,一般还要扣除稳定的储蓄。它是影响消费需求变化的最活跃因素。

个人可任意支配收入=个人全部收入-税费-固定开支-储蓄+手存现金

在这两种收入中,由于国家税收政策的稳定性,个人可支配收入变化趋势缓慢,而个人可任意支配收入变化较大,并且在商品消费中的投向不固定,成为市场供应者竞争的主要目标。

2) 消费者支出

消费者支出模式指消费者各种消费支出的比例关系,也就是常说的消费结构。社会经济的发展、产业结构的转变和收入水平的变化等因素直接影响社会消费支出模式,而消费者个人收入则是影响单个消费者或家庭消费支出结构的决定性因素。

德国经济学家和统计学家恩斯特·恩格尔1857年在对英国、法国、德国、比利时不同收入家庭调查的基础上,发现了关于家庭收入变化与各种支出之间比例关系的规律性,提出了著名的恩格尔定律并得到追随者的不断补充修正。目前,该定律已成为分析消费结构的重要工具。该定律指出:随着家庭收入增加,用于购买食品的支出占家庭收入的比重会下降;用于住房和家庭日常开支的费用比例保持不变;而用于服装、娱乐、保健和教育等其他方面及储蓄的支出比重会上升。其中,食品支出占家庭收入的比重被称为恩格尔系数。恩格尔系数是一个国家、一个地区、一个城市、一个家庭生活水平高低的衡量标准。恩格尔系数越小表明生活越富裕,越大则生活水平越低。企业通过恩格尔系数可以了解市场的消费水平和变化趋势。

需要指出的是,消费者支出模式除了主要受消费者收入影响外,还受下列两个因素的影响：家庭生命周期的阶段和家庭所在地点。一个没有孩子的新组建家庭，往往把更多的收入用于购买冰箱、家具、陈设品等耐用消费品上；有了孩子后，家庭支出的重点转向孩子娱乐、教育等方面，这一阶段家庭用于购买消费品的支出会减少；孩子独立生活后，家庭消费多用于保健、旅游或储蓄。另外，位于不同地点的家庭，其开支也不一样，如住在农村的消费者和住在中心城市的消费者，他们在食物、交通和住宅方面的开支比例都存在很大的差异。

3）消费者储蓄与信贷

消费者的储蓄额占总收入的比重和可获得的消费信贷通过影响购买力而影响市场需求。一般说来，储蓄意味着推迟了的购买力，储蓄额越大，当期购买力越低，而对以后的市场供给造成压力，有人以"笼子里的老虎"形象地比喻它对未来市场的冲击。与储蓄相反，消费信贷是一种预支的幸福能力，它使消费者能够凭信用取得商品使用权在先，按期归还贷款在后。消费信贷有短期赊销、分期付款和信用卡信贷等多种形式。发达的商业信贷使消费者提前预支了将来的消费，所谓"寅吃卯粮"，对当前社会购买是一种刺激和扩大。

2.3.3 自然环境

自然环境是人类最基本的活动空间和物质来源。一个国家、地区的自然环境包括该国、该地区的自然资源、地形地貌和气候条件，这些因素都会不同程度地影响营销活动。企业要避免自然环境带来的威胁，最大限度地利用环境变化可能带来的市场营销机会，不断地分析和认识自然环境变化趋势。

1）自然资源紧缺

传统上，人们将地球上的自然资源分成三大类：取之不尽，用之不竭的资源，如空气、水等；有限但可更新的资源，如森林、粮食等；有限又不能更新的资源，如石油、煤和各种矿物。由于现代工业文明无限度地索取和利用，导致矿产、森林、能源、耕地等资源日益枯竭。近几十年来，许多国家的空气、水污染日益严重，有些地区，随着工业化和城市的发展，解决缺水问题已提上议事日程。有些国家和城市由于人口增长太快，连年的动乱和旱灾，已面临粮食严重缺乏的问题。随着现代工业文明无限度地索取和利用，石油、耕地等资源日益枯竭，需要这类资源的企业正面临着或即将面临威胁。目前，自然资源的短缺已成为各国经济进一步发展的制约力甚至反作用力。对企业来说，最直接的威胁就是资源成本上升。

2）自然环境受到严重污染

过去，世界经济是物质经济，是肆意挥霍原料、资源、能源特别是矿物燃料作为发展动力的经济，这种粗放型的经济增长方式使人类付出了惨重的代价。人类面临资源枯竭、海洋污染、土壤沙化、温室效应、物种灭绝和臭氧层破坏等一系列资源生态环境危机。环境污染问题受到世界各国的高度关注，公众纷纷揭露污染的危害性，这种动向对某些以资源换取利润的行业和企业是一种环境威胁，在舆论压力和政府干预下，它们必须采取措施控制污染或转移投资。另一方面，这种动向也给控制污染、研发无污染的新包装材料等行业和企业带来商机。环境技术（Environment Technology）成为当今世界发展最快的产业之一，美、日、欧是环境技术市场的有力竞争者，它们在治理环境方面各有所长，并且都拥有巨大的环境技术市场。

可持续发展指经济发展应建立在资源可持续利用的基础上,符合生态环境允许程度,既能满足当代发展需求,又不对后代生存和发展构成危害。通过产业结构调整与合理布局,实现清洁生产和文明消费,使社会发展在代内和代际都与环境和谐共生。可持续发展理论逐渐为世界各国所接受,并促进绿色产业、绿色消费、绿色市场营销的蓬勃发展。例如,各大商场纷纷以各种环保袋代替塑料袋;节能型汽车日益受到人们的关注;迪士尼乐园利用经过处理的废水浇灌高尔夫球场、草坪和花园;麦当劳规定所有餐厅都采用再生纸制成的纸巾,此外,麦当劳还制定了长期的雨林政策,拒绝来自雨林的牛肉,并承诺购买可回收产品、采用节能建设技术;宝洁公司(P&G)重新设计塑料包装以减少塑料用量等。从世界范围看,环境保护意识和市场营销观念相结合所形成的绿色市场营销观念(Green Marketing Concept)正在成为新世纪市场营销的主流。

2.3.4 科学技术环境

科学以系统的理论反映系统的现象,是人类对自然、社会和思维等现象认识的结晶。技术是人类为实现社会需要改革客观世界所采用手段的总和。科学技术的迅速发展深刻地影响社会生产和人类生活,人类清醒地认识到科学技术是第一生产力。许多在今天看来司空见惯的产品,30年前可能还极为稀少,或者根本不存在:电子计算器、复印机、快餐连锁店、个人电脑、喷气式飞机、全公寓式饭店、传真机、录像机等;科学家们正在描绘未来的产品,比如会飞的轿车,可以在太空饭店逗留的太空旅行。每一种科学技术的新成果都会给社会生产和社会生活带来影响甚至是深刻的变化,对于企业来说,科技进步的影响主要体现在以下几个方面。

1)推陈出新

自动化设备和新技术的投入应用,导致一些旧行业受到冲击甚至被无情地淘汰。例如,数码影像技术对传统影像产业造成严重影响;MP3等数码音像产品使CD唱片、磁带产业濒临淘汰边缘;速印业影响复写纸行业等。同时,新的行业也应运而生,比如新技术培训、新工具维修、电脑教育、信息处理、光导通信、遗传工程、海洋技术和空间技术等。新的消费市场不断替代旧式需求。

2)优化管理

新技术的发展和运用赋予了企业改善经营管理的能力。竞争战略学家迈克尔·波特指出,技术概念除了可狭义地定义为一种科技类的东西外,还可定义为极为广泛的含义,包括管理、组织创新或其他,而运用技术的能力是企业获得竞争优势的源泉。

3)电子商务

新技术的发展和运用颠覆了零售业的结构和消费者的购物习惯。随着网络技术的发展,消费者轻轻松松在家购物已成常态。20世纪90年代以来,尽管全球经济下滑,但电子商务却发展迅猛。美国著名信息市场研究公司——国际数据公司研究显示,因特网普及速度并未受到目前全球经济不景气的影响,使用因特网的人群越来越多样化,网民身份已经超越了年龄、教育水平和地理位置的限制。看似虚拟的空间,却开辟了实实在在的竞争新领域,消费者可以在这个空间获取信息、自由购物;企业可以在这个空间进行广告宣传、市场营销研究和推销商品等。现代信息技术的高度发展,给营销方式带来了重大变革。

2.3.5 政治法律环境

企业的经营活动,是社会经济生活的组成部分,而社会经济生活总要受到政治生活的影响。因此,企业营销人员,应当熟稔政治法律环境,以及它们对企业营销活动的影响要了然于胸,否则将招致不可逆转的损失。

1) 政治环境分析

政治环境指企业市场营销的外部政治形势和状况给市场营销带来的,或可能带来的影响。包括国内政治环境和国际政治环境。对国内政治环境的分析要了解党和政府的各项路线、方针、政策的制定和调整对企业市场营销的影响。对国际政治环境的分析要了解政治权力与国际政治军事冲突对企业营销的影响。

目前,国际上采取的对企业营销活动有重要影响的政策和措施主要有进口限制、税收政策、价格管制和外汇管制等方面。进口限制是指在法律和行政上限制进口的各项措施:一类是限制进口数量的各项措施;另一类是限制外国产品在本国市场上销售的措施。政府的税收政策会对企业营销活动产生重要影响,例如,对某些产品征收特别税或高额税,从而减弱这些产品的竞争力,进而影响生产这些产品的企业的收益。当一个国家的经济发生问题时,如经济危机、通货膨胀等,政府为了保护公众利益,保障公众的基本生活,会对某些重要物资进行价格管制,这种直接干预行为,也会对企业营销活动产生一定影响。外汇管制指一个国家的政府对外汇的供需及利用加以限制。例如,实行外汇管制,使企业所需的原材料、设备等不能自由进口,企业资金不能随意汇回母国等。这些"政治权力"对市场营销活动的影响往往有一个发展过程,有些方面的变化,企业可以通过分析预判得到。

2) 法律环境分析

企业总是在一定的法律环境中运行的,法律环境是企业经营不可忽视的环境因素。企业市场营销的法律环境,主要是指直接或间接地影响企业市场活动的各种法规。对国内市场营销法律环境的分析,主要指国家主管部门及省、自治区、直辖市颁布的各项法律、法规、条例等,尤其是经济立法。企业了解法律,熟悉法律环境,既保证企业自身严格依法办事,不违反各项法律,有自己的行动规范,同时又能够运用法律手段保障企业自身权益。企业营销人员应熟悉和了解有关法律、法规、规章、条例等规范。如果从事国际营销活动,企业既要遵守我国的法律制度,还要了解和遵守目标市场国的法律制度和有关的国际法规、国际惯例和准则等。这方面因素对企业的国际营销活动有着深刻影响。例如,日本政府曾规定,任何外国公司进入日本市场,必须要找一个日本公司合伙。

2.3.6 社会文化环境

任何经济活动总是在特定的文化背景下进行的,并受一定社会文化的熏陶、渗透和影响。《市场营销学》所说的社会文化因素,一般是指一个社会在长期发展过程中形成的价值观念、生活方式、宗教信仰、道德规范、审美观念以及风俗习惯等。在本国市场上成功的营销策略在他国文化中可能行不通,甚至招来厌恶、抵制;在本国文化中属于表层文化的因素,在他国文化中可能是必须严肃对待的"禁区"……这一切,都需营销人员仔细分析,并在充分尊重他国文化的基础上,创新营销策略,实现跨文化营销目标。既有民族特色,又不对他国文化构成利害冲突的营销手段往往会受到欢迎。

1) 教育状况

处于不同教育水平的国家或地区,对商品的需求不同,对商品的包装、功能和服务的要求也有很大差异。例如,通常来看受教育水平高的国家比受教育水平低的国家具有更强的旅游需求。受教育水平高的居民对先进的、质量好的、功能多的产品更感兴趣,通常文化素质高的地区或消费者要求商品包装典雅华贵,对附加功能也有一定要求。而受教育水平低的居民则倾向于选择操作简单、易于保养的产品。又如,企业的产品目录、产品说明书的设计要考虑目标市场的受教育状况。如果经营商品的目标市场在文盲率很高的地区,不仅需要文字说明,更需要配以简明图形,并派人进行使用、保养的现场演示,以避免消费者和企业的不必要损失。

2) 宗教信仰

宗教是支配人们的自然力量或社会力量在头脑里的虚幻的、颠倒的反映。纵观历史上各民族消费习惯的产生和发展,可以发现宗教是影响人们消费行为的重要因素之一,它对人们的态度、价值观和生活方式有着重大影响。某些国家和地区的宗教组织在教徒购买决策中也有重大影响。因此,企业营销人员必须谙熟当地宗教禁忌,避免引发矛盾和冲突给企业营销活动带来损失。

3) 价值

所谓价值观,就是人们对社会生活中各种事情的态度、评价和看法,是一种意识形态,存在于个体中。在不同的社会和文化背景下,人们的价值观差别很大,进而影响到消费者的消费心理、消费需求和购买行为。例如,在我国,勤俭节约是传统美德,大多数人都会攒钱购买商品,量入为出;而在美国,提前消费却是司空见惯的事情。又如,东方人注重群体,讲究团队精神,所以广告宣传往往突出人们的共性认识;而西方人则注重个体和创造精神,所以广告包装往往讲究标新立异,讲求令人耳目一新。再如,一些具有创新性的新产品在美国会受到普遍欢迎,而在德国,由于消费者比较保守,更注重品牌消费。一家美国公司在日本市场推销某产品时用的是曾风靡美国市场的鼓动性口号"做你想做的!",但没有达到效果,颇感意外。调查后得知,日本文化与美国文化在价值观上有很大差异,并不喜欢标新立异、突出个性,而是非常强调克己、规矩。后来,这家公司将口号改为"做你应做的!"市场反应转好。一字之差,引发的思考却耐人寻味。面对不同的价值观市场,企业营销人员应当采取不同的策略,在制订促销策略时应把产品与目标市场的文化背景联系起来。面向乐于变革、喜欢猎奇、富有冒险精神、比较激进的消费者,应重点强调产品的新颖和奇特。

4) 风俗习惯

风俗习惯是人们根据自己的生活内容、生活方式和自然环境,在一定的社会物质生产条件下长期形成的,并世代沿袭而成的一种风尚,以及由于重复、练习而巩固下来并变成需要的行动方式等的总称。一个社会或一个民族的婚丧嫁娶、饮食起居、社会活动、人际关系等都与人们的传统习惯密不可分,风俗习惯对消费习惯和消费方式起着决定性的作用。不同的国家、不同的民族有不同的风俗习惯,对消费者的消费喜好、消费模式、消费行为等具有重要影响。企业在开展营销活动时,必须了解不同国家和地区、不同民族的风俗习惯,做到"入境随俗",避免触犯当地风俗禁忌,引发矛盾和冲突,给企业造成不必要的损失。

【案例 2-1】

案例企业市场营销环境实例分析之——MINISO 名创优品品牌分析

2013 年年底,名创优品以"国际著名百货品牌"身份进入中国市场,相继在我国各大城市开设 100 多家门店,所售商品大部分单价仅 10 元,并且宣称"100% 日本品质"。

事实上,名创优品的资金来自哎呀呀饰品连锁股份有限公司(以下简称"哎呀呀"),而哎呀呀董事长叶国富坚称名创优品为日本品牌,并说日本媒体的报道使他们在日本很有名。

在名创优品的宣传中,它是国际著名的休闲百货品牌,总部位于日本东京,在全球拥有 3 000 多家店铺,每年有超过 1 亿人次到店消费。其创始人是日本著名设计师"自然使者"三宅顺也。2013 年,该品牌由中国广州财团引进,计划 2014 年在中国开店 300 家。在其产品来源的描述中,90% 是在中国进行生产的,并宣称 100% 日本品质。门店所售商品大部分为"十元一件",商品数量超过 1 万种。半年多来,名创优品从广州"中国一号店"起步,如今已抵达内蒙古、吉林等地,拥有店铺 100 多家。

市场营销环境可以从市场营销的微观环境和宏观环境进行分析。

微观环境

目前 MINISO 名创优品在华知名度高达 73.5%,比上一季度的 63%,提升了 10.5%。其知名度的快速提升得益于名创优品(中国)有限公司精准把握中国消费者行为的能力,通过整合营销资源和自媒体"内容共建"的综合规划,不断推出重磅"新闻事件",引来各类媒体自发的争相报道和转载,成功引爆了 MINISO 名创优品的在华知名度。据"名创优品"的商标申请者叶国富所言,其商品 90% 是在中国生产的。

在品牌知晓渠道中,38.7% 的消费者是通过家人、朋友、同事等的口碑推荐知晓的;30.3% 的消费者是通过 MINISO 名创优品实体店知晓的;25.2% 的消费者是通过阅读微信、微博等新媒体发布转载的相关信息知晓的;仅有 5.8% 的受访者是通过传统媒体渠道知晓的。由此可见,名创优品制定的用高端大气的店铺形象吸引顾客,用"优质、创意、低价"产品打动消费者的品牌推广策略取得了初步成效且成绩斐然。

在对品牌理念的认同上,MINISO 名创优品主张的"优质、创意、低价"理念所获认同度最高,占 72.6%,高度契合了当今世界流行的"精明"消费潮流,市场前景看好。

宏观环境

国家要全面发展经济,促进经济发展,并鼓励青年努力创业,推行由消费者影响消费者的互联网思维品牌营销策略,势必带来较低的市场营销成本。市场营销成本的节约必将利好"优质、创意、低价"的产品营销体系,获益的终将是消费者,因此名创优品在华市场发展势头迅猛,成绩斐然,前景广阔。

MINISO 名创优品在华知名度比上一季度提升了 10.5%，高达 73.5%。超高知名度得益于"尊重消费者"的品牌精神指导下的品牌、产品、卖场、消费者的立体整合策略培育了高达72.6%认同"优质、创意、低价"品牌理念的美誉度。高知名度与高美誉度相互协同和促进共同成就了 MINISO 名创优品的口碑效应，同时伴随着实体店的增多和新媒体内容的打造，形成了极具 MINISO 名创优品特色的链式传播，使得品牌知名度与美誉度呈指数级增长。同时上述数据表明，MINISO 名创优品来华一年，知名度与美誉度取得好成绩，得到了广大消费者的拥护和支持，应继续坚持和优化口碑传播策略。MINISO 名创优品在华市场历经一年的运营后受访者偏向购买的品类取得均衡发展，一改上一季度一类独大局面，同时创意家居和生活百货以微弱优势领先既确保了品牌代表品类识别度的差异区分，又能保证实体店经营的绩效。73.3%的受访者表示因 MINISO 名创优品"优质、创意、低价"愿意购买计划外产品，在某种程度上确保了 MINISO 名创优品的客单价，即使其奉行"微利多销"的商业策略也能保证较好的体量规模盈利。上述数据表明，消费者愿意和乐意购买 MINISO 名创优品的产品，市场前景利好。

（资料来源：百度文库）

2.4 环境分析与营销对策

环境扫描日益成为一家成熟企业的重要职能，企业必须识别出环境中哪些是真正的机会，哪些是经过伪装后的机会，哪些因素有可能造成重大威胁。企业纷纷建立起问题管理程序，以了解和掌握那些可能影响企业未来的问题。环境威胁机会矩阵便是一种常用的营销战略分析方法，可以帮助企业分析营销环境，以发现机会和规避风险。

2.4.1 机会与威胁分析

1) 环境机会

营销经理应及时识别环境变化带来的重要营销机会。企业的营销机会通常是指对企业营销行为具有吸引力的领域，在这一领域，该企业将有竞争优势。

机会的实质是市场上拥有"未满足的需求"。随着顾客需求的不断变化和产品寿命周期的缩短，导致新老产品的不断交替，从而使市场不断地出现新的机会。

市场机会一般具有利益性、针对性、时效性、公开性等特征。利益性是指市场机会可以为企业带来经济或社会效益；针对性是指市场机会是具体企业的机会，分析与识别必须与企业具体条件结合起来进行；时效性是指企业的市场机会往往稍纵即逝；公开性是指市场机会是某种客观存在的现实状况，每个企业都可以了解它、适应它。

市场环境机会可以按其吸引力以及每一个机会可能获得成功的概率加以分类（图 2-1）。企业在每个特定机会中的成功概率取决于其业务实力是否与该行业成功所需条件相吻合。环境机会能否成为企业的营销机会，在很大程度上取决于环境机会是否与企业目标、资源及

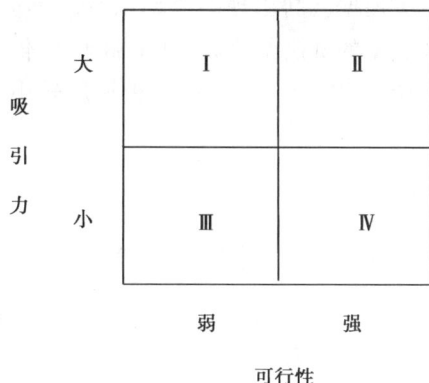

图 2-1 市场机会价值评估矩阵

任务相一致,企业利用此环境机会能否比竞争者带来更大的利益。

区域Ⅰ为吸引力大、可行性弱的市场机会。企业一般不会将主要精力放在此类市场机会上;区域Ⅱ为吸引力、可行性俱佳的市场机会,是企业营销活动最理想的目标市场。区域Ⅲ为吸引力、可行性皆差的市场机会。企业通常不会去注意此类价值最低的市场机会。区域Ⅳ为吸引力小、可行性大的市场机会。稳定型企业、实力薄弱的企业常以此类市场机会作为常规营销活动的主要目标。

市场机会的价值大小由市场机会的吸引力和可行性两方面因素决定。市场机会吸引力的大小可以从市场需求规模、利润率、发展潜力等方面进行分析判断,而市场机会的可行性可以从企业内部环境条件、外部环境状况等方面进行判断。

2) 环境威胁

环境威胁是指环境中一种不利的发展趋势所形成的挑战,如果不采取果断的营销行动,这种不利趋势将导致企业市场地位被侵蚀。环境威胁可能来自环境因素的直接威胁,也可能来自企业的目标、任务及资源与环境机会之间的矛盾。环境威胁可以按照其严重性和出现的可能性进行分类,如图 2-2 所示。

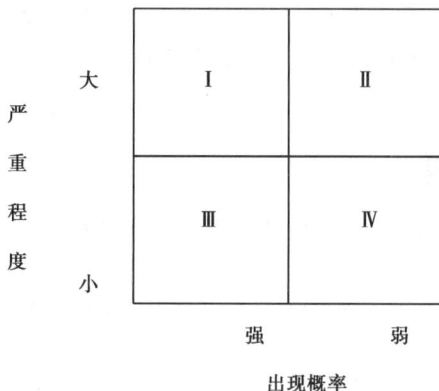

图 2-2 市场威胁矩阵

在企业市场营销过程中,应根据威胁出现的概率以及严重程度,密切关注每一个威胁,并准备应对措施。上图中,区域 Ⅰ 的威胁最大,企业应针对其准备应对措施;区域 Ⅱ 与区域Ⅲ 的威胁应密切关注,可以不涉及应对措施;区域 Ⅳ 的威胁较小,可以不加以理会。

【案例 2-2】

某汽车企业的威胁分析

某汽车生产企业在激烈的市场竞争中感到茫然无措,不知如何应对来自各方面的压力。决策者们深知,长此以往企业必将走向没落。为此,他们决定立即进行环境威胁机会分析,期望从这一分析中找到前进的方向。

汽车生产企业面临的环境威胁无外乎以下四种:其一,竞争对手发明一种高效的电动小汽车;其二,出现严重而漫长的经济萧条;其三,汽油价格持续上涨;其四,政府颁布更为严格的汽车污染控制法令。

在上述四种环境威胁中,尤以第一种威胁最应引起重视。这是因为,在环保意识日益深入人心的今天,高效的电动小汽车毫无疑问会受到消费者的热烈追捧。而且,各大汽车生产企业加紧研究高效电动小汽车也早已不是什么秘密。这意味着竞争对手发明高效电动小汽车并非不可能,应该说概率还是相当高的。

第二种威胁,虽然会给企业带来严重的影响,毕竟拮据的消费者不大可能把钱用于购买并非必需品的汽车。可以想象,在那样困难的情况下,消费者手中的钱更多地会购买食物、衣物。但是值得庆幸的是,如今全球经济发展势头良好,中国经济更是保持着一贯的稳步上升态势。在可预见的将来,漫长而严重的经济危机几乎不可能发生。所以,对第二种威胁,企业不可不防,但也无须过于重视。

第三种威胁,汽油价格的上涨也会给汽车销售带来一定的负面影响,而且这种情况经常出现。但是企业也不必忧心忡忡,汽油价格不会高到消费者难以承受的程度,毕竟汽油生产商也要考虑自己的经济效益。

第四种威胁,企业更不必为之担忧。因为政府不太可能做出这样的决定,而且就算颁布了更为严格的汽车污染控制法令,对汽车企业来说并非不可逾越。因此,对于这一环境威胁,企业完全可以不予理会。

2.4.2 企业营销对策

在企业面临的客观环境中,单纯的威胁环境和机会环境是很少的。一般情况下,营销环境都是机会与威胁并存、利益与风险结合在一起的综合环境。根据综合环境中威胁水平和机会水平的不同,企业所面临的环境可以分为以下四种情况,见表 2-1。

表 2-1 企业面临的四种情况

机会	威胁	
	重	轻
大	冒险环境	理想环境
小	艰难环境	成熟环境

1) 理想环境

理想环境是机会水平高,威胁水平低,利益大于风险。这是企业难得遇上的好环境。

2) 冒险环境

冒险环境是市场机会和环境威胁同在,利益与风险并存。企业必须加强调查研究,进行全面分析,审慎决策,以降低风险,争取利益。

3) 成熟环境

成熟环境下机会和威胁水平都比较低,是一种比较平稳的环境。企业一方面要按常规经营,以维持正常运转;另一方面,要积蓄力量,为进入理想环境或冒险环境做准备。

4) 艰难环境

艰难环境下风险大于机会,企业处境十分困难。此时,企业必须想方设法扭转局面。如果大势已去,企业则应退出在该环境中的经营,另谋发展。

一些成功企业运用的 SWOT 分析法,对企业内部因素的优势(strengths)和劣势(weaknesses)按一定标准进行评价,并与环境中的机会(opportunities)和威胁(threats)结合起来权衡抉择,力求内部环境与外部环境的协调和平衡,扬长避短,趋利避害,牢牢把握住对企业最有利的市场机会。

【本章小结】

市场营销环境是企业借以寻找市场机会和密切监视可能受到威胁的场所,它由能影响企业有效地为目标市场服务的能力的外部所有行动者和力量所组成。企业的微观营销环境包括企业内部、市场营销渠道企业、目标顾客、竞争者和各种公众;企业宏观营销环境包括人口、经济、自然、科学技术、政治法律和社会文化等方面的因素。企业与环境是对立统一的关系,能动地适应环境是企业市场营销成功的关键。

按环境对企业营销活动的影响,可分为威胁环境与机会环境,前者是指对企业营销活动不利的各项因素的总和,后者是指对企业营销活动有利的各项因素的总和,企业需要通过环境分析来评估环境威胁与环境机会,趋利避害,争取比竞争者利用同一市场机会获得较大的利益。

【思考与练习】

1.你如何看待环境的变化？

2.技术的发展是如何影响产业市场结构的？

3.企业如何分析、评价环境威胁和市场机会？试举例说明企业对其面临的主要威胁和理想机会应做出什么反应。

【应用题】

登录知乎，了解支付宝、微博、微信、阿里巴巴、京东等的发展历史。随着技术的不断发展，这些产业的市场结构、企业行为等发生了哪些变化？对顾客需求、顾客满意、顾客行为等产生了什么样的影响？提供了什么样的营销工具？

【案例分析】

葡萄酒的营销环境分析

一、有利的环境要素

1.独特的自然环境要素

中国的自然环境，无论是日照时间、降雨量还是昼夜温差，都适宜酿酒葡萄生长。仅河北省酿酒葡萄种植面积已达 26 万亩（1 亩＝666.67 平方米），酿酒葡萄总产量高达 20 多万吨。可见，葡萄酒原料十分丰富。

2.具有海量市场潜力

中国人口众多，经济持续快速增长，居民可支配收入不断增加，生活水平迅速提高，购买力逐步增强。而且，外国人员来华经商、旅游等日益频繁，这些都为中国葡萄酒市场需求的不断扩大创造了条件。

3.适宜的文化环境

中国酒文化源远流长。酒已经成为中国人的一种文化沉淀，成为各种社交场合必不可少的消费品。从文化层面上看，中国人对酒的需求非常强烈且根深蒂固。近几年来，随着大家对白酒危害性认识的加深，同时对葡萄酒特别是干红葡萄酒宣传力度的加大，人们对干红葡萄酒的需求日益增加，喝干红葡萄酒已经成为保健身体、提高品位的一种时尚。

4.良好的政策环境

葡萄酒是酒精度较低的发酵酒种，品格高雅，加上种植葡萄可以开发利用山坡地、沙砾地等不宜种植粮食的土地资源,因此,在我国的酿酒政策中一直鼓励葡萄酒的发展。

二、不利的环境要素

1.葡萄酒技术工艺有一定差距

我国葡萄酒行业还处于起步阶段,葡萄酒的技术工艺、产品质量、档次、品种等还无法与国际水平相比。

2.葡萄酒市场正处于发育阶段

中国葡萄酒市场虽然存在巨大潜力,但是远未达到快速成长期,市场的发育和成熟需要一定时间。

3.竞争环境恶劣

加入世贸组织后,技术雄厚、品牌强势的国外企业突破我国关税和相关政策的贸易壁垒,以低价位进入中国,从而使国内葡萄酒市场竞争更趋激烈。

【案例思考】

1.从宏观、中观、微观三个层次对葡萄酒营销环境进行总结。

2.如何正确看待葡萄酒市场的机会和威胁?

【营销实训】

创业 PK 就业——SWOT 分析理论的实践应用

【实训性质】

专业基础素质训练。

【实训目标】

(1)加深学生对 SWOT 分析理论的理解,提高学生的学习积极性;

(2)锻炼学生对 SWOT 理论的掌握及实践分析运用;

(3)通过辩论的方式锻炼学生的口头表达能力、应变能力、逻辑思维能力及团队协作能力。

【实训内容】

(1)辩论双方各自选派代表陈述观点;

(2)辩论双方选手针对对方观点质疑,同时为本方观点进行辩护;

(3)观看学生进行评价并推选优秀辩论选手。

【实训准备】

学生事先根据教师要求完成书面练习:SWTO 分析在创业及就业中的应用。教师根据书面练习观点进行分组,制订辩论规则,准备计时工具,布置场地,准备照相设备。

【实训流程】

(1)分组:甲组—创业组;乙组—就业组,每组各6人。

(2)甲、乙两组进行辩论前准备,时间为10分钟;其余同学布置场地,教师讲解观众注意事项及评价规则。

(3)辩论开始,甲、乙两组各自选派代表陈述观点(3分钟)。

(4)甲、乙两组所有成员针对对方观点质疑并为本方观点进行辩护(10~15分钟)。

(5)观众投票,推选优胜组及最佳辩手。

(6)教师进行点评。

【操作要点】

(1)知识点:SWOT分析理论的掌握及运用;

(2)能力点:普通话水平、行为礼仪、逻辑思维、口头表达能力、应变能力、团队协作能力;

(3)控制点:时间及课堂氛围;

(4)考核点:资料分析及准备情况、神态是否自然、论点是否有依据、语言表达是否流利、逻辑思维是否清晰等。

【案例讨论】

宝洁公司为什么会衰败?

迄今已有179年历史的宝洁公司,最近几年在全球和中国市场都遭遇了阻击,业绩不断下滑。宝洁采取了多种自救措施,换帅(4次更换CEO)、裁员、瘦身(砍掉100多个小品牌)、削减广告预算,但是业绩依然没有起色。2016年第一季度,宝洁在全球的销售仍然大幅下滑了12%。财报显示,宝洁旗下所有业务部门的销售量均出现了下降。美容、梳洗护理、健康护理、纺织品护理及家居护理、婴儿与女性及家庭护理这5个重要品类甚至出现了两位数跌幅。在中国,宝洁的市场占有率也一直在下降。宝洁全球CEO大卫·泰勒2016年出席纽约消费者分析集团年度会议时坦承:在中国市场,没有一个核心品类在增加用户数,甚至大部分还在下跌。

宝洁曾是中国市场的神话,充分展示了世界一流企业的卓越管理水平,甚至它的货架陈列、品牌命名、广告创意,都是中国同行反复揣摩的经典案例。

宝洁在美国也是一家充满传奇色彩的公司。从辛辛那提一家制作蜡烛的小作坊到全球消费品巨擘,宝洁的成长史,见证了20世纪美国经济发展史上每一个波澜壮阔的时代。通用电气CEO伊梅尔特、微软CEO鲍尔默、eBay公司CEO惠特曼,他们都是宝洁公司培养出来的顶尖人才。宝洁是伴随着20世纪全球消费经济增长、中产阶级壮大而成长的奇迹。为什么宝洁这块金字招牌在21世纪开始褪色?学术界、企业界提出了各种似是而非的诊断意见：

诊断一：主打大众市场，失去高端客户。随着经济发展，消费者收入增加，消费不断升级，主打大众市场的宝洁不再能吸引这部分消费者。比如，越来越多的一线城市消费者从海飞丝升级到欧舒丹、科颜氏、丝蓓绮。

诊断二：品牌模糊。宝洁推出了自己的高端产品，但却放在自己的大众品牌之下，比如飘柔倍瑞丝、潘婷乳液修护润发精华素、玉兰油ProX等，消费者根本分不清楚。

诊断三：多品牌失灵。这是一个老话题，从一开始就有人质疑宝洁的多品牌模式，认为同一个公司同时运营几百个品牌，会让公司的管理顾此失彼，失去焦点。

诊断四：大公司病。宝洁是一家成熟的老牌上市公司，各种流程、汇报体系非常完善，决策速度慢，决策链条长，不能像小公司那样出奇招。例如，草本植物品牌东方季道从研发到面市，竟然花了两年时间，在宝洁已经算是迅速的了。

诊断五：功能诉求的广告不再吸引年轻人。头屑去无踪秀发更出众、8万微孔一触瞬吸、1支牙膏对抗7大口腔问题，这种一成不变的填鸭式功能诉求，没有话题性，不适合追求时髦的现代年轻人。

诊断六：数字营销脚步迟缓。现代消费者已经从电视屏幕转移到了手机和各种社交媒体上，而宝洁的营销手段过于传统，广告投放仍以电视为主，互联网营销也仍然沿用传统电视广告投放模式，比如视频节目前的广告，缺乏互动和创新。

诊断七：人才流失。宝洁前董事长理查德·杜普利曾说过这样一段话，如果你把我们的资金、厂房和品牌留下，把我们的人带走，我们的公司就会垮掉。这和可口可乐厂房烧掉只要品牌还在、可以一夜东山再起的故事恰好相反。而宝洁现在正面临人才流失危机，从美国总部到广州宝洁，各种人才纷纷出走。

诊断八：市场饱和，经济下行。这种观点认为，宝洁在全球市场深耕100多年，市场渗透率已经很高了，很难再有增长，加之近几年全球经济增长放缓，宝洁也难以独善其身。

【思考与讨论】

（1）分析宝洁公司在中国面临的市场环境所发生的变化。

（2）你对以上8种诊断观点是否认同？

（3）对宝洁公司今后应如何把握环境机会提出你的思考和建议。

特斯拉中国乱象：销售不佳怪谁？

电影中，"钢铁侠"利用钯元素开发出新能源并将其运用到机械和制造工业中；现实中埃隆·马斯克（Elon Musk）利用电力正在谋划一场新能源汽车革命。一年前，特斯拉撬开了中国市场的大门，但马斯克绝没想到，一年后特斯拉在中国，非但没有站稳脚跟，还被充电、毁单等问题所累，市场推广停滞不前。根据特斯拉2014年第四季度财报，特斯拉该季度共卖出Model S电动汽车9 834辆，但该公司这一季度的出货量需达到1.1万辆，才能完成全年的出货目标。这并不是特斯拉的销量第一次未达预期，在第三季度Model S电动汽车出货量为7 785辆，同样未能达到公司此前预期的7 800辆。根据路透社消息，上月特斯拉在中国仅卖出大约 120 辆 Model S,远低于特斯拉的目标,而马斯克还曾预期中国销量最早在 2015 年就可媲美美国销量。在整个 2014 财年,特斯拉汽车的营收为 31.98 亿美元,高于 2013 财年的 20.13 亿美元;净亏损为 2.94 亿美元,相比 2013 财年的净亏损 7 400 万美元有所扩大;每股亏损为 2.36 美元,相比 2013 财年,每股亏损为 0.62 美元。

现实给了马斯克一记响亮的耳光,他在内部邮件中提到,如果他们(特斯拉大中华区高管)没有走上通向长期现金流的明确道路上,将解雇他们或者降职。事实上,他也这么做了。一年内,先是郑顺景 2014 年 3 月底离职,而后接替他的吴碧瑄于 2014 年 12 月份离职。2015 年 2 月,特斯拉全球副总裁、大中华区 CMO 金俊也从特斯拉离职。特斯拉大中华区三位高管相继出走,马斯克对特斯拉在中国市场的态度可见一斑,频繁更换掌门人也能感受到马斯克在中国市场拓展上的无能为力和焦灼情绪。不过,特斯拉在中国的问题还真不是通过换帅就能够解决的。

特斯拉的销售模式是这样的:顾客只要交付 15 000 元的定金便可以通过官网或门店预订,特斯拉根据用户的预订需求安排车辆生产。从模式上看,特斯拉按需生产的模式避免了库存,从而省掉了中间代理商、销售商的介入,给自己留出了足够的利润空间。不过高利润是与高风险捆绑在一起的。从预订到交付用户使用的周期,早期需要 10 个月,目前需要 4 个月左右。这么长的时间,足够消费者改变消费决策,能花 60 万~100 万元购买特斯拉的消费者也不会在乎区区 15 000 元的定金。

在一个特斯拉交流群中,一位已经交付定金但最后毁单的用户表示,自己在所住的小区拥有固定车位,但小区物业不允许安装充电桩。"总不能在家里拉根线专门用来充电吧!"该用户调侃道。这位用户还提到,在他交完定金这段时间,发现北京的特斯拉充电站监管力度不够,供给特斯拉充电的专用停车位被许多传统燃油汽车当作普通停车位使用,所以车子没电的话,就很麻烦,再加上北京的路况,生活半径反而会缩小。

但马斯克并不认为特斯拉在中国存在充电问题,他在刚刚结束的财报电话会议中表示,是中国销售团队一直认为特斯拉充电困难从而误导了消费者。言谈之中透露出对中国销售团队的不满。不管马斯克承不承认特斯拉的充电问题,现在特斯拉大中华区的掌门人换成了朱晓彤——特斯拉中国超级充电站的项目总监。在朱晓彤之前,已经有三位高管从特斯拉离职,他们分别是:郑顺景、吴碧瑄和金俊。郑顺景曾在宾利任职 10 年,在他的带领下,宾利在华年销量从最初的 41 辆飙升至 2013 年的 2 253 辆;吴碧瑄此前一直供职于苹果,后来加入特斯拉一直负责中国本土市场的拓展;金俊则是从高德空降特斯拉大中华区任职 CMO,与吴碧瑄同为特斯拉全球副总裁。

三位高管在不同时期加入特斯拉,能明显看出马斯克试图通过不同方式寻求中国市场的突破口。虽然马斯克在不同领域找到了相应的负责人,但中国区的权力十分有限,一些主要的权限还集中在美国。

这一传闻在特斯拉于成都举办的活动上也有所体现。当时有媒体问到,拥有相同职位的吴碧瑄和金俊谁向谁汇报,两人均沉默不语,而同时出席该活动的特斯拉全球销售副总裁纪龙随即表示,两人均向他汇报。

特斯拉的问题不仅仅是换帅就能解决的,根源在于特斯拉只靠用户口碑传播、不做任何付费投放的营销策略过于理想化,在中国明显很难落地,如果这一策略一面是品牌策略,一面是积压的库存,特斯拉中国团队被夹在中间,想要解决中国区的问题,还没有指挥权,稍越雷池半步便被美国总部给拉了回来。

以特斯拉2017年在"双十一"与天猫的合作为例,原本特斯拉中国想通过大型电商平台尝试售卖非定制版Model S,一方面作为试水,效果好的话可以跟进在天猫渠道开设官方旗舰店;另一方面,也可缓解毁单过多带来的库存压力。

当然,这件事特斯拉中国并不敢擅自做主,吴碧瑄把整个计划原原本本地汇报给了纪龙。因为纪龙也扛着特斯拉中国区的销售压力,对这个项目也表示了支持。但马斯克得知后,马上叫停了这个项目。他坚持认为,借势营销与特斯拉制订的只靠用户口碑传播、不做任何付费投放的营销策略相违背,特斯拉绝不允许出现中间环节,现在也绝不能利用其他任何渠道。

经此一役,马斯克已将特斯拉中国团队以合作方式来提高销量的门路给堵死了。因此,对特斯拉中国团队来说,能够自主的便是守着自己的品牌、自己的技术,孤独地呐喊,以换取更多的关注。

如果没有变化的话,特斯拉在未来仍然很难走出销售泥潭。在真正的高端豪华汽车领域,宝马、奔驰、奥迪等老牌厂商多年来深耕中国市场,推广营销上舍得大手笔投放,积累了深厚的市场传播资源和大批忠实的客户群。一位奔驰员工表示,过度依赖口碑的特斯拉初来乍到,电动车又是新事物,很难辐射到高端豪华车型的目标用户,更不用说其口碑在中国车主心中毁誉参半,并不够好。

再加上其他车主对特斯拉导航体验差、互联网娱乐服务欠缺、新老车主不同等待遇等问题的抱怨,要纯靠口碑营销获得市场,难度恐怕和马斯克要把地球人送上火星有得一拼。特斯拉早期车主、汽车之家创始人李想曾直言Model S的内饰很差,建议要买豪华车型的消费者不要考虑Model S,因为这款车无论是从内饰还是工艺细节上看,绝非豪华。无独有偶,就在近日,另一特斯拉车主、网络红人一毛不拔大师也在微博吐槽Model S冬季续航不足以及售后服务不佳等问题。

从上述车主的使用体验来看,特斯拉的口碑策略存在极高的风险,即一旦车辆、服务出现任何不理想的使用体验,都会影响到特斯拉的销售及品牌形象,而像充电位被占、能源供给问题等,又给特斯拉外加了诸多的不可控因素。

一位奥迪培训负责人表示,在中国,用车环境包括汽车文化的培养,离发达国家还有相当距离。新能源汽车在中国的受众群体还很小,特斯拉仅用新能源噱头想在中国汽车市场实现弯道超车近乎不可能。他指出,特斯拉如果想在中国走出销售泥潭,需要三方面的条件:①硬件设施跟上;②政策上有实际支持;③形成受众文化。

【思考与讨论】

1.请结合营销环境相关知识,分析特斯拉在中国销售不佳的原因。

2.汽车产品的销售受到哪些环境因素的影响?企业如何应对?

第3章 市场竞争战略

【本章重点】

1.竞争者类型与竞争主要形式。
2.分析市场竞争者的步骤与方法。
3.四种市场竞争战略的基本内容。

【引例】

新东方竞争战略决策

一个占据天时、地利的市场,加上一个稳健的管理团队,将会为一家企业带来多大的成长? 看一看最近5年的新东方就会明白。

自2006年上市到2011财年,新东方的学校和学习中心从75所增长到487所,学员数量由87.2万提升至209万,净营收由2006年的9 450万美元增加到5.58亿美元,净利润则从610万美元暴涨至1.108亿美元。尽管在过去5年内,中国概念股在美国市场屡经起伏,新东方却一直保持着稳健增长。

9月13日,《财富》杂志公布了2011年全球"100家增长最快的公司"榜单,新东方教育科技集团入围,位列第79位。如果说,新东方在过去5年取得良好业绩的背景是庞大的中国教育培训市场价值日渐释放的话,那么,面对教育培训行业惨烈的竞争和竞争对手在过去一年中的竞相上市,这家企业的成长奥秘则离不开它的顺势而为。

天时地利

对于世界上任何一个投资者来说,中国庞大的教育市场都会因其处处存在的机会变得不容忽视。从宏观上讲,中国教育培训产业的总需求达到1.8万亿元,除去正规的学校教育(大约占60%,折合1.08万亿元)外,市场化培训需求达到7 200亿元。

7 200亿元的需求意味着未来这一市场上将会出现一两家年销售收入过1 000亿元的超级培训企业,另外,还会产生5~8家年销售收入过100亿元的中型培训企业,以及30家左右年销售收入过20亿元的小型培训企业。

而《2007—2010年中国培训市场发展预测与投资分析报告》指出,目前,IT培训、英语培训、管理培训和少儿教育已成为教育培训业的支柱。其中,中国英语培训市场的市场总值大约是150亿元,相当于一个中等城市的年产值。

对于新东方来说,2006年成为中国第一家在美国上市的教育概念股,使得他们相对于大多数规模尚小的同行获得了充足的粮草,借助上市迅速地在全国各大中城市跑马圈地,扩展自己的学校数量和覆盖率,至少在英语培训领域取得了绝对的巨无霸地位。

另一方面,当时的培训市场还没有形成大的品牌,新东方式的口碑营销便能在大学生人群中摧城拔寨。在当时,中国的出国留学生中,70%是新东方的学生。这些人均接受过新东方"明星教师+卡耐基式奋斗哲学"的狂轰滥炸,并长期自愿充当新东方的免费宣传员。在他们的追捧与推崇下,新东方顺利地摘取了出国留学培训领域的榜首地位。

然而,面对国内教育培训的一盘散沙,新东方的野心自然不止于英语培训,于是开始了战略转型。

积极扩张,谨慎并购

在2011财年第一季度财务报告后,新东方集团董事局主席俞敏洪称:"我们相信先发制人、快速扩展战略将为新东方及股东带来长远的利益。因为它将为成千上万的新东方竞争者设置障碍,这些竞争者目前正积极扩大各自的地盘……"

事实上,这种顺势扩张正是新东方数年来的一贯策略。上市以后,新东方的网点总数增加了202家,增长了122%。网点数的增加使新东方的触角延伸到了全国各地。年报显示,新东方的网点目前主要还是集中在北京、上海、广州和武汉。2009—2010年财报显示,北京、上海、广州、武汉4个城市的网点数目总计有136家,约占全部367个网点的40%。

与此同时,北京、上海、广州、武汉4个城市的营收占总营收的比例已经由2008—2009财年的54%下降到了2009—2010年的51%,而网点总数却从101家上升到136家,在北京、上海、广州、武汉网点数目增加的情况下,营收份额反而下降,这意味着新东方在其他城市迅猛的扩张速度。

除了学校和教学点数量的扩张,新东方通过战略转型,将业务触角从语言培训扩张到专业优能培训,也为其带来了持续的增长。

围绕优能,新东方一方面建立了信息化的考试、评估和学习系统。同时,培训课程范围全面铺开。比如,在泡泡幼儿甚至开展了音乐和艺术课程;在高中阶段开展了针对高考的考试辅导,甚至还切入了高考复读领域。

在传统英语培训市场趋于饱和的情况下,优能培训成为新东方新的增长点。在最近的新东方季报中,俞敏洪透露:"我们目前是最大的幼儿园、中小学(K-12)辅导培训机构,第一季度有超过35.1万人报名注册,在过去的12个月中有大约86万名学生注册,同时实现收入1.39亿美元。"

如今,"优能中学"和"泡泡少儿"这两个品牌已经成为新东方的核心业务,新东方渐进式地实现"独立品牌"到"多元品牌"的转型。在中国中小学培训、少儿英语等诸多教育细分领域还处于诸侯混战的情况下,新东方积极布局,提早介入,成功地让自己早期的英语培训精品店华丽转身为培训产业的大型综合超市。

尽管在业务扩张方面一直不遗余力,新东方近年来对收购却显得格外谨慎。除了2008年收购了铭师堂和长春同文切入了高考复读市场,2010年收购了绿光教育(花费不过几百万美元)外,并没有大规模的并购行为发生。这也在一定程度上保持了其企业文化的一致性。对新东方这家格外强调企业文化的培训巨头显得至关重要。

潜在的挑战

不过,尽管在过去五年一直保持着漂亮的业绩,但是这一定程度上受益于中国教育培训市场的巨大人口红利,新东方在未来面临着潜在的挑战。

过去一年,中国教育培训产业中不少公司赴美上市。拿最近上市的环球天下、学而思和学大教育来说,这些都是新东方在教育培训垂直细分领域强有力的竞争者,其分别代表的出国考试留学、中小学课后辅导、1对1家教辅导3个细分领域恰恰和新东方的几大细分业务重合。如果说2006年上市后,新东方是靠着全副美式装备横扫小米加步枪的竞争对手的话,那么当这一批上市的教育培训企业开始有更多的资源和弹药与之竞争时,新东方必将迎来更加激烈的竞争格局。

另一方面,新东方创立初期是靠着演讲营销与口碑营销打天下。新东方每年都会组织无数场高校免费演讲活动,挑选明星教师宣传新东方理念与教学效果。新东方的教师从不缺乏表演天赋,学生经常会被此类活动所吸引并产生好感。借助于口碑传播的巨大魔力和教师的个人魅力,新东方在英语培训市场所向披靡。

但是现在来看,新东方的营销手段还是比较传统的,甚至和其刚起步时的营销策略没有大的变化。在规模日益扩大,近期上市的竞争对手采取更加深度营销策略的情况下,传统的营销方式还能够一如既往地发挥魔力吗?

此外,网络教育市场被教育培训行业普遍认为是下一个5年的兵家必争之地。尽管新东方教育科技集团执行总裁陈向东称网络教育会是新东方的下一个战略重点,但是相对于已经开展网络教育业务的其他竞争对手,新东方网络教育所占营收的比重已经远远落后。

根据财报,2010年新东方网络教育业务的净营收为1 116万~1 674万美元,营收贡献率仅为2%~3%,不仅远远落后于以网络教育见长的弘成教育85.8%的贡献率,也低于其在出国培训领域的劲敌环球天下12.8%的营收比例。

如果说,在教育培训的地面战场,新东方是依靠资源优势顺势扩张,广泛覆盖占据了主导地位。那么,如果新东方不能及时做出大的调整,未来网络教育兴起之后,鹿死谁手还尚未可知。

(资料来源:中国MBA网)

3.1 市场战略规划

3.1.1 认识和界定企业使命(Mission)

企业使命反映企业的目的、特征和性质。明确企业使命,就是对企业干什么、企业应该怎么样两个问题进行思考和解答。思考企业使命的结果,最后应当形成文字——撰写企业使命说明书。主要包括以下基本要素:活动领域、主要政策和远景及发展方向。

①企业使命。

②远景宣言。

3.1.2 规划投资组合

如何把有限的人力、物力,尤其是财力资源,合理分配给现状、前景等不同的战略经营单位,是总体战略必须考虑的主要内容。企业高层必须对各个经营单位及其业务进行评估和分类,确认它们的发展潜力,决定投资结构。在规划投资组合方面,有两种模式广为应用。

波士顿矩阵——"市场增长率/市场占有率"矩阵,该矩阵是美国管理咨询服务企业——波士顿咨询公司提供的一种分析模式,如图3-1所示。

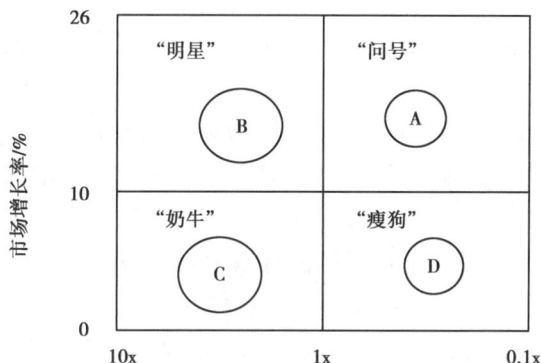

图3-1 波士顿矩阵

在矩阵中,纵坐标代表市场增长率,可以年为单位。增长率高低视具体情况而定。假设以10%为分界线,则高于10%为高增长率,低于10%为低增长率。横坐标为相对市场占有率,表示各经营单位与最大竞争者之间,在市场占有率方面的相对差异。某个经营单位的相对市场占有率为0.4,说明它的市场占有率为最大竞争者的40%;相对市场占有率为2.0,说明比最大的竞争对手的市场占有率多一倍,自己才是市场的"老大"。矩阵中的圆圈,代表企业所有的战略经营单位。圆圈的位置表示各单位在市场增长率及相对市场占有率方面的现状。圆圈的面积,表示各单位销售额的大小。该矩阵有四个象限,经营单位因而可划分为不同类型。

一般来说,市场占有率越高,这个单位的盈利能力就越强,利润水平与市场占有率同向增长;另一方面,市场增长率越高,经营单位的资源需要量也越大,因为它要继续发展和巩固市场地位。

1)"问号"类

有较高增长率、较低占有率的经营单位或业务。大多数经营单位最初都处于这一象限。这一类经营单位需要较多的资源投入,以赶上最大的竞争者和适应迅速增长的市场。但是它们又都前途未卜,难以确定远景。企业必须考虑,继续增加投入还是维持现状,或减少投入,精简、淘汰。企业应该集中向一两个单位投入资源。

2)"明星"类

市场增长率和市场占有率都很高,需要大量投入资源,以保证跟上市场的扩大,并击退竞争者,因此短期内未必能给企业带来可观的收益。但是,它们是企业未来的"财源"。企业一般应该有两个或两个以上的明星类业务,如果一个也没有,则是危险信号。

3)"奶牛"类

由于市场增长率降低,不再需要大量资源投入,又由于相对市场占有率较高,这些经营单位可以产生较高的收益,支援"问号"类、"明星"类或"瘦狗"类单位。如果企业只有一个"奶牛"类单位,说明它的财务状况比较脆弱。如果该单位的市场占有率突然下降,企业就不得不从其他单位抽回资源,以帮助其巩固市场领先地位;要是把它的收益全部用于支持其他单位,这只强壮的"奶牛"就会日渐消瘦。

4)"瘦狗"类

市场增长率和市场占有率都较低的经营单位。它们或许还能提供一些收益,但盈利甚少或有亏损,一般难以再称为"财源"。

企业既要正视现状,又要分析前景,将目前的矩阵与未来的矩阵两相比较,考虑主要的战略行动,并根据资源有效分配的原则,决定各单位将来应当扮演的角色,从整体角度规划投入的适当比例和数量并采取如下战略:

①发展:以提高经营单位的相对市场占有率为目标,甚至不惜放弃短期收益。比如对"问号"类单位,使其尽快成为"明星"类单位,就要增加投入。

②保持:维持经营单位的相对市场占有率。比如对"奶牛"类单位,它们可以提供更多的收益。

③收割:这种战略以获取短期收益为目标,不顾长期效益。比如较弱小的"奶牛"类单位,也可用于"问号"类及"瘦狗"类单位。

④放弃:目标是清理、撤销某些经营单位,减轻负担,以便把有限的资源用于效益较高的业务。这种战略尤其适合于没有前途或妨碍企业盈利的单位。

3.1.3 规划成长战略

投资组合战略决定的是哪些经营单位需要发展、扩大,哪些应当收割、放弃。企业需要拓展新业务,取代被淘汰的旧业务,否则就不能实现预定的利润目标。

一般可以遵循以下思路规划新增业务。首先,在现有业务范围内,寻找进一步发展的机会;然后,分析建立和从事某些与目前业务有关的新业务的可能性;最后,考虑开发与目前业务无关,但是有较强吸引力的业务。这样就形成了三种成长战略。

1)密集式成长战略

促使现有顾客增加购买次数、数量,争取竞争对手的顾客"倒戈",吸引新顾客甚至更多的潜在顾客、从未使用的人群购买。

(1)市场开发

在现有区域寻找新的细分市场,也可进入新的区域市场。前者如小客车、投影机和摄像机,原以企事业单位为主要客户,现在纷纷进入消费者市场;后者如电脑、手机等,从城市下沉农村市场销售。

（2）产品开发

向现有市场提供新产品或改进的产品，满足现有市场的不同需求，如推出具有影像拍摄和更多功能的手机。

2）一体化成长

如果业务单位所在的行业仍有发展前景，也可考虑一体化成长战略。通过重新整合供应链从事与目前业务相关的新业务。

（1）后向一体化

把原来属于外购的原材料或零部件，改为自行生产。一般是把"后向"企业兼并，拥有成本控制供应系统。后向一体化可争取更多收益，可避免原材料短缺，成本受制于供应商，甚至通过掌握原材料的供应来控制竞争者。

（2）前向一体化

在生产过程中，物流从顺方向移动称为前向一体化，一般是把相关的"前向"企业或下游厂商合并，组成统一的经济体。如制造商、批发商自办渠道，或制造商将业务范围向前延伸。

（3）水平一体化

把性质相同或生产同类产品的企业合并，取长补短、共同开发某些机会，成为专业化的公司，可扩大规模和实力。

3）多角化成长

如果有更好的机会，也可考虑与目前业务不相关但吸引力更强的业务。

（1）同心多角化

企业是从同一圆心逐渐向外扩展，以经验为基础增加新业务。如电脑制造商生产活动领域，没有脱离原来的经营主线，有利于发挥已有优势，风险相对较小。

（2）水平多角化

针对现有市场、现有顾客，采用不同技术增加新业务，这些技术与企业现有能力没有多大联系。如生产拖拉机、农用车的企业也制造农药、化肥。企业在技术、生产方面进入新领域，风险较大。

（3）综合多角化

以新业务进入新市场，新业务与企业现有技术、市场及业务没有联系。例如，计算机软件开发商进入保健品行业，同时还经营房地产业务，这样的风险最大。多角化成长并不是要利用一切可乘之机，规划新方向必须慎重，结合已有特长和优势。

3.2　市场竞争分析

企业几乎天天在市场上与竞争对手打交道，但很难说对竞争对手有充分的了解。市场反映的竞争对手的状况仅仅是表象信息，竞争对手往往会有意隐瞒信息或散布虚假信息，以致对竞争对手的了解陷入困境。因此，对市场竞争者的分析就具有特别重要的意义。

3.2.1 行业竞争中的竞争因素

马歇尔·波特提出了五种竞争因素,告诉我们企业竞争具有多元化的特点。任何一个企业都会面临以下五种竞争威胁:

①现有同业者的直接竞争威胁;

②新进入者的威胁;

③替代品的威胁;

④供应商讨价还价的威胁;

⑤顾客讨价还价的威胁。

行业竞争的五种基本力量,如图 3-2 所示。

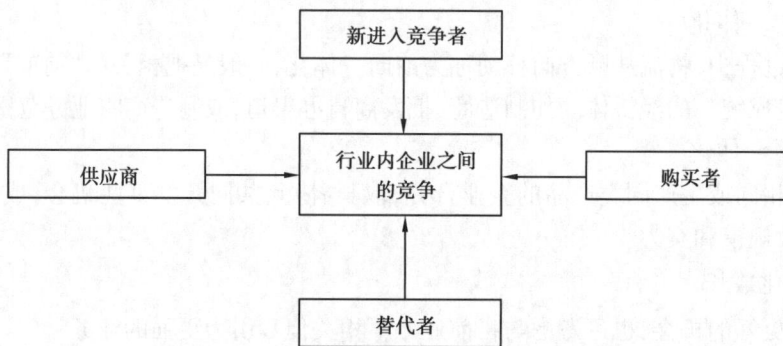

图 3-2 行业竞争的五种基本力量

上述五种竞争因素也可从垂直和水平两个角度分为垂直竞争和水平竞争因素。前者包括供应商和购买者,后者包括现有直接竞争者、新进入者和替代品提供者。市场营销战略的实质,就是针对各种不同的威胁源,使企业自身所具有的相对能力最大化。

1)同行业激烈竞争的威胁

现有同业者,即现在已经存在、提供同类产品的同行业内的其他企业,如家电行业、食品行业、运输行业等,是企业面临的最直接、最明显的竞争对手。对于这种竞争因素,企业都比较重视,并采取强有力的措施予以应对或抗衡。现在,作为直接竞争对手的企业间的竞争广告已成为报纸和电视的日常内容。例如,宝洁公司(P&G)与联合利华公司在家用洗涤市场展开竞争,不断推出新产品、新广告及新许诺。

由于同行业企业产品的相似性和可替代性,彼此间形成了竞争关系。在同行业内部,如果一种商品的价格变化,就会引起相关商品的需求量的变化。例如,如果滚筒式洗衣机的价格上涨,就可能使消费者转向购买其竞争产品波轮式洗衣机,这样,波轮式洗衣机的需求量就可能增加。反之,如果滚筒式洗衣机的价格下降,消费者就会转向购买滚筒式洗衣机,使得波轮式洗衣机的需求量减少。因此,企业需要全面了解本行业的竞争状况,制定针对行业竞争者的战略。

2)新竞争者的威胁

新竞争者的进入包括两种情况:一是行业内新建企业提供同类产品;二是并购行业内企

业强化产品的提供能力。无论哪种情况,都会对现有企业造成威胁,增加行业内企业竞争。因此,企业必须随时提防新竞争者抢占市场。例如:在英国用于节日饮用的上乘葡萄酒只有香槟。但法国香槟酒厂家发现来自澳大利亚和美国的冒泡葡萄酒是采用香槟生产法制作,口味纯正,质量相同,而价格却非常便宜。

对于新竞争者,企业会采取排斥态度,理由是,在有限的市场上接受新竞争者的加入实际上就是减少各个企业的利益。一般来说,新竞争者进入市场会受到两种因素的限制:一是现有企业设置障碍,阻止新竞争者进入;二是自然壁垒。

3)替代品的威胁

从广义上说,某个行业内的所有厂商都在与生产替代产品的行业进行竞争。替代产品通过规定某个行业内的厂商可能获利的最高限价来限制该行业的潜在收益。替代产品所提供的价格指标越吸引人,对行业利润的限制越大。

企业间或行业间还会通过提供更好的替代品进行相互竞争。例如:利特尾茨和维农足球协会(它们每周都为足球比赛结果赌上几百万英镑)都对英国国家彩票的前景感到吃惊,随着彩票的盈利,两个足协都宣称他们的收入大幅减少。

替代产品不仅在正常时期限制利润,还在繁荣时期减少某个行业所能获取的财源。识别替代产品是一件寻求能履行与该行业产品相同功能的其他产品的事情。有时这么做可能是一项微妙的工作,而且该项工作是将分析家引入似乎与该行业完全无关的事务中去。例如,证券经纪人正不断地遭遇房地产、保险、金融市场基金,以及其他个人投资等替代品的威胁。在安全防卫行业,电子警报系统就代表一种强有力的替代产品。而且,由于劳动力密集型的防卫服务行业正面临不可避免的成本升级,它们将变得越来越重要,而电子警报系统却有可能改进防卫性能和降低其成本。在这种情况下,基本上可以把安全警卫员重新解释为一个熟练的操作人员,安全防卫公司的正确反应可能是提供整套的警卫装置和电子系统,从而使电子警报系统在整个部门竞争中不致失败。

4)顾客的议价能力加强威胁

顾客的讨价还价能力,与上述供应商的讨价还价能力一样,也是值得企业重视的。有实力的顾客会迫使生产企业做出各种让步,如降低价格、改善服务、提供特别式样等。例如:为了在快速运动的消费品市场成功地完成竞争,大量的有效分销点是必备的。主要的超级市场买主,如中百仓储、家乐福和沃尔玛等,都有对生产快速运动的消费品企业将货物运到分销点的能力。

5)供应商的议价能力

企业要从供应商获取资源。当供应商在某种程度上控制了产品价格、品质、服务等时,就会间接地影响企业的生产经营和业绩。当然,企业也可以将这种成本转嫁给终端顾客,但能转嫁给市场的成本是有限的,其超过部分就只能由企业自己承担,从而造成了整个行业受损。

买卖条件取决于行业内的供应商和企业的相对能力关系。这种能力的大小又受两者的讨价还价能力、是否有其他选择余地、标的物的重要性等因素所左右。例如:家用电脑都依赖英特尔公司开发的已成为全球标准的微电脑处理器,该公司很注意保护凝聚在其芯片上的知识产权。要获得成功,计算机生产厂商就必须依赖英特尔芯片。

3.2.2 市场竞争者分析

企业几乎天天在市场上与竞争对手打交道,但很难说对竞争对手有充分的了解。实践证明,对竞争对手的真正了解是困难的。市场反映的竞争对手的状况仅仅是表象信息,他们往往会有意隐瞒信息或散布虚假信息,以致对他们的了解会陷入困境。因此,对市场竞争者的分析就具有特别重要的意义。

1)分析竞争者的目标

利润永远是竞争者追逐的目标,但是每个公司对长期和短期利润的重视程度不同,对合理利润水平的设定也不同。判定竞争者就必须判定竞争者在市场上追求的目标是什么? 它们的行为动机是什么? 竞争者的目标很可能不是单一目标,而是一个目标组合,包括获利能力、市场占有率、现金流量、成本流量、成本控制、技术成果和服务水平等。判定竞争者的目标就要探究它们目标组合的内容、侧重点以及先后次序,以此为基础去预测其对不同竞争性行为的反应。比如,竞争对手以增加短期利润为目标,对于其他产品的降价行为就可能不太在意;而以扩大市场份额为目标的竞争对手则对其他产品的降价行为会非常敏感,会采取积极应对措施予以抵制。

企业还应随时了解竞争对手进入新的细分市场或开发新产品的目标,预先有所准备或制订应对措施。

2)评价竞争者的强弱优劣

在市场竞争中,企业需要分析竞争者的优势与劣势,做到知己知彼,才能有针对性地制定正确的市场竞争战略,以避其锋芒、攻其弱点、出其不意,利用竞争者的劣势来争取市场竞争的优势,从而实现企业的营销目标。

收集每个竞争者的信息,主要是收集有关竞争者最关键的数据,比如销售量、市场份额、利润率、投资收益、现金流量、新的投资、生产能力的利用情况、成本情况、综合管理能力等。有些与市场营销相关的其他因素,在评估中也应加以追踪调查,例如:①市场占有率。②心理占有率。这是指在回答"举出这个行业中你首先想到的一家公司"这个问题时,提名竞争者的消费者在全部消费者中所占的比例。③情感占有率。这是指在回答"举出你最喜欢购买其产品的一家企业"这个问题时,提名竞争者的消费者在全部消费者中所占的比例。

根据已收集的信息综合分析竞争者的优势与劣势,见表3-1。

表 3-1　竞争者的优势与劣势分析

竞争者	品牌知名度	产品质量	销售渠道	技术	市场推广
A	优	优	差	差	良
B	良	良	优	良	优
C	中	差	良	中	中

表中,优劣分四个等级,即优、良、中、差。根据四个等级评估 A、B、C 三个竞争者的优势与劣势。在分析表中,列出了对树立和维持竞争优势起到关键性作用的五大因素:品牌知名度、产品质量、销售渠道、技术和市场推广。每一评价因素的评价结果有四档:优秀、良好、中等和差。从竞争者的优势与劣势分析表中可以清楚地看到三个竞争对手的优势与劣势:竞争对手 A 闻名遐迩,产品质量深受顾客的青睐,市场推广活动做得有声有色,最大的弱点是销售渠道不畅,影响了产品向周围地区的扩散,同时技术力量薄弱,产品的开发能力差;竞争对手 B 总体经营情况不错,特别是覆盖能力强、辐射能力大的销售渠道是企业未来持续发展的保证,品牌知名度和产品质量方面还有提高的空间;竞争对手 C 的大多数关键因素处于中下水平,劣势明显。

3)估计竞争者的反应模式

企业竞争是一个相互作用、相互影响,甚至是针锋相对的活动过程。因此,作为竞争者的一方应当而且必须探测和识别受到进攻或挑战的对方的详细情况,以便进一步制订和实施竞争战略。

(1)从容不迫型竞争者

这类竞争者对来自竞争对手的挑战恍若不知,不作任何反应或反应不甚强烈。他们开展的经营业务活动,针对的目标顾客,采取的营销战略,一如既往。他们"自我感觉良好",不用担心竞争者的威胁。这类竞争者之所以采取这种处之泰然的反应方式,可能是因为他们在市场上稳居最大的市场占有率,竞争者无力回天;也可能是因为他们坚信自己的顾客是永远忠实的,不会被竞争者"抢走";还有可能是他们相信自己的营销战略是正确的,不用作任何修改和补充……企业在识别竞争者的反应模式时,一定要设法弄清这类竞争者"处变不惊"的真正原因。

(2)稳定选择型竞争者

竞争者可能只对某些类型的攻击作出反应,而对其他类型的攻击则无动于衷。竞争者可能经常对降价作出反应,目的是表明对手的降价行为是枉费心机的,奈何它不得。但它对广告费用的增加可能不做任何反应,认为这些并不构成威胁。了解主要竞争对手会在哪些方面作出反应可为公司提供最为可行的攻击类型。

(3)凶狠争斗型竞争者

许多竞争企业对市场竞争因素的变化十分敏感,一旦出现竞争挑战就会迅速地做出强烈的市场反应,进行激烈的报复和反击,势必降伏挑战自己的竞争者。这种报复措施往往是全面的、致命的,甚至是不计后果的,不达目的决不罢休。这种强烈反应型竞争者通常是市场上的领先者,具有某些竞争优势。比如,宝洁公司绝不会听任一种新的洗涤液投放市场而不作任何反应。凶狠型竞争者意在向其他竞争者表明,最好不要发起任何攻击,攻击羊总比攻击老虎好些。利佛兄弟向占领先地位的宝洁公司的"极端"洗涤液市场发起首次攻击时,就发现了这个道理。"极端"洗涤液装在较小的瓶中。它颇受零售商的欢迎,因为占据空间较小。但当利佛在威士科和沙夫品牌中引进这种洗涤液的瓶装技术时,它不能长期地得到货架空间。宝洁公司用大量洗涤液品牌代替了利佛产品。因此,一般企业轻易不敢或不愿挑战其在市场上的权威,尽量避免与其正面交锋。

（4）随机应对型竞争者

有些竞争者并不表露可以预知的反应模式。这一类型的竞争者在任何特定情况下可能会也可能不会做出反击。而且根据其经济、历史或其他方面的情况，都无法预见竞争者会做出什么反应。许多小公司都是随机应对型竞争者，当他们发现能承受这种竞争时就站在前沿竞争；当竞争成本太高时，他们就躲到后面去。

3.2.3　行业竞争对策分析

企业在对市场竞争状况做出正确分析后，在具体的竞争战略选择时，通常需要分析以下主要因素。

（1）进攻目标的价值

对任何企业来说，以进攻策略引发市场竞争的激化是一个需要慎重对待的重大策略问题。应当做到不战则已，战则必胜。因此，在选择市场竞争的进攻目标时，首先必须正确地判断进攻目标的价值。

①弱势竞争企业的进攻目标价值。通常情况下，大多数企业都会以弱势竞争企业作为进攻目标。进攻较弱的竞争者容易获得成功，并且风险较小，可以减少实现竞争目标的时间成本，往往能够取得事半功倍的效果。但是，以弱势竞争者为进攻目标不容易获得大的战果，带来的利润机会也往往较少。

②强势竞争企业的进攻目标价值。也有一些企业会以较强的竞争者为进攻目标，认为战胜强有力的竞争对手可以获得更大的市场份额和更多的利润，取得更好的战果，也有利于企业市场声誉的迅速提高。在许多情况下，强大的竞争者总会有自己的弱点和劣势。只要准确地抓住了竞争对手的弱点，即使是强大的竞争对手，也可能不堪一击。所以，强大的竞争对手反而可能成为最有价值的进攻目标。

（2）进攻目标与本企业的相似性

在市场竞争中往往也是"同性相斥"。也就是说，企业通常以与本企业相似的竞争者为进攻目标。因为业务类似，企业可以迅速将被击败的竞争对手的资源转化为自己的资源，扩大自己的盈利能力与市场份额。但是，在某些情况下，彻底击败与自己类似的竞争对手对自己反而不利。例如，有时企业费尽心机赢得了竞争的胜利，却享受不到自己的胜利果实。被击败的竞争企业可能会卖给出价更高、实力更强的竞争者，使获胜企业不得不面对更强大的竞争者，导致竞争环境的恶化。

3.2.4　选择竞争对手

有了好的竞争情报，经理发现制订竞争战略也相对容易。他将清晰地知道在市场上同谁进行有效的竞争；他必须决定哪个竞争者最具有威胁性；他可以运用顾客价值分析来辅助选择，揭示与各类竞争者有关的公司的优势和劣势。

公司可以集中进攻以下几类竞争之一。

（1）强对弱的竞争者

很多公司把进攻目标瞄准较弱的竞争者，这样它们获得每百分点的市场份额所付出的资源和时间较少。但在这个过程中,公司可能在提高能力方面进展很小。企业也应当同强有力的竞争者进行竞争,以赶超目前的工艺水平。再者,即使同强有力的竞争者进行竞争,也应知道它也有劣势,而企业也可证明自己是一个有价值的竞争者。

（2）近与远的竞争者

近使每个弱小的竞争者都卖给了大公司。像莱弗伦公司、强生公司和谢林—普洛夫公司,结果使自己面临着更大的竞争者。对远的竞争者,大多数公司会与那些极度类似的竞争者竞争,因此,日产要与本田竞争而不与美洲虎竞争。与此同时,公司应当避免"摧毁"相邻的竞争者。波特列举了下列毫无效率的例子。在美国20世纪70年代后期,博士伦公司大举进攻其他隐形眼镜生产商并取得了极大成功,该公司虽损害了其邻近的对手,但又引来了更难对付的竞争者。

（3）"好"对"坏"的竞争者

波特认为每个行业都有"好"与"坏"的竞争者,一个公司应当明智地去支持好的竞争者并攻击坏的竞争者。好的竞争者有一系列特征:它们遵守行业规则;它们对行业的增长潜力所提出的设想切合实际;它们制定的价格与成本相符;它们喜欢一个健全的行业;它们将自己限定在行业的某一部分或细分市场中;它们推动其他企业降低成本或提高差异化;并且它们接受正常水平的市场份额和利润。坏的竞争者违反规则,表现为:它们企图花钱购买而不是赢得市场份额;它们冒着极大风险;它们在生产能力过剩时仍继续投资;通常,它们打破了行业均衡。例如,IBM公司发现克雷公司是一个好的竞争者,因为克雷公司遵守规则,经营范围严格限定在细分市场内,并且不侵犯IBM公司的核心市场。但IBM公司发现富士通公司是一个坏的竞争者,因为富士通公司对价格实行补贴,产品差异性小,并攻击IBM公司的核心市场。这就说明"好的"竞争者应当努力形成一个只有好的竞争者组成的行业。通过谨慎的许可证贸易,有选择的报复行动和联合,它们能形成一个行业,因此竞争者并不谋求相互倾轧也不胡作非为;它们遵守规则;相互之间都存在某种程度的差异;它们力争赢得而不是购得市场份额。

3.3　市场竞争战略

对竞争者的发现和辨别是企业确定竞争策略的前提。在对市场上的竞争者全面分析的基础上,企业制定竞争战略首先考虑的是市场竞争的基本战略,即对成本领先战略、差异化战略和集中化战略进行选择。再考虑市场竞争的具体战略,即对市场领先者战略、市场挑战者战略、市场跟随者战略以及市场补缺者战略进行选择。

3.3.1　市场竞争基本战略

任何企业要在市场竞争中站稳脚跟,得以发展,必须根据自身的市场地位和实力状况,针对企业的竞争对手制定竞争战略。市场竞争的基本战略有成本领先战略、差异化战略和集中化战略,可供企业选择。

1) 总成本领先战略

总成本领先战略是指企业尽可能降低自己的生产和经营成本,在同行业中取得最低的生产成本和营销成本的做法。实现途径主要有改进生产制造工艺技术、设计合理的产品结构、扩大生产规模、提高劳动生产率等。总成本领先战略可以说是比较传统的竞争做法,但仍是现代市场营销活动中比较常见的竞争做法。

要实现总成本领先,一般要求取得一个比较大的市场占有份额,因此需要结合使用低成本和低价策略。企业考虑采用这种竞争战略时,需考察行业的历史销售现状,如果没有成本经济性上的好处,那么,企业营销利润将会大幅下滑。

2) 差异竞争战略

差异竞争战略是指从产品定位因素、价格因素、渠道因素、促销因素及其他营销因素上造就差异,形成企业对整个产业或主要竞争对手的"独特性"。

差异竞争是当前市场营销活动中的主流竞争做法。差异性竞争战略具有下列特点:

①构筑企业在市场竞争中的特定的进入障碍,有效地抵御其他竞争对手的攻击。因为一旦企业在营销中形成了差别,如品牌的高知名度和特色,产品独特的功能,专有的销售渠道和分销方式,顾客熟悉的广告刺激及营销沟通方式等,其他的竞争对手就很难模仿,也就很难打入该企业所占据的目标市场。比如,都是解渴,消费者为什么选择农夫山泉而不选择娃哈哈,因为农夫山泉是天然的山泉水,娃哈哈是纯净水的认知已经深入人心。

②减弱顾客和供应商议价能力。顾客从接受"差异"中形成了某种或若干方面的偏好,顾客购买"喜欢的品牌"而不是购买"便宜的品牌"行为一旦确立,就不会更多地转向购买其他品牌。甚至到了顾客依赖特定品牌时,企业绝对市场地位因此确立,顾客的议价能力被大大减弱。而企业一旦在行业中确立了这样的营销优势或"独占"地位,也会使某些供应商更难在市场中寻找到交易对象,供应商的议价能力也被大大削弱。而且,供应商甚至会受到社会公众压力,使其不能轻易地拒绝为公众所喜欢的品牌产品提供资源,供应商的议价能力在这种情况下进一步被削弱。Intel 公司的 CPU 与微软公司的 DOS、Windows 操作系统,就具有这种特点。

【案例 3-1】

凉茶之争,差异化定位迫在眉睫

2012 年 6 月,广药第一罐王老吉投入市场。从此,市场上出现了王老吉、加多宝两种在包装、功能,甚至广告诉求方面完全相同的凉茶。凉茶市场一家独大的局面迅速瓦解。凉茶竞争也由此步入了红海之争。一开始,加多宝试图通过一定的广告宣传在顾客心目中树立起区别于王老吉的形象。由此一场"改名"运动在各大媒体轰轰烈烈地展开,同时加多宝还不惜重金冠名"好声音",试图借助"好声音"的影响力,向消费者传递其正宗凉茶的诉求,由此区别于王老吉。王老吉却显得格外冷静,除了打官司争取属于自己的东西,好像无暇顾及其他品牌的推广,虽然也投放了广告,但好像除了宣传其正宗之外,没有别的可圈可点之处。"王老吉""加多宝"官司之争越演越烈,媒体对两家公司的关注度也此起彼伏,绵延不绝。几年过去了,"加多宝"和"王老吉"的区别还是无法凸显,消费者更不知道如何辨别。在市场上,消费者购买王老吉,终端给加多宝;购买加多宝、终端给王老吉的事时有发生。如果用一个词语描绘"王老吉""加多宝"的竞争,"同质化"无疑是最贴切的表述。

差异化定位,开创竞争蓝海

同样包装,同样功能,同样诉求的两个产品,出路在哪里呢?答案是:走差异化之路。

"王老吉"(虽然是"加多宝",但用了王老吉的名字)是凉茶品类的开创者,通过多年的传播培育,其预防上火的品牌诉求已经深入人心。同为凉茶的加多宝,其功能诉求也为预防上火。虽然"加多宝"提醒消费者"怕上火,现在喝加多宝",但只要"王老吉"坚持"怕上火,喝王老吉"的诉求不变,"加多宝"不但改变不了消费者"怕上火,喝王老吉"的认知,还会背上剽窃预防上火功能之嫌。再看"正宗"定位,"加多宝""王老吉"都说自己是正宗的,到底谁是真正的正宗,消费者更没兴趣求证。互相争执只会扰乱顾客心智、破坏彼此形象,最终受益的是和其正公司。"王老吉"凉茶有没有空子可钻,仔细观察还是有的。比如,产品包装老化、功能诉求单一、品牌形象功能化,缺乏核心文化内涵等。由于以上原因,王老吉品牌和产品销量想有更大的提升非常困难。对于现有的凉茶品牌和新进入的凉茶企业来说,凉茶饮料市场还有做大品牌和市场规模的足够空间。要想打破"王老吉即是凉茶,凉茶即是王老吉"在消费者头脑的认知惯性,成为凉茶饮料市场新的强势品牌,唯一的出路就是差异化品牌定位,在品牌塑造、目标消费群体界定、产品口味、产品包装等方面与王老吉等传统凉茶形成差异,做符合年轻人需求的时尚凉茶,开辟创新凉茶的新的蓝海市场,与王老吉为代表的传统凉茶建立市场区隔。推出不同口味、不同包装、不同价位的创新凉茶产品,注入独特的文化诉求。颠覆消费者对凉茶的认知,引领凉茶消费的时尚需求,做中国乃至全世界最流行的凉茶饮料。

"加多宝"丢"王老吉"之名已成事实,所以,差异化品牌定位之路,无疑是"加多宝"的最好选择。当然,深谙定位之道的"加多宝"也许更懂得如何定位。加多宝放弃红罐包装,改换"土豪金"。加多宝目前更换的金色包装以金色为底色,红色为字体颜色,取代现在的红罐黄字包装。从视觉上看,并不逊色红罐;并且显得高档。所以,"加多宝"打出"有你更金更彩"的宣传语倒能体现品牌内涵,对顾客心理产生一定的影响。

3)目标集中竞争战略

目标集中竞争战略是指针对某个特定顾客群、主打产品系列的一个细分区段或某个地区市场。目标集中竞争战略可能涉及少数几个营销组合因素,也可能涉及多个营销组合因素。其主要特点是,所涉及的细分市场都是特定的或者专一的。也就是说,集中竞争战略是针对一组特定顾客的。该战略的含义是:企业集中力量,以更好的效果、更高的效率为某一特定的服务对象提供产品或服务。

3.3.2 市场领先者竞争战略

市场领先者是指产品在行业同类产品市场上市场占有率最高的企业。一般而言,绝大多数行业都有一个公认的市场领先者。如美国汽车市场的通用汽车公司、电子计算机软件市场的微软公司、软性饮料市场的可口可乐公司、快餐市场的麦当劳等。市场领先者的行为在行业市场中具有举足轻重的作用,它的价格变动、新产品开发、营销渠道的覆盖以及促销力度,都处于行业主导地位。市场领先者通常显示的优势有:拥有众多的品牌拥护者,且忠诚度高;拥有合理设置的广泛高效的营销渠道;反应敏锐且善于引导消费需求的促销经验等。市场领先者是行业中的一个"标尺",当领先者的地位确定后,才能清楚地辨识行业中的市场挑战者、市场跟随者、市场补缺者的不同竞争地位。市场领先者的地位是在市场竞争中自然形成的。领先者的市场竞争地位虽然具有相对的稳定性,但并非固定不变。因此,市场领先者面临着同行业竞争对手的挑战,稍有不慎,其领先地位很快就会降至第二位、第三位。美国福特公司因产品不能适应市场需求,从"龙头老大"的位置上跌落下来就是一个很好的教训。因此,市场领先者不是高枕无忧的,它必须保持高度警惕,实施正确的竞争战略来保持行业第一的优势,维护自己的主导地位。市场领先者通常选择的总体战略有以下三种。

1)扩大市场需求量

处于市场主导地位的领先企业,其营销战略首先是扩大总市场,即增加总体产品需求数量。因为,市场领先者在市场中所占份额最多,当总市场扩大时受益最大的是市场领先者。比如,美国人购车数量从 800 万辆增加到 1 000 万辆时,通用公司是最大的受益者,因为通用公司占有美国国产汽车市场 50% 以上的份额。因此,寻找扩大市场需求总量的途径对市场领先者至关重要。市场领先者通常运用以下三条途径来扩大市场需求总量。

(1)发现新用户

通过发现新用户来扩大市场需求量,对于市场领先者营销而言,其产品必须具有能够吸引新的使用者,增加购买者数量的竞争潜力。市场领先者通常运用以下三种策略从消费群体中寻找新的使用者。如香水制造商可以运用:

①市场渗透策略,说服原来不用香水的女性使用香水;

②市场开发策略,说服男性使用香水;

③地理扩展策略,把香水销售到国外市场。

发展新用户最成功的例子是美国强生公司,该公司最先以婴儿洗发液领先品牌著称,当美国婴儿出生率下降时,该公司将目光转向成人,向成年人发起广告攻势和促销诱惑。结果在不长的时间里,强生公司便成为整个洗发液市场的领先品牌。我国"娃哈哈"品牌产品的扩展与强生公司这一战略有相似之处。

(2)开辟产品的新用途

通过开辟产品的新用途也可以扩大市场需求量。市场领先者往往最有能力根据市场需求动态,为自己的产品寻找和开辟新用途。美国杜邦公司不断开辟尼龙产品的新用途就是业内公认的成功范例,该公司几十年来在不同的市场上,不断地开辟尼龙产品的新用途,生产出众多具有竞争力的产品,长期居于世界霸主地位。实践证明,每一次开辟产品的新用途,就会找到一个新市场,产品销量也从一个高峰进入另一个高峰。

(3)增加用户的使用量

说服产品的使用者增加使用量也是扩大市场需求量的有效途径。说服产品的使用者增

加使用量的方法有很多,但最常用的如下:

①促使消费者在更多的场合使用该产品。法国的米其林轮胎公司创意舆论界评价法国境内的饭店,评价结果是许多顶级饭店位于法国南部,这使得身居巴黎的消费者考虑周末驱车去法国南部度假。该公司又出版具有详细地图的旅游指南,对沿途景观作了生动、详细的介绍。这些策略促使汽车拥有者行驶更多的里程,导致更多的轮胎置换。

②增加使用产品的频率。"高露洁"运用高效广告和促销手段,宣传护牙知识,鼓励人们每日用牙膏清洁口腔 2~3 次,结果该品牌产品在我国牙膏市场的销售量大幅增长,居于行业领先地位。

③增加每次消费的使用量。日本的铃木公司,曾将装味精的小瓶内盖由原先的一个孔改为许多小孔,在方便消费者使用的同时不知不觉地增加了使用量。

2) 保持现有市场份额

市场领先者在努力扩展市场规模的同时,还必须防备竞争对手的进攻和挑战,保护企业现有的市场阵地。市场领先者必然是众多竞争对手攻击的主要目标,尤其是面临市场挑战者的威胁。如可口可乐公司要提防百事可乐公司,吉利公司十分警惕毕克公司,柯达公司要防备富士公司,通用汽车公司从不敢放松对福特公司各项战略的关注。这些挑战者企业都具有相当的实力,市场领先者如果不采取积极主动营销战略,很可能被他们取而代之。面对进攻和挑战,市场领先者如何保持自己领先的市场份额?最佳战略方案是不断创新,壮大实力。依靠自己牢不可破的实力,积极开展进攻,不断开发特色产品,提供高水平服务,才能打败竞争对手,保持自己的市场领先地位。

一个处于市场领先地位的企业,可以选用以下六种营销防御战略:

(1)阵地防御

阵地防御的基本概念是企业在现有的市场周围建造一些牢固的防卫工事。阵地防御在营销上的基本意义是以各种有效战略、战术防止竞争对手侵入自己的市场阵地。这是一种静态的、被动的防御,阵地防御是最基本的防御形式。例如,美国福特公司的 T 型车曾有过辉煌的历史业绩,但亨利·福特过于迷恋公司产品,以致对市场需求的发展毫无察觉,T 型车的近视症造成了福特公司从拥有 10 亿美元储蓄的业绩顶峰跌落到濒临财务崩溃的边缘。今天的可口可乐公司虽然已经发展到拥有全球软饮料市场半数的规模,但仍然积极从事多元化经营,如打入酒类市场、兼并水果饮料公司,涉足塑料制品和海水淡化设备等产业。很显然,清醒的市场领先者已经或正在将全部资源用于守住自己的现有产品和阵地的消极防御战略操作。

(2)侧翼防御

侧翼防御是指市场领先者除保卫自己的现有主要市场外,还建立起作为防御的辅助性基地。市场领先者除了保护自己的主要阵地外,对侧翼的各种威胁也应加以防范,尤其是保卫自己较弱的侧翼,防止竞争对手乘虚而入。例如,大荣公司是日本最大的超市连锁集团,当面临众多新兴折扣商店的挑战时,它运用在城镇外开设新店、销售更多的进口商品等策略,狠狠地还击了那些企图制造威胁的折扣商店。

（3）先发制人防御

先发制人防御是一种"以攻为守"的积极防御策略；即在竞争对手尚未动作之前，先主动攻击，并挫败对方，在竞争中掌握主动地位。具体做法是当某一竞争者的市场占有率达到对本企业可能形成威胁的某一危险值时，主动出击，对其发动攻击，必要时还需采取连续不断的正面攻击，以挫败它向本企业进攻的锐气，迫使其放弃进攻意图或推迟发起进攻的时间。如克莱斯勒汽车公司在美国汽车市场上排行第三，当该公司的市场占有率从12%上升到18%时，通用公司就认为，如果克莱斯勒公司的市场份额达到20%，就会踩着他们的尸体前进。因此，必须采取主动出击战略，以巩固自己的市场领先者地位。是否采用先发制人战略则视企业和竞争状态而定。如果企业拥有很高的品牌声誉和较高的技术屏障，认为自己足以承受所面临的市场挑战者的攻击，则应沉着应战，对竞争对手的行动不予理睬，坚定执行自己既定的目标与战略。

（4）反攻防御

当市场领先者面对竞争对手发动的降价或促销攻势，无论是专门进攻，还是侧翼进攻，都必须做出反击，主动反攻入侵者的主要市场阵地。当市场领先者在自己的"疆土"上遭到攻击时，可以采用"围魏救赵"，即反击攻击者的主要领地，迫使其回撤守卫大本营，这是反击攻击者的最佳方法。美国柯达公司就曾使用这种战略。当日本富士公司在美国市场上向柯达公司发动攻势时，柯达公司以牙还牙，进攻日本市场，迫使富士公司削减在美国市场的力量。

（5）运动防御

运动防御策略是市场领先者在防御目前市场阵地的基础上，把自己的势力范围扩展到新的领域中去，而这些新扩展的领域可能成为未来防御和进攻的中心。市场扩展可通过两种方式实现：

①市场扩大化。即企业将注意力从目前的产品拓展到满足该产品的类似需求上来，即以现有产品为中心，对满足该类产品的市场需求进行深度开发。例如，把"石油公司"变成"能源公司"就意味着该企业的市场范围扩大了。不限于石油一种能源产品的供应，而是提高多种能源产品覆盖整个能源市场。但这种市场范围的拓宽不能覆盖面过大，否则，易导致企业常犯的两大错误发生：即目标过大无法实现和企业力量的过分分散。为此，在市场拓宽中企业应注意市场扩展必须有一个适当的方向和限度。

②市场多元化。即企业向与原来产品和服务不相关的市场扩展业务，实行多元化经营。例如，美国烟草公司目睹社会各方面对吸烟限制日益强烈，便在寻找香烟替代品的同时，把一部分资金转投其他行业，先后在啤酒、果酒、饮料和速冻食品等领域的经营中取得成功。

（6）收缩防御

收缩防御是指企业根据市场变化，逐步放弃某些对企业不重要的、疲软的市场，把力量集中用于主要的、能获取较高收益的市场。这是一种"集中优势兵力""以退求进"的战略。如日本松下公司在1985年将产品由5 000个大类削减到1 200个，而日本五十铃公司则放弃了轿车市场，转而集中生产占优势地位的卡车。有计划地收缩是一种战略转移，能使企业力量更集中，巩固公司在市场上的竞争实力。

3) 提高市场占有率

提高市场占有率是市场领先者增加收益的一个重要途径。市场领先者实施这一战略是通过设法提高企业的市场占有率来增加收益、保持自身成长和市场主导地位。市场占有率是与投资收益率相关的最重要的变量之一,市场占有率越高,投资收益率也越大。有关研究显示,市场占有率高于40%的企业,其平均投资收益率将达30%,相当于市场占有率低于10%的企业的3倍。因此,许多企业以提高市场占有率、把拥有市场份额第一或第二位作为战略目标,达不到第一、二位的目标,宁可撤出此市场。例如,美国通用电气公司就因其在计算机和空调机市场上,市场占有率达不到市场领先者的程度,最后决定放弃这两项业务,集中力量在其他电器市场达到理想份额。

总之,处于主导地位的市场领先者必须全面掌握各项战略。既善于从扩大市场需求总量入手,保卫自己的市场阵地,防御挑战者的进攻,又善于在保证收益增加的前提下,通过提高市场占有率使企业长期地占据市场领先地位。

3.3.3　市场挑战者战略

市场挑战者是指相对于市场领先者来说在行业中处于第二、第三和以后位次的企业。如美国汽车市场的福特公司、软饮料市场的百事可乐公司等企业,处于次要地位的企业可采取两种策略:一是争取达到市场领先地位,向市场领先者挑战,即市场挑战者;二是安于次要地位,参与竞争但不扰乱市场局面,力争在"共处"状态下获得尽可能多的利益,即市场跟随者。

1) 确定战略目标和挑战对象

大多数市场挑战者的战略目标是提高市场占有率,进而达到提高投资收益率和利润率的目标。挑战者在明确战略目标时,首先必须确定谁是主要竞争对手。一般来说,挑战者可以选择下列几种类型的攻击目标。

(1) 攻击市场领先者

这是一种既有风险又具潜在价值的战略。采取这种策略的风险很大,一旦成功,挑战者企业的市场地位将发生根本性改变,因此颇具吸引力。如施乐公司开发出更好的复印技术,用干式复印代替湿式复印,从3M公司夺取了复印机市场的领先地位。后来,佳能公司也采用了同样的方法,通过开发更方便使用者的台式复印机夺取了施乐公司所拥有的数量可观的市场份额。企业采用这一战略时,应十分谨慎,周密策划以提高成功的可能性。

(2) 攻击与自身实力相当的企业

市场挑战者可以抓住有利时机,向那些势均力敌的企业发起进攻,把竞争对手的顾客吸引过来,壮大自己的市场份额。相对攻击市场领先者来说,这种战略风险小,若几番出师大捷或胜多败少的话,也可能对市场领先者造成威胁,甚至可能因此改变挑战者的市场地位。

(3) 攻击实力较弱的企业

当某些中、小企业出现经营管理和收支方面的困难时,处于市场挑战者地位的企业可以通过兼并、收购等方式,夺取这些企业的市场份额,以壮大自身实力和扩大市场占有率。例如,美国有几家主要的啤酒公司能发展到目前的规模,就是靠攻击一些小企业实现的。我国现在的电冰箱生产厂,也是采用这一策略成长起来的,通过适时地吞并这些市场上的"小鱼"或"小虾",将小规模的"同行"驱逐出市场,提高自己的市场地位。例如,微软以72亿美元收购诺基亚手机业务。通过以上分析可以看出,市场挑战者选择战略目标与确立竞争对手是相互联系和相互制约的。如果以领先者为进攻对象,其目标可能是夺取其手中的某些市场份额;如果以小企业为对象,其目标可能是将它们驱逐出市场。

2) 选择进攻策略

明确了策略目标和进攻对象之后,挑战者需要考虑的是采取什么进攻策略,在军事上常被称为"密集原则",即如何对竞争对手进行攻击。一般来说,有以下五种进攻战略可供选择:

(1) 正面进攻

正面进攻就是市场挑战者集中优势兵力向竞争对手的主要市场阵地正面发动进攻,即进攻竞争对手的强项而不是它的弱点。采用此战略需要具备一定的条件,如进攻者必须在提供的产品(或劳务)、广告、价格等主要方面大大超过竞争对手,才有可能成功,否则采取这种进攻战略必定失败。比如,美国无线电公司、通用电气公司在向 IBM 公司发动正面进攻时,都忽视了与这一国际大公司有明显实力差异这一事实,从而使自己走上了更加困难的道路。因此,为了确保正面进攻的成功,进攻者必须具有超过竞争对手的实力优势。

(2) 侧翼进攻

商业竞争中,也只有市场第二、第三位的品牌才可能向领先者品牌发动正面进攻。如果不是行业前三名的品牌,最好的攻击方式可能是采取侧翼包抄。侧翼进攻是指市场挑战者集中优势力量攻击竞争对手的弱点进行正面进攻。例如,对于东鹏特饮来说,与红牛根本不是一个级别的对手,千万别用鸡蛋去碰石头,要避开红牛的强势锋头。因此,东鹏特饮与红牛抗战,切割"功能饮料"品类中的一块蛋糕,最好的策略就是攻击红牛的弱点,任凭红牛再怎么强大,也必定有其弱点。东鹏特饮关键在于如何找出红牛的弱势所在。

(3) 围堵进攻

围堵进攻是一种全方位、大规模的进攻战略。采取这一战略的市场挑战者必须拥有优于竞争对手的资源,能向市场提供比竞争对手更多的质量更优、价格更廉的产品,并确信围堵计划足以成功时,可采用围堵进攻战略。例如,日本精工公司对美国手表市场的进攻就是采用围堵进攻战略的成功范例。通过多年的营销努力,精工公司无论在产品质量、功能款式、分销渠道、价格竞争力及广告促销等方面都具有压倒竞争对手、征服消费者的明显优势。该公司在美国市场上提供了约400种流行款式的手表,在全世界提供了大约2 300种款式的手表,而且几乎款款俘获了消费目标。美国一家竞争对手的副总裁不无羡慕地说:精工公司通过流行的款式、特性、使用者偏好以及一切可以鼓励消费者的手段来实现它的目标。精工公司的营销实力,为其在世界几个重要手表市场实行围堵进攻战略奠定了基础。

(4) 迂回进攻

迂回进攻是一种最间接的进攻战略之一,即完全避开竞争对手现有的市场阵地而迂回进攻。具体做法有三种:

①实行产品多元化经营,发展某些与现有产品具有不同关联度的产品;

②实行市场多元化经营,把现有产品打入新兴市场;

③发展新技术产品、取代技术落后的产品。迂回进攻经常被一些企业作为最重要的市场战略来应对竞争,发展壮大自己。

（5）游击进攻

游击进攻这一战略主要适合规模较小、力量较弱的企业。游击进攻的目的在于以小型的、间断性的进攻干扰对方,使竞争对手的士气衰落,不断削弱其力量。由于小企业无力发动正面进攻或有效的侧翼进攻,只能向较大竞争对手市场的某些角落发动游击式的促销或价格攻势,才能逐渐削弱对手的实力。

上述市场挑战者的进攻战略是多种多样的。一个挑战者不可能同时运用所有战略,但也很难单靠某一种战略取得成功。通常是设计并实施一套战略组合即整体战略,以实现企业营销目标,在市场竞争中处于主动地位。例如,美国"百事可乐"对"可口可乐"来说,就是一个世人瞩目的典型挑战者,它在1950—1960年的10年间,发动了多样的巨大攻势,取得了很大成功,销售量增长了4倍。但是,并非所有居于次要地位的企业都可充当挑战者,在一般情况下,常规做法是没有充分把握不得贸然进攻领先者,采取跟随而不是挑战者的战略更稳妥。

3）市场跟随者战略

在大多数情况下,居次要地位的企业并不热衷于挑战者战略,而更愿意采用市场跟随者战略。实践证明,采取跟随者战略的企业也能获得高额利润。如一些公司通过模仿或改进革新者推出的新产品,大量推向市场销售,虽未必夺得行业第一,却能获得很好的利润,因为它们不必承担用于创新的高额费用,也用不着冒创新的风险。在冶金、化学、石油冶炼等市场同质或产品差异性很小而基础投资规模很大的行业尤其如此。市场跟随者策略的核心是寻找一条避免触动竞争者利益的发展道路。一般来说,有以下三种跟随者战略可供选择。

（1）紧密跟随

这种战略的突出特点是"仿效"和"低调"。跟随企业在各个细分市场和市场营销组合,尽可能地仿效领先者。甚至使人感觉这种跟随者好像是挑战者,但是它从不激进地冒犯领先者的领地,在刺激市场方面保持"低调",避免与领先者发生直接冲突。有些甚至被看成是靠拾取领先者的残余谋生的寄生者。

（2）距离跟随

这种战略的突出特点是保持合适的距离。跟随企业在市场的主要方面,如目标市场、产品创新与开发、价格水平和分销渠道等方面都追随领先者,但仍与领先者保持若干差异,以形成明显的距离。这样跟随者对领先者既不构成威胁,又因为跟随者各自占有很小的市场份额而使领先者免受独占之指责。采取距离跟随战略的企业,可以通过兼并同行业中的一些小企业而发展壮大自身实力。

（3）选择跟随

这种战略的突出特点是选择追随和创新并举。跟随者在某些方面紧跟领先者,而在另一些方面又别出心裁。首先,这类企业不是盲目跟随,而是择优跟随,在对自己有明显利益时跟随领先者,在跟随的同时还不断地发挥自己的创造性,但一般不与领先者进行直接竞争。采取这类战略的跟随者有些可能发展成为挑战者。市场跟随者虽然市场占有率大幅度地低于领先者,但绝不意味着这类企业盈利水平低。

4) 市场补缺者战略

所谓市场补缺者,是指精心服务于市场的某些细小部分,而不与主要企业竞争,只是通过专业经营来占据有利市场位置的企业。

市场补缺不仅是小企业常常选择的战略,而且对某些大企业中的相对独立部门也有意义。在现实的营销活动中,大企业中的这些部门也常常在努力寻找对自身来说既安全又有利润的补缺基点。一个理想的市场空缺应具备以下条件:

①有足够的市场潜力和购买力;

②利润有增长的潜力;

③对主要竞争者不具有吸引力;

④具有占据该补缺基点所必需的资源和能力;

⑤企业已有的信誉足以对抗竞争者。

市场补缺者成功的关键,一是选择好补缺之处,即补缺基点;二是在确定补缺基点的基础上选择和制定适当的战略。

(1) 补缺基点的选择

选择市场补缺基点时,多重补缺基点比单一补缺基点更能减少风险,增加保险系数。因此,企业通常选择两个或两个以上的补缺基点,以确保企业的生存和发展。总之,只要企业善于经营,小企业也有许多机会,可以在获利的条件下很好地为顾客服务。

(2) 专业化市场营销

取得补缺基点的主要战略是专业化市场营销。具体来讲,就是在市场、顾客、产品或渠道等方面实行专业化。

①最终用户专业化是指专门致力于某类最终用户服务,如计算机行业有些小企业专门针对某一类用户(如诊疗所、银行等)进行市场营销。

②垂直层面专业化是指专门致力于分销渠道中的某些层面,如制铝厂可专门生产铝锭、铝制品和铝制零部件。

③顾客规模专业化是指专门为某一种规模(大、中、小)的客户服务,如有些小企业专门为那些被大企业忽略的小客户服务。

④特定顾客专业化是指只对一个或几个主要客户服务,如美国有些企业专门为西尔斯百货公司或通用汽车公司供货。

⑤地理区域专业化是指专为国内外某一地区或地点服务。

⑥产品或产品线专业化是指只生产一大类产品,如美国的绿箭(Wrigley)公司专门生产口香糖一种产品,现已发展成为一家著名的跨国公司。

⑦客户订单专业化是指专门按客户订单生产预订的产品。

⑧质量和价格专业化是指专门生产经营某种质量和价格的产品,如专门生产高质高价产品或低质低价产品。

⑨服务项目专业化是指专门提供某一种或几种其他企业没有的服务项目,如美国有一

家银行专门承办电话贷款业务,并为客户送款上门。

⑩分销渠道专业化是指专门服务某一类分销渠道,如专门生产适于超级市场销售的产品,专门为航空公司的旅客提供食品。

市场补缺者所承担的风险是该市场消费需求的转移或新的竞争者进入所带来的风险,即补缺基点的枯竭或遭受攻击。避免这一风险的主要做法是,确定多个补缺基点发展营销实力,从而增加企业的抗风险能力和生存机会。总之,市场补缺者战略强调小企业的发展在于小市场的专业化营销,而不是与大企业在市场上的盲目竞争。只要找对有利的市场空缺,小企业完全可能在激烈的行业竞争中获得理想的收益。

本章小结

企业是在市场竞争中发展壮大的,只有在激烈的市场竞争中有效地实施正确的竞争战略,才能战胜竞争对手发展自己。要客观、全面、科学地对竞争对手状况进行分析,才能制定相应的市场竞争战略,在应对激烈竞争的同时壮大自身的竞争优势,实现企业营销目标。通过市场调查,收集有关市场、竞争者资料,经过调查资料的整理分析,得出所需数据,作为制定竞争战略的依据。在对市场竞争战略的实践运用中,分析要注意:

(1)对竞争者分析的步骤与方法;

(2)正确确定企业自身的竞争优势与劣势;

(3)正确选择企业的竞争战略。

在三种基本竞争战略中,选择最适合的竞争战略;在四种具体竞争战略中,选择最有效的竞争战略。

【思考与练习】

1.对竞争对手的分析包括哪些步骤?

2.根据市场竞争地位的不同,企业可分为哪几种类型? 各有什么特征?

3.市场领先者为了维护自己的优势,保持领先地位,通常可采取哪些战略? 市场补缺者如何开展专业化市场营销?

【应用题】

我国很多行业至今未建立起完善的竞争秩序,如果仅以市场占有率衡量,则任何一个行业都会存在一个领导者,可事实远非如此,有些行业似乎还没有产生让同行信服的领导者。请对此现象作出分析。

【案例分析】

百度挑战谷歌

百度公司 2000 年 1 月创立于北京,是全球最大的中文搜索引擎提供者。每天处理来自 100 多个国家超过一亿人次的搜索请求。创立之初,百度就将目标定位于打造中国人自己的中文搜索引擎,将全球搜索引擎巨头谷歌视为自己最主要的竞争对手。谷歌创立于 1998 年,在 2000 年推出中文搜索服务。2005 年进入中国后,拥有的市场份额和排名逐年快速增长,网上搜索市场份额从 2003 年的 2.1% 上升到 2006 年的 21.7%,排名从 2003 年的第五位跃升到 2005 年的第三位,到 2006 年又升至第二。2006 年,该公司本地化进程全面展开,并启用中文名"谷歌"。百度从差异化的搜索服务定位与谷歌竞争,找到了成功的盈利模式。2003 年,美国第三方统计机构艾瑞统计,百度已经超越谷歌,成为全球最大的中文搜索引擎。2006 年,中国搜索引擎市场报告(CNNIC)等多家统计分析机构发布的调查报告中,中国搜索引擎排名第一的百度公司的国内市场份额已经超过 62%,远超谷歌、雅虎等主要竞争对手。2007 年,百度在中国搜索引擎市场的占有率上升到 65.8%,而谷歌仅为 22%。2005 年 8 月 5 日,百度在美国纳斯达克上市。2006 年度,百度营业收入为 8.378 亿元,网络营销收入为 8.285 亿元,净利润约为 3 亿元(比 2005 年增长 533.9%)。百度一举成为美国纳斯达克股价最高的中国公司,也是最近几年来表现最强劲的一只新股。2008 年,百度营业收入预计为 30 亿元,净利润约 10 亿元。

什么是百度创新的商业模式?

简言之,首先以有效的市场细分和聚焦战略争取到点击率和搜索流量,再以"人气"优势拉动吸引企业而获得主要利润。实现了在两大顾客群(搜索用户和企业用户)之间的价值互动。在搜索流量领先的基础上,百度为了拉动企业在百度网上投放网页搜索广告,首创了竞价排名商业模式。尽管对竞价排名有异议,百度仍成功地争取到大量的中国企业客户,根据零点调查公司的数据,72% 的企业在实施搜索引擎推广时首选百度。在百度搜索中,网页搜索占到整体搜索引擎流量的 53%。而百度的网页搜索占整个中国搜索引擎使用量的份额达 24% 左右。百度因此成为企业竞争中有效的在线市场推广工具,企业网页搜索的规模则为百度带来了可观的利润。网页搜索形成目前搜索引擎中最清晰的盈利模式,也是搜索引擎最重要的收入来源。

百度是如何实现搜索流量领先的呢?

这主要源于百度的两个市场策略:一专注中文搜索;二专注年轻人市场。"最有效的中文信息查找工具"是百度提供的顾客价值。尽管谷歌比百度提早一年推出了网上中文搜索,但百度在中文搜索上做得更专业深入,百度实施"百度,更懂中文"的品牌运动,树立了在中国中文搜索市场的巨大优势。目前百度拥有世界上最大的中文信息库,百度拥有的 10 亿中文网页已经大大超过了谷歌拥有的 5 亿中文网页,并不断改进使用更有效的中文检索软件。很多用户在比较了谷歌与百度的中文搜索,以及谷歌的英文与中文搜索后,发现谷歌的中文搜索并不像它的英文搜索一样好用,因而更偏好百度的中文搜索。有效细分市场是百度的另一成功策略。经调查显示:中国的网民中学生所占比例最大,学生是搜索引擎最主要的使用者,同时也是最具发展潜力的人群。由此,百度将其细分市场瞄准了最具发展潜力的顾客人群——学生。2006 年 CNNIC 的调查也印证了百度用户中学生比例最高,占 48.2%,而谷歌用户中企业用户比例最高,占 48.5%。因此,CNNIC 形象地称"学生的百度,白领的谷歌"。

百度依据其细分市场策略选择相匹配的内容提供。谷歌在中国延续其在美国市场的内容定位,侧重于新闻资讯等互联网应用。而百度了解中国网民最关注的是娱乐类信息,于是百度瞄准中国学生网民的关注需求,重点推出 MP3 音乐、网络游戏和视频等娱乐类和互动性产品。例如,百度开发了广受欢迎的 MP3 音乐搜索功能,这对百度品牌传播具有深远地影响,很多客户都是从 MP3 的搜索体验中认识百度的。经统计显示,百度在中国页面搜索、音乐搜索、图片搜索等领域,均具有比较明显的用户使用量优势,这正是源于百度的细分市场策略。为了"黏住"用户,百度在 2003 年 12 月推出了百度贴吧,让用户在输入任何词汇时,都可以与其他有兴趣的网民聚集起来讨论共同话题、寻求答案、互动沟通,从而在网上建立统一检索词的讨论区或搜索社区。经调查显示,百度贴吧明显提高了百度的用户满意度。

【案例思考】

1.百度在中国市场实现其搜索流量领先的策略是什么?

2.面对领先者谷歌,百度是如何有效竞争的?

【营销实训】

目的:认识企业的市场地位及竞争战略。

内容:分析笔、运动鞋、碳酸饮料、小轿车、洗发水、洗衣粉、电视机、牙膏、胶卷等行业中企业的市场地位及竞争战略。

要求:

从以上产品中任选一种,罗列出几个(至少两个)制造商,分析各行业的市场地位及竞争战略。

演练目的:学会对竞争对手进行分析,并制定相应的竞争战略。

演练要求:

(1)广泛收集竞争对手的相关资料。

(2)学生把自己当作所选企业的营销人员,根据所收集的资料,完成对竞争对手的分析;同时结合本企业情况,分析自己采用的市场竞争战略。

（3）撰写一份分析报告。

演练指导：

（1）把学生分成若干小组，以组为单位进行。

（2）资料可到图书馆或通过网络收集。

（3）有条件的学校可组织学生到当地的可口可乐公司或百事可乐公司营销部门参观访问，听取企业高级管理人员或营销部门主管的介绍，并获取相关资料。

飞鹤乳业通过差异化定位，不断占领中国市场

国产乳业曾经在市场竞争中整体居于下风，在市场份额不断被洋品牌鲸吞蚕食之际，内部竞争已非主要矛盾，在市场风向最敏感的商超中，国产奶粉和洋奶粉已被划分为两个物理区域，消费者总是直奔洋品牌，而国产品牌则被打入冷宫。在消费者心目中，从某种程度上说洋品牌已经成为"安全"的代名词，而飞鹤多次打出"50余年安全无事故""一贯好奶粉"等安全牌，却收效甚微。

实践出真知，为了找准竞争机会，飞鹤在君智咨询的帮助下意识到"高适应"这一独特的配方或成破局点。飞鹤只针对中国婴儿体质进行研发，其配方跟洋奶粉的配方不一样。且针对中国人普遍存在的乳糖不耐症，飞鹤还对配方进行了水溶性蛋白技术研发，率先在配方中引入 OPO 结构脂，在奶粉速溶效果上全球领先。

在"全产业链经营"的基础和"高适应配方"的优势下，飞鹤最终打造出"更适合中国宝宝体质"的竞争战略。寥寥九个字，却暗藏众多奥妙。首先，借势本土常识，寻求情感共鸣。"更适合中国宝宝体质"暗合着中国"一方水土养一方人"的传统文化，在引起中国妈妈的共鸣中，让中国妈妈重新选择中国奶粉。其次，精准把握行业趋势。随着乳业市场的成熟，"安全"已成基本利益点，而对于体质不同的细分人群而言，"适合"的重要性将会进一步凸显。最后，符合企业优势。飞鹤是掌握国内母乳数据最多的企业，也是唯一一个完成临床试验的企业，其奶源质量、奶粉溶解吸收程度等方面都具备长足优势。最后，有效防御竞争。飞鹤竞争战略的制订源于知彼知己，而其"以己之长，攻彼之短"的战略定位，在消费者心目中率先确立"更适合"竞争标准，攻其不可守，使其如鲠在喉。

华为的战略设计

2013—2018 年，华为手机出货量增长了 50 多倍。在华为消费者业务 CEO 余承东看来，增长的核心原因在于华为始终坚持致力于提供消费者喜爱的创新领先型产品，体验好是核心，华为通过构筑核心能力，打造超出消费者期望的产品。此外，华为把产品质量做好、产品体验做好的同时，还保持着创新力。有些创新的研发投入，可能要几年后才能爆发出力量。他认为，未来，华为的创新力会更强。

2010 年之前，华为手机的客户是企业用户，更准确地说是运营商。华为手机为全世界很多国家的运营商贴牌生产定制机，该定制机没有品牌、没有美感、配置低，更谈不上什么用户

体验,却占华为营业收入的一半以上。随着华为公司的壮大,国外很多机构开始警觉,很多外国公司或者禁止进口华为产品或者进行反倾销活动,造成华为的海外2B(to business)业务受阻。华为手机业务到底何去何从成为公司总裁任正非思考的问题。2010年12月3日,任正非主持召开"高级座谈会",重新确定了华为手机的出路,从2B业务走向2C业务、从低端手机走向高端手机。这时,距离2007年iPhone第一代智能手机问世虽然仅仅只有三年,手机市场却发生了翻天覆地的变化,很多昔日的手机大品牌公司应对这款智能手机失当而逐渐淡出了消费者的视野,尤其是昔日的龙头企业诺基亚,几乎是一蹶不振。三星抓住了机遇,于2009年7月推出了第一款智能手机,开始在智能手机市场占有一席之地,但也晚了足足两年。

由于iPhone智能手机的横空出世,带来了整个手机行业的重新洗牌,也给很多公司带来了希望,开始对手机市场虎视眈眈,意欲分得一杯羹。2012年,市场上有主打高端路线的苹果和三星手机,中低端主要有线上手机品牌小米、魅族、锤子,线下手机品牌OPPO和vivo等,同时还有一些颇具实力的潜在进入者。华为怎样才能在如此激烈的竞争中脱颖而出呢?古人云,知彼知己者,百战不殆;不知彼而知己,一胜一负;不知彼,不知己,每战必殆。由此可见,在企业经营中,了解竞争者有多么重要。为了制订有效的竞争战略,企业需要尽可能多地了解竞争者的情况:谁是竞争者,他们的目标是什么? 他们的优劣势是什么? 他们的策略是什么? 他们在遭遇竞争时的反应模式是什么? 只有这么做,企业才能发现自己可以深入的领域、评价自己的优劣势并发现自己具有潜力的领域,并且考量如何在这场竞争中展开博弈。正如习近平总书记曾指出"企业发展当然要竞争,没有人会把市场拱手让给竞争对手。我们希望这种竞争是良性的、符合市场规律的"。华为公司在分析了竞争环境后,对竞争对手的目标和战略做了全面分析。竞争对手的目标,比如,各手机品牌的市场份额、获利能力、技术和服务能力,以及对新的竞争对手出现后可能作出的反应;竞争对手的战略,比如,目前苹果和三星手机主要是高端市场,小米主要是互联网低端市场等,以及他们的优势和劣势。经过一番权衡后,华为公司最终做出了"定位高端"的战略选择,即为消费能力更强的用户提供高端高品质手机。

于是,由Ascend品牌开始试水,虽然华为的第一炮并没有如愿打响,但是却为华为进入手机终端高端市场夯实了基础。从此,华为一直坚持精品战略和双品牌战略,由最初的Ascend品牌和之后的Mate品牌主打高端市场,华为高端定位上大获全胜的一战则是由Mate品牌打响的,华为手机通过大力自建拓展线下渠道、不断扩大品牌影响力的传统方式来发展用户;而荣耀品牌则负责进军互联网渠道,进攻中低端市场,对抗以"小米"为主的来自互联网品牌的竞争,通过锁定年轻用户群体,推出创新产品,借鉴互联网商业模式的轻资产、高效率,运用互联网思维与消费者建立深度联系和沟通的方式来发展用户。两大品牌,并驾齐驱,一起发力,这样才能保证华为无论是中国市场还是在全球市场都一直持续增长。

不仅如此,华为能够持续保持竞争力,还来源于对技术的执着追求。华为一直专注于研发自有芯片,成为国内唯一一家能够自主研发、制造芯片的手机厂商,这成为并将在未来很长一段时间内成为华为手机的核心优势。不仅如此,通过软件和硬件两方面的创新,华为实现了革命性的 GPU Turbo 图形处理加速技术,打通了 EMUI 操作系统以及 GPU 和 CPU 之间的处理瓶颈,不仅使得 GPU 图形运算整体效果得到大幅提升,同时还实现了能耗下降,打破了性能与能耗的跷跷板,极大地提升了用户体验。目前,已有超过 20 款机型升级了 GPU Turbo 技术,惠及全球近 1 亿老用户。2018 年 4 月,华为在分析师大会上宣布将发布全栈 AI 战略,半年后承诺如期兑现。同年 10 月 10—12 日举行的第三届华为全连接大会上,华为轮值董事长徐直军首次发布华为 AI 战略与全栈全场景 AI 解决方案,其中包括全球首个覆盖全场景人工智能的华为 Ascend(昇腾)系列芯片以及基于华为 Ascend 系列芯片的产品和云服务。华为公司董事、战略 Marketing 总裁徐文伟表示,各行业数字化需要平台+AI+行业智慧+生态四方共同打造。在这种合作模式中,华为定位为一家平台公司,通过端、管、云建立开放平台,结合 AI,与生态合作伙伴一起,促进各行各业的数字化转型。"做大蛋糕、做大产业、做大市场,比做大华为自己的份额更加重要。"徐文伟说。

（资料来源:李东楼.华为:双品牌战略成功秘诀[J].宁波经济（财经视点）,2018(2):55.）

【思考与讨论】

1.用波特五力模型分析华为初入终端市场时所面临的竞争环境。

2.阅读案例并查阅资料,华为是如何突破重围,在激烈竞争的环境中不断取得成功的?

3.什么是核心竞争力? 你认为华为的核心竞争力是什么?

第4章 市场购买行为分析

【本章重点】

1.消费者购买决策过程。
2.影响消费者购买行为的主要因素。
3.消费者购买行为类型及企业营销对策。
4.组织市场的特点及购买行为特征。
5.政府、社会团体市场的特点。

【引例】

北京西乐日用化工厂

北京西乐日用化工厂(以下简称"西乐厂")是北京市海淀区四季青乡化轻公司下属的一个乡办化妆品生产企业。它的前身是一个修补轮胎的手工作坊。1984年,该厂根据社会对日用化妆品需求不断增长的趋势,正式转产护肤霜。几年来,西乐厂坚持依靠科技,不断开发出适销对路的新产品,继1984年投产当年产值达20万元后,销售额连年翻番,到1990年已突破900万元。这家只有200多名职工的乡办企业,目前已开发出6个系列42个品种的产品,每年为国家创利税上百万元,产品不仅在激烈的市场竞争中占有一席之地,而且在我国北方地区广为流行、走俏。该厂之所以取得如此亮眼的成绩,其中一个极为重要因素就是牢牢地抓住了消费者对日用化妆品的消费心理展开了心理营销。

一、抓住顾客求新求美心理

随着化妆品消费需求的发展,消费者不再仅仅追求化妆品的美容需要,而且更加重视护肤、保健等多种功能。1984年,西乐厂引进了北京协和医院开发的硅霜生产技术,并把这种经过临床医疗试验证明具备护肤、治疗良效的专用技术,用来开发新型化妆品,当年9月通过硅霜工业化生产者技术鉴定后,很快生产出以"斯丽康"命名的护肤霜投入市场。这种化妆品与传统护肤霜的不同之处,在于它以硅油代替了以往常用的白油或动、植物油脂。这种硅油涂在皮肤上,能形成一种薄膜,一方面能防止皮肤表面因水分流失引起皮肤干燥,另一方面又能维持皮肤细胞的正常新陈代谢。因此,斯丽康护肤霜由于使用了硅油,可起到美容、增白、洁肤的作用。长期使用硅油化妆品,不但无害,还可使消费者的皮肤滑润、弹性好。此后,该厂陆续推出"斯丽康高级护肤霜""斯丽康增白粉蜜"以及化妆用的"底霜"、婴儿用的"宝宝霜"等多种新产品,广受经常需要涂抹化妆品的顾客以及寒冷干燥地区消费者的青睐。西乐厂在满足消费者的这些求新求美心理中,不断占领新的市场。

二、抓住顾客的求实心理

对于化妆品消费者来说,最大的担心是化妆品的副作用,如害怕导致皮肤过敏。担心长期使用会患皮肤病,会影响身体健康。针对这一点,西乐厂牢牢把握产品质量关,并努力让消费者信赖产品质量。他们抓住消费者求安全的这一心理特征,在推销化妆品过程中,必带"三证",即生产许可证、卫生许可证和质量合格证,以获取用户对产品质量的信赖。该厂还主动邀请质量监督部门、卫生管理部门赴厂检查、评定。由于该厂重视产品研发,严格质量检查,注重厂容,文明生产,因此,先后取得北京市经济委员会和农业部颁发的西乐牌斯丽康高级护肤霜、斯丽康增白粉蜜等优质产品证书,在检测、卫生评比中也多次受到肯定。这些主管部门的肯定性评价,极大地提高了该厂的声誉和形象。为了推销新产品,西乐厂还经常派出技术人员参加展销会、订货会,由科研人员遵循医学知识,深入浅出地讲解皮肤的结构和斯丽康化妆品的特有功效,用科学知识消除消费者的疑虑和误解。他们还通过直接演示法直观地演示了硅油化妆品对皮肤的保护作用。表演时,演示者用两块布作道具,一块普通布,一块经硅油处理过的布,做两组对比实验。一组是把一杯水分别从两块布倒下去,普通布透水,硅油布滴水不透,从而形象地显示了硅油化妆品具有保持水分的良好性能;另一组是分别在两块布下面点燃一支香烟,结果普通布把烟气挡在下面,而经硅油处理过的那块布却青云直上,显然经硅油处理过的布是透气的。两组实验直观地表现了斯丽康化妆品"透气不透水"的独创功能,表明对人体皮肤有益无害。这种"攻心战"使广大消费者心悦诚服地接受了斯丽康化妆品,取得了心理营销的成功。

三、抓住顾客的求名心理

西乐厂化妆品之所以很快在市场上走俏,这与该厂选用"斯丽康"SLK这个牌子不无关系。"斯丽康"是英文silicone音译而来的名字,发音响亮,并带有一点儿"洋味",在一定程度上能够满足部分消费者追求高档、进口、名牌化妆品的心理需求。当广告上出现"斯丽康高级化妆品"的宣传语时,广大消费者并没有把这个名字与乡镇企业联系起来。由于种种原因,当时社会上对乡镇企业产品抱有质差档次低的成见;相反,认为高档化妆品应是进口产品,或合资企业产品。针对部分化妆品消费者这一心理,西乐厂在广告宣传时,采取着重宣传产品特色,而不宣传企业自身的促销策略,随着"斯丽康"产品的推出,当"斯丽康护肤霜"深入人心,在北方地区家喻户晓时,人们并未想到享有盛誉的"斯丽康"化妆品厂乃是一家乡办企业。一直到斯丽康化妆品相当走俏时,北京西乐日用化工厂的名字才逐渐为顾客知晓。

(资料来源:百度文库)

4.1　消费者市场与消费者行为模式

4.1.1　消费者市场的含义

消费者市场是指为了满足个人或家庭生活需要而购买商品和服务的人所组成的群体。因此,消费者市场又称消费品市场或生活资料市场。消费者市场是一个最终市场,即产品一旦被购买即退出社会再生产过程,意味着产品价值和使用价值的最终实现。它是现代市场营销理论研究的主要对象。

4.1.2　消费者市场的特点

奢侈品的消费群体,在东西方有比较明显的差异,欧美国家的奢侈品消费主力是40~60岁的中产阶级,而在东方这个群体要年轻10多岁,以30岁左右的年轻新贵为主。在中国,平均月收入5 000~50 000元,年龄在25~40岁的高学历、高收入人群是中国奢侈品消费主力群体。世界上奢侈品消费的平均水平是个人财富的4%左右,而中国的一些消费者,特别是年轻人,却用40%甚至更高比例去追求奢侈品。

由此可见,消费者市场具有需求多样化、时代感强、容易被商家诱导消费等特点。

(1)消费需求的多样性

消费者受年龄、性别、身体状况、性格、习惯、偏好、职业、地位、收入、文化教育程度、地理环境、气候条件等多种因素的影响,其消费需求和购买行为具有很大的差异性,所购商品的品种、规格、数量、质量、花色和价格也千差万别。

(2)消费需求的伸缩性

消费需求受消费者收入、生活方式、商品价格和储蓄利率影响较大,在购买数量和品种选择上表现出较大的需求弹性或伸缩性。收入多则增加购买,收入少则减少购买。商品价格高或储蓄利息高时减少消费,商品价格低或储蓄利息低时增加消费。

(3)消费需求的层次性

根据马斯洛需求理论,人们的需求是有层次的,首先追求的是最基本生理需要,然后转向另一个相对重要的需求。人类需求是由低层次向高层次发展的,低层次需求满足后才会追求高层次的满足。

(4)消费需求的可诱导性

现实生活中,消费者常常在逛街时,受到商家促销活动或陈列商品的影响,大多数消费者缺乏专门的产品知识,属非专家购买,容易受广告、产品包装、新奇卖点、商家的营销氛围、营销人员的诱导等外在因素的影响,临时发起购买行为。

消费者对某一产品的需求,可能会引起对相关产品的需求。例如,消费者购买羊绒衫的同时也可能购买丝毛净等洗涤用品。

替代性是指消费者在某一方面的需求可由多种产品来满足。例如,蛋糕、面包、包子、千层饼都可以满足消费者充饥的需求。

4.1.3　消费者购买行为分析

营销理论界有多种消费者购买行为理论,他们都对消费者购买行为的规律性进行了研究,其中最有代表性的是约翰·沃森的刺激—反应模式。这一模式表明,所有的消费者购买行为都是有刺激引起的,这种刺激既来自外界刺激,如经济情况、文化因素、营销广告等,也来自消费者内部的生理和心理因素,如社会需要、观念、习惯等。消费者在各种刺激下,经过复杂的心理活动过程,产生购买动机,进而产生购买行为,如图 4-1 所示。

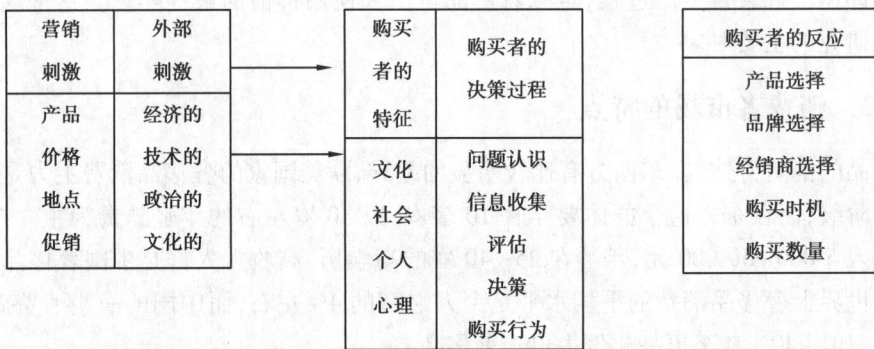

图 4-1　刺激—反应模式

市场营销人员的任务就是了解消费者在出现外部刺激后的心理活动,以便向消费者进行适宜的市场营销活动,以使外在的刺激因素与消费者内在心理活动进行互动,形成购买决策,采取购买行为,实现满足消费者需求,获取企业利润的目的。

4.1.4　消费者购买决策过程

消费者购买是一个过程,在这个过程的不同阶段,消费者所要解决的问题不同,行为不同,参与者不同,涉及动机和目标,干扰与不协调等诸多因素。营销研究者建立了一个购买决策过程的"阶段模型"。消费者会经历五个阶段:认知需求、信息收集、评价方案、购买决策和购后过程,如图 4-2 所示。

图 4-2　消费者购买决策五阶段模式

消费者并不总是一次通过五个阶段,可能会越过或颠倒某些阶段。当购买固定品牌香皂时,可能直接购买并评价,而不需收集信息和评价方案,但这一架构提供了一个参考框架,以便研究消费者面临一个复杂购买所要涉及的可能发生的过程。

【案例 4-1 **】**

一个消费者分享他选车的帖子

对于第一次买车的我，选一款心爱的车是很重要的，毕竟汽车价格不菲，而且油费比我的血压涨得可快多了，最重要的是选一辆车就要陪伴我走过很长时间。但第一次选车也是最困难的，至于为什么我选择蒙迪欧致胜，也是考虑了很多因素的。

对我这个不太了解汽车的"外行"来说，开始选车时真是无从下手，最先是在网上浏览，找到了几个专门的汽车论坛，经历了几天的"泡坛子"经历，我了解到汽车价格大致分为几个区间，从 5 万~8 万元档到 16 万~20 万元档甚至更高的价格区间都有，我把目标定在了 20 万~25 万元档，这是我现阶段经济状况最能接受的价格区间，我决定在这个区间选择一款性价比高的车型。

经观察，我发现蒙迪欧致胜和雅阁这两款车的车型在论坛里的点击率很高，于是我上网仔细对比了这两款车的参数和配置。首先确定了选择六速手/自一体变速器车型，因为我所在的城市堵车十分严重，尤其是上下班时间，基本上是走走停停，自动挡能让驾驶更轻松省心一些。而在高速路上用自动挡就方便多了。我这个人天生路盲，既然买车，怎么样也得买个带导航的。于是就把目标范围定在了雅阁 2.4EXL 导航版和蒙迪欧致胜新上市的一款蒙迪欧至尊型之间。

两款候选车型已经确定了，接下来该看看真车了。利用假日，我去了 4S 店。在福特 4S 店，得知蒙迪欧致胜刚刚作出了价格调整，于是致胜在我心目中又加了分。

油耗是当前买车一族最关注的问题，特别是在当前经济不景气的形势下。虽然价格上，致胜有了优势，但买车时需要特别关注的就是油耗，毕竟养车成本中最大的消耗就是油费。经一位开车多年的朋友介绍，他有一辆蒙迪欧致胜一直使用 95 号汽油，目前行程总共 9 450（高速约 2 000 千米，市区综合路况良好，偶尔跑郊区。车借出行驶 1 626 千米不计）千米，油满箱综合油耗 9.800485685 升/100 千米（按油箱中满箱油量 70 升计算，总加油量−70 升/实际行驶里程＝市区油耗 10~11）。我在心里对致胜的好感又加深了。

最后从外观上看，我比较偏爱致胜。雅阁看着什么都挺顺，但怎么看都提不起兴致，总之就是没缺点也没优点。我买车还兼顾私用，私用就要有点个性。致胜的外观我非常欣赏，符合自己的审美观，流畅动感的车身线条与时尚大胆的车身设计，给人一种沉稳霸气的感觉，令我一见倾心。无论我怎么挑怎么选，还是要听听家人的意见。当我把这些天对这两款车的研究统统讲给老婆听时，她似乎没有仔细听，最后她撂下这么一句话，让我着实郁闷了，"别的我也不懂，你说蒙迪欧致胜好些，外观好不好看才重要，哪个更漂亮就买哪个吧。"一句话让我长时间的研究好像白做了。第二天，在老婆的强烈要求下，我带着她又去看了一次真车。在看过两款车后，老婆毫不犹豫地选择了致胜，她的理由是雅阁感觉太另类了，如果她开的话，还是时尚感更强的致胜。

1) 确认问题

（1）确认问题

确认问题是指消费者确认自己的需要是什么。需要是购买活动的起点，升高到一定阈限时就变成一种驱动力，驱使人们采取行动予以满足。

（2）了解需要

了解与本企业产品有关的现实和潜在的需要。在价格和质量等因素既定的条件下，产品如果能够满足消费者某一或某些需要就能吸引购买。

（3）设计诱因

了解消费者需要随时间推移以及外界刺激强弱而波动的规律性，设计诱因，增强刺激，唤起需要，促成购买行为。

2) 信息收集

在社会生产力高度发达的条件下，消费者的某一需要往往会有许多品牌、品种的商品给予满足。究竟如何选择，需要进行信息收集。

消费者的信息来源有以下四种：

①经验来源。指消费者直接接触产品得到的信息。

②个人来源。指家庭成员、朋友、邻居、同事和其他熟人所提供的信息。

③公共来源。指社会公众传播的信息，如消费者权益组织、政府部门、新闻媒介、消费者或大众传播的信息等。

④商业来源。指营销企业提供的信息，如广告、推销员介绍、商品包装的说明、商品展销会等。

通过了解消费者对不同信息来源的信任程度，分析可知，消费者对经验来源和个人来源信息信任度最高，其次是公共来源信息，最后是商业来源信息。设计信息传播策略除利用商业来源传播信息外，还要设法利用公共来源、个人来源和经验来源，也可多渠道同时使用，以加强信息的影响力和有效性。

3) 备选产品评估

消费者在获得全面的信息后就会根据这些信息和评价方法对同类产品的不同品牌加以评价并决定选择。一般而言，消费者评价行为涉及四个方面：

（1）产品属性

产品属性是指产品所具有的能够满足消费者需要的特性。产品在消费者心中表现为一系列基本属性的集合。例如，下列产品应具备的属性有：

①冰箱：制冷效率高，耗电少，噪声低，经久耐用。

②电脑：信息储存量大，运行速度快，图像清晰，软件适用性强。

营销人员应了解顾客主要对哪些属性感兴趣以确定产品应具备的属性。

（2）品牌信念

品牌信念是指消费者对某品牌优劣程度的总的看法。每一品牌都有自身的一些属性，消费者对每一属性实际达到了何种水准给予评价，然后将这些评价连贯起来，就构成他对该品牌优劣程度的总的看法，即对该品牌的信念。

（3）效用要求

效用要求是指消费者对品牌每一属性的效用功能应当达到何种水准的要求。或者说，该品牌每一属性的效用功能必须达到何种水准才会被接受。

（4）评价模式

明确了上述三个问题后，消费者会有意或无意地运用一些评价方法对不同品牌进行评价和选择。

4）购买决策

购买决策阶段主要涉及两个方面：一是否购买；二是如何购买。

（1）从购买意向到实际购买之间的介入因素

消费者对产品进行评估后会形成一种购买意向，但不一定导致实际购买，从购买意向到实际购买还有一些因素介入其间，如他人态度、意外因素等。

（2）购买决策内容

消费者一旦决定实现购买意向，必然做出以下决策：

①产品种类决策，即在资金有限的情况下优先购买哪一类产品。

②产品属性决策，即该产品应具有哪些属性。

③产品品牌决策，即在诸多同类产品中购买哪一品牌。

④时间决策，即在什么时间购买。

⑤经销商决策，即到哪家商店购买。

⑥数量决策，即买多少。

⑦付款方式决策，即一次性付款还是分期付款，现金购买还是其他方式等。

5）购后过程

与传统市场观念相比，现代市场观念最重要的特征之一是重视对消费者购后过程的研究以提高满意度。消费者的购后过程分为三个阶段：购后处置、购后评价和购后行为。

（1）购后处置

消费者的购后处置有频繁使用、较少使用、偶尔使用、闲置不用、废弃物丢弃、转手他人等多种情况。营销人员应当关注消费者如何处置产品。如果一个应该高频使用的产品却被消费者丢弃或很少使用，说明消费者认为该产品无用或者不满意。

（2）购后评价

当前广泛运用的购后评价理论是预期满意理论。预期满意理论认为，满意是消费者将产品可感知效果与自己的期望值相比较后所形成的心理感受状态。即消费者购买产品后的满意程度取决于购前期望得到实现的程度。如果购后感受达到或超过购前期望，则感到满意或非常满意；反之则不满意。营销企业如果希望实现顾客购后满意，在商品宣传上应实事求是，不夸大其词，以免造成顾客购前期望高于购后感受。

（3）购后行为

消费者购买商品后，往往通过使用或消费购买所得，检验自己的购买决策：重新衡量购买是否正确；确认满意程度；作为今后购买的决策参考。

预测、衡量购后感受，有下列两种理论：

①"预期满意"理论。该理论认为,消费者购买商品后的满意程度取决于购买前期望得到实现的程度。如果感受到的商品效用达到或超过购前期望,就会感到满意,超出越多,满意度越高;如果感受到的商品效用未达购前期望,就会感到不满意,差距越大,不满意感越强烈。

②"认识差距"理论。该理论认为,消费者在购买和使用商品后对商品的主观评价和商品的客观实际之间总会存在一定的差距,可分为正差距和负差距。正差距指消费者对商品的评价高于商品实际和生产者原先的预期,产生超常的满意感。负差距指消费者对商品的评价低于商品实际和生产者原先的预期,产生不满意感。

消费者购买过程是消费者购买动机转化为购买活动的过程。不同消费者的购买过程有各自的特殊性,也有一致性。研究这一过程可使营销活动更具针对性并提高营销业绩。

4.1.5 消费者购买行为类型

消费者在购买商品时,会因商品价格、购买频率不同,投入购买的程度也不同。根据购买者在购买过程中参与者的介入程度和品牌间的差异程度,将消费者的购买行为分为四种类型,见表4-1。

表 4-1 消费者购买行为分类

购买参与程度	品牌差异程度	
	高	低
大	复杂的购买行为	寻求平衡的购买行为
小	寻求多样化的购买行为	习惯性的购买行为

1) 复杂的购买行为

复杂的购买行为是指消费者高度介入在众多具有明显差异的品牌中进行反复选择的购买行为。当消费者参与购买的程度较高,并且不很了解品牌间的差异时,大都属于此种购买行为。在一般情况下,消费者在购买比较昂贵、有相当风险和有一定重大意义的不经常购买的商品时,其介入程度普遍较高。由于购买者不熟悉此类商品,因此,在购买前需经历一个学习过程,该过程主要包括树立产品信念、形成品牌偏好、慎重选择购买三个步骤。对于复杂购买行为,营销人员需制定相应策略,帮助购买者了解这类商品的各种属性,了解这些属性的相对重要程度,了解企业品牌在比较重要的属性方面的声誉以及能为消费者带来的利益,从而影响购买者的最终选择。

2) 寻求多样化的购买行为

这是为了消费多样化而常常变换品牌的一种购买行为。它一般是指对品牌差异大但介入程度较低商品的购买。例如,对饼干、膨化食品等休闲食品的购买基本上属于这种购买行为。应当指出的是,消费者在此类购买行为中品牌的频繁转换并不是对商品不满意,而是寻求消费的多样化。对于寻求多样化购买行为,不同市场地位的企业应采取差异化营销战略。市场领导者品牌可通过不断开发新产品,占据最有利货架位置、避免脱销及提示性广告来鼓励消费者从寻求多样化品牌转变为某一品牌的习惯性购买者。而市场挑战者品牌应通过创新、低价、优惠、赠券、免费样品及强调试用新产品的促销活动来鼓励顾客寻求多样化的购买行为,以降低领导者品牌的顾客忠诚度,吸引更多的新顾客。

3) 寻求平衡的购买行为

寻求平衡的购买行为是指消费者在购买时介入程度较高但商品品牌差异又不大的一种购买行为。寻求平衡的购买行为比复杂的购买行为要简单。介入程度高是因消费者对此类商品不熟悉且存在一定的风险,但由于品牌差异不大,消费者一般不花很多时间收集不同品牌的各种信息进行评价,而把重点放在价格、促销活动、售后服务等方面。因此,购买行动比较迅速。由于决策草率,经常在购后会发现所购商品的缺陷或其他品牌更优越之处,因此,产生心理上的失衡感。为此,消费者会再度搜集有关已购商品的有利信息,设法获得新的信念,争取他人的支持,以证明自己购买行为的正确性,从而寻求新的心理平衡。鉴于这种心理特点,企业一方面要通过调整价格、选择适当的销货地点和干练的营销人员影响消费者的品牌选择;另一方面,还应通过各种渠道与购买者进行沟通,及时提供关于商品的全面信息,尽量减少其失衡感,使之坚定购买正确性的信心,提高对自己购买行为的满意度。

4) 习惯性的购买行为

习惯性的购买行为是指消费者在购买时介入程度较低,有明显的品牌偏好,购买决策简单的一种购买行为。比如购买食盐,消费者在购买时几乎不假思索,会随便购买某个品牌,如果他们一直购买某个品牌的食盐,也只是出于习惯,而非忠诚于该品牌。消费者购买基本日用品大多属于习惯性购买行为。在这种情况下,消费者的购买行为打破了正常的信息—态度—行为的购物顺序,他们并不广泛地搜集商品及品牌信息,也不评价品牌特性,更不对购买何种品牌进行取舍选择,购后也不会加以评价。经过多年研究,对此类购买行为运用价格策略和促销策略更加有效。近年来,发达国家的营销人员还通过设法提高顾客购买介入程度的方法来建立消费者习惯性购买的品牌意识,比如将高露洁牙膏与防止蛀牙联系起来,麦氏咖啡与人际沟通结合在一起等。应当指出的是,上述策略虽有助于提高顾客的参与程度,但无法从根本上改变习惯性购买的无品牌意识行为。

4.1.6 购买决策的参与者

消费者的消费一般是以家庭和个人为单位的,有些商品的购买决策和购买行为是由家庭成员中的某一位作出的。但许多商品和服务的购买,例如住宅、耐用消费品及贵重商品,是由几位家庭成员协商决定的。因此,在一项购买决策中,某一家庭成员可能会扮演下列角色中的某一角色或身兼几种角色。

① 发起者。首先提出购买某种商品和服务的人。

② 影响者。直接或间接影响最后决策的人。

③ 决策者。在是否买、买什么、买多少等方面能够做出完全或部分决策的人。

④ 购买者。实际执行购买决定的人。

⑤ 使用者。直接使用或消费所购商品或服务的人。

对消费者购买决策参与者的分析,可以使企业根据家庭各成员在购买决策中所起的作用进行有针对性的营销活动。

4.1.7　影响消费者购买行为的因素

消费者的购买行为经历了由刺激引发需求,产生动机,然后采取购买行为的过程。在这个过程中,许多因素影响着消费者的购买行为,决定了消费者购买活动的特征和差异。这些因素既包括文化、社会因素等外在因素,也包括个人、心理因素等消费者的内在因素。

1) 文化因素

文化在消费者行为中起着最广泛和深刻的影响。营销者需要研究文化、亚文化及社会阶层对消费者购买所起的作用。

（1）文化

文化是指人类从生活实践中建立起来的价值观念、道德、理想和其他有意义的象征的综合体。它是一种看不见、摸不着的观念,通过价值观、思维方式、信仰、宗教、审美观等方式支配着人们的日常行为。人类的行为大部分是经后天学习而来的。一个人在成长过程中,通过家庭和其他机构的社会化过程学到了一系列基本的价值、知觉、偏好和行为的整体观念,比如:中国的文化传统是仁爱、信义、礼貌、智慧、诚实、忠孝。

（2）亚文化

每一种文化都包含着一些较小的亚文化群体,它们以具体的认同感和社会影响力将群体内的成员联系在一起。亚文化群体可分为以下几种:

①民族亚文化。每个民族在宗教信仰、崇尚爱好、图腾禁忌等方面都有独特之处,形成了不同的民族习惯和生活方式,使消费者在日常的商品需求和购物行为中表现出极强的民族性。

②宗教亚文化。世界上有许多宗教,如天主教、基督教、伊斯兰教和佛教等。这些宗教都有不同的教规和戒律,影响着宗教信奉者的购买行为。

③种族亚文化。白种人、黄种人、黑种人都有各自特殊的人生态度、文化传统和生活方式,不同种族的消费者在消费需求和购物行为上存在很大的差异性。

④地理亚文化。由于地理位置、气候和自然环境的差异,使居住在不同地区的人形成了不同的风俗、习惯和爱好,在消费需求中表现出明显的地域色彩。

（3）社会阶层

社会阶层是指一个社会中具有同质性和持久性的群体。依据消费者的收入、职业、受教育程度以及居住区域的不同,可将其划分为不同的社会阶层。社会阶层具有以下特点:第一,同一社会阶层的人往往有共同的价值观、生活方式、思维方式和生活目标,在消费需求和购买行为上有很强的趋同性,而不同社会阶层的人在这些方面有明显的差异。第二,人们以自己所处的社会阶层来判断各自在社会中的地位。第三,一个人的社会阶层是由多个变量决定的。第四,人们的社会阶层不是一成不变的,既可以迈向高阶层,也可能跌落低阶层。

2) 社会因素

消费者的购买行为,与其所处的社会环境密切相关。社会是指以共同的物质生产活动为基础而相互联系的人们所构成的总体。影响消费者购买行为的社会因素包括相关群体、家庭、社会角色与地位等。

（1）相关群体

相关群体是指能直接或间接影响他人的态度或行为的群体。相关群体可分为两类：一类是直接相关群体；另一类是间接相关群体。

直接相关群体是指对群体成员有直接影响的群体，又称为成员群体。成员群体可分为首要群体和次要群体。首要群体是指某人经常直接接触的一群人，如：家庭成员、亲戚、朋友、同事、同学、邻居等。首要群体对消费者的需求和购买行为影响最大。次要群体是某人不经常直接接触但一般较为正式的群体，如宗教组织、职业协会等，它对消费者的影响比首要群体小。

间接相关群体是对消费者行为产生影响的无形群体。根据消费者对间接相关群体的态度，可分为崇拜性群体和离异群体。崇拜性群体又称向往群体，是指被消费者推崇的一些人或者希望加入的群体。例如，某人所崇拜的体育明星、新闻人物、知名人士等对其行为的影响巨大。离异群体又称厌恶群体，是指被消费者讨厌或反对的群体。一个人总是不愿意与厌恶群体发生任何关系，在各方面都希望与之保持距离，甚至反其道而行之。

我们研究相关群体的目的是揭示它对消费者需求和购买行为的影响，从而利用相关群体的力量来提高企业的营销绩效。相关群体对消费者的影响有三个方面：第一，相关群体为消费者展示新的行为模式和生活方式；第二，由于消费者有效仿崇拜性群体的愿望，消费者对某些企业、品牌、产品的态度会受其影响；第三，参照群体促使人们行为趋于一致化，它会影响人们购买时对品牌、产品的选择。

相关群体对不同产品、产品生命周期的不同阶段以及品牌的影响力有所不同。对于一些最基本的生活必需品，相关群体的影响力不大，但对于选购品、特殊品及非寻求品的影响力很大。在产品生命周期的不同阶段，相关群体对产品和品牌选择的影响也不尽相同，一般情况下，在介绍期，相关群体在产品选择上有影响力，而在成长期，它对消费者选择何种产品、何种品牌有强烈的影响，在成熟期，它只对消费者的品牌选择起作用，在衰退期则基本没什么影响。基于以上分析，企业应善于运用相关群体对消费者施加影响，扩大市场。

（2）年龄及家庭

处于不同年龄和家庭生命周期的消费者对产品的需求偏好和消费行为有很大的差异。比如，新婚阶段，购买力最强，耐用品消费力强如汽车、电器等。表4-2是不同年龄和家庭的消费兴趣。

表4-2 不同年龄和家庭的消费兴趣

年龄	消费兴趣	家庭规模	消费兴趣
儿童	糖果、玩具	独身青年	穿戴、娱乐
青少年	文体用品、电子产品	二人家庭	家具、电器、旅游
成年	家庭用品	有幼儿的夫妇	婴儿食品、玩具
老年	保健品	入学儿童父母	自行车、文教用品

家庭对消费者的需求和购买行为的影响是长期的、具有决定性的。家庭成员在购买活动中往往相互影响。分析家庭购买群体有助于企业抓住家庭购买的关键人员开展有针对性的营销活动，提高营销效率。

在一般家庭中，就购买决策者的类型而言，可分为丈夫决策型、妻子决策型、共同决策型、各自作主型。大多数家庭并非固定在一种类型上，而是根据购买商品的种类不同，随时变换购买决策类型。下面是不同的商品或服务所属的购买决策类型。

①丈夫决策型。主要有保险、汽车、摩托车、高科技新产品。

②妻子决策型。主要有家庭日常用品、食品、服装、厨房用品。

③共同决策型。主要有住宅、家具、旅游。

（3）社会角色与地位

一个人一生中会参加许多群体，如家庭、团体和各种组织。在不同的群体中处境各异，即角色不同。比如，一个成年男子可能扮演以下诸多角色：是父母亲的儿子，是妻子的丈夫，是孩子的父亲，是企业的经理，是桥牌协会的会员等，不胜枚举。当消费者的角色改变时，购买行为也会发生变化。每一种身份都附有一种地位，反映社会对他的总体评价。这就是消费者的地位。人们常常通过购买商品、使用商品的方式来体现其社会地位。不同阶层选择的商品或购买行为有所不同。因此，企业应研究、了解和识别每个人在社会中充当的角色，发现角色与购买行为的内在联系，有针对性地开展营销活动。

3）个人因素

消费者的需求和购买行为还受其个人因素的影响。个人因素包括年龄与家庭生命周期、职业、经济状况、生活方式、个性和自我观念。

（1）年龄与家庭生命周期

人们在一生中购买的商品和服务随着年龄的增长会不断变化。例如，儿童是玩具的主要消费者，青少年是文体用品、快餐、新潮时装的重要消费者，成年人购买的商品和服务大都是家居用品，在着装上以稳重大方、做工精细、质地优良为主，老年人是保健用品的主要购买者。

家庭生命周期是指消费者从离开父母独立生活开始，到家庭自然解体为止所经历的全过程。家庭生命周期可分为以下九个阶段，每个阶段的需求重点和购买行为都有各自的特点。

①单身阶段。单身青年。购买重点是基本厨房用品和家具、交通工具、娱乐用品和旅游。这一时期几乎没有经济负担，大多属于革新者和早期大众。

②新婚阶段。年轻且无子女。购买的商品和服务主要是安家用品，如：服装、家具、耐用消费品、交通工具、旅游度假等。消费者在这一时期经济状况一般较好，负担很轻，基本可按意愿去实施购买，很多是革新者或早期大众。

③满巢Ⅰ期。最小的子女在6岁以下。重点购买的商品是家用电器、婴儿及儿童食品和药品、儿童玩具等。在这一时期，没有住房的家庭开始着手购房，因此经济状况较紧张、购物需三思而行，由革新者向早期大众、晚期大众转化。

④满巢Ⅱ期。子女已超过6岁。重点购买各种食品、清洁用品、书报杂志等，教育费用

是这一阶段的重要支出。经济状况比前一阶段有所好转,大部分属于早期大众和晚期大众。

⑤满巢阶段Ⅲ期。年长的夫妻与尚未独立的子女同住。购买的商品为新式家具、大量食品、交通工具、报纸杂志、电脑、更新耐用消费品、旅游用品等。教育费用仍是这一阶段的重要支出。经济状况进一步好转,大部分属于早期大众和晚期大众,有一部分成为革新者。

⑥空巢Ⅰ期。年长的夫妻,无子女同住,仍在工作。购买的商品诸如奢侈品、家庭装修用品、娱乐用品等。在这一时期尽管经济状况很好,但对新产品兴趣不大,因此,基本上属于晚期大众。

⑦空巢阶段Ⅱ期。年长的夫妻,无子女同住,且已退休。热衷于购买医疗保健用品。消费者在这一阶段收入大幅降低,购买类型是迟钝采用者。

⑧鳏寡Ⅰ期。尚在工作,收入仍可观,也许会出售房子。

⑨鳏寡Ⅱ期。独居老人,体弱多病,需要得到关怀和社会的帮助。主要购买生活必需品和医疗保健品。

营销者只有正确判断目标市场的消费者处于家庭生命周期的哪一阶段,采用正确的营销组合策略,方能取得好的营销业绩。应该指出的是,自然年龄与消费者的心理年龄并非完全同步,企业应在掌握细分市场自然年龄的基础上,尽量按心理年龄组成目标市场,避免营销错误。

（2）职业

职业对消费者的需求和行为模式有着重要影响,公司经理与工人的需求不同,大学教师与体力劳动者需要的商品也有很大差异。企业应尽量发现对其产品和服务具有特定需求的职业群体,并根据其特点开发适销对路的产品和服务,从而取得更好的经济效益与社会效益。

（3）经济状况

经济因素是指消费者可支配的收入、储蓄、资产和借贷能力。经济状况是决定购买行为的根本因素。经济状况越好,消费者购物量越大,购买决策时间越短,购买行为的实施越容易,企业营销难度相对较小;当经济状况不好,消费者收入较低时,购买就会慎重,注意价格因素,企业营销难度就增大。因此,营销者应特别注意居民个人收入、储蓄、存款利率、股市行情的变化,以及消费者对未来经济、商品价格走势的看法,及时调整自己的营销方案。

（4）生活方式

所谓生活方式是指人们在世界上的生活模式,集中表现在人们的活动、兴趣及看法上。根据美国斯坦福研究所国际公司的阿诺德·米切尔提出的新分类法,美国消费者的生活方式群体有以下几种类型:幸存者、支撑者、归属者、竞争者、成功者、自我主义者、体验者、社会良知者、集优点于一身者。虽然有些人属于同一社会阶层和亚文化群体,但由于生活方式不同,活动、兴趣、看法也不尽相同,因此,实际需求和购买行为与其相同社会阶层的消费者大相径庭。"艺术家型"消费者和"嬉皮士型"消费者对产品的需求有着明显的不同。根据上述分析,营销者了解消费者的生活方式非常必要。因为,市场营销向消费者提供了实现其不同生活方式的产品或服务,使消费者有可能按照个人偏好,选择最适当的生活方式。

（5）个性和自我观念

个性是表现人的态度和购买行为较稳定的心理特征。与消费者个性相联系的购买类型有以下几种：忠于某一种或少数几种品牌的习惯型；购买前冷静思考、慎重地选择购买决策和行为的理智型；特别重视价格的经济型；易受外界刺激而进行购买的冲动性；感情和联想丰富的想象型；缺乏主见的不定型。

与消费者个性相关联的另一个概念是自我观念（或称自我形象）。它是指消费者欲把自己塑造成的一种理想形象。消费者的自我观念意识也会对购买行为产生一定的影响。因此，企业必须充分了解目标市场消费者的个性及自我形象的特点，使自己的营销活动与之相适应。

4)心理因素

消费者的需求和购买行为还受自身心理因素的影响，主要包括动机、感觉、学习、信念和态度。

（1）动机

动机是一种升华到足够强度的需要。动机引起行动，维持行为，并引导行为去实现需求目标。人们的行为受动机支配，而动机来源于需要。每个人在任何时刻都有许多需要，有些是生理上的，如饥饿、口渴。有些则是心理上的，如被他人认可、尊重和归属感等。人的某种需要会产生导致行动的驱动力，需求越强烈，产生的驱动力越大。这种心理上的内在张力的释放需要通过某种刺激物（如商品、服务等）的获得来解决，即产生了购买动机。在一定时期内，人们的需要是多种多样的，动机也不会只有一个，但动机的强弱程度各不相同，往往只有那些最强的"优势动机"才能支配人们去真正购买。

心理学家曾提出许多关于人类行为的动机理论，最著名的三种理论为西格蒙德·弗洛伊德的动机理论、亚伯拉罕·马斯洛需要层次理论和弗富德里克·赫茨伯格的动机理论。

①弗洛伊德的动机理论。弗洛伊德的动机理论来自精神分析论，他把人的心理比作冰山，露在水面上的小部分为意识领域，水下的大部分为无意识领域，造成人类行为的真正心理力量的大部分是无意识的。人在成长和接受社会规范过程中有很多欲望受到抑制，因此，人们往往不能真正了解自己的真实动机。例如，保健品价格为什么偏高，包装为什么那么考究，是因为保健品的购买者主要不是为了自用，而是为了送礼，送礼当然得讲究面子，讲究包装。又如，某工厂要引进国外先进设备，遭到工人反对，说原设备仍然可用，为何要花重金购买新设备呢？真是一群"败家子"。起初一听好像他们很为工厂着想似的，但真实原因是他们担心新机器进厂后，他们在工厂的原有地位恐怕不保，搞不好还有下岗危险。怎样才能了解到消费者的真实需要呢？弗洛伊德提出了阶梯（Laddering）技术，它可以从一个人已陈述的话追踪到另一端的思想。然后，营销者再决策开发何种程度的信息和诉求，以便由产品的某些特性引发消费者的联想与情感，形成购买动机。

②马斯洛的动机理论。马斯洛的动机形成理论被称为"需要层次论"。马斯洛是美国著名心理学家，他在1954年发表的代表作《动机与个性》中提出了这一理论。马斯洛把人类的需要层次依次分为：生理的需要、安全的需要、社会的需要、尊重的需要和自我实现的需要，如图4-3所示。需要层次论可概括为以下三个要点：第一，人类的需要和欲望有待于满足，

已满足的需要不会形成动机,只有未满足的需要才是引起购买行为的动机;第二,人类的需要从低级到高级具有层次性,只有低一级的需要得到相对满足后,高一级的需要才会成为支配人的行为的主导动机;第三,一般来说,需要强度的大小和需要层次的高低成反比,即需要层次越低,强度越大。

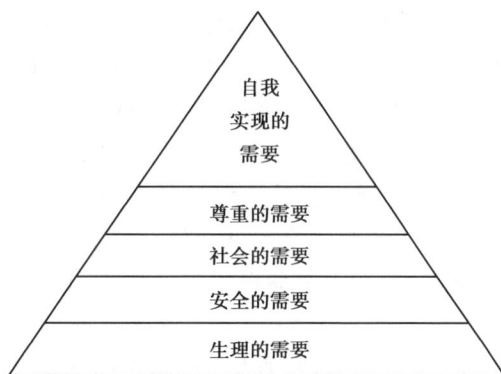

图 4-3　马斯洛需要层次论

③赫茨伯格的动机理论。弗雷德里克·赫茨伯格于 1959 年创立了双因素理论。其要点是把动机与工作联系起来,提出工作满足与不满足两类因素,前者称为动机需要,后者称为保健需要。动机需要包括成绩、承认、工作岗位、提升等因素,这些可推动职工努力工作。保健需要包括与工作性质无关的一些因素,如工作条件、福利待遇、管理条例等。二者的区别在于:保健需要满足与否,只能影响对工作不满情绪的程度,只有动机需要获得满足,方能产生工作动力。赫茨伯格双因素理论可用于分析消费者行为。企业用于引发消费者购买行为的市场营销因素可分为保健因素和动机因素,保健因素是消费者购买的必要条件,动机因素是促进条件,在有选择余地的情况下,对保健因素不满,就肯定不买,如只对保健因素满意,购买冲动的强度还不足以使之购买,只有在动机因素满意时才会形成强烈的购买行为。

（2）感觉

人们的需要受到刺激产生了动机,随时可付诸行动,但采取怎样的行动却要视消费者个人对客观环境的感觉而定。两个具有同样动机处在同样环境的消费者,由于他们对环境的感觉不同,可能导致不同的行为。所谓感觉是指个人选择、组织并解释信息,以便创造一个有意义行为的过程。这一心理过程是有选择性的,分为选择性注意、选择性曲解和选择性记忆三个阶段。

①选择性注意。人的一生时刻面临着许多刺激物,以商业广告来说,美国人平均每天见到的广告超过 1 500 条,但他不可能注意所有这些刺激物,大多数会被"过滤"掉,真正引起个人关注的只有极少数。所以,对于营销者而言,最困难的是如何了解目标顾客群对何种刺激物感兴趣。经过多年研究,我们总结出以下三种情况能够引起人们的注意:一是与目前需要有关的刺激物;二是人们比较注意所期盼的刺激物;三是变化幅度极大、较为特殊的刺激物,如降价 50%,比降低 5%的刺激强度要大得多。选择性注意意味着市场营销者必须尽量吸引消费者的注意力。因为,他们传递的营销信息不会引起与目标市场无关的消费者的关注,即

使是目标顾客群也不会轻易注意到这些信息,所以,必须采用与众不同的刺激物方能引起人们的注意。

②选择性曲解。即便是消费者注意到企业营销信息刺激物,也并非一定会达到企业的预期效果,原因在于每个人总是按自己既有的思维模式接受信息,这就是选择性曲解。选择性曲解是指人们倾向于将获得的信息与自己的意愿模式结合起来的思维倾向。选择性曲解说明人们接受外界刺激物信息后要经过主观加工来理解的过程,即人们一般是按先入为主的思维习惯来解释信息。在实际购买中品牌忠诚者的出现就属于这种情况,即使新品牌在性能、质量等方面可能更好,但某一品牌忠诚者不会轻易改变其品牌偏好。

③选择性记忆。人们往往会忘记大多数接触过的信息,只会记住那些符合自己态度与信念的信息,这就是在选择性曲解基础上的选择性记忆。这种选择性记忆使人们大都只记住自己所偏好的品牌、商店、超市或服务提供者的优点,而忽视了其他同类供应者的优点。

上述感觉过程提出营销者必须设法突破消费者的感觉壁垒,使信息尽快、失真度最低地植根于目标顾客心中,为培养企业的品牌忠诚者铺平道路。

(3)学习

人类除本能驱使力支配的行为外,其他行为皆属学习活动。心理学家发现,学习行为是某一刺激物与某一反应建立联系时所发生的行为,如司机见了红灯就停车,观众对精彩表演鼓掌等。消费者的学习是通过驱使力、刺激物、诱因、反应和强化的相互影响而产生的。营销学对消费者学习过程研究的意义在于,使企业把消费者的学习过程与得到驱使力联系起来,运用各种营销手段强化消费者对企业营销商品和服务的需求。

(4)信念和态度

通过以前的行为和不断地学习,人们获得了自己的信念和态度,而信念和态度又反过来影响人们的购买行为。所谓信念是指一个人对某些事物特有的描述性思想。营销企业应对产品和服务以及企业自身在消费者心目中所特有的信念极为关注,建立良好的企业声誉和品牌。

消费者在学习过程中形成了态度。所谓态度是指人们长期保持的对于某种事物或观念的是非和好恶。消费者一旦对某种产品、品牌或企业形成一种态度往往很难改变,要想改变某一消费者对某产品或某品牌及某企业已经形成的态度,需要企业付出相当大的营销努力,进行全方位的营销调整,甚至革新。

消费者的购买行为是文化、社会、个人和心理因素相互影响和作用的结果。这些因素是无法改变的,但它对识别消费者的购买行为很有帮助。营销者对文化、社会、个人和心理因素中的许多因素具有影响力,可以运用营销手段作用于这些因素,从而诱发消费者的强烈欲望和购买行为。

4.2 组织市场与购买行为分析

组织市场是指工商企业为从事生产、销售等业务活动以及政府部门和非营利组织为履行职责而购买产品和服务所构成的市场。组织市场包括生产者市场、中间商市场、非营利组织市场和政府市场。

组织市场由于主体性质和购买目的与消费者市场有很大不同,因此,有必要对其购买行为进行特定的分析和研究。

4.2.1 组织市场的分类

把众多的不同购买者集合在一起统称为"组织市场",就有必要对其进行分类,以做进一步的分析与比较。

(1)生产者市场

在某些场合,生产者市场也可称为产业市场或工业市场。它的从业者采购商品和劳务的目的是加工生产出其他产品以供出售、出租,以从中牟利,而不是为了个人消费。它主要由以下产业构成:农、林、牧、渔业;采矿业;制造业;建筑业;运输业;通信业;公用事业;银行、金融、保险业;服务业。以生产者市场为服务目标的企业,必须深入研究这个市场的特点,并分析其购买行为,从而取得营销成功。

(2)中间商市场

中间商市场是由以营利为目的而从事转卖或租赁业务的个体和组织构成,包括批发和零售两部分。在许多场合,批发和零售往往作为营销渠道的组成部分,而不是作为组织市场的一部分被讲述。其实,中间商市场和生产者市场有许多相似之处,包括双方的购买行为都有诸多雷同的地方。

(3)非营利性组织市场

非营利性组织市场也称机构市场,主要是指由学校、医院、疗养院、监狱和其他为公众提供商品和服务的部门所组成的市场。它们往往是以低预算和受到一定的控制为特征的,而且一般都是非营利性的。

(4)政府采购市场

在大多数国家,政府也是产品和劳务的主要购买者。由于政府的采购决策受公众监督,因此,它们经常要求供应商准备大量的书面材料。此外,政府市场还有以竞价投标为主、喜欢向国内供应商采购等特点。

以上就是平常可能接触到的构成组织市场的不同类型的成员,在大多数场合,它们被分开阐述,各自说明特点或进行购买行为分析。在各自不同类型的市场特征背后,却有很多的共性特征。

4.2.2 组织市场的特征

组织市场与消费者市场相比,具有自身的鲜明特征。

1) 购买者比较少

组织市场的购买者远远少于消费者市场的购买者。如发电设备生产者的顾客是各地有限的发电厂,某轮胎厂的销售也取决于能否获得某家汽车厂商的订单。

2) 购买规模大

组织市场的购买者每次购买的数量都比较大。例如美国固特异轮胎公司的订单主要来自通用、福特、克莱斯勒三大汽车制造商,当该公司出售更新的轮胎给消费者时,它就要面对全美 1.71 亿汽车用户组成的巨大市场。购买次数少决定了每次采购量将十分巨大,特别是在生产比较集中的行业更为明显,通常少数几家大企业的采购量就占该行业某一产品总销售量的大部分。

3) 供需双方关系密切

组织市场的购买者需要持续的货源,供应商需要有长期稳定的销路,所以,供需双方保持着密切关系。购买者也会要求供应商改变其操作方法和程序,比如,购买者会对质量、交货期、服务项目和技术规格等方面有特殊要求,甚至供应商为单一企业客户量身定做产品。所以,供应商和购买者通常保持良好的长期沟通。

【案例 4-2】

位于匹兹堡的 PPG 工业公司有一个特殊项目,该项目将购买者与提供产品维护、修理、运营的供应商更紧密地结合在一起。通过该项目,PPG 要求供应商提交的计划书中关于每年所增加的价值或缩减的成本至少达到 PPG 年总销售额的 5%。其中一个供应商提出了这样的建议,即通过谈判来获得新固定装置和荧光灯泡的折扣价格,依次将照明项目的成本减少 16 万美元。

(资料来源:科特勒·营销管理)

4) 购买者在地域上相对集中

由于资源和区位条件等原因,各种产业在地理位置的分布上都有相对的集聚性,所以组织市场的购买者在地域上往往也是相对集中的。例如,中国的重工业大多集中在东北地区,石油化工企业云集在东北、华北以及西北的一些油田附近,金融保险业在上海相对集中,而广东、江苏、浙江等沿海地区集聚着大量轻纺和电子产品的加工业。这种地理区域的集中有助于降低产品的销售成本,从而使得组织市场在地域上形成了相对集中。

5) 派生需求

对组织市场上的购买需求最终来源于对消费品的需求,企业购买生产资料,归根到底是用来作为劳动对象和劳动资料以生产出消费资料。例如,消费者要购买皮包、皮鞋,所以生产企业需要购买皮革、钉子、切割刀具、缝纫机等生产资料。由此可见,消费者市场需求的变化将直接影响组织市场的需求。派生需求往往是多层次的,形成一环扣一环的链条,消费者是这一链条的起点,是原生需求,是组织市场需求的动力和源泉。

6) 需求弹性小

组织市场的需求受价格变化的影响不大。皮鞋制造商在皮革价格下降时,不会打算采购大量皮革,同样,皮革价格上升时,他们也不会大量减少对皮革的采购,除非他们发现了某些稳定的皮革替代品。需求在短期内特别无弹性,因为厂商不能对生产方式作过多变动。对占项目总成本比例很小的业务用品来说,其需求也是无弹性的。例如,皮鞋上的金属鞋孔价格上涨,几乎不会影响其需求水平。

7) 需求波动大

组织市场的需求是一种派生需求,所以消费者市场需求的小量波动,会导致组织市场需求的巨大波动。经济学家把这种现象称为加速效应或牛鞭效应。比如,消费品需求上升10%,却能使相关联的企业用品需求上升200%;而当消费品需求下降10%,可能会使企业需求急剧萎缩。

8) 专业人员采购

工业品的复杂程度、价值和风险都大大高于消费品,组织机构通常比个人消费者更加系统地购买所需商品,其采购过程有时需要专业人员的专业方法和技术信息评估能力,确保购买建立在对商品价格质量比、售后服务及交货期的逻辑分析基础之上。这意味着购买方必须具有完备的技术知识,并能提供大量的有关自身及竞争者的数据。

9) 影响购买决策的人较多

与消费者市场相比,影响组织市场购买决策的人较多。大多数企业有专门的采购组织,重要的购买决策往往由技术专家和高级管理人员共同做出,其他人也直接或间接地参与。供应商应当派出专业销售代表与买方采购人员进行交涉。

10) 直接采购

消费品的销售通常都要经过中间商,但组织市场的购买者大多直接向生产者购买。首先,这是因为购买者数量有限,而且大多属于大规模购买,直接购买的成本显然低得多。其次,组织市场的购买活动在售前、售后都需要有生产者提供技术服务。

11) 租售现象

一些组织购买者乐于租借大型设备,并不愿意全盘购买。租借对承租方和出租方有诸多好处。对出租方,当客户不能支付购买其产品的费用时,优惠出租制度为其产品找到了用武之地。对承租方,租借不但省下了大量资金,又获得了最新设备,租期满后还可以购买折价的设备。这种方式目前在工业发达国家有日益扩大的趋势。特别适用于电子计算机、包装设备、重型工程机械、运货卡车、机械工具等价格昂贵的设备。

4.2.3 生产者市场与购买行为分析

生产者购买行为是指一切购买产品或服务,并将之用于生产其他产品或服务,以供销售、出租或供给他人消费的一种决策过程。

生产者购买行为分析是提供生产资料产品企业营销的研究重点,只有了解了生产者购买行为特点,掌握了生产者购买行为的规律性,才能制定相适应的市场营销组合策略,在满足生产者需求的同时,实现企业自身的营销目标。

1) 生产者购买方式

生产者的采购决策组织称为采购中心,是围绕同一目标直接或间接地参与采购决策并共同承担决策风险的所有个人和群体。采购中心由来自不同部门和执行不同职能的人员组成。采购人员在购买决策中扮演以下七种角色中的一种或几种:

(1) 发起者

发起者是指提出和要求购买的人。他们可能是组织中产品或服务的使用者或他人。

(2) 使用者

使用者是指生产用户内部使用这种产品或服务的人员。使用者往往首先提出购买某种所需产品的建议,并提出购买产品的品种、规格和数量。

(3) 影响者

影响者是指企业内部和外部直接或间接地影响购买决策的人员。他们通常协助决策者决定购买产品的品牌、品种、规格。企业技术人员是最主要的影响者。

(4) 决策者

决策者是指有权决定买与不买,决定产品规格、购买数量和供应商的人员。决策者可以是企业的高层管理人员,也可以是中级或初级管理人员。营销人员应设法弄清谁是决策者,以便精准地促成购买行为。

(5) 批准者

批准者是指有权批准 (或否决)决策者或购买者所提出的购买方案的人员。

(6) 采购者

采购者是指在企业中组织采购工作的专业人员。在较为复杂的采购工作中,采购者还包括那些参与谈判的公司应该人员。

(7) 信息控制者

信息控制者是指在企业外部和内部能控制市场信息抵达决定者和使用者的人员,如企业的采购代理商、技术人员和秘书等。企业营销必须了解生产者购买的具体参与者,尤其谁是主要决策者,以便采取适当措施,影响关键决策者。

2) 影响生产者购买决策的主要因素

【案例 4-3】

一家公司向医院出售一次性无纺材料的外科手术服。该医院参与采购决策的人包括采购部副主任、手术室管理人员以及一些外科医生。采购部副主任分析的是医院应该购买一次性工作衣,还是能重复使用多次的工作衣。如果调查结果发现其更偏好一次性工作衣,那么手术室管理人员就会对各种竞争产品及其价格进行比较,最终做出选择。在比较过程中,该管理员要考虑的是工作衣的吸水性、防菌性、设计以及成本,通常他会购买某种成本最低但又能满足工作需要的产品品牌。外科医生是通过其对某一特定品牌的满意度评价来对决策产生影响的。

影响生产者用户购买的主要因素可以分为四大类：环境因素、组织因素、人际因素和个人因素。供应商应了解和运用这些因素，引导买方购买行为，促成交易。

（1）环境因素

环境因素是指生产者无法控制的宏观环境因素，包括国家的经济前景、市场需求水平、资金成本、技术发展、竞争态势和政治法律状况等。经济环境是最重要的，如果一个国家的经济前景看好，那么有关生产用户就会增加投资，增加原材料采购和库存，以备生产扩大之用。如果经济滑坡，生产者就会减少投资，减少原材料的采购和库存，甚至停止购买，那么供应商试图增加生产需求就是徒劳的。

（2）组织因素

组织因素是指企业本身的因素，包括企业的目标、政策、业务程序、组织结构、制度等，都会影响生产者购买决策。供应商的营销人员应当了解的问题包括：生产者用户的经营目标；为了实现这个目标，他们需要什么产品；他们的采购程序是什么；有哪些人参与采购并对采购过程发生影响；他们的评价标准是什么。供应商应提高销售部门的规格，派出业务素质好的销售人员与买方的采购人员打交道。

（3）人际因素

人际因素主要是指企业内部人际关系。生产者购买决策过程比较复杂，参与决策的人员较多，这些参与者在企业中的职权、地位、神态、说服力以及他们之间的关系都会影响最后的购买决策。企业采购中心的成员由发起者、使用者、影响者、决策者、批准者、采购者和信息控制者构成。这些成员地位、权利不同，在购买过程中起到的作用各不相同，因而呈现出复杂的人际关系。供应商应了解每个人在购买过程中扮演的角色，采取有针对性的营销策略。

（4）个人因素

个人因素是指各个参与购买决策的人的年龄、教育、个性、文化、收入、风险意识和道德水准以及对公司的忠诚度等因素对购买行为的影响。在决策过程中都会掺入个人感情，从而影响参与者对拟采购的产品和供应商的看法，进而影响购买决策。比如，采购人员是受过良好教育的理智型购买者，选择供应商之前进行过周密的营销方案比较；有的采购人员态度强硬，总是与供应商反复较量，希望压倒对方。供应商的市场营销人员应当注意生产者用户采购中心各成员的个人情况，采取因人而异的策略，如图4-4所示。

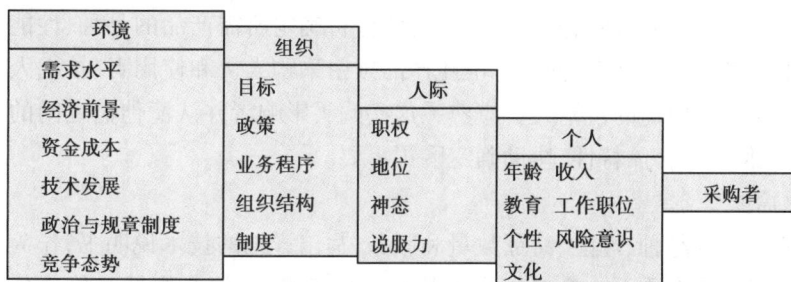

图 4-4　影响生产者用户购买行为的主要因素

3) 生产者购买决策的主要阶段

生产用户完整的购买决策过程可以分为八个阶段,但这八个阶段并非适用于所有购买类型,直接重构和修正重购可能跳过某些阶段,新购则会完整地经历各个阶段,见表4-3。

表4-3 八个阶段生产用户完整的购买决策过程

购买阶段	购买类型		
	新购	修正重购	直接重构
认识需要	是	可能	否
确定需要	是	可能	否
说明需要	是	是	是
物色供应商	是	可能	否
征求供应建议书	是	可能	否
选择供应商	是	可能	否
签订合同	是	可能	否
绩效评价	是	是	是

（1）认识需要

认识需要是指生产者用户认识自己的需要,明确所要解决的问题。认识需要是生产者用户购买决策的起点,它可由内部刺激或外部刺激引起。

①内部刺激。比如,企业决定推出一种新产品,需要新设备或原材料来制造;机器发生故障,需要更新或需要新零件;已购进的商品不理想或不适用,须更换供应商。

②外部刺激。采购人员通过浏览广告、参观商品展销会或接受卖方推销人员介绍后发现了更加理想的产品,从而产生需要。

因此,供应商销售人员应尽早地接触生产者用户的购买过程,以便更好地了解其需求,从而提高订单的获得率。此外,加强推销和宣传也能有效地激发潜在的需求。

（2）确定需要

当认识了某项需要后,购买方需要通过价值分析确定所需产品的品种、性能、特征、数量和服务。标准化产品容易确定,而非标准化产品须由采购人员和使用者、技术人员或高层管理人员共同确定。供应商的营销人员应熟悉这些购买影响者并认清他们之间的关系和重要程度,及时向他们介绍产品特性,协助确定购买需要。

（3）说明需要

说明所购产品的品种、性能、特征数量和服务,写出详细的技术说明书,作为采购人员的采购依据。生产用户会委派一个专家小组从事这项工作,专家小组经过价值分析后确定产品的最佳性能要求,作为采购取舍的标准。供应商也应通过价值分析向潜在顾客说明自己的产品和价格比其他品牌更理想。

(4)物色供应商

在确定并详尽描述产品技术规格和可行性采购办法后,生产者用户将根据产品技术说明书的要求物色最佳供应商。如果是新购或所需品种复杂,生产者用户为此花费的时间就会比较长。生产者用户获取供应商信息的渠道很多,经调查,企业采购部门信息来源及重要性的排列顺序是:内部信息,如采购档案、其他部门信息和采购指南、推销员的电话访问或亲自访问;外部信息,如供应商的产品质量调查、其他公司的采购信息、新闻报道、广告、产品目录、电话簿、商品展览等。企业既可以直接从现有的合作伙伴中选择供应商,也可以通过信息查询、网上查询和背景调查物色新的供应商。

(5)征求建议

征求建议是指邀请供应商提出建议或报价单。如果采购复杂的、价值高的产品,要求每个潜在的供应商都要提交详细的书面建议或报价单。不同的购买任务所要求的供应建议可能会有所不同。对于复杂和花费大的项目,买方会要求每一潜在供应商提出详细的书面建议,经过淘汰,由余下的供应商提出正式供应建议书。直接重购情况下,购买方只需供应商提供有关价格、交货时间和方式等方面的最新信息。在新任务和修正重购情况下,潜在供应商提出的供应建议书应当更加正式和详尽。

(6)选择供应商

选择供应商是指生产者用户对供应建议书进行分析评价,确定供应商。评价内容包括供应商的产品质量、财务状况、技术可行性、价格、信誉和历史业绩、服务满意程度、交货能力等。生产者用户在做出决定前,还可能与较为中意的供应商谈判,以争取较低的价格和较好的供应条件,供应商的营销人员要制定应对策略以防止对方压价和提出过高要求。

(7)正式订货

正式订货是指生产者用户根据所购产品的技术说明书、需要量、交货时间、退款政策、担保条款、保修条件与供应商签订的最后订单。许多生产者用户愿意采用长期有效合同的形式,而不是定期采购订单。生产者用户若能在需要产品的同时供应商能随时按条件供货,就可实行"无库存采购计划",降低或免除库存成本。供应商也愿意接受这种形式,因为可以与生产者用户保持长期的供货关系,增加业务量,抵御新的竞争者。

(8)检查合同履行情况

订单的签订并不意味着购买决策过程的终止。生产者用户将在产品的安装、使用、培训和售后服务过程中对各个供应商进行评价,以决定维持、修正或终止供货关系。评价方法是询问使用者或按照若干标准加权评估等。供应商必须及时了解用户的评价意见,加强与生产者用户的交流,关注该产品的采购者和使用者是否使用统一标准进行绩效评价,以保证评价的客观性和正确性。

4.2.4 中间商市场与购买行为分析

中间商市场是指由所有获得商品旨在转售或出租给他人,以获得利润的个人和组织组成的市场。中间商购买行为是指中间商在寻找、购买、转卖或租赁商品过程中所表现的行为。由于中间商处于流通环节,是制造商与消费者之间的桥梁,因此,供应商应将其视为顾客采购代理人,帮助他们为顾客提供优质服务。

1) 中间商购买类型

中间商购买行为可分为以下四种类型。

(1) 购买全新品种

购买全新品种是指中间商第一次购买某类从未购买过的新产品。在这种情况下,中间商需要综合分析产品的市场需求、市场风险、产品获利的可能性等多方面因素后再决定是否购买,然后作出向谁购买和购买多少的决策。购买决策过程的主要步骤与生产者用户大致相同,也分为八个阶段,即认识需求、确定购买需求、确定产品规格、寻找供应商、征求报价、选择供应商、正式采购和绩效评估。

(2) 选择最佳供应商

选择最佳供应商是指中间商对将要购买的产品已经确定,但需要考虑选择最佳的供应商,确定从哪家厂商进货。当中间商打算用自己的品牌销售产品时,或由于自身条件限制,只能进部分供应商的产品时,就需要从众多的供货商里面选择最优的。

(3) 改善交易条件的采购

一般说来,中间商并不想更换供应商,但是试图从原有供应商那里获得更为有利的供货条件,使自己获得更大的利益。如更及时的供货、更合适的价格、更积极的促销合作等。中间商会在同类产品供应商增多或其他供应商提供更优惠的交易条件时,向现有供应商提出此类要求。他们不想更换供应商,但是会将其作为一种施压手段。

(4) 直接重购

直接重购是指中间商的采购部门按照过去的订货目录和交易条件,继续向原来的供应商购买产品。中间商会对以往的供应商进行评估,选择满意的作为直接重购的供应商,在其存货水平低于订购点时就按常规续购。

2) 中间商购买过程的参与者

中间商主要包括批发商、经销商、代理商和零售商等。中间商购买过程参与者的多少与商店的规模和类型有关。对于小型商店,通常由店主承担采购任务。在大公司,有专人或组织从事采购工作。虽然中间商的采购方式不同,但也存在共性。以连锁超市为例,参与购买过程的人员和组织有以下几种。

(1) 商品经理

他们是连锁超级市场总部的专职采购人员,分别负责各类商品的采购任务,收集同类产品不同品牌的信息,选择适当的品种和品牌。有些商品经理权力较大,可以自行决定接受或拒绝某种产品;有些商品经理权力较小,只负责审核,然后向公司的采购人员提出接受或者拒绝的建议。

(2) 采购委员会

通常由公司的各部门经理和专职采购经理组成,主要负责审查由采购人员或各个商品经理提出的采购建议,做出购买与否的决策。由于专职人员控制信息和提出建议,在采购上起着决定性的作用。采购委员会起着平衡各种意见的作用,在新产品评估和购买决策方面具有重要影响,并代替采购人员向供应商提出拒绝的理由,充当二者之间的调解人。

（3）分店经理

分店经理是连锁超市下属各分店的负责人，掌握分店一级的采购决策权。有分店经理控制采购能提高商品对不同区域的适应性，也便于提高分店经理的积极性。

3）中间商购买决策过程

中间商对新产品的采购需经历八个阶段，即认识需要、确定需要、说明需要、物色供应商、征求供应建议书、选择供应商、签订合约和绩效评价。寻求更佳条件，选择最佳供应商的采购和直接重构会跳过某些阶段。

（1）认识需要

认识需要是指中间商认识自己的需要，明确所要解决的问题。当中间商通过销售分析发现产品不对路，就会通过展销会、广告、供货企业的推销和消费者的询问，来了解受顾客欢迎的产品，激发购买欲望。

（2）确定需要

确定需要是指中间商根据产品组合策略确定需要购进产品的品牌、规格和数量。批发商和零售商的产品组合策略主要有以下四种：

①独家产品。即在同类产品中只销售同一品牌或同一厂家生产的不同花色品种的产品。如某空调商店专门经营格力系列空调产品。

②深度产品。即中间商销售不同品牌、不同生产厂家的不同花色品种的同类产品。如某电视机商店经营松下、长虹、索尼等品牌的电视机。

③广度产品。即经营某一行业的多系列、多品种产品，比深度产品的产品组合要宽。如电器商店经营电视机、电冰箱、洗衣机等。

④混合产品。经营跨行业、没有关联的多种产品。与广度产品策略相比，其产品组合的关联性较弱。如某商店经营电视机、电冰箱、服装、食品、文具等。

（3）说明需要

说明需要是指中间商写出采购说明书，详细说明所要购买产品的品种、规格、质量价格数量和购进时间，作为采购人员的采购依据。中间商为了减少"买进卖出"带来的风险，对产品购进的时间很关注，因为销售时间将直接影响产品的销路。中间商决定购买数量的主要依据是现有的存货水平、预期的需求水平和成本/效益的比较。

（4）物色供应商

特色供应商是指采购人员根据采购说明书的要求通过多种途径收集信息，寻找最佳供应商。如果是新产品采购或所需品种复杂，那么工作量就比较大。

（5）征求供应建议书

征求供应建议书是指邀请合格的供应商提交供应建议书，中间商从中挑选少数的供应商作为选择对象。

（6）选择供应商

选择供应商是指中间商采购部门和决策部门从初选的少数供应商中确定所购产品的供应商。中间商的购买大多属于专家购买、理性购买，最关心的是商品采购能否让其实现快速销售以及盈利。

（7）签订合约

签订合约是指中间商根据采购合同说明书和有关交易条件与供应商签订购销合同。与生产者用户相似，中间商也倾向于签订长期合同，以保证稳定的货源，供货及时，并减少库存成本。

（8）绩效评价

绩效评价是指中间商对各个供应商的绩效、信誉合作诚意等因素进行评价，以决定以后是否继续合作。

4.2.5　政府市场与购买行为分析

所谓政府市场是指为执行政府的主要职能而购买、租用产品或服务的各级政府单位。一个国家的政府市场上的购买者是这个国家的各级政府采购机构。如各级政府部门、军队、消防部门等。

1）政府购买的目的

政府采购的范围比较广泛，不像工商企业为了营利，也不像消费者为了满足生活需要，目的是维护国家安全和社会公众的利益。其采购对象按照用途可分为军事装备、通信设备、交通运输工具、办公用品、日用消费品、劳保福利用品和其他劳务需求等。具体的购买目的有：加强国防与军事力量；维持政府的正常运转；稳定市场，政府有调控经济，调节供求，稳定物价的职能，常常支付大量的财政补贴以合理价格购买和储存商品；对外国的商业性、政治性或人道主义的援助。

2）政府市场购买过程的参与者

各个国家，各级政府都设有采购组织，一般分为两大类：

①行政部门的购买组织。如我国国务院各部、委、局；省、直辖市等。这些机构的采购经费主要由财政部门拨款，由各级政府机构的采购办公室具体经办。

②军事部门的购买组织。军事部门采购军需品包括军事装备（武器）和一般军需品（生活消费品）。在我国，国防部负责重要军事装备的采购和分配，解放军总后勤部负责采购和分配一般军需品。此外，各大军区、各兵种也设立后勤部（局）负责采购军需品。

3）影响政府购买行为的主要因素

政府市场受环境因素、组织因素、人际因素和个人因素的影响，但在以下方面有所不同：

①受社会公众的监督。虽然各国政治经济制度不同，但是政府购买都受到各方面的监督。主要有国家权力机关、行政管理和预算办公室、传播媒体、公民和社会团体等。

②受国际国内政治形势的影响。例如，国家稳定繁荣时，用于各项建设和社会福利的支出就大；在国家安全受到威胁或因为某种原因出现内乱时，军备开支和军需品的需求就大。

③受国际国内经济形势的影响。国家经济形势不同，政府用于调控经济的支出也会随之增减。经济萧条，政府会缩减支出；经济快速发展时期，则可能增加支出。国内需求不足时，国家可能通过提高政府支出达到刺激需求的目的。

④受自然因素的影响。地震、洪涝、瘟疫等自然灾害，政府用于救灾的资金和物资大量增加。

本章小结

消费者市场是最终市场,它的变化和发展对组织市场乃至整个经济运行都有重大影响。消费者市场具有购买目的的非营利性、需求差异大、购买频繁、"价格—需求弹性"大、购买的非专家性和可诱导性等特征。

消费者购买行为受诸多因素影响,主要包括文化因素、社会因素、个人因素、心理因素等方面。消费者购买决策过程是购买行为模式中起决定作用的一环,研究这一环节应从购买决策的参与者、购买决策的类型,以及决策过程等方面着手。

组织市场的购买分为生产者购买、中间商购买、政府购买,因此组织购买有它自身的特点。其购买过程、影响因素各不相同。作为组织市场的供应商,需要把握其规律,才能在市场活动中获得主动权。

【思考与练习】

1.你是否遇到购后不协调的情况?你是怎么处理的?分析你的处理。

2.分别举出在你看来属于不同购买行为类型的购买经历并加以说明。

3.产业市场和消费者市场的基本区别是什么?

4.试分析政府采购对企业的意义。

5.一位女士在某商场的购物过程如下:因为原有的手机丢失,她先到通信器材柜通过营业员介绍购买了一款新推出的手机;然后到摄影器材柜准备挑选一部数码相机,虽经营业员详细讲解,但因为没有使用经验,还是决定下次与懂行的朋友一起来购买;最后在日用品自选超市购买了某种著名品牌的洗发水。请回答:从对商品的认识程度分类,这位女士在三次购买过程中分别属于什么能力类型的消费者?不同过程中的消费行为分别具有什么特点?

【应用题】

"砍价"是我国目前居民日常生活中习以为常的一种购买行为。大到如购房、置换家用电器,小到服装,从大百货公司、家电专业商店到各种小商品市场、农贸市场,甚至旅游市场,这一现象似乎无处不在。请就这一现象(从买卖双方的心理、购买成本、品牌偏好和态度的形成等多个角度)做出你的分析。

【案例分析】

2005 年,一支特立独行的牙膏以超凡的胆识和魄力、势如破竹的姿态,在中国牙膏市场掀起了一场史无前例的风暴。这支牙膏的名字叫作云南白药牙膏。2006 年底,其市场销售额累计已飙升至 3 亿元,成功地开拓了功能性牙膏高端市场的新大陆,确立了中国功能性牙膏的品牌地位,2012 年销售额超 12 亿元。一举成为医药产品进军日化领域的成功典范。

目前,我国牙膏市场规模在 180 亿元左右,云南白药牙膏在牙膏市场占有率约为 10%,占有率排名第五。云南白药牙膏在高端市场中市占率第一,预计未来两年内仍将保持略高于行业的增速。云南白药 2012 年一季度实现净利润 2.91 亿元,EPS0.42 元,同比增长 28.87%。一季度增长超过 30%,主要依靠牙膏拉动。

云南白药品牌享誉中外,是中国止血愈伤、消肿止痛、活血化瘀类产品的百年品牌。云南白药牙膏是以牙膏为载体,借鉴国际先进口腔护理、保健技术研制而成的口腔护理保健产品。它选用高档软性洁牙磨料和高级润湿剂,膏体细腻,清新爽口,有效去除口腔异味。在日常刷牙中即可使牙龈、牙周、牙齿和口腔其他组织得到专业的护理、保健,令口腔更健康,牙齿更牢固,是新一代口腔护理、保健产品。

除了产品配方不可复制外,云南白药牙膏几乎不具任何优势,作为后进入市场的新品,如何以 20 多元的价格去与"洋牙膏"竞争?

【案例思考】

试从消费者行为学角度对以上案例进行分析。

【实训目标】

分析市场,了解消费者的心理和购买行为。

【实训内容与组织】

1.对有关超市进行调查,了解百事可乐及其他品牌饮料的销售资料,由学生组织分析研究,得出结论。分析的具体内容由教师指导学生拟订,如超市有需要,可作为真正的实训。

2.根据饮料品牌分组,任课教师调控整个实训过程。如超市参与时,主要根据超市的实际需要开展实训。以在实地观察、接触消费者的实际感受,结合消费行为理论剖析消费者 2~3 种行为过程,说明其有可能受哪些心理活动的影响。

【成果与检测】

1.由组长根据各成员在实训过程中的表现进行评估打分。

2.指导教师根据各成员的表现进行点评。

附:作业训练的简要报告

一、参加活动的名称、时间、地点

二、本人预期目标

三、本人发言提纲

四、活动效果

【营销新视野】

二维码改变了人们的生活

二维码(QR码)用途越来越广泛。二维码印刷在报纸、杂志、广告、图书、包装以及个人名片等多种载体上,只需通过手机软件扫一扫,用户所需信息就能很快地显示在他的手机屏幕上。手机二维码被越来越广泛地应用于电子票务领域,如电影票、电子优惠券、电子会员卡等。用户通过手机摄像头扫描二维码或输入二维码下面的号码、关键字即可实现手机快速上网,快速便捷地浏览网页,下载图文、音乐、视频,获取优惠券,参与抽奖,了解企业产品信息,省去了在手机上输入URL的烦琐过程,实现一键上网,大大提高了便利性。同时,还可以方便地使用手机识别和存储名片,自动输入短信,获取公共服务(如天气预报),实现电子地图查询定位、手机阅读等多种功能。在日、韩等配备二维码成熟方案支撑的地区,二维码的应用普及率达到96%以上。5年前日本使用手机二维码的用户已经达到6 000万人,在街头随处可见标有二维码的商品、广告、电影票、优惠券,其流行和普及程度绝不亚于短信。全球三大零售商之一的TESCO也在韩国地铁、公交站建设虚拟商场,用户可以通过二维码进行购买,这已经成为一种潮流。

纽约中央公园将与其相关的资料、历史事件、景点介绍编写成二维码,放置在公园的多个景点,让游客们更便捷地获取相关资讯。根据Forrester的研究,5%的美国成人用户使用智能手机进行二维码扫描(包括QR码)。在智能手机用户中,艾瑞咨询调查数据显示,有53%的用户曾使用手机二维码参与兑换、打折等交易活动,52%的人群用来获取额外信息。数据显示,女性使用二维码的比例最大,占比高达64%。一半以上的二维码都出现在产品包装上。为了获取优惠而扫描二维码的用户达到了89%。二维码的商业应用主要有:产品信息、优惠、社交媒体、房地产信息、移动支付、电子券、App下载等。如今,星巴克开始支持二维码结账,各大顶级品牌也相继加入二维码大战,连社交网络用户也不甘落后于人。

不仅如此,二维码的广泛应用激发了很多创意。艺术家曾在油画和照片中嵌入二维码;乐队在单曲和MV中提供二维码,扫描后直接链接到官方网站;还出现了整本由二维码组成的阿西莫夫短片漫画集《最后的问题》。最特别的应用出现在日本,把二维码刻在墓碑上,墓碑上的二维码会链接到网站,最近拜访过的人还可以在网站上留下评论供牧师或者死者亲友查看:二维码帮助人们创建了一个虚拟的、为了纪念逝者的社交网络。

【案例讨论】

蜂鸣营销

现在,许多公司都在努力使有影响力的日常消费者成为品牌的推广者。蜂鸣营销(Buzz Marketing)就是指营销者找出甚至自己培养意见领袖,让他们以"品牌形象大使"的身份传播产品信息。2012年伦敦奥运会期间,某运动鞋公司赞助的400位运动员穿上了令人惊艳的绿色和黄色Volt Flyknit鞋,这款鞋子成为这届奥运会的热点,该公司也由此在全球创造了巨大的蜂鸣效应。

某流行音乐明星定期征募她最忠实的歌迷,称他们为小怪兽,为她的新歌做宣传。新歌发布前,她经常透露一些片段给小怪兽们,通过他们的社交网络提前创造蜂鸣效应。凭借推特上超过4 000万名、脸书上超过6 000万名的粉丝,创造了巨大的市场冲击力。飞利浦公司将用户转变为品牌大使,让他们帮助公司宣传推广晨起照明系统。几年前,飞利浦推出了首款晨起灯,这是一款模仿自然日出的床头照明系统,帮助人们更自然和快乐地起床,迎接新的一天。飞利浦公司发起了一场"唤醒小镇"运动。向北极圈内最北端的小镇——挪威朗伊尔城的200位居民提供公司的这款产品,因为这个小镇的200位居民每年要经历11周全天黑暗的日子。飞利浦公司要求使用产品的消费者在企业的互动网站、博客布告栏、脸书网页上如实分享自己的体验,公司还在网站上安排了媒体访谈,发布了微型纪录片视频。3个月后,对200位居民的调查表明:有87%的人醒来感觉更加精神焕发、敏捷,对新的一天充满期待;98%的人表示会继续使用晨起灯。在瑞典,使用人数增长了17%;在挪威,使用人数增长了45%。目标市场整体需求量增加了29%。

【思考与讨论】

1.顾客由消费者转化为品牌推广者的依据和条件是什么?

2.结合案例分析蜂鸣营销的主要特点以及应当如何实施。

第5章 市场营销调研与需求预测

【本章重点】

1.理解市场营销调研的含义、特点、类型及程序。
2.掌握市场调研的方法。
3.懂得如何估算企业当前的市场需求。
4.掌握市场需求预测的基本方法。

【引例】

"出海"渠道更加通畅　国际市场需求增多　优秀现实题材剧扬帆"出海"

如果你是一名中国女性,恰好走进非洲的一家菜市场,大概率会被称呼为"豆豆"。如果你是一名中国家长,恰好与来自乌兰巴托的家长相识,大概率会聊起"方圆一家"的教育难题。这就是电视剧独有的艺术魅力。

从20世纪90年代《三国演义》走红东南亚,到《媳妇的美好时代》在坦桑尼亚热播,从《北京青年》《老有所依》等作为"国礼"亮相外交舞台,到《山海情》《外交风云》《在一起》《超越》跨越山海引发共鸣,作为讲好中国故事的重要媒介,电视剧在中华文化走出去中发挥了重要作用。尤其是近年来越来越多的精品现实题材电视剧"出海"又"出圈",成为展示中国巨变的生动窗口、促进民心相通的桥梁纽带。

趋势新:从剧目"出海"到IP"出海"

在2020、2021年度国家广播电视总局评审的优秀海外传播作品中,10部入选电视剧,有7部为现实题材,它们是《山海情》《大江大河2》《理想之城》《我在他乡挺好的》《在一起》《三十而已》《以家人之名》。

多年来,我国的古装剧和历史剧以鲜明的文化辨识度、独特的美学风格,保持较强的国际传播力和竞争力。随着影视工业化水平和内容创作能力的提升,特别是电视剧创作精品意识的大大增强,反映当下中国社会状态和人民生活风貌的现实题材电视剧,已成为国际传播的新增长点。

一系列数据表明,中国当代故事在海外拥有良好观众缘。《山海情》在全球多个国家和地区播出,收获海外网友的高度关注和好评。《在一起》被译制为英语等10余种语言,通过海外电视媒体和新媒体平台覆盖了100多个国家和地区。重大革命历史题材剧也有不错表现,比如《外交风云》,通过视频网站、中国电视长城平台等,覆盖亚洲、欧洲、北美洲、非洲等26个国家和地区,海外播放总量突破2 000万人次。

追剧的海外观众点赞多、催更多、互动多是一大亮点,《开端》《我在他乡挺好的》等不少电视剧在海外评分网站获得较高分数,网友在社交平台上留言催更屡见不鲜。

国产电视剧海外传播的版图和模式都实现了升级。在东南亚,中国电视剧依然保持竞争优势,同时,更多反映当下生活的中国故事走出东亚文化圈,进入跨文化国际市场。以前是电视剧"出海",近年则出现了IP"出海",国外音乐娱乐公司翻拍《辣妈正传》《致我们单纯的小美好》《以家人之名》等剧本出口到多个国家和地区。其中,《致我们单纯的小美好》国外改编版已经播出,受到当地年轻观众喜爱。

关键点:看得懂、读得懂、有共鸣

中国传媒大学教授李怀亮分析,"作品类型更丰富、风格更多元、制作水准更精良、'出海'渠道更通畅,再加上国际市场对高品质电视剧的需求不断增多",是现实题材电视剧"出海"又"出圈"的重要原因。

讲故事,是情感的沟通、心灵的对话。人们喜欢听真实的故事,饱含真情的故事,用生动、活泼、精彩的方式讲述出来的故事。无论是《山海情》传递的摆脱贫困、追求美好生活的决心与行动,《超越》所彰显的追求卓越、不断超越的体育精神,还是《理想之城》《我在他乡挺好的》讲述的年轻人持续奋斗、追求梦想的故事,都是全世界能看得懂、读得懂的中国故事。这些作品的传播告诉我们,注重中国故事的国际表达,选题有共鸣、叙事贴近人心,故事才能产生共情、打动人心。

内容品质决定电视剧的吸引力、生命力、影响力,精品内容始终是打开国际市场的关键。

2021年,抗疫题材电视剧《在一起》从同时入围的强劲对手中胜出,获得亚洲—太平洋广播联盟电视剧奖最高荣誉。评委会在颁奖辞中说:"这是一个关于爱、勇气、牺牲和人性的故事,与疫情下生活在地球上的每个人产生共鸣。这部电视剧情节巧妙、演绎精彩、感人至深。"它的竞争力来源于高品质。

精品内容从哪里来?在李怀亮看来,现实题材创作拥有两个不可多得的"中国优势":一是多达十几亿人口的大市场,二是网络文学所提供的IP资源。网络文学庞大的作者队伍和海量作品,为影视创作提供源源不断的故事脚本,而广袤的现实生活和时代气象更是创作的丰厚土壤。李怀亮认为,应该先考虑讲什么样的中国好故事,再谈如何讲好中国故事。"我们应树立全球视野,注重用现代价值观和国际化影视语言讲故事。电视剧终归靠艺术魅力打动人,稳扎稳打,才能行稳致远。"

"我们必须要有文化自信,要努力展示中华传统文化的独特魅力,传播当代中国价值。"在华策影视集团创始人、董事长赵依芳看来,"文化自信"4个字带来的使命感是实实在在的。

多渠道:"造船出海"与"借船出海"双线并行

"造船出海"与"借船出海"双线并行,让中国故事走得出去,也走得更远。

国家广播电视总局自2019年起实施的大型国际传播活动"视听中国"已在海外建立58个电视中国剧场,推动了《超越》《功勋》等近百部优秀节目在100多个国家和地区的电视和网络媒体播出。由国新办对外推广局和国家广播电视总局国际合作司共同支持的"中国联合展台"助推不少热播国产电视剧在海外亮相,如《在一起》《光荣与梦想》《山海情》等作品分别在2021年春季戛纳电视节、新加坡电视节在线活动上推广。"中国当代作品翻译工程""中非视听共享"等重点项目提供译配支持,帮助国产剧传播突破语言障碍和文化壁垒,进军海外市场。

作为市场主体的影视机构也在积极拓展"出海"渠道。华策影视是国内最早"出海"的影视企业之一,连续8年入选"全国文化出口重点企业"、7次入选"全国文化企业30强"。"经过20多年的积累,我们已构建起包括180多个国家的电视台、流媒体平台、社交媒体的销售网络,将10万多小时中国影视剧精品内容,行销到了全球200多个国家和地区。"赵依芳介绍。

"互联网平台的迅猛发展让国际影视剧市场变得越来越统一,这是新的契机。"柠萌影业创始合伙人、执行副总裁周元说。北京冬奥会刚落幕,柠萌影业出品的电视剧《超越》就传播到多个国家和地区。都市剧《三十而已》上线20多个海外播出平台,还被国外广播公司购买了翻拍权。

互联网平台成为国际传播的主力。互联网用户和社交媒体用户的不断增长,也意味着触达新受众、开拓新空间的更多可能。中国国际电视总公司、腾讯视频、华策、世纪优优等积极开办多语种频道。仅华策一家就在全球新媒体平台上建立了50多个频道或专区,提供30多种本地化译制语言。头部视频平台也频频发力,腾讯视频、爱奇艺、芒果TV推出了国际版App。受到非洲欢迎的四达时代推出了内容订阅服务平台,有报道称,2021年,该平台的中国影视剧总播放量超过1亿人次。

锚定2035年建成文化强国远景目标,中国电视剧的国际传播力和影响力还需要进一步提升。做好国际市场的调研,了解海外受众的内容需求、观后反馈,开展对象化、精准化营销和传播,推动更多反映当代中国发展进步的作品走向世界,依然任重道远。

国际市场是一片需要深度开发的"蓝海",中国电视剧的扬帆远航,需要每一位远航者都具有乘风破浪的决心。

（资料来源于：学习强国）

5.1　市场营销调研

市场调研是企业市场营销活动决策的基础和依据。它几乎涵盖了企业营销活动的各个环节,从最初的营销背景与市场机会分析,到制订营销战略与营销计划,再到营销组合的执行以及最后的营销执行控制。市场调查的目的在于搜索、整理和分析市场信息,为认识市场、掌握规律、预测决策提供信息支持。市场调查活动的过程实质上是市场信息获取、加工、传递、分析和利用的过程。围绕市场信息展开的市场调查活动必须回答和解决以下基本问题:为何调查、由谁调查、向谁调查、调查什么、如何调查、何时何地调查。

5.1.1 市场营销调研的含义及特点

1) 市场调研的含义

美国市场营销协会(American Marketing Association,AMA)对市场调研下的定义为:市场调研(市场调查)是一种通过信息将消费者、顾客和公众与营销者连接起来的职能。这些信息用于识别和确定营销机会及问题,产生、提炼和评估营销活动,监督营销绩效,改进人们对营销过程的理解。市场调研规定解决这些问题所需的信息,设计收集信息的方法,管理并实施信息收集过程,分析结果,最后要沟通所得的结论及其意义。简单地说:"市场调研是指对与营销决策相关的数据(商品交换过程中发生的信息)进行计划、收集和分析并把结果向管理者沟通的过程。"

在商品经济的初期,商品生产规模小,产量和品种有限,市场交易范围狭小,供求变化较稳定,竞争很激烈,商品生产经营者较易掌握市场变化。因此,市场调研仅处于原始的、自发的、低级的状态。而在现代相对发达的市场经济条件下,商品生产的规模日益扩大,生产量巨大,品种、规格、花色繁多;消费需求不但量大,而且层次复杂多变,供求关系变化迅速,市场规模突破了地区甚至国家的界限,竞争日益激烈。面对如此现状,企业只有通过市场调研充分掌握市场信息,才能做出正确的经营决策,从而立于不败之地。

市场调查解决的主要问题有:现有顾客由哪些人或组织构成? 潜在顾客由哪些人或组织构成? 这些顾客需要购买哪些产品或服务? 为什么购买? 何时何地以及如何购买?

2) 市场调研的特点

以服务于企业预测和决策的需要为目的,系统收集和分析信息的现代市场调研是一项专业性很强的工作,从本质上看是一种市场行为的科学研究工作。现代市场调研的基本特点如下:

(1)目的性

市场调研是有关部门或企业针对市场的科研活动,它有明确的目的性。这一目的性不仅是设计市场调研方案的前提,也是衡量市场调研是否有价值的基础。现代市场调研以提供有关部门或企业进行市场预测和决策的信息为目的,这种明确的目的性表现在收集、整理和分析市场信息的各个阶段都具有严密计划的特征。

(2)系统性

现代市场调研过程是一项系统工程,它有规范的运作程序。市场调研人员应全面系统收集有关市场信息的活动,要求做到对影响市场运行的各种经济、社会、政治、文化等因素进行理论与实践分析相结合、分门别类研究与综合分析相结合、定性分析与定量分析相结合、现状分析与趋势分析相结合的系统性综合研究。如果单纯就事论事,不考虑周围环境等相关因素的影响,就难以有效把握市场发展及变化的本质,得到准确结果。

(3)真实性

现代市场调研的真实性,具体表现为两方面的要求:第一,调查资料数据必须真实地来源于客观实际,而非主观臆造。任何有意提供虚假信息的行为,从性质上说都不属于市场调查行为。例如,有的国家在医疗卫生保健的调查中,有意把霍乱、禽流感等传染性疾病的发病率报得很低,生怕报高了会有损本国的形象,吓跑了外国游客。第二,调查结果应该具有时效性,即调研所得结论能够反映市场运行的现实状况,否则,不仅会增加费用开支,而且会使有关部门和企业的决策滞后,导致决策失败。市场调研的时效性表现为及时捕捉和抓住市场上任何有用的信息资料,及时分析,及时反馈,为有关部门和企业的活动提供决策建议或依据。总之,现代市场调研的真实性要求从业人员提高职业道德和专业素质,充分利用现代科技手段和方法收集和分析市场信息,做到准确、高效地反映现代市场的运行状况。

5.1.2 市场营销调研的类型及内容

1) 市场调研类型

市场调查按照不同的分类标准,可划分为多种类型,而不同类型的市场调查则具有不同的特点和要求。研究市场调查的分类,有利于根据不同类型的市场调查的特点,明确调查的具体内容,制订相应的市场调查方案。市场调查按目的分类,可分为以下几类:

(1) 探测性市场调查

探测性市场调查是指当市场情况不十分明了时,为了发现问题,找出问题的症结,明确进一步深入调查的具体内容和重点而进行的非正式调查。

例如,某企业近几个月来产品销量明显下降,难以确定究竟是什么原因造成的。是竞争激烈的影响? 是产品质量下降的影响? 还是销售中间商不卖力的影响? 可能存在很多影响因素,通过探测性调查可以从中发现问题所在,至于问题应该如何解决则有赖于进一步的信息收集。

探测性市场调查的目的在于发现想法和洞察问题,常常用于调查方案设计的事前阶段。采用小样本观察,不一定强调样本的代表性,数据的分析主要是定性的,调查结果一般只是试探性的、暂时的,以帮助调查者认识和理解所面对的问题,为下一步的正式调查研究铺路。

(2) 描述性市场调查

描述性市场调查是指对需要调查的客观现象的有关方面进行的正式调查。能够描述调查对象的特征,说明"怎样"或"如何"的问题,而不是"为什么"。描述性调查主要进行事实资料的收集、整理,着重回答消费者买什么,何时买,如何买等问题,是通过详细的调查和分析,对市场营销活动的某一方面进行的客观描述,是对已经找出的问题做如实地反映和具体回答。多数的市场营销调查都是描述性调查。它主要描述调查现象的各种数量表现和有关情况,为市场研究提供基本资料。例如,消费者需求描述调查,主要是搜集有关消费者收入、支出、商品需求量、需求倾向等方面的基本情况。对市场潜力和市场占有率、竞争对手的状况描述等。

在调查中,搜集与市场有关的各种资料,并对这些资料进行分析研究,揭示市场发展变化的趋势,为企业的市场营销决策提供科学的依据。

这类调查的目的在于对某一专门问题提供答案,所以比探测性调查更为深入细致,研究的问题更加具体。在研究之初,通常根据决策的内容,把研究问题作进一步的分解。

描述性市场调查的目的在于描述总体的特征和问题,有事先制订好的结构性的问卷或调查表,既要搜集原始资料,又要搜集次级资料;定量研究与定性研究相结合,以定量研究为主。调查结果是结论性的、正式的。

(3)因果性市场调查

因果性市场调查又称相关性调查,是指为了探测有关现象或市场变量之间的因果关系而进行的市场调查。它回答的问题是"为什么",其目的在于找出事物变化的原因和现象之间的相互关系,找出影响事物变化的关键因素。例如价格与销售量、广告与销售量的关系中,哪个因素起主导作用,就需要采用因果性调查。例如,在品牌调查中,发现品牌销售量与广告支出有很大的关系,这就为进一步深入调查提供了基本资料,要想了解品牌与广告预算的因果关系,则需作因果关系调查。

因果性市场调查可从一定的因果式问题出发,探求其影响因素和原因,也可先摸清影响事物变化的各种原因,然后综合、推断事物变化的结果。通常把表示原因的变量称为自变量,把表示结果的变量称为因变量。在自变量中,有的是企业可以控制的内生变量,如企业的人财物等;有的是企业不可控制的外生变量,如反映市场环境的各种变量。

因果性市场调查为了找出市场变量之间的因果关系,既可运用描述性调查资料进行因果关系分析,也可搜集各种变量的现成资料,并运用以下方法进行综合分析、推理判断,在诸多的联系中提示市场现象之间的因果关系。

(4)预测性市场调查

预测性市场调查是指为了预测市场供求变化趋势或企业生产经营前景而进行的具有推断性的调查。它回答的问题是"未来市场前景如何",其目的在于掌握未来市场的发展趋势,为经营管理决策和市场营销决策提供依据。例如,消费者购买意向调查、宏观市场运行态势调查、农村秋后旺季市场走势调查和服装需求趋势调查等,都是带有预测性的市场调查。

预测性市场调查可以充分利用描述性调查和因果性调查的现成资料,但预测性调查要求搜集的信息符合预测市场发展趋势的要求,既要有市场的现实信息,又要有市场未来发展变化的信息,如新情况、新问题、新动态、新原因等方面的信息。

上述四种类型的调研设计互相之间并不是绝对独立进行的。有些调研项目需要涉及一种以上研究类型的方案设计。如何将不同类型的方案相结合完全取决于调研问题的性质。市场调查类型的选择和设计的一般原则如下:

①如果对调研问题的情况一无所知,那么调查研究就从探测性研究开始。例如,要对调研问题做更准确的定义;要确定备选的行动路线;要制定调查问题或理论假设;将关键变量分类为自变量或因变量等。

②在整个研究方案设计的框架中,探测性研究是最初的步骤。在大多数情况下,还应继续进行描述性研究或因果关系研究。例如,通过探测性研究得到的假设应当利用描述性研究或因果关系研究的方法进行统计检验。

并不是每一个方案设计都要从探测性研究开始。是否使用探测性研究取决于调研问题定义的准确程度,以及调研者对处理问题途径的把握程度。例如,每年都在举办的消费者满意度调查就不需要从探测性研究开始。

③探测性研究一般都是作为起始步骤的,但这类研究有时也需要跟随在描述性研究或因果关系研究之后进行。例如,当描述性研究或因果关系的研究结果让管理决策者很难理解时,利用探测性研究可以提供更深入的认识,从而帮助理解调研结果。

④预测性研究是以描述性研究和因果性研究为基础的,是描述性研究或因果性研究的进一步深化和拓展。

2)市场调研内容

(1)宏观市场调研的内容

从现代市场基本要素构成分析上看,宏观市场调研是从整个经济社会角度,对社会总需求与总供给的现状及平衡关系的调研。具体包括以下内容:

①社会购买总量及影响因素调查。社会购买力是指在一定时期内,全社会在市场上用于购买商品或服务的货币支付能力。社会购买力包括三个部分,即居民购买力、社会集团购买力和生产资料购买力。其中,居民购买力尤其是居民用于购买生活消费品的货币支付能力(即居民消费购买力)是调查的重点。居民购买力的计算公式如下:

居民购买力=居民货币收入总额-居民非商品性支出±

居民储蓄存款增减额±居民手存现金增减额

②社会购买力投向及影响因素调查。主要内容是调查社会商品零售额情况,并分析其构成。这类调查还可以采用统计调查的方式,从买方角度分析购买力投向的变动。

(2)微观(企业)市场调研的内容

微观市场调研是从微观经济实体(企业)的角度出发对市场要素进行调查分析,它是现代市场调研的主体内容。由于市场变化的因素很多,企业市场调研的内容也十分广泛,一般来说,涉及企业市场营销活动的方方面面都应调研。调研的主要内容如下:

①市场需求调研。从市场营销理念来说,顾客的需求和欲望是企业营销活动的中心和出发点,因此,对市场需求的调研,应成为市场调研的主要内容之一。市场需求情况的调研包括:

现有顾客需求情况的调研(包括需求什么、需求多少、需求时间等);现有顾客对本企业产品(包括服务)满意程度的调研;现有顾客对本企业产品信赖程度的调研;对影响需求的各种因素变化情况的调研;对顾客的购买动机和购买行为的调研;对潜在顾客需求情况的调研(包括需求什么、需求多少和需求时间等)。

当美国绝大多数医院忙于削减经营成本时,位于洛杉矶的世纪城市医院却开办了豪华世纪病房来提供高档次的私人膳宿服务。这一举动建立在广泛市场调研的基础上,调研方法包括分析公开出版的数据资料和举行大规模的调查活动。调研结果表明,当地50%的高收入居民习惯于享受良好的膳宿条件,而且非常看重隐私和个人空间,因此,这一决策为世纪城市医院收获了一个高收益的市场份额。

②产品调研。产品是企业赖以生存的物质基础。一个企业要在竞争中求得生存和发

展,就必须始终如一地生产顾客需要的产品。产品调研的内容包括:

产品设计的调研(包括功能设计、用途设计、使用方便和操作安全的设计、产品的品牌和商标设计以及产品的外观和包装设计等);产品系列和产品组合调研;产品生命周期调研;对老产品的改进调研;对新产品的开发调研;如何做好销售技术服务调研等。

③价格的调研。价格对产品的销售和企业的获利情况有重要影响,积极开展产品的价格调研,对企业制定正确的价格策略有重要作用。价格调研的内容包括:市场供求情况及变化趋势的调研;影响价格变化因素的调研;产品需求价格弹性的调研;替代产品价格的调研;新产品定价策略的调研;目标市场对本企业品牌价格水平的反应等。

④促销调研。促销调研的主要内容是对企业的各种促销手段、促销政策的可行性进行调研,其中企业较为重视的有广告和人员推销的调研。例如,广告的调研(广告媒体、广告效果、广告时间、广告预算等的调研);人员推销的调研(销售力量大小、销售人员素质、销售人员分派是否合理、销售人员报酬、有效的人员促销策略的调研);各种营业推广的调研;公共关系与企业形象的调研。

⑤销售渠道调研。销售渠道的选择是否合理,产品的储存和运输安排是否恰当,对于提高销售效率、缩短交货期和降低销售费用有重要作用。因此,销售渠道调研也是市场调研的一项重要内容。销售渠道调研的内容包括:各类中间商(包括批发商、零售商、代理商、经销商)应如何选择的调研;仓库地址应如何选择的调研;各种运输工具应如何安排的调研;如何既满足交货期的需要,又降低销售费用的调研等。

⑥竞争调研。竞争的存在,对企业的市场营销有重要影响。因此,企业在制定各种市场营销策略之前,必须认真调研市场竞争的动向。竞争调研的内容包括:竞争对手的数量(包括国内外)及分布、市场营销能力;竞争产品的特性、市场占有率、覆盖率;竞争对手的优势与劣势、长处与短处;竞争对手的市场营销组合策略;竞争对手的实力、市场营销战略及实际效果;竞争发展的趋势;等等。

以上内容,是市场调研的一般情况。各个企业市场环境不同,遇到的问题不同,所调研的问题也就不同。因此,企业应根据自己的具体情况确定调研内容。

3) 定性与定量结合研究法

定性研究主要判别事物发展变化的性质、方向、好处、趋向等,大多采用判断思维的方法;定量研究主要是运用数据来认识事物发展变化的规模、水平、结构、速度和数量特征与规律,大多采用统计思维的方法。在市场调查研究中,定量研究通常表现为数据的获取、处理、分析和应用,定性研究通常用来定义问题,定义调查项目,制定假设或确定研究中应包括的变量,由定量分析所得的结果,获得和处理非量化的信息,帮助调查者理解潜在的活动和动机等。因此,在市场调查研究中,定性与定量研究应结合应用,在进行新的调研项目时,定性研究应为定量研究开路,定性研究应发挥市场主体信息的作用,定性研究也应解释定量研究所得的结果。

5.2　市场营销调研程序

市场调查不论采用哪一种形式,进行哪一方面的调查,都是一次有组织、有计划地行动,需要经过一定的程序和步骤,才能达到预定目标。市场调查一般包括调查方案的总体设计、调查目标和调查方法的确定、资料的搜集和分析,直到调查报告完成等一系列步骤。

5.2.1　调查方案的总体设计

1) 决定和阐明管理信息需求,明确问题

管理决策问题,要回答决策者需要做什么,关心的是决策者有可能采取的行动;而调查研究问题要回答需要什么信息和怎样最好地得到信息去满足决策的需要。问题提得越明确,越能防止调查过程中不必要的浪费,将信息采集量和处理量降至最低。

2) 把决策问题作为调查问题来重新定位

管理决策问题是以行动为中心(行动定位),调查研究问题是以信息为中心(信息定位),因此,应把决策问题作为调查问题来重新定义。例如,某企业产品的市场占有率连续两年下降的问题,决策者的决策问题是如何提高市场占有率和竞争地位,备选的行动方案包括改进现有产品,引进新产品,优化市场营销体系中有关要素等,通过探测性研究,决策者和调研者均认为市场占有率下降是由于市场营销体系中的市场细分不当,目标市场不明确引起的,并希望通过调查研究获取多方面的信息,那么调查问题就变成市场细分化问题研究。

定义调查问题容易犯以下两类错误。

第一类错误是调研问题定义得太宽。太宽的定义无法为调研项目设计提供明确的指引路线。如研究品牌的市场营销战略、改善公司的竞争位置、提高企业的经营效率等,由于这些问题不够具体,因此,难以进行调查内容和项目的后续设计。

第二类错误是调研问题定义得太窄。太窄的定义可能使信息获取不完全,甚至忽略了管理决策信息需求的重要部分。例如,在某耐用品销售公司的一次调研中,管理决策问题是如何应对市场占有率持续下滑的态势,而调研者定义的调查问题是调整价格和加大广告力度,以提高市场占有率。由于调查问题定义太窄,可能导致诸如市场细分、销售渠道、售后服务等影响市场占有率的重要信息被忽略,从而不能有效地满足管理决策的信息需要。

【案例 5-1】

美国航空公司是在飞机上安装电话的首批公司之一。如今,公司正在关注许多新的服务创意,特别是为满足长途飞行的头等舱乘客需要的创意。头等舱乘客通常是商务人士,他们搭乘头等舱的机票费用占总机票收入的大部分。这些创意包括:①提供网络服务,使头等舱乘客能够在飞机上上网或发送邮件;②提供 21 个卫星电视频道;③提供可以播放 50 片

CD 的歌曲系统。这就要求营销调研队伍了解头等舱乘客对这些创意的评价,特别是对网络服务创意的评价;同时了解乘客为此项服务所愿支付的价格。每架飞机安装网络连接系统大概需要支出 90 000 美元。据估计,航空公司在未来 10 年仅从空中网络接入方面就可赚取700 亿美元。如果头等舱乘客愿意为网络连接支付 25 美元的话,美国航空公司就能在合理的时间内收回成本。

如果营销经理对营销调研人员说:"找出头等舱乘客的所有需要。"则调研范围太过宽泛,可能会收集许多不必要的信息。同样,"在搭乘芝加哥飞往东京的波音 747 航班的乘客中,是否有足够的乘客愿支付 25 美元来使用网络连接服务。"这样的问题界定就显得过于狭隘和单一。

营销调研人员可以提出这样的问题:"为什么机上网络连接服务的费用需要定在 25 美元,而不是 10 美元,50 美元? 为什么美国航空一定要在这项服务上追求损益平衡的目标,而不是考虑它可能为美国航空吸引新的乘客呢?"另一个相关的问题是:"抢先在航空市场推出此项新服务对于美国航空有多重要? 这项竞争优势能持续多久?"

最后营销经理和调研人员经过充分讨论,营销管理层首先设想自己可能面临的决策,然后考虑如何通过营销调研找到答案。比如,以下决策:

(1)美国航空公司应该提供这项网络连接服务吗?

(2)如果提供这项服务,是仅仅向头等舱乘客开放,还是包括商务舱或经济舱?

(3)这项服务的价格定位多少合适?

(4)这项业务应当在哪些类型上集中或在哪些航线上提供?

最后营销经理和调研人员达成一致,将问题界定为:"在飞机上提供网络服务是否拥有足够的顾客偏好? 这项服务是否能比美国航空其他的投资方案创造更多的收益?"

3) 建立调查课题的约束

调查课题和调查目的明确后,为了保证调查课题的有效实施,应建立调查课题的约束。一是调查目标的约束,即明确调查的目的和任务;二是时间约束,即获取何时的信息;三是空间约束,即调查对象的范围和地理边界约束;四是调查内容约束,即明确调查的主要内容,规定需要获取的信息项目,或列出主要的调查问题和有关的理论假设。

5.2.2 制订调查计划

调查计划是市场调查的基本框架,是市场调查实施的指导方针。一个调查计划应对下列问题作出全面安排:明确调查目标、主题和范围,即市场调查是为了解决什么问题。

资料来源,决定收集哪些方面的信息及统计资料,采用一手资料还是二手资料。由于二手资料的获得成本较低,所以研究人员可以先检查二手资料能否解决部分问题,再决定是否需要支付昂贵的费用去收集一手资料。

(1)二手资料法

二手资料法也称文案调研法,是通过搜集已有的资料、数据、调研报告等信息,加以整理和分析的调研方法。文案调研资料的来源有:企业内部资料,包括业务资料,统计报表,财务资料等;企业外部资料,包括统计部门以及政府部门公布的资料,信息咨询机构的市场情报协会信息,互联网信息,展销会信息,学术交流会议上的信息等。

（2）确定调查方法

确定调查方法,营销调研人员可以通过五种方法收集一手资料:观察法、询法、焦点访谈法和实验法。

（3）调查工具

调查工具,调查人员在收集资料时可以选择两种调研工具:调查问卷和测量仪器。调查问卷的设计将在后面一节做专门讨论。

①测量仪器:在广告效果调研中,近年来用下列三种仪器记录消费者对广告的反应:视向测定器,也叫眼睛照相机,它可以在一秒钟内拍摄16个视线的动作,测出视线停留的位置和时间,用于探测被访者对广告的反应;精神电流测定器,它可以通过脉搏、血压、呼吸等间接测量出被测者的情感变化和心理反应;收视测试器,它可以附加在被测者家中的电视机旁,记录电视机的开机状况与收视频道等资料。

制订抽样计划,确定抽样对象、样本容量、抽样程序,抽样方法（随机抽样、非随机抽样）。

②抽样对象:向谁调查? 在美国航空公司的调查中,抽样对象应该是头等舱的商务旅客,还是头等舱的观光旅客,还是两者兼有? 抽样对象是否应该包括年龄低于18岁的观光者?

样本容量:样本容量越大,结果越可信。然后,并没有必要抽取目标总体中的全部单位以取得可靠的结果。

抽样方法:可以用概率抽样和非概率抽样,见表5-1。

表5-1 抽样方法

概率抽样	
简单随机抽样	总体中的每个单位的机会均等
分层随机抽样	把总体分为互不相同的组（如年龄组或性别组）,然后从每个组中随机抽取样本单位构成样本
非概率抽样	
任意抽样	选取最容易获得的总体单位
判断抽样	根据本身的判断,选取最有可能获得正确信息的总体单位
配额抽样	在不同类别中找出并访问一定数量的人数

假设公司预估直接推出这项机上网络服务可赚取 50 000 美元的长期利润。如果营销经理认为先进行营销调研,然后再推出网络服务,便可能因定价策略和促销计划的精准而将长期利润提升到 90 000 美元。因此,执行这项营销调研的成本最多为 40 000 美元,如果调研费用超过 40 000 美元,就不值得去做了。

此外,还要确定访问人员的安排和培训、访问质量的保证措施、数据的处理和分析方法、调查的日程安排、经费预算等内容。

一个根据调查目标而周密设计的调查方案有助于保证调查结果的精确性,有助于调查目的的实现,有助于用尽可能低的成本取得调查目标所需要的资料。

5.2.3 选定调查方法

1)观察法

(1)大量观察法

大量观察法是对抽样总体中足够多的单位进行调查研究的方法。由于在研究总体中,个体单位受各种因素的影响往往具有差异性,个体单位不能反映总体的一般特征和规律性。因此,在市场调查中,应从总体中抽取足够多的个体单位进行调查研究,以消除偶然因素的影响,反映总体的必然性、数量特征和规律性。在市场调研中,全面的市场调查很少,大都采用非全面的市场调查,如抽样市场调查、非概率抽样市场调查、重点市场调查、典型市场调查等,这就要求调查的样本容量应包含足够多的个体单位,以保证市场调查能够消除偶然性,揭示市场发展变化的必然性。

(2)分类观察法

分类观察法在市场调查研究中有着特别重要的意义,因为分类观察法是按照一定的分类标准或标志,把研究的市场现象的总体划分为不同组别,从而有效地观察市场现象的各种不同类型,提示总体的内部结构及其分布特征,研究市场现象之间的相互联系,达到认识市场现象的本质特征和规律性的目的。分类观察法的实质是对信息进行分类获取、分类处理和分析,通过分类观察和研究,达到认识市场现象总体特征的目的。因此,市场调查问卷设计、数据处理和分析应大量运用分类观察法。

2)访问询问法

访问询问法可分为面谈访问、电话访问、留置问卷访问网络调研。电话访问在国外应用甚广,但是国内接受度很低,这里不做介绍。

(1)面谈访问

面谈访问即直接访问被调研者。具体形式有入户面访调研、街头拦截调研。

①入户访问。根据科学、合理的抽样,由访问员直接到受访者家中,进行面对面的访问。这种方式灵活方便,谈话伸缩性强,彼此可以沟通思想,能够产生激励效果;还能控制问题的次序,谈话集中,有针对性,能获得较丰富的资料,但入户访问费用较高,受环境影响较大,有时难以控制局面,特别是当选定的调查样本较多时,分别进行入户调查费时较长,不太适用。

②街头拦截访问:这种访问是根据调查目的和对象的特殊性,在受访人群较为集中的公共场所(如商场、公园、休闲广场等)直接拦截受访人群进行访问。这种方法的优点是操作简便,费用较低,适合于问卷内容较少、目标人群不易控制的调查项目。缺点是由于没有严格的抽样控制和目标人群的流动性较大,容易出现样本的雷同,对于漏问或轻微性错误无法再次确认。另外,这种方法的问卷复核难度较大,实地复核根本不可能。

面谈调查具有直接性和灵活性的特点,能够直接接触被访者,收集第一手资料,根据被调查者的具体情况进行深入地询问,从而取得良好的调查结果;同时,面谈调查还有利于调查人员具体观察被调查者,便于判断被调查者回答问题的真实态度,以及正确程度;另外,面谈调查了解的问卷回收率较高,样本代表性强,有助于提高调查结果的可信度。

面谈调查的缺点是调查费用高、时间长。如果调查样本多,需分别面谈,就会花费很多时间,尤其是面谈需要调查人员具有熟练的谈话技巧,善于启发、引导谈话对象,善于归纳、记录谈话内容。如果不具备这些条件,面谈效果将受到一定影响。因此,面谈调查在实践中是有条件的。

（2）网络调查

利用网络进行调查有许多方法。比如,用不同的方法在网页上链接一份问卷,同时给回答问题者一定的奖励;在访客经常浏览的网站上设置链接广告,邀请访客回答问卷中的问题并有机会获奖;正在进行新产品开发的公司也可以利用在线产品测试来对新产品试验进行评估。

（3）留置调查

留置调查是指将调查问卷当面交给受访者,说明填写要求,并留下问卷,让受访者自行填写,由调查人员按时收回的一种市场调查方法。

留置调查的优点是调查问卷回收率高,受访者可以当面了解填写问卷的要求,澄清疑问,避免因误解提问内容产生理解偏差,并且填写问卷时间充裕,便于思考回忆,受访者意见不受调查人员的影响。其主要缺点是调查地域范围有限,调查费用较高,也不利于对调查人员的管理监督。

就方法本身而言,留置调查是介于面谈调查和邮寄调查之间的一种折中方法。调查人员与受访者面谈,主要介绍调查目的、调查要求,回答涉及调查问卷的一些疑问,这种问卷的设计较邮寄调查的问卷更灵活,更具体。因为不懂的地方可以当面澄清。

3）焦点小组访谈法

焦点小组访谈法是指采用小型座谈会的形式,谨慎选择 5~8 名具有代表性的消费者,在一个装有单面镜和录音设备的房间内,在主持人的引导下就某个专题进行自由讨论,从而获得有关问题的深入了解的一种调研方法。

焦点访谈使用类似头脑风暴的方法,比一对一的面谈更容易发现新概念、新思路,互相启发和点拨,互动作用暴露出来的观点和信息比相同数量的人做单独陈述的效果要多得多。但是焦点访谈对被调查者的要求颇高,既不能过于内向,也不能过于浮躁,访谈场所应创造平等、轻松的氛围。为了让小组成员轻松,畅所欲言,一般会在座谈现场摆放一些饮料、水果和零食。

4）实验法

实验法是最具科学效力的研究方法,其目的是通过排除所有可能影响观测结果的因素来获得现象间真正的因果关系的一种研究方法。如果一个实验能够很好地设计并且有效地执行,研究人员与营销经理就会对其实验结论有信心。

实验法需选出参与实验的配对小组,给予不同的处理,控制外部条件,然后检查观测变量是否具有显著性差异。如果能够消除或控制外部条件,我们就能发现观测效果与刺激变量的变化之间的结果。

美国航空可以在芝加哥飞往东京的一个固定航班上装配机上网络服务系统,第一周收费 25 美元,第二周在同一航班上只收 15 美元。假设该航班每周搭乘头等舱的乘客人数大致相同,并且在试验的两周内没有差异,那么航空公司就可以将使用网络服务的次数上的显著差异归因于使用网络服务的顾客对价格的不同偏好。

从这个例子可以得到的主要研究结果如下:

①使用网络服务的主要原因:通过浏览网络与收发信件来打发时间,费用会一并计入旅客的支出明细中,且通常由旅客任职的公司支付。

②在每 10 位头等舱旅客中,当定价为 25 美元时,大约有 5 位头等乘客愿意支付使用网络服务费;当定价为 15 美元时,大约有 6 人愿意支付。因此,每次收费为 15 美元的收益 (6×15＝90)会比收费为 25 美元(5×25＝125)的收益少。假设同一架飞机一年 365 天都有飞行,则美国航空公司一年将收入 45 625 美元,而这项额外服务投入成本为 90 000 美元。因此,美国航空公司需两年才能达到收益平衡。

③提供机上网络服务可以强化美国航空公司在创新与设备先进方面的公众形象,也可使美国航空公司赢得新的旅客和更好的公众形象。

5)正式问卷

设计出的调查问卷需在一定范围内进行试访问,对试访问的效果进行分析评价,修改完善后形成正式的调查问卷。正式问卷是市场调查进行资料收集的基本依据,是企业与消费者进行接触的媒介,它代表着企业形象。正式问卷一般包括:调查员的自我介绍、甄别问卷、主题问卷、调查对象的背景资料、告别语等部分。

6)调查实施

调查实施过程首先是调查对象的甄选,即按照调查问卷的要求选择调查对象,确保能够找到符合条件的调查对象,使调查达到良好效果,然后是访问的实施,调查人员必须严格按照问卷的要求与顺序进行访问,只有这样才能获得调查想要得到的资料。访问结束后要对调查问卷进行一定比例的复核,一是对访问的工作进行检查,二是对调查问卷中不清楚或者不明确之处进行再确认。复核结束后,要对访问效果进行评价,例如,访问的合格率、访问的正确率等。调查实施阶段的实际工作量很大,其中支出费用最大,并且最容易出错。在调查实施中还应包括根据调查任务和规模建立调查组织或聘请专业调查机构,培训调查人员,准备调查工具,实施调查工作等。

7)分析调查资料

收集的信息必须经过数据分析和处理才能得到有价值的结果,这一阶段包括:第一,检查资料是否齐全;第二,对资料进行编辑加工。利用统计软件 SPSS for Win,将收集得到频数统计,频数统计不仅是一种初步分析方法,还可起到数据清理作用。其次进行交叉统计,将某一变量与其他变量交叉分组,观察所要调查的变量与其他变量之间的关系。然后进行一些较复杂的统计分析,例如,均值检验、方差分析、因子与聚类分析等。

8)撰写调查报告

市场调查得到的结论要以调查报告的形式加以总结,用事实材料对所调查的问题,作出系统的分析说明,提出结论性的意见,提供给企业,供其决策参考。调查报告是整个调查过

程的最终成果,是进行决策和评价调查工作的主要依据,调查报告一般包括以下内容:

①引言。说明调查目的、对象、范围、方法、时间、地点等。

②摘要。简要概括整个调查的结论和建议。这也许是决策者有时间阅读的唯一部分。

③正文。即报告主体。它是整篇报告中内容最丰富部分。内容主要有详细的调查目的,详细地调查分析方法,调查结果的描述与剖析等。

9)调查课题最后的评审

调查课题、调查目的和约束条件明确后,还应对调查课题做最后的评审,以决定是否值得做调查研究。评审内容主要包括调查课题的必要性如何,调查目的是否明确,调查课题的约束是否明确,该项调查的信息价值如何,能否有效支持管理决策的信息需求,调查结果可能带来的经济效益或社会效益如何,等等。

5.3 调查问卷设计

问卷调查是市场营销调研中较常用、较为有效的方法,是收集第一手资料的最普遍的工具,是沟通调查人员与被调查者之间信息交流的桥梁,通过问卷调查能使企业根据调查结果了解市场需求、消费者倾向等,从而做出相应的决策,促进企业的发展。

5.3.1 调查问卷的设计

问卷调查的设计是市场调研的一项基础性工作,需要认真仔细地设计、测试和调整,其设计是否科学直接影响到市场调研的成功与否。

1)调查问卷设计原则

调查问卷设计的原则主要有以下几种:

①主题明确。根据调查目的,确定主题,主题目的明确、重点突出。

②结构合理。问题的排序应有一定的逻辑顺序,符合被调查者的思维程序。

③通俗易懂。调查问卷应一目了然,避免歧义,被调查者愿意如实回答。调查问卷的语言应平实,语气诚恳,避免使用专业术语。对于敏感问题应采取技巧性处理,使问卷具有较强的可答性和合理性。

④长度适宜。问卷提出的问题应言简意赅,不宜过多、过细、过繁,回答问卷时间不应太长,一般不超过30分钟。

⑤适于统计。设计时应考虑问卷回收后的数据便于进行统计处理。

2)设计调查问卷的程序步骤

设计调查问卷要有清晰的思路、丰富的经验,一定的设计技巧以及极大的耐心。设计调查问卷应当符合一定的逻辑顺序。

设计调查问卷的基本步骤如下:

①深刻理解调研计划的主题;

②决定调查表的具体内容和所需资料；

③逐一列出各种资料来源；

④写出问题，要注意一个问题只能包含一项内容；

⑤决定提问的方式，哪些用多项选择法，哪些用自由回答法，哪些需要做解释和说明；

⑥将自己置于被调查者地位，考察所列问题能否得到确切资料，被调查者方便回答哪些问题，哪些难以回答；

⑦按照逻辑思维，排列提问次序；

⑧每个问题都要考虑如何对调查结果进行恰当的分类；

⑨审查提出的每个问题，消除含义不清、倾向性语言和其他疑点；

⑩以少数人应答为实例，对问卷进行小规模的测试；

⑪审查测试结果，对不足之处进行改进；

⑫打印调查问卷。

3）调查问卷的组成

一般地，一个正式的调查问卷由三部分组成：

（1）前言

前言主要说明调查主题、调查目的、调查的意义，以及向被调查者致意等。最好强调调查者与被调查者的利害关系，以取得被调查者的信任和支持。

（2）正文

正文是调查问卷的主体部分。依照调查主题，设计若干问题要求被调查者回答。这是调查问卷的核心部分，一般应在有经验的专家指导下完成设计。

（3）附录

附录可把有关调查者的个人档案列入其中，也可以附带着说明某些问题，还可以再次向被调查者致意。附录可随调查主题不同而增加相应的内容。

整个调查问卷结构要合理，正文应占整个问卷的2/3~4/5，前言和附录只占很小部分。

4）调查问卷的外观

调查问卷的外观也是问卷设计时不可忽视的一个重要因素。问卷外观影响到被调查者是否愿意、顺畅、容易地答题，诸如问卷所用的纸张品种、颜色，问卷的编排，字体样式等，都会影响到被调查者回答问卷的质量。因此，调查问卷的外观设计应注意以下几点：

①小张纸比大张纸好。小张纸比大张纸让被调查者感到压力的可能性更小。

②外观庄重、正式的问卷可使被调查者感到这是一份有价值的问卷。

③问卷采用单面印刷，而且必须为答案留出足够的空白，关键词应当画线或使用醒目字体。

④问卷的每一页应当印有可供识别的顺序号，以免整理时页面散乱。

5）"有问题"的调查问卷

一份调查问卷由许多问题组成，而调查问卷又非常灵活，这就涉及多种多样的提问方法和技巧。一份调查问卷需要对每一个问题进行分析、测试和调整，它的设计是否合理，是否能取得真实可靠的第一手资料，被调查者是否易于回答等。一份合格的调查问卷必定经过深思熟虑,不应该存在问题。

【案例 5-2】

某航空公司设计了一份调查问卷,请乘客回答以下问题:

1.如以百元为单位,您的收入是多少?

人们一般不愿意透露自己的收入,何况未必知道以百元为单位的收入。

2.您是偶尔还是经常性乘坐飞机?

偶尔与经常的判断标准是什么?

3.您喜欢本航空公司吗?

这个问题的目的何在? 答"是"或"否"能了解什么呢? 对于初次乘坐飞机的人该如何回答?

4.今年四月份您在电视上看到几次航空公司的广告?

谁会记得?

5.您认为在评价航空公司时,最显著的、决定性的属性是什么?

什么是最显著的、决定性的属性,太笼统,使得被调查者无从回答。

6.您认为政府对飞机票加税从而剥夺了许多人乘坐飞机的机会是对的吗?

这个问题另有用意,有误导、偏见的嫌疑,使人不知如何回答。

5.3.2 问卷的提问方法与技巧

一份调查问卷要想成功地获得目标资料,除了做好大量的前期准备工作外,在设计具体问题时,一般有两种提问方式:封闭式提问和开放式提问。提问方式在一定程度上决定了调查问卷质量的高低。

1)封闭式提问

封闭式问题指被调查者在包括所有可能回答中选择某些答案。这种提问法便于统计,但答案伸缩性较小,较常用于描述性、因果性调研。下面列出调查问卷中封闭式问题的几种常见形式:

(1)两项选择题

两项选择题即一个问题提出两个答案供选择。例如:

你购买电器商品最注重牌子吗?

1.是( )　　2.否( )

(2)多项选择题

多项选择题即一个问题提出三个或更多的答案供选择。例如:

你购买康佳彩电的最主要原因是:

1.名牌产品　2.广告吸引　3.同事推荐　4.价格适中　5.售后服务好

(3)李克特量表

李克特量表即被调查者可以在同意与不同意之间选择。例如:

你如何看待"外国航空公司比中国航空公司的服务要好"的说法?

1.很赞成　2.同意　3.不同意也不反对　4.不同意　5.坚决不同意

（4）分等量表

分等量表即对某些属性从"质劣"到"极好"进行分等。例如：

中国航空公司的餐食服务是：

1.极好　2.很好　3.好　4.尚可　5.差　6.极差

以上形式都是问卷调查中经常用到的，可灵活应用。

2）开放式问题

开放式问题允许被调查者用自己的话来回答问题。用这种方式提问，被调查者不受限制，因此可暴露出许多新的信息，供调查人员参考。开放式问题运用于探测性调研阶段，了解人们的想法与需求。一般来说，开放式问题不易统计和分析，在一份调查问卷中只能占很小部分。对于开放式问题的选择要谨慎，所提问题要进行预试，再广泛采用。下面列出调查问卷中开放式问题的几种常见形式：

（1）自由式

自由式即被调查者可以用几乎不受限制的方法回答问题。例如：

您对本商店的服务有何意见和建议？

（2）词汇联想法

词汇联想法即列出一些词汇，由被调查者提出他头脑中涌现的第一个词。例如：

当您听到下列字眼时，您脑海中涌现的第一个词是什么？

恒源祥——纯羊毛、老字号、做工好……

海尔——质量好、信誉高、售后服务好……

（3）语句完成法

语句完成法即提出一些不完整的语句，每次一个，由被调查者完成该语句。例如：

当我运动后，我想喝_____。

（4）主题联想测试

主题联想测试即提供一幅图画或照片，要求被调查者根据自己的理解虚构一个故事。例如：

图上画着很多妇女的手推车中都放着同一种产品，她们还围在一起谈论着什么。

要求被调查者编一段 100 字左右的小故事。

以上是问卷调查中进行开放式提问的几种常见形式，在具体设计时根据实际情况灵活、适当地应用，可起到较好作用。

5.4　市场需求预测

公司进行营销调研的主要原因之一是协助公司确认市场机会。一旦完成营销调研，公司必须衡量与预测每一种市场机会的大小与获利能力。财务部门根据销售预测筹措资金；

生产部门根据销售预测制订生产计划;人力资源部门根据预测决定所需雇用的人数。营销部门对营销预测必须担起责任。如果销售预测产生很大的偏差,将导致公司库存过剩或库存不足。

5.4.1 市场需求预测

市场需求是指一定时期的一定市场范围内有货币支付能力的购买商品(或服务)的总量,又称市场潜力。调查研究市场需求是市场分析的重要任务之一。因为市场需求的大小决定着市场规模的大小,对企业投资决策、资源配置和战略研究具有直接的重要影响。市场需求预测的内容包括市场需求量测定、消费者的购买行为研究和需求变动因素研究。

1)市场需求量测定

就某类商品或某种商品而言,其市场需求量的测定需要考虑人口数量(或用户数量)、人均(户均)购买量和其他需求量三个要素,决定市场需求量的模型如下:

$$市场需求量=人口(用户)数量×人均(户均)购买量+其他需求量$$

2)消费者的购买结构与行为研究

消费者的购买动机是指为了满足一定需求而引起人们购买行为的愿望、意向、目的和预期。购买行为是指消费者买什么,在哪里买,由谁买,何时买等。

3)市场需求变动因素研究

市场需求是一个动态概念,不论是需求总量还是需求结构总是发展变化的。了解影响市场需求变化的因素,有利于把握市场需求变化的趋势和规律,正确测定市场需求量的需求结构。影响市场需求变化的因素很多,通常有经济总量及其增长率、宏观政治经济环境变化、居民货币收入与储蓄的变化、物价总水平的变动、固定资产投资的拉动、货币流通与货币政策产业政策等。

5.4.2 定性市场需求预测方法

定性市场需求预测方法主要有指标法、专家预测法、销售人员意见法等。

1)指标法

指标法是指通过统计指标,利用最简单的统计处理方法和有限的数据资料进行预测的方法。这些统计指标包括平均数、增减量、平均增减量等。现实中许多商品的市场需求量都可看作随着时间不断变化的变量,比较汇总各种商品市场需求量变化的曲线,发现某些商品市场需求量的曲线图存在明显的相似性,即某种商品市场需求曲线的起伏变化间距与另一种商品市场需求曲线的起伏变化间距几乎是相同的。根据这个现象,我们可以把发生在前的事物作为参照物,从而推测后发事物的发展变化趋势。

2)专家预测法

专家预测法是指根据专家的经验和判断求得预测值。其具体形式有三种:一是小组讨论法。召集专家集体讨论,互相交换意见,取长补短,发挥集体智慧,做出预测。二是单独预测集中法。由每位专家单独提出预测意见,再由项目负责人综合专家意见得出结论。三是德尔菲法。德尔菲是古希腊神话中的地名,相传众神每年到此聚会,可预知未来。德尔菲法采用不署名和反复进行的方式,先组成专家组,将调查提纲及背景资料提交给专家,轮番征询专家意见后再汇总预测结果。该方法的特别之处在于专家互不见面,可避免相互影响,且反复征询、归纳、修改,有时要经过四五轮,意见才趋于一致,其结果比较切合实际。

3) 销售人员意见法

销售人员意见法是指通过听取销售人员的意见预测市场需求。销售人员包括一线营业员、推销员及有关人员。销售人员最接近市场,比较了解顾客和竞争对手的动向,能考虑到各种相关因素的作用。但可能存在过于乐观或过于悲观地估计,因此采用此方法预测时,要注意较多地采集销售人员的意见,这样过高或过低的期望值可以互相抵消,从而使预测结果趋于合理。

5.4.3 定量市场需求预测方法

我们在做市场研究时,除了使用定性研究外,还需要使用定量研究方法,有时,需要定性和定量两种方法综合运用,才能得出结论。定量研究方法涉及很多数学方法,这里仅简单介绍几种。

1) 时间序列预测方法

一个时间序列往往是在多种不同因素综合作用下形成的,通常可以把作用于时间序列的各种因素划分为四类,即长期变动因素、季节变动因素、循环变动因素和不规则变动因素。时间序列预测方法就是通过对时间序列本身及其影响因素的分析找出规律,进行预测。

(1) 移动平均数法

时间序列预测方法中最简单、直观的一种方法是简单平均法。简单平均数法就是将总体的各个数据之和除以总体数据总的个数。

设有时间序列历史数据位 $x_1, x_2, x_3, \cdots, x_n$,其简单平均数计算公式为

$$\overline{X} = \frac{x_1 + x_2 + x_3 + \cdots + x_n}{n} = \frac{\sum_{i=1}^{n} X_i}{n}$$

式中 $\overline{X}$——代表平均数;

n——代表总体中数据点的个数;

x_i——代表各实际数值($i = 1, 2, \cdots, n$)。

若利用简单平均数进行预测时,计算得出的平均数即为第 $n+1$ 时期的预测值,预测公式为

$$\hat{x}_{n+1} = \overline{X}$$

式中 x_{n+1}——代表第 $n+1$ 时期的预测值。

以上方法是以第 n 期的一次移动平均作为第 $n+1$ 时期的预测值。

表 5-2 所给资料取 3 年期移动平均,可得该表第三行列结果。

表 5-2 一次移动平均数示法

年份	2005	2006	2007	2008	2009	2010	2011	2012	2013	2014	2015	2016
原数列	120.87	125.58	131.66	130.42	130.38	135.54	144.25	147.82	148.57	148.61	149.76	154.56
移动平均	—	—	126.04	129.22	130.82	132.11	136.72	142.54	146.88	148.33	148.98	150.98

此方法的特点是：

①只能用于近期预测，即只能用于后续相邻的那一项预测，比如上例就无法预测 2018 年及以后各年的数据。

②n 值不同时，预测结果也不同，而且对真实值的变化趋势的反应灵敏度也不同，n 值越小，反应越灵敏。

③当存在上升趋势时，移动平均值相应偏低于预测期实际值；当存在下降趋势时，移动平均值相应偏高于预测期实际值。

因此，简单移动平均预测仅适用于时间序列变化比较平稳的近期预测。采用简单平均数法，只能用来说明一般情况，反映不出数据变化的最大值。

（2）二次移动平均数法

由于序列增、减趋势的存在，移动平均预测与实际值之间存在滞后偏差。为克服这一情况，可采用二次移动平均预测方法。所谓二次移动平均不是用两次移动平均直接进行预测，而是在两次移动平均的基础上，求出平滑系数，利用滞后偏差建立线性预测模型，然后用模型进行预测。由于模型是线性的，因此，只适用于原序列存在线性变化趋势的预测问题。

$$M_t^{(1)} = \frac{y_t + y_{t-1} + \cdots + y_{t-N+1}}{N}$$

$$M_t^{(2)} = \frac{M_t^{(1)} + M_{t-1}^{(1)} + \cdots + M_{t-N+1}^{(1)}}{N}$$

把 时间序列中期观察值，N 是二次移动平均时选定的数据个数，M_t 一次移动平均数，$M^{(2)}$ 表示第 t 时期的时序数据的二次移动平

在 M_1 上建立的线性预测模型为

$$\hat{x}_{t+T}^{(2)} = a_t + b_t T$$

式中　$\hat{x}_{t+T}^{(2)}$——表示 $t+T$ 周期的预测值；

　　　　T——表示目前时期周期数；

　　　　t——表示由目前周期 t 到需要预测周期的周期个数；

　　　　a_t, b_t——表示平滑系数。

求平滑系数 a_t, b_t 的公式为

$$a_t = 2M_t^{(1)} - M_t^{(2)}$$

$$b_t = \frac{2}{N-1}(M_t^{(1)} - M_t^{(2)})$$

【例5-1】 给定表5-3中的数据,试预测2015年的利润。

表5-3 二次移动平均数表示法

年份	利润	三年移动平均	二次三年移动平均
2005	120.87		
2006	125.58		
2007	131.66	126.04	
2008	130.42	129.22	
2009	130.38	130.82	128.69
2010	135.54	132.11	130.72
2011	144.25	136.72	133.22
2012	147.82	142.54	137.12
2013	148.57	146.88	142.05
2014	148.61	148.33	145.92
2015	149.73	148.97	148.06
2016	154.56	150.97	149.42

为预测2017年的利润,令 $t = 1\,994$,$T = 1$,由于

$$M_{2016}^{(1)} = 150.97$$

$$M_{2016}^{(2)} = 149.42$$

$$a_{2016} = 2 \times 150.97 - 149.42 = 152.51$$

$$b_{2016} = \frac{2}{3-1} \times (150.97 - 149.42) = 1.54$$

所以

$$\widehat{x}_{2017}^{(2)} = \widehat{x}_{2017+1} = a_{2014} + b_{2014} \times 1 = 152.51 + 1.54 = 154.05$$

总结:利用二次移动平均预测不但可以进行近期预测,还可以进行远期预测,但远期预测误差较大。

2)加权移动平均预测法

依经济理论可知,最近期的经济数据能更大程度地反映经济变化趋势,如企业今年生产总是在去年生产条件、技术水平等基础上进行,而与前年以及更早各年的关系显得疏远一些,因此在计算移动平均数时,应对参加平均的数据的重要性给出相应权数,即应给予近期数据比较大的权数,给予远期数据比较小的权数,然后移动平均,即为加权移动平均。

$$\widehat{y}_{t,\omega} = y_{t-1,\omega}^{(1)} = \frac{\omega_1 y_{t-1} + \omega_2 y_{t-2} + \cdots + \omega_n y_{t-n}}{n}$$

其中，$\sum_{i=1}^{n} \omega_i = n$；$\omega_1 = 1.5$，$\omega_2 = 1$，…，$\omega_n$ 为参加移动平均数据的相应权数。而权数应根据经验并结合实际情况确定。

当 $n = 3$，$\omega_1 = 1.5$，$\omega_2 = 1$，$\omega_3 = 0.5$（第一组权值数据）或 $\omega_1 = 2$，$\omega_2 = 2/3$，$\omega_3 = 1/3$（第二组权值数据）。

3）指数平滑预测法

加权移动平均要为各个时期配置合适的权数是相当麻烦的，因为要花费大量时间、精力寻找适宜的权数，只为预测最近的一期数据，所以是极不经济的。而指数平滑法通过对权数的改进，使其在资料处理时甚为经济，并能提供良好的短期预测精度，因而应用相当广泛。

4）趋势外推法

趋势外推法是遵循事物连续的原则，分析预测时间序列资料呈现的长期趋势变动的规律性，用数学方法拟合趋势变动轨迹的数学模型，就此进行预测的方法。

运用趋势外推法进行预测基于两个基本假设：一是决定预测对象过去发展的因素，在很大程度上仍将决定其未来的发展；二是预测对象的发展过程一般是渐进式变化，而不是跳跃式变化。

趋势外推法的突出特点是选用一定的数学模型来拟合预测变量的变动趋势，进而用模型进行预测。

根据预测变量变动模型是否为线性，又分为线性趋势外推法和曲线趋势外推法。而后者又可分为多项式曲线模型、简单指数曲线模型、修正指数曲线模型和生长曲线模型等。

本章小结

企业的各种活动都要受到外界因素的影响，影响企业活动的这些因素是不断变化的，他们可能给企业带来威胁，也可能带来机遇。企业甚至要随时检测并分析其所处的市场营销环境，认清营销环境变化趋势，并根据市场营销环境的变化制定有效的市场营销战略，才能抓住机遇，实现市场营销目标。

市场营销调研是企业市场活动决策的基础与依据。从最初的营销背景与市场机会分析，到制定营销战略与营销计划，再到营销组合的执行以及最后的营销执行控制都离不开市场调研。市场调研在企业活动决策中扮演着越来越重要的角色。

通过对影响市场供求变化的诸多因素进行调研，运用科学方法，对未来市场商品供应和需求的发展趋势以及有关因素的变化进行分析、估计、判断和预测，是企业市场营销决策人员的基本功。市场预测的内容包括市场环境预测，市场需求预测，市场供给预测，市场销售潜力预测，消费者市场预测，顾客满意度预测，市场策略预测。

【思考与练习】

1.加强营销调研工作对参与市场竞争有何重要意义？

2.怎样根据不同情况选择不同的调研方法？

【应用题】

1.设计检测顾客对宝马车态度的方案。

2.假设您是某品牌冰激凌制造商，想了解更多有关市场份额、竞争对手价格以及最佳销售地点等情报。应该收集哪些类型的观察数据，为什么？

【案例分析】

重视市场调查的李维公司

LEVi'SR 是美国西部最闻名的名字之一。它也是世界上第一条牛仔裤的发明人 Levi Strauss（李维·施特劳斯）的名字。1847 年，年仅 17 岁的李维·施特劳斯从德国移民纽约，几乎完全不会讲英语的他在美国的起初几年是为他的两位兄长打工。他在纽约及肯德基一带的偏僻市镇和乡村到处贩卖布料及家庭用品，有时甚至露宿路边。加州淘金热的消息使年轻的施特劳斯相当入迷，他于 1853 年搭船到三藩市，随身携带了数卷营帐及篷车用的帆布准备卖给迅速增加的居民。但他发现帆布有更好的用途，一名年老的淘金者告诉他应当卖能承受挖金用的长裤，于是他把卖不完的帆布送到裁缝铺定制了第一件 Levi's 牛仔裤。就在那一天，Levi's R 传奇诞生了。

由于当时淘金工所穿的衣服皆为一般棉布衣，较易磨损。牛仔裤则因其牢固、耐久、穿着合适赢得了当时美国西部牛仔和淘金者的喜爱，大量订单纷至沓来。李维·施特劳斯于 1853 年成立了牛仔裤公司，以"淘金者"和牛仔为销售对象，大批量生产"淘金工装裤"。

刚开始，李维·施特劳斯用厚实的帆布裁出低腰、直裤腿、窄臀围的裤子；后来，他放弃帆布，改用斜纹粗棉布，这是一种在法国纺织以不变色靛蓝染料制成的强韧棉布，穿起来更舒服。这种裤子精悍利落，深得牛仔的喜爱，渐渐地便成为牛仔的特色。

从 1860—1940 年，李维公司对原创设计作了不少改良，包括铆钉、拱形的双马保证皮标以及后袋小旗标，这些都是当今世界上正宗 Levi's R 牛仔裤的显著标志。目前，Levi Strauss 公司的确已成美国传统，对全世界的人来说，它象征着美国西部拓荒精神。

在李维公司的发展历程中，始终坚持做好市场调查，树立牢固的市场观念，按用户需求组织生产的市场决策。根据市场调查和长期积累的经验,李维公司认为,应当把青年人作为目标市场。为了满足青年人需要,李维公司坚持把耐穿、时髦、合体作为开发新产品的核心理念,力争使自己的产品长期占领青年人市场。20世纪60年代,他们了解到许多美国女性喜欢穿男式牛仔裤。根据这一情况,李维公司经过深入调查,设计出适合女性穿的牛仔裤、便装和裙子,1978年女式服装销售情况看好,销售额增加了58%。

为了满足市场需要,李维公司十分重视对消费心理的分析。1974年,为了拓展欧洲市场,研究市场变化趋势,了解消费者爱好,该公司向德国顾客提出了"你们穿李维的牛仔裤,是要价钱低、样式好,还是合身"的问题。调查结果表明,多数顾客首选的是"合身"。于是,该公司分派专人在德国各大学和工厂进行实验,一种颜色的裤子,竟生产出了不同尺寸、不同规格和45种型号,大大拓展了销路。该公司还根据市场调查获得的各种用户信息,制订了五年计划和第二年度计划。虽然市场竞争相当激烈,但李维公司靠多年积累起来的相当丰富的市场调查经验,所制订的生产和销售计划同市场实际销售量只差1%~30%,基本做到了产销统一。李维公司的销售网遍及世界70多个国家,并对所属的生产、销售部门实行统一领导。该公司认为,产销是一个共同体,二者必须由共同的上级来领,工厂和市场之间要建立经常性的情报联系,使工厂的生产和市场的需求保持统一。为此,该公司还设立了进行市场调查的专门机构,在国内、外进行市场调查,为公司决策提供可靠依据。

正确的市场决策,促进了李维公司的大发展。该公司在20世纪40年代末销售额仅有800万美元,1979年增加到20亿美元,30年间增加了250倍。近30年来,李维公司已发展成为活跃于世界舞台的跨国企业,公司按地区分为欧洲分部、拉美分部、加拿大分部和亚太分部,各分部分管生产、销售、市场预测等各项事宜。李维公司拥有120家大型工厂,设存货中心和办事处以及3个分公司(美国李维牛仔裤公司、李维国际公司和BSE公司)。李维斯作为时装和牛仔裤的领导品牌,百年来不断追求创新。1960年,推出水洗系列牛仔裤,1967年年出喇叭口裤型,1986年开始生产预先穿洞的破烂牛仔裤、将牛仔裤裤管翻过来的"翻边",2003年推出新潮、裁剪独特、款式至酷的TYPE1TM系列。分公司有规模庞大、设备先进的生产厂42家,最大的一家年生产能力达到1 600万件。

【案例思考】

1.本案例中,你认为李维公司成功的关键是什么?

2.李维公司对消费者心理进行调查分析时,能否使用观察法?

3.营销调研是否是一门精确的科学? 为什么李维公司所制订的生产和销售计划同市场实际销售量相差为1%~30%时,仍可以说基本做到了产销统一?

【营销实训】

百事可乐武汉市场需求预测。

【实训目标】

1.资料搜集与整理能力。

2.信息加工与预测能力。

【实训内容与组织】

1.按分布情况、产品的满意度与忠诚度、消费者的购买习惯、购买时机、购买地点等进行市场细分,以组为单位完成。

2.进行市场需求预测。

3.在市场调查之后进行。

4.每组写出一份武汉市百事可乐的市场需求报告。

5.预测结束后,组织一次课堂交流与讨论。

【成果与检测】

1.以小组为单位,分别由组长和每个成员根据各成员在预测中的表现进行评估打分;

2.由教师与学生共同评估打分。

作业:百事可乐武汉市场需求预测报告。

1985 年可口可乐换配方风波

1985 年 4 月 23 日,可口可乐公司董事长罗伯托·戈伊苏埃塔(Roberto Goizueta)做出了一项惊人的决定。他宣布经过 99 年的发展,可口可乐公司决定放弃一成不变的传统配方。原因在于,该公司经过市场调查发现,消费者更偏好口味更甜的软饮料。为了迎合这一需求,公司决定更改配方,调整口味,推出新一代可口可乐。

可口可乐换配方的原因

可口可乐公司之所以做出改换口味的决定,是希望借此打败竞争对手百事可乐。在 20 世纪 80 年代,可口可乐在饮料市场的领导者地位受到了挑战,其在市场上的增长速度从每年递增 13%下降到 2%。原因在于竞争对手百事可乐来势汹汹,先是推出了"百事新一代"系列广告,将促销锋芒直指饮料市场最大的消费群体——年轻人。在第一轮广告攻势大获成功后,百事可乐公司仍紧紧盯着年轻人不放,继续强调百事可乐的"青春形象",又展开了号称"百事挑战"的第二轮广告攻势。在这轮攻势中,百事可乐公司大胆地对顾客口感试验进行了现场直播,即在不告知参与者在拍广告的情况下,邀请他们品尝各种没有品牌标志的饮料,然后说出哪一种口感最好,试验过程全程直播。百事可乐公司的这次冒险成功了,几乎每一次试验后,品尝者都认为百事可乐更好喝,"百事挑战"系列广告使百事可乐在美国的饮料市场份额从 6%猛升至 11%。可口可乐公司不相信这一事实,也立即组织了口感测试,结果与"百事挑战"一样,人们更喜爱百事可乐的口味。市场调查部的研究也表明,可口可乐独霸饮料市场的格局正在转变为可口可乐与百事可乐分庭抗礼。20 世纪 70 年代,18%的饮料消费者只认可可口可乐这一品牌,认同百事可乐的只有 4%;到了 80 年代,只有 12%的消费者忠于可口可乐,而只喝百事可乐的消费者则上升到 11%,与可口可乐持平。在此期间,无论是广告费用的支出还是销售网络的支出,可口可乐公司都比百事可乐公司高得多。

新可口可乐的推出

可口可乐公司一直在分析市场占有率下降的原因,其市场调研部经理罗伊斯托特首先提出了自己的分析结论:我们的售货机比对手多一倍,主宰了冷饮柜台,货架比对手多,广告投入也更多,价格也具有竞争性,为什么我们的市场占有率在降低呢? 图表和数据表明,口味是使可口可乐销售止步的唯一原因。口味测试报告使可口可乐的决策层和管理层都认为,这些年来消费者的口味在发生变化,他们更喜欢百事可乐的甜味,不喜欢可口可乐的爽味。

于是,更换可口可乐配方的"堪萨斯项目"于 1983 年开始启动。其实,可口可乐技术部的化学家们对配方的修修改改已经有四年了,研发的实验糖浆源源不断地供给市场调研部,请消费者进行口味测试。该项目启动后,进度大大加快,经过一年的实验,可口可乐新配方在实验室取得了成功。新一轮的市场调研开始了。这次可不是请几组消费者来稍稍品味一下,而是花了 400 万美元,开展了 190 000 次品尝实验,参加者来自各个年龄组,包括全美各个地区。其结果主要有:

(1)在口味测试中,老可口可乐以 10~15 个点落后于百事可乐,而新可口可乐以 6~8 个点的领先优势击败百事可乐。新可口可乐也击败了老可口可乐。

(2)盲测结果表明,消费者对新可口可乐的满意度超过老可口可乐 10 个点,为 55% vs.45%。

(3)在允许消费者看到商标的情况下,对新可口可乐的满意度更高了,为 61% vs.39%。

这些数据使管理层确信必须推出新可口可乐。1985 年 4 月 23 日,可口可乐公司总裁罗伯托·戈伊苏埃塔正式宣布推出新可口可乐,同时停止生产老可口可乐。

就在同一天,预先知道对手行动的百事可乐总裁罗杰·恩里科在美国各大报纸上发表了一封信,称老可口可乐的停产是百事可乐的胜利:"经过 87 年来面对面的较量","对方那个家伙眨眼掉泪了""可口可乐公司现在把它的产品从市场上收回,把新可口可乐重新配方使它更像百事可乐";他还说"胜利是甜蜜的",并且宣布全公司该周礼拜五放假一天以示庆贺。

失败的结局

"新可口可乐"即将投产,面临的问题是:为"新可口可乐"增加新的生产线,还是彻底地全面取代传统可口可乐? 可口可乐的决策层认为,新增加生产线会遭到遍布世界各地的瓶装商的反对。该公司最后决定"新可口可乐"全面取代传统可口可乐,停止传统可口可乐的生产和销售。

在"新可口可乐"全面上市的初期,市场反响相当好,1.5 亿人在"新可口可乐"面世的当天就品尝了它,但情况很快有了变化。在"新可口可乐"上市后的一个月,可口可乐公司每天接到超过 5 000 个抗议电话,更有雪片般飞来的抗议信件,可口可乐公司不得不开辟了 83 条热线电话,雇用更多的公关人员处理这些抱怨和批评。其中一封信是这样开头的:"亲爱的糊涂老总,是谁决定改变可乐配方的?"

有的顾客称可口可乐是美国的象征;有的顾客威胁说将改喝茶水,永不再买可口可乐公司的产品;更有忠于传统可口可乐的人们组成了"美国老可口可乐饮者"联盟,发起全美抵制

"新可口可乐"运动,并威胁称:"如果不把老可口可乐弄回来,就要对可口可乐公司提出控告。"

许多人开始寻找已停产的传统可口可乐,各地的可口可乐死硬派消费者开始储存传统的老可口可乐,这些"老可口可乐"的价格一涨再涨。"新可口可乐"面世后两个月的销量远远低于公司的预期值,不少瓶装商强烈要求改回销售传统可口可乐。

可口可乐公司依然幻想,消费者们在尝试了新饮料后会喜欢上它。1985年5月,该公司在45个城市举行新可口可乐"滚动"派对,共送出100万罐饮料,但是几乎每一次收获的都是一阵阵抗议声,消费者要求老可口可乐回来。大多数人根本不想去喝新可口可乐,他们对新可口可乐的存在十分愤怒。

【思考与讨论】

1.请结合案例,谈谈营销调研失败的原因,以及企业管理者应当如何处理调研结论和营销决策之间的关系。

2.可口可乐曾经推出过哪些口味? 谈谈可口可乐公司怎样对待口味的变与不变。

3.传统的营销调研有哪些固有缺陷? 阅读有关神经营销科学的文献,谈谈脑科学的理论和技术是如何应用于市场营销学的。

第6章 目标市场营销战略

【本章重点】

1.市场细分、目标市场、市场定位的概念。
2.目标市场营销的策略以及如何选择目标市场。
3.市场定位的步骤和策略。

【引例】

瞄准目标人群 升级相关产品 冰雪旅游市场迎高速发展期

"过去5年间,国内旅游增长从10%以上的高增长下降至8%~9%的增长区间,但冰雪旅游的平均增速高于普通国内旅游5%~6%,冰雪旅游市场确实呈现出一种快速发展的态势。"中国旅游研究院副院长唐晓云在中国冰雪运动发展高峰论坛发言中表示。

冰雪旅游增速快但在国内旅游市场里相对占比小,如何扩展市场,唐晓云首先从现有游客画像出发分析。根据中国旅游研究院连续5年发布的《中国冰雪旅游发展报告》,冰雪游客大部分为39岁以下的年轻人,呈现偏左侧的偏态分布,同时"70后"占16%,"60后"也达到了14%。"这意味着冰雪市场是以青年为主体,需要更多以时尚冰雪活动和运动为吸引物瞄准年轻人的旅游活动,定制游、周边游、家庭游是当下冰雪旅游新趋势,游客们不跟团开展大型团队活动,而是通过自驾的方式在周边进行定制化旅游。"唐晓云同时表示,老年人市场需求也不可忽视,受老龄化人口结构的影响,未来老年人的旅游需求可能激增,所以冰雪旅游的产品设计既需要面向年轻人,又需要面向中老年人。

游客从哪里来,去往哪里?冰雪旅游吸引物城市、客源城市和目的地城市差别大是冰雪旅游的一大特点。客源城市中,上海、广州、北京等一线城市位列前茅,目的地则是东三省、新疆和河北张家口等冰雪资源丰富的地区。"冰雪旅游产业是依托于滑雪运动形成的集休闲、娱乐、运动于一身的超长产业链条。链条的制作和消费集中于东北部地区,但市场集中在中部、南部和沿海地区,形成了一个剪刀差,这种客源地和目的地的分离,同时也形成了冰雪旅游由南向北的突出趋势。冰雪旅游市场既保持了非常快速的增长,同时又体现出个性化、年轻化、客流流向非常典型的发展形势。"唐晓云说,"在搜索引擎中广东人搜索滑雪关键词最多,中西部地区也有很大的需求,其中很多地方几乎没有雪,他们无法当日往返,必须住宿,所以开发更多日常化、大众化、普及型的冰雪产品,面向不同的冰雪旅游主体,还有很大发展空间。"

目前冰雪旅游的投资也逐渐呈现大众化、规模化的趋势,把滑雪、住宿、旅游等打包在一起的目的地型产品非常受市场欢迎。目前国际上较为成熟的有度假村、冰雪小镇、综合度假区、主题乐园等模式。

对于冰雪旅游市场的未来,唐晓云强调不能脱离国内旅游市场的发展,更不能脱离"十四五"期间国民经济的发展。"旅游经济和旅游市场的发展取决于居民消费、就业等因素,目前居民收入仍保持稳定增长,未来5年甚至更长一段时间里,我们将面临游客对旅游产品的消费需求升级,因此冰雪旅游产品也要升级。游客首先要通过冰雪活动有所收获,其次要有更好的感知和体验,最后要价格和价值匹配。从中长期来看,消费习惯、消费内容、价值观以及科技创新的因素是影响旅游市场的核心竞争因素。"

(资料来源:学习强国)

消费者的需求偏好存在差异,这种偏差是对市场进行细分的客观依据。企业应根据市场细分依据和细分过程,将一个整体市场划分为若干个细分市场。然后,对各个细分市场进行价值评估,选择一个或几个最有价值的细分市场作为目标市场。进而根据产品在细分市场上所处的地位和顾客对产品某些属性的重视程度,塑造出与众不同、个性鲜明的产品并传递给目标顾客,使该产品在细分市场上占据强有力的竞争地位。

6.1　市场细分

【案例6-1】

麦当劳瞄准细分市场需求

麦当劳作为一家国际餐饮巨头,创立于20世纪50年代中期的美国。彼时,美国经济高速发展,工薪阶层急需方便快捷地饮食,麦当劳创始人及时地抓住了这一良机,并且瞄准细分市场需求特征,对产品进行准确定位而一举成功。如今麦当劳已成长为世界上最大的餐饮集团,在109个国家开设了2.5万家连锁店,年营业额超过34亿美元。

麦当劳刚进入中国内地市场时大量传播美国文化和生活理念,并以美式食品——牛肉汉堡来征服中国人。但中国人爱吃鸡,与其他洋快餐相比,鸡肉产品也更符合中国人的口味,更加容易被中国人接受。针对这一情况,麦当劳改变了原来的策略,推出了鸡肉产品。在全世界只卖牛肉产品的麦当劳也开始卖鸡肉产品了,这一改变加快了麦当劳在中国内地市场的发展步伐。麦当劳还根据年龄等变量,以孩子为中心,把孩子作为主要消费者,注重培养他们的消费忠诚度。在餐厅用餐的小朋友,经常会意外地获得印有麦当劳标志的气球、折纸等小礼物。在中国,还有麦当劳叔叔俱乐部,参加者为 3～12 岁的小朋友,定期开展活动,让小朋友更加喜爱麦当劳。针对方便型市场,麦当劳提出"59 秒快速服务",即从顾客开始点餐到拿着食品离开柜台标准时间为 59 秒,不得超过一分钟。

麦当劳根据消费者需求的不同,把整个市场划分成不同的消费者群,针对性地提供满足不同需求的产品。不断发掘市场机会,开拓新市场,调整企业市场营销策略,灵活应变,促进顾客的满意与忠诚。

市场细分是制定市场营销策略的核心,因为市场营销策略包括选择目标市场与决定相应的市场营销组合两个基本概念。市场细分是企业选择目标市场的前提和基础,只有在正确选择目标市场的基础上才能采取相应的营销组合,制定正确的产品策略、价格策略、分销策略及促销策略,满足消费者需求,实现企业利润目标。

6.1.1　市场细分概念及作用

1) 市场细分的概念

市场细分就是在市场调查研究的基础上,根据消费者的需求、购买习惯和购买行为的差异性,把整个市场划分为若干子市场的过程。每个子市场即每个细分市场,都是一个有相似的欲望和需要的消费者群,而分属不同细分市场的消费者的欲望和需要存在明显的差异。市场细分不是对产品进行分类,而是对消费者的欲望和需要进行分类。

2) 市场细分的作用

通过市场细分,可以反映出不同消费者需求的差异性,为企业在市场营销活动过程中认识市场、选择目标市场提供依据,从而更好地满足消费者的需求,并实现企业的经营利润。具体来说,市场细分对企业的作用主要表现在以下几个方面。

(1)有利于企业发现市场机会,取得竞争优势

市场细分是发掘市场机会的有效手段,发现某些方面是企业所不及或不愿涉及的"营销空穴",采取见缝插针、拾遗补阙的方法,找到自己力所能及的良机,在激烈的竞争中生存和发展。

(2)有利于集中人力、物力、财力投入目标市场

细分市场对竞争力弱小的企业更加有效,因为这些企业资源能力有限,在整体市场上缺乏强有力的竞争能力和手段,通过细分市场,可选择符合自己需要的目标市场,集中有限的资源能力,赢得局部市场上的相对优势。

(3)有利于调整市场营销策略

在细分市场基础上,企业选择了目标市场,并制定特殊的销售策略,满足不同目标市场顾客的需求。这样,就可以有针对性地了解各细分市场需求的变化,迅速而准确地反馈市场信息,使企业有比较灵活的应变能力。

(4)促进顾客的满意度与忠诚度

通过市场细分,企业能够向目标市场提供独具特色的产品及相关的营销组合,从而使顾客需求得到更为有效地满足,有利于促进顾客的满意度和忠诚度。

6.1.2 市场细分的标准

市场细分是依据一定的细分变量进行的,可根据消费者市场细分标准和生产者市场细分标准进行细分,每个标准又包括一系列的细分变量因素。

1) 消费者市场细分标准

在现代社会中影响和造成消费者市场需求差异性的因素是极其复杂的,因此细分消费者市场的标准和方法就没有一个固定不变的模式,各行业、各企业可采取不同标准和方法进行市场细分,以寻求最佳的营销机会。

(1) 按地理因素细分

人必须生活在一定的地域范围,按地理因素细分,就是按照消费者所在的地理位置、地理环境等变量来细分市场。由于地理环境、自然气候、风俗习惯和经济发展水平等因素的影响,同一地区人们的消费需求具有一定的相似性,而不同地区的人们又形成不同的消费习惯与偏好。由此,地理因素成为市场细分标准之一。它包括以下几个方面:

①地理区域。不同地区消费者的消费习惯和购买行为,由于长期受不同自然条件和社会经济条件等的影响,往往有着较为明显的差异。如我国的饮食习惯,素有南甜北咸之说,我国南方人喜欢吃大米、北方人喜欢吃面食等。

②气候。气候差异也会引起人们需求的差异。如气温的高低、空气的干湿等都对消费者需求产生影响。

③人口密度。城市、郊区及乡村的情况是不一样的。例如,由于生活空间条件的差异,我国城市消费者喜欢小巧玲珑、较为轻便的自行车,农村消费者则喜欢结实耐用的载重型自行车。

④城镇规模。如特大型城市、大城市、中型城市及小城市、县城与乡镇,城市规模不同,经济发展水平、文化水平、收入水平都不同,因此对产品需求也不同。

美国东部地区的人们爱喝味道清淡的咖啡,而西部地区的人们更喜欢醇浓的咖啡。美国通用食品公司针对以上地区消费者的偏好,向他们销售不同口味的咖啡。

(2) 按人口因素细分

按人口因素细分,就是按人口变量的因素来细分消费者市场。人口是构成市场最主要的因素。它包括以下几个方面:

①年龄。将消费者按一定年龄标准划分为不同的细分市场,如儿童市场、青年市场、中年市场、老年市场等。

②性别。不同的性别具有不同的消费需求和购买行为,这是自然生理差别引起的差异。按性别标准可划分为男性市场、女性市场。

③家庭。包括家庭规模(家庭人口数量)、家庭结构(单身、结婚、有无子女、子女是否独立等)。

④收入。如高收入、中等收入、低收入等。

⑤教育水平。如大学以上、大专、高中、初中、小学、文盲等。

⑥宗教。如基督教、伊斯兰教、天主教、佛教、道教等。

此外,诸如职业、国籍、民族等也是人口方面的因素。

人口因素历来是细分市场常用的重要因素,因为消费者的欲望、需求偏好和使用频率往往与人口因素有着直接的因果关系,而且人口因素较其他因素更易测量。比如,美国的服装、化妆品、理发等企业一直按性别细分,汽车、旅游等企业一直按收入来细分,玩具市场按年龄来细分,家庭用品、食物、房屋则依据家庭规模和家庭结构来细分。

不过,这些因素的细分作用有时也并不十分明确,例如,现代女性越来越多地购买和使用男款产品。也就是说,随着社会的发展,某些产品的消费者在性别或其他因素上的界限会逐渐缩小甚至消失。因此,还有必要从更深层次(即消费者的心理和行为)进行细分。

（3）按心理因素细分

心理因素是一个极其复杂的因素,消费者的心理需求具有多样性、时代性和动态性的特点。企业可根据消费者所属社会阶层、生活方式及个性特点等心理因素,进行市场细分。只有了解了消费者的真正心理欲望,才能商机无限。心理因素主要表现在以下三个方面:

①社会阶层。在一个社会中,社会阶层是具有相对的同质性和持久性的群体。每一阶层的成员具有类似的价值观、兴趣爱好和行为方式,如西方国家分上流社会、中产阶级、下层社会,或者按收入分为白领、工薪等阶层。我国分为农民、工人和知识分子等阶层。不同阶层的人以不同的消费来显示其身份和社会地位,像白领阶层追求时髦和名牌,工薪阶层则更重视实惠。因此,社会阶层是市场细分的重要心理因素。

②生活方式。生活方式是消费者对自己工作和休闲、娱乐的态度,如崇尚奢华或节俭朴素、追求时尚或顽固守旧,唯乐主义与工作狂等。人们追求的生活方式不同,对商品的偏好和需求就不同。企业可以通过市场调查研究,了解消费者的活动、兴趣、意见,据此划分不同生活方式的消费者群。如服装生产商将市场细分为:"简朴的女士""时髦的女士""有男子气质的女士"。

③个性。指一个人特有的心理特征,它会导致一个人对其所处环境做出一致的持续不断地反应。企业依据个性因素细分市场,可为其产品更好地赋予品牌个性,以期与目标消费者个性相适应。例如,20世纪50年代,美国福特汽车公司和通用汽车公司就曾利用个性特征推销福特牌和雪佛兰牌汽车。人们认为福特牌汽车的购买者有独立性、易冲动,有男子汉气概,敏于变革并有自信心;而雪佛兰牌汽车的拥有者则是节俭的,他们重名望,恪守中庸之道。

（4）按行为因素细分

消费者的购买行为,包括消费者对商品的购买时机、利益追求、使用频率、对产品的忠诚度、购买阶段以及对产品的态度等,由于消费者行为与消费者需求密切相关,因此,西方国家许多企业及学者认为,行为因素是细分市场至关重要的出发点。

①购买时机。指有规划或无规划的购买、平常购买或节假日购买。消费者购买时间有一定规律性,企业可以根据消费者的购买时机来细分市场,把握特定时机的市场需求,扩大消费者使用本企业产品的范围。比如,随着法定休假日的增加,"假日经济"浪潮兴起,已有更多的商家把目光放在了节假日消费上。

②利益追求。消费者购买商品是为了满足一定的需要,由于消费者的需要具有差异性,

因而对同一种商品所追求的利益就不同。企业可以根据消费者购买消费产品,期望得到的主要利益进行市场细分。企业可以根据自身条件,选择其中某一个追求利益的消费者群作为目标市场,生产出适合该目标市场需要的产品,然后通过广告媒体,把这种产品的信息传递给追求这种利益的消费者群。比如,牙膏购买者有的是为了防治蛀牙,有的是为了洁白牙齿,有的是喜欢某种香味,有的是因为价格低廉等。

③使用者情况。有些商品市场,可以按使用者情况进行细分,分为未使用者、初次使用者、经常使用者、曾经使用者和潜在使用者等。比如,企业可以通过赠送样品方式吸引潜在使用者,采取折扣等奖励方式鼓励经常使用者等。

④使用频率。根据消费者对特定商品的使用次数和数量,可以划分为大量使用者、中量使用者和少量使用者。大量使用者一般人数不多,但他们所消费的商品数量在商品消费总量中所占比重却很大,并往往具有某种共同的人口及心理方面的特征。因此,不少企业把抓住大量使用者作为营销的主要目标。

⑤忠诚度。消费者的忠诚度,包括对企业的忠诚和对品牌的忠诚。如绝对忠诚、一般忠诚、不忠诚等。在绝对忠诚者占多数的市场里,企业不用担心竞争者的轻易进入;若消费者的忠诚度不高或是不忠诚者,企业则要设法改进营销工作来吸引他们,促成他们的购买行为。不过,品牌忠诚度易受其他因素影响,如降价促销、产品脱销等,比较难衡量。

⑥购买阶段。一般包括尚未知道、知道、有兴趣、有购买意愿、已经购买、重复购买等阶段。了解消费者处于何种购买阶段,企业则可采取有针对性的营销措施。例如,对尚未知道者着重对产品的介绍,对有兴趣者则着重宣传产品的功能、利益等,以促成他们购买产品。

⑦态度。包括喜爱、不感兴趣、讨厌等。根据程度不同,可对态度进行更细的划分。消费者对产品或企业的态度会直接影响其购买行为。因此,企业应适当地利用媒介去影响消费者的态度。

2)生产者市场的细分标准

生产者市场的购买者一般是集团组织,购买目的主要是用于再生产。生产者市场的细分标准与消费者市场的细分标准有的相同,如地理环境、产品利益、忠诚度、态度等。但是,生产者市场还有着与消费者市场不同的特点,因此,生产者市场也有不同于消费者市场的细分标准,主要有以下三种:

(1)按最终用户需求细分

按最终用户需求细分是生产者市场细分最通用的标准。产业市场的采购活动,是为了满足不同的生产需要或是为了再出售,因而不同的最终用户对同一种产业用品往往有不同的要求。比如,同样是轮胎,不同生产者的要求就不一样,飞机轮胎的质量要求高于拖拉机轮胎,载重卡车与赛车的质量要求也不一样。高技术产品的生产者更看重产品的质量、服务,而不是价格。因此,企业应根据最终用户的不同,制定不同的营销策略,以促进产品的销售。

(2)按用户的规模细分

按用户的规模细分为大客户、中客户、小客户三类,生产者用户的购买能力、购买习惯等往往取决于用户的规模。如有的企业大客户数目虽少,但购货量通常较大,企业宜采用更加直接的方式与之业务往来,这样可以相对减少企业的推销成本;小客户则正好相反,数目众多但单位购货量较少,企业可以更多地采用其他方式,如中间商推销等,利用中间商的网络进行产品推销工作。

(3)按用户行业特点细分

生产者市场的购买者来自许多行业,明显地体现出行业特点。在每个行业中还可以细分许多子行业市场,按行业划分市场,使企业目标市场更加集中,更加容易研究掌握市场变化、发展动态、研制新产品,更好地满足生产者市场的需要。

6.1.3 市场细分的方法

1)有效细分的条件

企业可依照各种标准进行市场细分,但并不是所有划分出来的细分市场都是有效的。要使细分后的市场对企业有用,必须遵循以下原则,这些原则也是细分市场的有效条件。

(1)可衡量性

可衡量性是指用来细分市场的标准、变数以及细分后的市场是可以识别和衡量的。也就是说,在这个细分市场可获得足够的有关消费者特性的资料。如果某些细分变数或购买者的需求和特点很难衡量,细分市场后无法界定,难以描述,那么市场细分就失去了意义。一般来说,具有客观性的变数,如年龄、性别、收入、地理位置、民族等,都易于确定,并且有关的信息和统计数据,也比较容易获得;而具有主观性的变数,如心理和性格方面的变数,就比较难以确定。

(2)可进入性

可进入性是指企业能够有效地集中营销力量进入并服务于细分后的市场。企业细分出来的市场,应当使企业资源得到充分的利用,而且这个市场的消费需求也是企业能够满足的,企业可以通过适当的营销手段进入或占领这个市场。当然,企业行为应遵循一定的法律规范,是法律所允许的。

(3)可盈利性

可盈利性是指企业细分出来的市场应具有一定的规模和市场潜力,使企业能够获取足够的利润。如果细分市场的规模很小,不能给企业带来足够的经济效益,一般就不值得细分。例如,家具企业利用身高进行市场细分,选择专门生产身高 2 米以上者使用的特大家具,以此作为企业的目标市场,显然这个细分市场就狭小了,因为我国身高 2 米以上的人毕竟是极少数。可见,这个市场不值得企业进行营销,细分市场缺乏可盈利性。因此,市场细分并不是越细越好,应当科学分类,保持足够容量,使企业有利可图。

2)市场细分的方法

(1)单一因素法

单一因素法即按影响消费需求的某个因素来细分市场。例如,服装市场按月收入 3 000 元以上、1 000~3 000 元、1 000 元以下等标准细分市场;婴儿食品按 0~3 个月、3~8 个月、9 个月以上等标准划分不同的细分市场。

(2)综合因素法

为使细分出的市场更有效,更切合实际,往往需要使用多种因素作为标准,利用多因素的组合进行市场细分,即按影响消费需求的两种或两种以上因素进行综合细分。因为消费者的需求差别极为复杂,只有从多方面去分析、认识,才能更准确地区分不同特点的群体。

(3)系列因素法

系列因素法也运用两个或两个以上因素,但依据一定的顺序细分市场。细分过程就是一个比较、选择分市场的过程。

【例6-1】 一家铝制品公司用以下一系列因素为标准划分生产者市场,如图6-1所示。

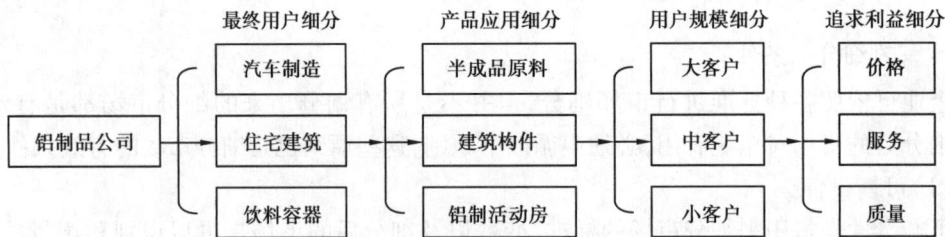

图6-1 生产者市场细分

如图6-1所示,这家公司首先以最终用户为标准进行细分,并选择"住宅建筑"为目标市场。其次用产品应用为标准细分为半成品原料、建筑构件、铝制活动房三个子市场,并选择"建筑构件"为目标市场。再次以用户规模为标准分为大客户、中客户和小客户三个子市场。进而选择中客户为目标市场。最后还根据追求利益的不同把建筑构件的中客户细分为重视价格、服务和质量的三个子市场,并最终决定为重视服务的中型建筑构件商提供产品。经过一系列的因素划分,这家铝制品公司的目标市场就非常明确具体了。

6.2 目标市场选择

企业进行市场细分的最终目的是有效地选择并进入目标市场。企业根据自身的资源和目标,选择对本企业最有吸引力的一个或多个细分市场作为目标市场,有针对性地开展营销活动。选择目标市场,关系到企业战略的实现,是企业营销规划的首要内容和基本出发点。

6.2.1 目标市场的概念

企业按消费者的特征把整个潜在市场细分为若干部分,根据产品本身的特性,选定其中的某部分或几部分的消费者作为综合运用各种市场策略所追求的销售目标,即为目标市场。任何企业在市场细分的基础上,都要从众多的细分子市场中选择具有营销价值的、符合企业经营目标的子市场作为企业的目标市场,然后根据目标市场的特点与企业资源,实施企业的营销战略与策略。

企业为了选择目标市场,必须对各细分市场进行评估,判断细分市场是否具备目标市场的基本条件。目标市场需具备以下几个条件：

(1)适当的市场规模和增长潜力

首先需要评估细分市场是否具有适当规模和增长潜力，市场规模主要由消费者的数量和购买力决定，同时也受当地的消费习惯及消费者对企业市场营销策略的反应敏感程度的影响。适当规模是与企业规模和实力相适应的。如较小的市场对大企业来说，则不利于充分利用企业生产能力；而较大市场对小企业来说，小企业缺乏足够的生产能力满足较大市场的有效需求或难以抵御较大市场上的激烈竞争。增长潜力要求具有尚未满足的需要，有充分发展的潜力。如果细分市场现有规模较大，但没有发展潜力，企业进入一段时间后就会缺乏发展后劲，从而影响企业的长远利益。

(2)有足够的市场吸引力

吸引力主要是企业站在获利的立场分析市场长期获利率大小。细分市场能给企业带来的利润可以说是最为重要的因素。企业经营的目的最终要落实在利润上，只有有了利润，企业才能生存和发展。市场可能具有适当规模和增长潜力，但从利润立场分析不一定具有吸引力。决定市场是否具有长期吸引力的因素主要有：现实的竞争者、潜在的竞争者、替代品、购买者和供应者。企业必须充分估计这五种因素对长期获利率所造成的影响，预测各细分市场的预期利润的多少。为此，华为公司将"普及型"智能手机作为其移动互联网的重要切入点，与产业链各界的发展思路相契合。华为推出的中端商务手机在质量和功能上不落后于同类国外一流品牌产品，而采取满意定价时，这势必会对一些中端商务手机消费者产生较大的吸引力。

(3)符合企业的目标和资源

有些市场虽然规模适合，也具有吸引力，但必须考虑：第一，企业是否符合企业的长远目标，如果不符合，就只有放弃；第二，企业是否具备了在该市场获胜所需的技术和资源，如企业的人力、物力、财力等，如果不具备，也只能放弃。因此，企业应当明确自身的经营目标，清楚自身现有的资源状况及资源潜力，只有这样，才能进入并服务于相应的细分市场，既避免资源不足造成的市场机会损失，也避免资源过剩造成的浪费。

6.2.2 目标市场选择的模式

企业在对不同的细分市场进行评估后，可酌情选择一个或若干个甚至所有的细分市场，确定为企业的目标市场。企业在选择目标市场时有五种可供考虑的市场覆盖模式，如图6-2所示。

1) 市场集中化

市场集中化是一种最简单的目标市场模式。即企业只选取一个细分市场，只生产一类产品，供应某一单一的顾客群，进行集中营销。例如某服装厂商只生产儿童服装。选择市场集中化模式一般基于以下考虑：企业具备在该细分市场从事专业化经营或取胜的优势条件；限于资金能力，只能经营一个细分市场，该细分市场中没有竞争对手；准备以此为出发点，取得成功后再向更多的细分市场扩展。例如，娃哈哈在开始的时候是专一生产软饮料，而且是只面向儿童市场的公司；康柏公司集中经营高档电脑市场；三联书店专一面向知识界出版高质量的社会科学著作,等等。

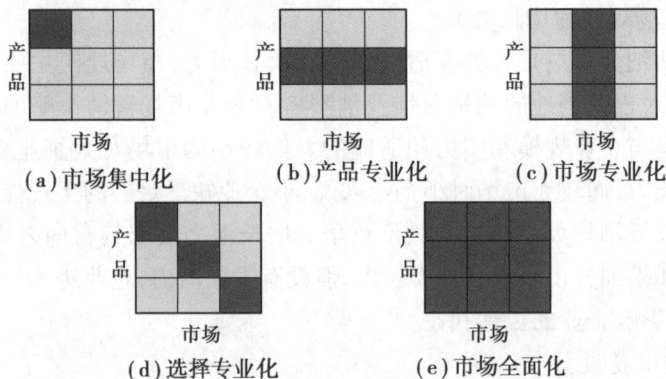

图6-2 目标市场选择的五种模式

2) 产品专业化

产品专业化是指企业集中生产一种产品,并向各类顾客销售这种产品。如饮水器厂只生产一个品种,同时向家庭、机关、学校、银行、餐厅、招待所等各类用户销售。产品专业化模式实际上是实施非市场细分化战略,即不分割整体市场。优点是企业专注于某一种或一类产品的生产,有利于形成和发展生产和技术上的优势,在该领域树立正面形象。局限性是当该领域被一种全新的技术或产品所替代时,产品销售量有大幅下降的可能。

3) 市场专业化

市场专业化是指企业专门经营满足某一顾客群体需要的各种产品。比如,某工程机械公司专门向建筑业用户供应推土机、打桩机、起重机、水泥搅拌机等建筑工程所需的机械设备。市场专业化经营的产品类型众多,能有效地分散经营风险。但由于集中于某一类顾客,当这类顾客的需求下降时,企业也会面临收益下降的风险。

4) 选择专业化

选择专业化是指企业选取若干个具有良好的盈利能力和结构吸引力,且符合企业目标和资源的细分市场作为目标市场,其中某个细分市场与其他细分市场之间联系较少。其优点是可以有效地分散经营风险,即使某个细分市场盈利不佳,仍可由其他细分市场补足。采用选择专业化模式的企业应当具有较丰富的资源和较强营销实力。

5) 市场全面化

市场全面化是指企业生产多种产品去满足各种顾客群体的需要。实力雄厚的大型企业选用这种模式,才能收到良好效果。例如美国 IBM 公司在全球计算机市场、丰田汽车公司在全球汽车市场等。

6.2.3 目标市场策略

企业对细分市场评估后,可能不止一个细分子市场符合企业的要求。一般来说,有三种目标市场策略可供选择。

1) 无差异营销策略

无差异营销策略是指企业以整个市场(全部细分市场)为目标市场,提供单一产品,采用单一的营销组合方案(图6-3)。无差异营销的核心,是针对市场需求中的共性开展市场营销,舍弃其中的差异性,试图吸引尽可能多的顾客,为整个市场服务。早期的可口可乐公司就是采用这一策略的成功典范。当时,该公司只生产一种口味的可乐,采用标准的瓶装和统一的广告宣传。早期的福特汽车公司也曾向所有的消费者提供同一款黑色小汽车。

```
┌──────────────────┐        ┌──────────┐
│ 企业的市场营销策略 │ ─────→ │ 整个市场 │
└──────────────────┘        └──────────┘
```

图6-3 无差异营销策略示意图

无差异营销策略的优点是产品的品种、规格、款式单一,有利于企业标准化和大规模生产,有利于降低产品开发、生产、仓储、运输、促销等方面的成本。在社会消费水平不高,供小于求的情况下,这种策略是适用的。但是,随着社会进步,消费者需求日趋多样化、个性化,这种单一的营销策略就很难再吸引大部分的消费者。而且,如果有多家企业同时采用这一策略,则容易引发较大部分市场的激烈竞争,较小部分市场需求会被忽视,从而造成市场机会的浪费。因此,在市场高度发展的今天,只有极少企业采用这种策略。改革开放后我国家电企业在家用电器产品的生产上,如彩电、冰箱等就曾发生千军万马过独木桥的情况。全国许多地方同时引进国外多条生产线,生产企业遍地开花,生产出来的产品大同小异,造成同类同质产品的相互挤压。如今,能在市场上占有一席之地的企业屈指可数。主要原因在于不少企业尚未紧跟市场变化改变自己的目标市场,仍旧采用无差异营销策略,致使企业在激烈的市场竞争中被淘汰。

2) 差异营销策略

差异营销策略是指企业针对各个细分子市场的特点,分别设计不同的产品、制订不同的市场营销组合方案,满足各个细分子市场的不同需要(图6-4)。这是很多企业采用的目标市场策略,如可口可乐公司除继续生产传统口味的可乐外,还推出新配方的可乐以及雪碧、芬达等不同口味的饮料。采用不同包装,采取各种促销方式,进行销售,以迎合不同消费者的需要。

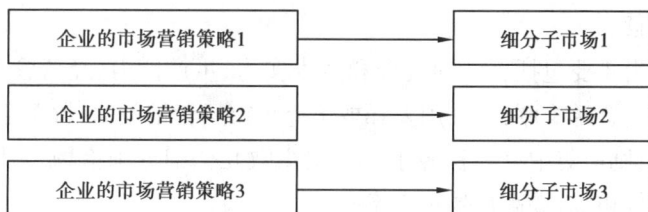

```
┌───────────────────┐        ┌────────────┐
│ 企业的市场营销策略1 │ ─────→ │ 细分子市场1 │
└───────────────────┘        └────────────┘

┌───────────────────┐        ┌────────────┐
│ 企业的市场营销策略2 │ ─────→ │ 细分子市场2 │
└───────────────────┘        └────────────┘

┌───────────────────┐        ┌────────────┐
│ 企业的市场营销策略3 │ ─────→ │ 细分子市场3 │
└───────────────────┘        └────────────┘
```

图6-4 差异营销策略示意图

采用差异营销策略的优点是可以更好地满足各个细分子市场的需要,有利于吸引更多的消费者,扩大企业的销售额,增强企业在市场上的竞争力。但这种策略可能使企业产品的改进、生产、仓储、销售等成本和管理费用提高,同时营销组合的多样化也可能带来企业资源上的短缺以及受到企业能力的限制,造成企业注意力的分散。因此,采用这种策略的往往是实力雄厚的大企业。

3) 集中营销策略

集中营销也称密集型营销,是指企业选择一个或几个有利的细分市场作为目标市场,制订一套营销组合方案,集中力量为之服务,争取在这些目标市场上拥有较大市场份额(图6-5)。这是大多数中小企业采用的策略,可以充分利用企业的有限资源,发挥该企业在某些方面的优势,提高产品的市场占有率。如劳斯莱斯公司专门为那些富有的、有地位的知名人士生产高档汽车。

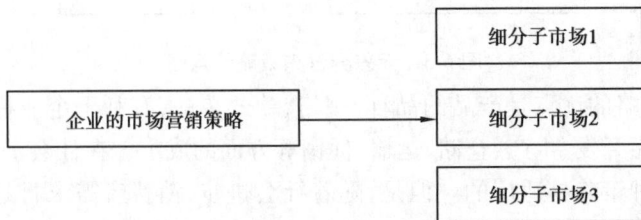

图6-5 集中营销策略示意图

采用集中营销策略的优点是:第一,企业能比较深入地了解一个或少数几个细分子市场的需要,更好地分析消费者深层次的消费需求,使消费者需求得到更好的满足。第二,可以在生产和营销方面实行专业化,以降低成本,增加盈利。第三,便于采取有针对性的市场营销策略,使之在竞争中居于有利地位,提高企业的知名度。但是采用这种策略的企业,目标市场范围相对较小,企业回旋余地不大,一旦目标市场情况发生变化,如出现强大的竞争对手或消费者偏好转移等,企业就可能陷入被动甚至困境。因此,企业必须密切注意目标市场的动态变化,以减少经营风险。

6.2.4 目标市场策略选择的影响因素

上述三种目标市场策略,各有利弊,各自适合不同的情况。在实践中,企业究竟选择何种目标市场策略,须全面考虑主客观条件,权衡利弊。一般来说,在选择目标市场策略时要考虑以下四个因素。

1) 企业的资源能力

企业的资源能力主要包括企业的资金和技术实力、生产能力、经营管理水平、人力资源的水准等。如果企业资源雄厚,可采用差异或无差异市场营销策略,服务于整个市场;反之,如果企业资源有限,则应集中有限资源于一个或少数几个细分子市场,采用集中营销策略,以更好地服务于目标市场,提高市场占有率。

2) 产品的特点

产品的特点包括产品的性能、规格、品质、式样等。根据产品的不同特点,可以采用不同的市场策略。如果企业的产品性质相似,如大米、面粉、钢材等,产品的特性长期变化不大,可以采用无差异营销策略。而像服装、家用电器等产品,其特性经常随消费者需求发生变化,则宜采用差异营销策略或集中营销策略。

3) 产品生命周期

产品的市场生命周期,包括引入期、成长期、成熟期、衰退期。企业应根据产品在生命周期中的不同阶段,采用不同的市场营销策略。在引入期,企业投入市场的新产品一般只有一种或少数几种,这时竞争者少,竞争不会激烈,企业的主要目的是探测市场需求和消费者的反应,可采用无差异营销策略或集中营销策略,先占领一个市场,再伺机扩展;进入成长期或成熟期时,竞争者增多,消费者需求向纵深层次发展。为了在激烈的竞争中取胜,企业宜采用差异营销策略,以满足不同消费者的需求;而在衰退期,企业为了集中力量对付竞争者,要在一定程度上收缩市场,往往选择集中营销策略。

4) 市场特点

市场特点包括市场规模、市场需求等。如果某市场消费者的需求偏好大致相同,对市场营销刺激的反应也基本相同,则该市场宜采用无差异营销策略;反之,如果消费者的需求偏好差异较大,对市场营销刺激的反应也不一致时,企业则应在细分市场后,采用差异营销策略或集中营销策略。

此外,当今企业普遍处于激烈竞争的市场环境,进行营销策略的选择,如果不考虑竞争者状况及采取的策略,也难以在市场中生存和发展。因此,企业必须关注竞争对手的动向,或避其锋芒,抢先向深度市场进军;或进行更有效的市场细分,实行适宜的营销策略。

6.3　市场定位

【案例 6-2】

农夫山泉:"有点甜"的市场定位,构建差异化认知

2020 年 4 月 30 日凌晨,农夫山泉股份有限公司在港交所官网披露了招股书,正式开启港交所上市之路。

"农夫山泉有点甜"的广告语深入人心、家喻户晓。第一,它朗朗上口、简单便于记忆;第二,最大化地呈现了产品的差异化特点。

农夫山泉始终坚持"健康、天然"的品牌理念,坚持"水源地建厂、水源地灌装"。"有点甜"很感性地告诉消费者,水源来自大自然(千岛湖水源)。"有点甜"也是农夫山泉的品牌定位和象征,品牌知名度迅速打响。

农夫山泉的核心价值观是天然。天然水和纯净水最大的区别是自然的水和人工加工水,所以天然是农夫山泉的核心价值观。1998 年,农夫山泉首次提出了天然水的营销概念。为广告语"农夫山泉有点甜"背书,让人感觉天然水就应该是甜甜的味道。

同年,为了稳固天然水的营销概念,农夫山泉打出了"我们不生产水,我们只是大自然的

搬运工"广告语,并宣布停止生产纯净水,全面生产天然水,这一举动,让农夫山泉的品牌定位更加明确,夯实了"天然水"的品牌理念。从此,农夫山泉在消费者心目中的定位,逐渐地转移到"天然水"(天然碱性饮用水)上。

农夫山泉经营宗旨包括:环保理念、天然理念、健康理念。"农夫山泉有点甜"的广告语既符合产品的特性,又突出了产品的优良品质。农夫山泉创造出显著的产品差异性,在竞争激烈的同质化产品中快速打开了市场。

(资料来源:营销头版)

企业选定目标市场后,必须考虑市场定位,为本企业以及产品在市场上树立鲜明形象,显示一定特色,并争取目标顾客的认同。

6.3.1 市场定位的概念

市场定位是指企业针对潜在顾客的心理进行营销设计,创立产品、品牌或企业在目标客户心目中的某种形象或某种个性特征,保留深刻的印象和独特的位置,从而取得竞争优势。其实质就是使企业所提供的产品具有一定特色,适应一定顾客的需要和偏好,并与竞争者的产品有所区别,在客户心目中树立起独特的形象。未经市场定位的产品,很容易被消费者冷落、忽视,也就不能牢固地占领市场。在现代信息社会,消费者购买商品已不再是偶然,而是根据自身对各种产品形象的认识,按照先后顺序来决策的。因此企业产品的市场定位有利于企业深入地了解市场需求,制定合适的市场营销组合策略,更好地为目标市场服务。

6.3.2 市场定位的步骤

市场定位的关键就是企业要设法在自己的产品上找出竞争优势。竞争优势有两种基本类型:一是价格竞争优势,即在同样条件下比竞争者定出更低的价格,这就要求企业采取一切努力,力求降低单位成本;二是偏好竞争优势,即能提供确定的特色来满足顾客的特色偏好。这就要求企业采取一切努力在产品特色上下功夫。竞争优势的两种基本类型提供了市场定位的两条途径。因此,企业市场定位的全过程可以通过以下三个步骤完成。

1)确认本企业潜在的竞争优势

企业要进入的目标市场往往早已有竞争者在经营,因此企业需要分析目标市场现状,从中把握和确定自己潜在的竞争优势。这一步骤的中心任务需要回答以下三个问题:一是竞争对手的产品定位如何? 二是目标顾客对产品的评价标准是什么? 三是针对竞争者的市场定位和潜在顾客的利益要求,企业应该能够做什么? 要回答以上三个问题,企业市场营销人员必须通过一切调研手段,系统地设计、搜索、分析并报告上述有关问题的资料和研究结果。

2)准确选择竞争优势

竞争优势表明企业能够胜过竞争对手的能力。这种能力既可以是现有的,也可以是潜在的。选择竞争优势实际上就是一个企业与竞争者各方面实力相比较的过程。比较指标应是一个完整体系,只有这样,才能准确地选择相对竞争优势。常用方法是分析、比较企业与竞争者在经营管理、技术开发、采购、生产、市场营销、财务和产品等七个方面哪些是强项,哪些是弱项。借此选出最适合本企业的优势项目,以初步确定企业在目标市场上所处的位置。

（1）经营管理能力

经营管理能力主要考察领导能力、决策水平、计划能力以及个人应变等指标。

（2）技术开发能力

技术开发能力主要分析技术资源、技术手段、技术人员能力和资金来源等指标。

（3）采购能力

采购能力主要分析采购方法、储存及运输系统、供应商合作、采购人员能力等指标。

（4）生产能力

生产能力主要分析生产能力、技术装备、生产过程控制以及职工素质指标。

（5）市场营销能力

市场营销能力主要分析销售能力、分销网络市场研究、服务与销售战略、广告以及市场营销人员等指标。

（6）财务能力

财务能力主要考察长期资金和短期资金的来源及资金成本、支付能力、现金流量以及财务制度与人员素质等指标。

（7）产品

产品主要考察可利用的特色、价格、质量、支付能力、包装、服务、市场占有率、信誉等指标。

3）显示独特的竞争优势和重新定位

这一步骤的主要任务是企业通过一系列的宣传活动，使自身独特的竞争优势准确地传播给潜在顾客，并在顾客心目中留下深刻印象。为此，首先，企业应使目标顾客了解、熟悉、认同、喜欢和偏爱本企业的市场定位，在顾客心目中建立与该定位相一致的形象。其次，企业应通过一切努力强化本企业在目标顾客中的良好形象，保持目标顾客对本企业的了解，稳定目标顾客对本企业的态度，巩固并加深目标顾客对本企业的感情。最后，企业应注意目标顾客对本企业市场定位理解出现偏差或由于企业市场定位宣传上的失误而造成目标顾客对企业市场定位的模糊、混乱和误会，及时矫正与市场定位不一致的形象。

企业产品在市场上的定位即使很恰当，但在下列情况下，也应考虑重新定位：

①竞争者推出的新产品定位于本企业产品附近，侵占了企业产品的部分市场，使企业产品的市场占有率下降。

②消费者的需求或偏好发生了变化，使企业产品销售量骤减。

重新定位是指企业为已在某市场销售的产品重新确定某种形象，以改变消费者原有的认知，争取有利的市场地位的活动。如某日化厂生产润肤露，定位于0～3岁的婴儿市场，以重点强调该润肤露不刺激婴儿皮肤来吸引有婴儿的家庭。但随着出生率的下降，销售量减少。为了增加销售量，该企业将产品重新定位，定位于包括婴儿在内的所有使用者，使用该产品都能达到保湿、润肤，尤其不刺激皮肤的功效，以吸引更多、更广泛的购买者。重新定位对于企业适应市场环境，调整市场营销战略是必不可少的，可以视为企业的战略转移。重新定位可能导致产品的名称、价格、包装和品牌的更改，也可能导致产品用途和功能上的变动，企业必须考虑定位转移的成本和新定位的收益问题。

6.3.3　市场定位的策略

在市场上树立起企业产品形象并非易事,企业必须采取恰当的市场定位策略。通常有以下七种策略可供选择。

1)针锋相对定位

把企业产品定位在与竞争者相似或相近的位置上,与竞争者争夺同一细分市场。实行这种定位策略的企业,必须具备以下三个条件:

①能比竞争者生产出更好的产品;

②该市场容量足以容纳两个以上竞争者的产品;

③有比竞争者更多的资源和更强的实力。

2)填空补缺定位

寻找新的尚未被占领的,但为许多消费者所重视的位置进行定位。即填补市场上的空白。例如,"金利来"进入中国大陆市场时,就是填补了男士高档衣物的空位。

通常在以下两种情况使用这种策略:一是这一潜在市场即营销机会尚未被他人发现,在这种情况下,企业容易取得成功;二是许多企业发现了这一潜在市场,但无力去占领,必须具有足够的实力才能取得成功。

3)另辟蹊径定位

当企业意识到自己无力与同行的强大竞争者相抗衡,从而获得绝对优势地位时,可根据自身条件取得相对优势,即突出宣传自己与众不同的特色,在某些有价值的产品属性上取得领先地位,如美国"七喜"汽水突出宣传其不含咖啡因的特点,成为非可乐型饮料的领先者。

4)产品特色定位

产品特色定位是指企业在具体产品特色上定位。迪士尼乐园宣称自己是世界上最大的主题游乐场。因为"大"也是一种产品特色,它间接地暗示了一种利益,即从中可享受到更多的娱乐。

"农夫山泉有点甜"是一个相当成功的定位,它既没有渲染产品的功效,也没有讲述产品的制作过程,"甜"其实也未必。但它确实在向消费者传递一种温馨、一种浪漫、一种亲切。你很难不注意到它,也很难记不住它。因为简洁,朗朗上口。同样,可口可乐总是在向消费者传递一种活力(香烟品牌,搁在这不合适,可换其他例子)。记住,千万不要为企业产品罗列十条优点,更不要把产品说成无所不能。

5)属性利益定位

产品本身的属性及由此获得的利益、解决问题的方法及满足需求的程度,能使顾客感受到它的定位。例如在汽车市场,德国的"大众"享有"货币价值"之美誉,日本的"丰田"侧重于"经济可靠",瑞典的"沃尔沃"讲究耐用。在某些情况下,新产品更应强调某一属性。如果这一属性是竞争者并不具备的,这种策略就越容易见效。

例如,海尔小小神童提供了一种衣服随时洗的便利,这种定位本身是短期的,它很容易被模仿,但企业有可能利用自己的领先地位在顾客心目中建立先入为主的偏好,同时它反映了企业对顾客需求的关注与满足,服务于"真诚到永远"的长期定位。

6) 使用者类型定位

企业常常试图把产品精准营销给目标使用者即某个细分市场,以便根据该细分市场的反馈意见塑造适当的企业形象。例如,康佳集团针对我国农村市场的特点,充分考虑农村消费者的特殊需求,定位为质量过硬,功能简单,价位偏低,同时了解到农村市场电压不稳,研制了宽频带稳压器等配件产品。又如朵唯女性手机,品牌精神为"勇敢,让未知更美",鼓励女性勇敢尝新。朵唯关注现代女性的多维追求,用心演绎以高科技为载体的女性关爱,努力打造女性手机第一品牌。

7) 重新定位

这是针对销路少、市场反应差的产品进行二次定位。这种定位旨在摆脱困境,重新获得增长与活力。

【案例 6-3】

王老吉的重新定位

2006 年中国饮料市场的新类别——凉茶的整体销量高达 400 万吨,足以媲美可口可乐(2005 年可口可乐在中国内地的销量为 317 万吨)。同年,国务院将凉茶列为第一批"国家级非物质文化遗产"。中国凉茶崛起的领跑者是红罐王老吉。王老吉作为最著名的凉茶老字号,已有一百七八十年的历史(起源于清朝道光年间)。凉茶是中国广东、广西地区一种由中草药熬制,具有清热、祛湿、去火等功效的传统"药茶"。长期以来,凉茶销售仅限于中国南方区域市场,维持小规模的销售状态。

2003 年开始,红罐王老吉一路飙红,创造了爆炸式增长的市场奇迹,销售额从 2002 年的 1.8 亿元增至 2003 年的 6 亿元,2004 年突破 10 亿元,2005 年超过 20 亿元,2006 年突破 35 亿元,2007 年高达 50 亿元。这 4 年的销售额增长了近 20 倍。

红罐王老吉是如何取得市场突破的呢?

重新定位

红罐王老吉在消费者心目中原有的定位是"药茶"。当成"药"服用,无须也不宜经常饮用,消费者有心理障碍且量有限。于是,王老吉公司从战略定位入手,将红罐王老吉从"药茶"重新定位为"饮料",明确红罐王老吉是一种功能饮料,改变了红罐王老吉的类别属性,为红罐王老吉从区域市场走向全国市场和挖掘潜在需求扫清了障碍。

"预防上火的饮料"是红罐王老吉的品牌定位新主张,由此换用新广告语"怕上火,喝王老吉"。其独特的价值在于喝红罐王老吉能预防上火。

老字号注入时尚新元素

在"饮料"行业中与其他饮料竞争,年轻人无疑是重要的目标市场。红罐王老吉为了争取年轻消费者群体,避免过时、老化、落伍的老字号形象,并与"传统凉茶"区分开来,采取了以注入品牌新元素为主导的策略,即利用时尚元素激活老字号。在第一阶段的广告宣传中,强调积极正面的宣传,以轻松、欢快、健康的形象出现,排除对症下药式的负面诉求和消极的品牌联想,突破性地把红罐王老吉塑造成时尚的传统饮品。红罐王老吉的广告中,消费者无忧地尽情享受生活:煎炸、香辣美食、烧烤、通宵达旦看球……伴随着喝的是"预防上火"的红罐王老吉。

强势传播

新定位确立后,首先以强势广告打响全国知名度和对渠道的支持。2003年短短几个月,该公司一举投入4 000多万元打广告,使品牌影响力和销量迅速提升。2003年11月,乘势加大传播力度,投入巨资购买了中央电视台2004年黄金广告时段。王老吉历年的广告投入为2002年1 000万元,2003年4 000万元,2004年1亿元,2005年1.5亿元,2006年2.5亿元,2007年4.2亿元。

红罐王老吉的传播焦点是怕上火,喝王老吉,尽量凸显王老吉是一种时尚饮料。为更好地唤醒消费者需求,电视广告选用了消费者认为日常生活中最易上火的5个场景:吃火锅、通宵看球赛、吃油炸薯条、烧烤和夏日阳光浴,广告画面中人们在开心地享受上述活动的同时,纷纷畅饮红罐王老吉。结合时尚、动感十足的广告歌反复吟唱"不用害怕什么,尽情享受生活,怕上火,喝王老吉",促使消费者在吃火锅、烧烤时,自然联想到红罐王老吉,从而促成消费和购买习惯。

在推广上,除了传统渠道的POP广告(Point of purchase,销售点广告),配合餐饮新渠道的开拓,为餐饮渠道设计了大量的终端物料,如设计制作电子显示屏、灯笼等餐饮场所乐于接受的实用物品,免费赠送。在传播内容选择上,充分考虑终端广告应直接刺激消费者的购买欲望,将产品包装作为主要视觉元素,集中宣传一个信息——怕上火,喝王老吉。餐饮场所的现场提示,最有效地配合了电视广告。正是这种针对性的推广,消费者对红罐王老吉"是什么""有什么用"有了更强、更直观的认知。

终端渠道

红罐王老吉销售额快速攀升的另一关键因素是整合营销,特别是深耕细作分销渠道和终端,在全国密布分销网络,实现了随处可买的铺货。在强化原有渠道的同时,积极发展和培育新的渠道终端。其中,餐饮行业已成为红罐王老吉的重要销售、传播渠道之一。在维持原有销售渠道的基础上,加大力度开辟餐饮场所渠道,在一批酒楼打造旗舰店。在消费者的认知中,饮食是上火的一个重要原因,特别是"辛辣""煎炸"食品,因此重点选择四川、重庆、湖南、广东以及全国各地的湘菜馆、川菜馆、火锅店、烧烤店等。由于给商家提供了实惠,红罐王老吉迅速进入了大量的餐馆、酒楼、火锅店、卡拉OK厅等饮品终端,并成为终端主要的被推荐饮品,成为销售增长的重要源头。

在频频的促销活动中,选择重要的火锅店、酒楼作为"王老吉诚意合作店",投入资金与之共同进行节假日的促销活动。促销策划中注意强化品牌定位,与"怕上火,喝王老吉"相关联。例如,在"炎夏消暑王老吉,绿水青山任我行"的主题促销活动中,消费者刮卡刮出"炎夏消暑王老吉"字样,即可获得当地避暑胜地门票两张,并可在当地度假村免费住宿两天。这样的促销活动,既促进了销售,又关联宣传了王老吉"预防上火"的品牌定位。

8)竞争需求定位

(1)对比定位

对比定位是指定位于与其相似的另一种类型的竞争者或产品的档次,以便与之对比。

例如,有一款冰激凌,某企业广告宣称其与奶油味道一样。或者,通过强调与同档次的产品并不相同进行定位,特别是这些产品是新产品或独特产品时。例如,不含阿司匹林的某种感冒药,定位时应突出与其同档次产品的不同特点。

（2）比附定位

比附定位是指定位于与竞争直接有关的不同属性或利益。例如,美国阿维斯公司将自己定位于汽车出租业的第二位,强调"我们是老二,我们将更加努力",暗示要比排名第一的企业提供更好的服务。生产七喜汽水的公司做广告说,七喜汽水是"非可乐",强调它不是可乐型饮料,意在响应美国当时的反咖啡因运动,暗示可乐饮料含咖啡因,对消费者健康不利。

本章小结

目标市场营销是关系企业生存和发展的重大战略决策,也是实施各项具体营销策略的基本前提,本章介绍了目标市场营销的三个主要步骤:市场细分—目标市场—市场定位。市场细分是在市场调查的基础上,根据消费者需求、购买习惯和购买行为的差异性,把整体市场划分为若干子市场的过程。市场细分是依据一定的细分变量进行的,市场细分可根据消费者市场细分标准和生产者市场细分标准进行,每个标准又包括一系列的细分变量因素。这些因素可以单独使用也可以综合使用。要使细分后的市场对企业有用,必须遵循可衡量性、可进入性、可盈利性原则。市场细分的常用方法有单一因素法、综合因素法、系列因素法。

目标市场是在市场细分的基础上,被企业选定准备为之提供相应产品或服务的市场。选择目标市场必须对目标市场进行评估,包括市场的规模和增长潜力、市场吸引力,符合企业的目标和资源,最后决定采取何种营销策略。一般有三种目标市场策略可供选择,分别为无差异营销策略、差异营销策略、集中营销策略。选择目标市场策略时,应考虑以下因素:企业的资源能力、产品特点、产品生命周期、市场特点。

市场定位就是树立企业产品在目标市场即目标顾客心目中的形象,以区别竞争对手。市场定位工作一般包括三个步骤:确认企业的潜在竞争优势;准确选择竞争优势;显示独特的竞争优势。可供企业选择的市场定位策略有针锋相对定位、填空补缺定位、另辟蹊径定位、产品特色定位、属性利益定位、使用者类型定位、竞争需求定位。

【思考与练习】

1.细分市场有效性的标准是什么？

2.如何从细分市场中选择目标市场？

3.宝洁以禅意画策略在小商品市场上获得成功,可口可乐则长期以无差异化策略称霸饮料市场,请对此做出分析。

4.你认为下列产品适合用哪些因素(选择 1~2 个主要变数)来进行市场细分? 皮鞋、牙膏、保健品、杂志、手机、冬装等。

【应用题】

1.1984 年,35 岁的张瑞敏由青岛市家电公司副经理调任电冰箱总厂厂长,33 岁的王石从广州某机关下海闯荡深圳组建了万科公司;张瑞敏面对的是一个亏损 147 万元的旧摊子,王石则是创立了一个新企业。到了 20 世纪 90 年代中后期,两家企业都做到了本行业的顶尖位置,但张瑞敏带领海尔与王石带领万科走过的道路截然不同:一个由单一的冰箱企业向家电企业发展,由专业化转向多元化;一个由涉足各行各业向以房地产主业转移,由多元化转向专业化。

(1)请查阅上述两家企业的业务发展史,并以此为主线描述各自发展阶段。

(2)请分析上述两家企业发展过程中的市场细分、目标市场选择、细分市场组合的异同。

2.登录戴尔公司主页,分析该公司是如何细分市场的。分析戴尔的大众化定制营销是如何进行的? 为什么戴尔非常强调不同的细分群体? 戴尔积极开展在线交易,为什么又在主页上提供购买电话?

【案例分析】

方太——高端市场的捍卫者

方太在激烈的市场竞争中,始终坚持定位高端厨电市场,精耕细作,通过技术升级不断加强细分市场的竞争优势,取得了巨大的成功。纵观方太面对市场竞争采取的战略,其牢牢抓住细分市场的竞争优势地位,并通过技术升级不断巩固,而非盲目以低价或者更广的产品线应对竞争,符合 STP 的基本原则,从而在市场竞争中获得了成功。

厨具在 2002 年之前几乎是国内品牌主导市场,国产厨具的市场占有率几乎达到 100%。方太、帅康、老板、华帝都处于中国厨具第一集团,市场占有率达到 80% 以上。方太一直定位高端厨具,虽然市场份额领先,但领先优势相对其他三大品牌而言并不太大。

当西门子决定进军中国厨具市场的时候,各国内品牌都感受到了强烈的冲击。除方太以外的其他三家都提供更低价的产品以争夺市场份额。但方太仍然坚持高端市场定位,集中所有资源努力提高自身在该细分市场的战略地位,通过不断研发新技术、提高产品质量、提供更优质的服务进行竞争。

方太坚持以每年不低于销售额 5% 的费用,投入前瞻性的厨电科技研究,并不断推出新产品。从 1996 年的中国第一代完全自主设计的深型吸油烟机、近吸式吸油烟机、嵌入式成套化厨电、高效静音吸油烟机,到推出"全新一代风魔方"油烟机,方太始终以技术创新领导厨电行业。

在销售方面,销售员工的 KPI(关键绩效指标)中销售额并不是第一位的,最被关注的是方太产品在高端市场中的市场份额。方太总裁茅忠群表示"如果我将销售额增长放到 30%～40%,在完成任务为导向下,销售人员不得已就会去打价格战,改做中低端。"

随着市场引导和消费升级,高端吸油烟机的市场份额一直在上升。方太在高端吸油烟机中的市场地位也不断增强,拉开了和其他竞争对手的差距。中怡康发布的 2013 上半年厨电行业监测报告表明,2013 年 1—6 月方太在高端吸油烟机市场的份额占比高达 41.0%。在很多同行利润下降的情况下,方太仍然获得了近 50%的销售额增长。

（资料来源：厨电参考）

【案例思考】

方太是如何进行市场定位的？

【实训目标】

1.进行市场定位的分析与调研。

2.使学生深入理解市场定位策划的重要性。

3.初步掌握市场定位策划的步骤与方法。

【实训内容与组织】

1.内容：

为×××文化商业街、文化商贸街或文化游乐园进行市场定位策划。

(1)以什么标准或依据对×××文化商业街、商贸街或游乐园进行市场细分？ 如何细分？

(2)根据当地情况以及背景资料选择目标市场。

(3)为×××商业街、商贸街或游乐园进行市场定位,制定策划方案。

2.组织：

(1)选定阶段。在选题时,注意该商业街、商贸街或游乐园具有较明显的差异。

(2)调研阶段。调查商业街、制定调查问卷、街头拦截被访者、资料查阅等。

(3)分析阶段。分析可行性、绘制市场定位图、写出市场定位分析研究报告。

【成果与考核】

每位学生撰写×××商业街、商贸街或游乐园的市场定位策划方案,教师批阅,全班交作业：×××商业街、商贸街或游乐园市场定位策划方案。

一、如何选择目标市场

二、市场调研

三、市场如何定位,市场细分的依据

1.可行性分析。

2.绘制市场定位图。

3.写出市场定位分析报告。

四、写出总体策划思路

【案例讨论】

宝洁公司的洗衣粉品牌

宝洁公司至少已找到11个重要的洗衣粉细分市场以及无数的亚细分市场,并且已经开发了满足每个细分市场特殊需要的不同品牌。11个宝洁品牌针对不同的细分市场分别进行了不同的定位。

(1)汰渍。它是针对洗衣额外费力情况的全能家庭洗衣粉。"汰渍来,污垢出",源于汰渍"如此强效,能洗白纤维内层"。

(2)护肤快乐。它具有"卓越的清洁和保护功能,使你家中的衣物干净清爽,亮洁如新"。护肤快乐采用特殊配方,适用于热水、温水和冷水,可以带给消费者"全能快乐"。护肤快乐"经皮肤学家验证不含刺激性香味,不具有染色作用"。

(3)博德。博德是带织物柔软剂的洗衣粉,它具有"清洁、柔软和控制静电"三大功能。液体博德还能"使柔软后的衣物有怡人的清香"。

(4)甘原先。它是宝洁公司的含酶洗衣粉,现在的重新定位是使衣服干净,有怡人清香——像阳光一样清新。

(5)埃拉。它是"天生去污手","能去除顽固污渍,也是洗衣的好帮手"。

(6)德洗。它是宝洁公司的价值所在,"能去除顽固污渍",且"只要很低的价格"。

(7)奥克雪多。它含有漂白剂,可"使你的白衣服真白,使你的各色衣服更亮,所以不必再用漂白粉,只需一盒奥克雪多"。

(8)索罗。它是含织物柔软剂的液体洗衣剂,着重针对液体洗衣剂市场所在的东北区。

(9)醉肤特。其配方也适用于婴儿尿布和衣物。它所含的硼砂是"大自然的自然清洁剂",进行值得你信赖的清洗。

(10)象牙雪。纯度高达99.44%。它是适用于尿布和婴儿衣物表面的中性温和肥皂。

(11)碧浪。它是针对西班牙裔市场的高效清洁剂,也是墨西哥的第一大品牌,同时还是宝洁公司在欧洲的主要品牌。

通过细分市场和采用多种洗衣粉品牌,宝洁公司吸引了几乎所有偏好群体中的消费者。其品牌总和在全球市场获得了极高的市场占有率。

【思考与讨论】

(1)找出洗衣粉产品的所有细分标准,然后列出一张洗衣粉产品的细分表,包括细分标准、具体的细分市场。

(2)根据你列出的洗衣粉产品细分表,分析宝洁公司的产品占据了哪些细分市场,又是如何定位的。

(3)根据你的产品细分表,分析是否还有企业尚未进入的竞争薄弱的细分市场。如果中国企业加入,应当如何进行产品定位?

案例一:瑞士雀巢公司的市场细分

瑞士雀巢公司,是以生产和销售优质食品闻名于世的企业。它生产的食品属于差异性大、市场变化快的产品。咖啡是雀巢公司系列产品中的骄子。为适应不同消费者的口味,它针对四种消费市场制作了四种咖啡:专为特殊口味人士制作的金牌咖啡;为嗜好厚重口味者制作的特浓咖啡;为满足爱喝咖啡却嫌弃咖啡因的消费者,制作的不含咖啡因但又保留咖啡真味的特制咖啡;用玉米糖、植物油、乳脂等制成的咖啡伴侣,溶入咖啡中,使人感到甜润适口,适于那些喝不惯咖啡苦涩味的人士饮用。此外,雀巢公司还生产奶类、谷类速溶营养饮品、烹调食品、巧克力、婴儿系列食品等。该公司紧紧跟随消费者需求的变化,不断地改进和开发营养丰富、高品质的食品,使企业不断发展,享誉世界。

瑞士雀巢公司在咖啡市场做出了花样,把一个市场做成了多种市场,既扩大了总体市场的容量,又扩大了自己的咖啡市场。

【思考与讨论】

1.试借鉴雀巢公司的经验,对你熟悉的某种食品市场进行细分,设计出细分方案。

2.你认为雀巢公司对咖啡市场还可以进行哪些细分,试设计出四种方案。

案例二:成功的市场定位成就了脑白金

保健品行业是一个潮起潮落的行业,从三株口服液到沈阳飞龙,从中华鳖精到红桃K,"你方唱罢我登场,各领风骚二三年"。曾经在市场上风光一时的各类保健品想方设法进行产品宣传,使用清一色的产品属性定位,最后结果就是单一的同质性诉求,为了吸引消费者,过分夸大产品好处,导致消费者对整个保健品行业缺乏信任。而脑白金,在市场定位上跳出了这一怪圈,并没有给自己的产品设限,反而把保健品当作礼品来定位,并作为诉求重点。中国自古以来注重"礼尚往来",将脑白金定位为礼品显然是对中国传统文化深刻把握的结果,通过利用传统节日在媒体上铺天盖地地进行"今年过节不收礼,收礼只收脑白金"的宣传语中,让消费者认识、熟悉这种产品,打下了它不是保健品,而是一种健康礼品的深刻烙印。从竞争角度来说,这种定位采取的是迂回进攻策略,与其说脑白金的成功是产品的成功,不如说是其定位的成功,"礼品"定位是脑白金在竞争中取胜的关键。以礼品概念的定位策略,是脑白金对保健品本身的超越,以同样新颖独特的广告策略为支撑,将这种新概念推广,从而彻底抢占了这一市场,将竞争者远远地甩在后面,实属营销领域的一个成功典范。

【思考与讨论】

结合案例,谈谈你对市场定位有什么新认识?

第7章 产品策略

【本章重点】

1.产品整体的概念。
2.产品的宽度、长度、深度和关联度以及相应策略。
3.产品处于不同生命周期时采取的不同营销策略。
4.品牌、商标、包装的相关营销策略。

【引例】

旅游业恢复迎强心剂 暑期旅游市场加速升温

全国多地相继宣布恢复跨省游,通信行程卡"摘星"、各地密集发放文旅消费券、景区推出优惠门票……《经济参考报》记者了解到,随着疫情好转叠加政策红利,正给旅游业复苏注入强心剂。多个旅游平台数据显示,暑期旅游市场持续升温。毕业旅行、研学游、避暑游等旅游热点频现。

暑期旅游市场预订火热

记者综合携程、途牛、驴妈妈、飞猪等多家旅游平台的数据发现,近段时间暑假旅游市场预订火热。

根据途牛旅游网发布的《2022暑期出游趋势预测》,今年暑假旅游市场呈现较为快速的复苏态势,长线游、跟团游等迎来了一拨预订热潮。

"暑期是传统出行的旺季,也是亲子游、避暑游、研学游等多元需求的爆发期,目前国内长线游已进入预订高峰期。"携程研究院高级研究员谢晓青介绍,暑期机票订单量、团队旅行产品订单量环比增长均超过100%;暑期酒店的订单环比增长超五成。

飞猪数据也显示,暑期旅游预订热度快速上升。从618大促结束至今,大促中售出的酒店套餐核销间夜数一直保持同比翻倍增长态势。即时预订的日历房、日历票也迎来高峰。飞猪酒店预订量一周内环比增长55%,暑期机票预订量增长2倍以上。

从旅游热点看,西南、西北"避暑游"持续升温。途牛数据显示,云南、四川、新疆、陕西等目的地的出游热度迅速提升,预订及咨询量大增。同程旅行数据显示,国内海岛游也成为游客的热门避暑选择。

毕业旅行、亲子度假等也是暑期出游的热门主题。从携程订单来看,超过40%的毕业生群体选择了跨省旅行,毕业生群体人均消费增幅同比提升21%。驴妈妈数据显示,同学、好友结伴出游是毕业季旅游的主流,占比高达七成。进入六月以来,带"单体别墅""聚会轰趴""带桌游""可烧烤""电竞房"等标签的产品咨询和预订量走高,环比五月同期增长约两至三成。

另外,途牛预订数据显示,亲子家庭是暑期出游的主要客群之一,占比为32%。携程数据也显示,暑期亲子出游意愿呈攀升趋势,近两周亲子机票订单出现强劲复苏,环比前两周上涨209%。飞猪平台上,亲子酒店以及带有水乐园、玩乐体验的度假型酒店更受青睐。

从暑期研学旅游来看,携程游学负责人介绍,今年亲子游学和夏令营产品较往年团队规模上更为精致,小团出行占比居多。出行方式更加多样化,包含房车游、SUV小车出行等。沙漠徒步、毅行、观星等主题较受欢迎,历史人文类,如博物馆、丝绸之路,科学探索,如观看火箭发射等产品搜索热度持续升高。

促文旅消费举措频上新

在业内看来,全国多地相继宣布恢复跨省游、通信行程卡"摘星"给旅游业带来明显利好。

6月18日官宣跨省游恢复的青海,携程上暑期青海酒店的订单量近一周环比增长174%;景区门票单量环比上一周增长100%;暑期机票单量环比上一周增长252%。6月19日宣布有序开放跨省团队旅游的宁夏,两日内暑期跨省跟团产品预订量增长翻番;暑期酒店预订量增长108%。郑渝高铁开通又值湖北跨省游开放,推动湖北旅游热度迅速攀升。预订暑期湖北跨省跟团游产品的订单量周环比大涨346%。

另外,自6月28日上海迪士尼乐园官宣将于6月30日恢复运营以来,驴妈妈平台上海迪士尼关键词搜索量上涨四倍。

途牛相关负责人表示,各地跨省游"熔断"机制的调整进一步增强了用户出游的信心和意愿,今年暑期的用户出游天数相比春节、五一等假期呈现延长趋势,其中7天及以上出游行程的预订订单占比达31%。国内长线游迎来回暖,并逐渐成为暑期出游市场的主导力量。

飞猪交通事业部副总经理向敏表示,6月29日通信行程卡"星号"标记取消,为暑期的出行需求带来更多利好,飞猪将持续推出暑期机票燃油费5折券、超值机票次卡等优惠活动。

发放文旅消费券、景区推出优惠门票……各地纷纷亮出促文旅消费"大招",也进一步激发了旅游消费的潜力。

记者了解到,为有效刺激文旅消费,迎接暑期旅游旺季的到来,"游云南"平台7月5日发放新一轮文旅消费券,总金额达1 000万元人民币。同一天,武汉文旅消费季活动启动,在湖北省武汉市文化和旅游局官微平台上,分3轮面向市民、游客发放总计105万张武汉文旅惠民券。

此外,为有效刺激旅游消费市场复苏,上海海昌海洋公园、湖南张家界、陕西华山、江西庐山、吉林长白山、贵州黄果树瀑布等多个知名旅游景区开启免票活动;另有相当数量的景区推出针对学生、本地居民、医务工作者等免门票或其他优惠政策。

"暑期前各地相继开放跨省游,旅游需求全面释放。携程各业务增长数据都指向了暑期市场回暖。各地也蓄势待发,力争抢占更多旅游旺季红利。"携程研究院行业分析师方泽茜表示。

方泽茜还表示,免门票等优惠政策不仅可以提升景区吸引力和口碑值,从而帮助景区积极争取暑期市场,还可以促进景区餐饮、周边、地面交通等二次消费,为景区带来营收增长。与此同时,在"去门票经济"背景下,景区加快向多元化、开放式休闲度假区转型,提高创新性营销与高质量服务的能力,也是自身迭代的大势所趋。

旅游市场加快回暖可期

在业内看来,随着市场需求的集中释放,旅游市场加速复苏可期。

"随着疫情防控形势向稳趋好,各地文旅部门陆续推出暑期旅游活动和优惠措施,国内旅游需求将在暑期迎来集中释放,游学、亲子游、探亲游等将是热门业态,自驾游、家庭团、租车游等也将有较强需求。"北京第二外国语学院旅游科学学院副院长邓宁表示。

中国社科院旅游研究中心特约研究员吴若山也认为,随着疫情防控形势好转,各地文旅部门陆续推出暑期旅游活动和优惠措施,预计今年暑期旅游将迎来一个较好的市场预期。在线旅游公司推出大促,也有利于唤醒游客的消费欲望,促进旅游消费。

立足长远,不少旅游企业也在加快产品开发,以便更好地满足旅游市场需求。

"年轻的'00后'群体普遍具有追热点的偏好,对新鲜事物有着极强的接受力及传播能力。对于旅行社来说,也需要契合当下年轻人的消费趋势,采取差异化策略,有针对性地开发个性化产品服务。"驴妈妈旅游网相关负责人表示。

携程相关负责人表示,携程的用户群体年轻化态势越发显著。以电竞酒店业务为例,携程平台上预订过电竞酒店的用户中,近四成为"95后"消费群体,30岁以下的用户占比超过八成。携程未来将着重开发"旅游+电竞"的营销新玩法,以期触达更多年轻用户。

"国潮体验、美食美宿、博物馆热等从细分领域走向大众舞台,也标志着Z世代正逐步成长为文化体验消费的主力,年轻群体对审美表现的高要求和消费内涵的高关注,体现了更具价值表达、颜值主义和个性彰显的体验已融入Z世代消费新趋势中,这也势必推动文旅融合的脚步进一步加快。"谢晓青认为。

(资料来源:学习强国)

企业满足消费者需求的一切市场营销活动都是围绕产品进行的,产品决策直接影响和决定着市场营销组合中其他因素的决策。因此,产品策略是企业市场营销组合策略中最重要的策略。

7.1 产品及产品组合

7.1.1 产品与产品整体概念

产品通常是指为出售而生产的具有特定的物质形态和用途的物品。如衣服、食品、手机等都是产品。现代市场营销学认为,产品是指人们向市场提供的能满足消费者(或用户)某种需求或欲望的任何有形物品和无形服务,这就是"产品整体概念"。服务也能满足人们的某种需求,因此,服务也是产品。按照这样的理解,产品概念所包含的内容就大大扩充了。产品整体概念由五个基本层次构成:核心产品层、形式产品层、期望产品层、附加产品层和潜在产品层,如图7-1所示。

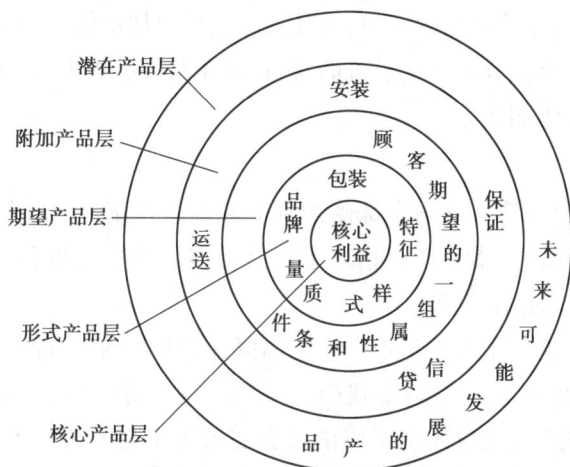

图7-1 产品整体概念的层次

1)核心产品层

核心产品又称为实质产品,是指产品能为购买者提供的、购买者所期望的基本效用和利益。这是产品的最基本层次,是满足购买者需求的核心内容。如手机向购买者提供可移动的通信功能,随时满足其信息沟通需要。顾客购买某种产品,不只是为了获得它的所有权,主要在于它能满足其某一方面的需求或欲望。所以,任何企业在产品的设计、制造与营销服务过程中,都必须充分考虑能否提供消费者所预期的利益。企业营销人员在推销产品时,最重要的是向顾客说明产品的功效,把顾客所需要的利益和服务卖给顾客。

2)形式产品层

形式产品是指核心产品借以实现的形式,即产品形体或外部特征,主要由品质、式样、特色、品牌和包装五个要素构成。形式产品能够满足同类消费者的不同需求,它是以不同的品牌、造型、质地、颜色、档次等满足消费者的特定需求来满足并争夺消费者的一个重要方面。比如,目前市场上出现的各种品牌、各种型号的手机,它所具有的一定特定外观与款式。

3)期望产品层

期望产品是指顾客购买某产品时通常希望和默认的一组属性和条件,能够满足该类顾客的最低期望。比如,顾客在购买手机过程中希望达到的最基本要求就是沟通以及为生活提供方便,像照相、听音乐等功能的完善。对没有特别偏好的顾客来讲,由于大多数企业营销人员都准备了一个期望产品,所以获得该类产品的便利性便成为选择这一产品的首要考虑因素。

4)附加产品层

附加产品是指顾客购买产品时所获得的全部附加利益与服务,包括安装、送货、保证、提供信贷、售后服务等。现代竞争主要集中在附加产品层,正如美国学者西奥多·莱维特指出的"现代竞争的关键,并不在于各家公司在其工厂中生产什么,而在于它们能为其产品增加些什么内容—诸如包装、服务、广告、用户咨询、融资信贷、及时送货、仓储以及人们所重视的其他价值。每一公司应寻求有效的途径,为其产品提供附加价值"。能正确发展附加产品的公司,必将在竞争中获得优势。对于手机而言,顾客在购买过程中,肯定希望可以获得维修、相关咨询、服务保证等附加服务。

5)潜在产品层

潜在产品是指最终可能实现的全部附加部分和新转换部分,或者说是指与现有产品相关的未来可能发展的产品。潜在产品指出了产品可能的演变趋势和前景,如手机可视频对话,可作公交卡、银行卡使用,等等。

以上五个层次,就构成了营销学中产品整体概念的基本内容,即

产品整体=核心产品+形式产品+期望产品+附加产品+潜在产品

产品整体的五个层次,充分体现了以消费者需求为中心的现代市场营销观念。根据产品的概念,营销者会发现许多增加产品附加价值的机会,以有效地进行竞争,这是增加产品特色的重要途径,也是占领细分市场的重要手段。

7.1.2　产品分类

1)按产品的耐用性和有形性划分

按产品的耐用性和有形性可将产品划分为:耐用品,是指在正常情况下能够多次使用的物品,如住房、汽车;非耐用品,是指在正常情况下一次或几次使用即被消费掉的有形物品,如食品、化妆品;服务,是非物质实体产品,是为出售而提供的活动、利益或满足,如修理、理发、教育等。

2)按产品的用途划分

按产品的用途可将产品分为消费品和工业品两大类。对于消费品,按消费者的购买习惯又可分为下列四种:

(1)便利品

便利品是指消费者频繁购买或需要随时购买,并且只花最少精力和最少时间去比较品牌、价格的消费品。例如,肥皂、报纸等。便利品可进一步分成常用品、冲动品以及救急品。例如,某顾客经常购买"可口可乐""佳洁士"牙膏。冲动品是顾客没有经过计划搜寻而顺便购买的产品。救急品是当顾客的需求十分紧迫时购买的产品。救急品的地点效用也很重要,一旦顾客需要就能够迅速实现购买。

(2)选购品

选购品是指消费者为了物色适当的物品,在购买前往往要去许多零售商店了解和比较产品的花色、式样、质量、价格等的消费品。例如家具、服装、旧汽车和大的器械等。选购品可以分成同质产品和异质产品。购买者认为同质选购产品的质量相似,但价格却明显不

同,所以有选购的必要。销售者必须与购买者"商谈价格"。但对顾客来说,在选购服装、家具和其他异质选购品时,产品特色通常比价格更重要。经营异质选购产品的经营者必须备有大量的花色品种,以满足不同购买者的爱好;他们还必须是受过良好训练的推销人员,为顾客提供信息和咨询。

（3）特殊品

特殊品是指消费者能识别的独特产品或名牌产品,而且习惯上愿意多花时间和精力去购买的消费品。例如,特殊品牌和造型的奢侈品、名牌服饰、供收藏的特殊邮票和钱币等。消费者在购买前对要物色的特殊品的特点、品牌等均有充分认识,这一点同便利品相似;但是,消费者只愿购买特定品牌的某种商品,而不愿购买其他品牌的某种特殊品,这又与便利品不同。

（4）非渴求物品

非渴求物品是指顾客不知道的物品,或者虽然知道却没有兴趣购买的物品。例如,刚上市的新产品、墓地、人寿保险等。非渴求物品的性质,决定了企业必须加强广告、推销工作,同时切实做好售后服务和维修工作。

3）工业品

根据工业品如何进入生产过程和相对昂贵这两点,我们可以把工业品分成三类:材料和部件、资本项目以及供应品与服务。

（1）材料和部件

材料和部件是指完全要转化为制造商所生产的成品的那类产品。它们可分成两类:原材料、半成品和部件。原材料本身又可以分为两个主类:农产品和天然产品。半成品和部件可以用构成材料（如铁、棉纱）与构成部件（如马达、车胎）来加以说明。构成材料和构成部件通常具有标准化的性质,意味着价格与服务是影响购买的最重要因素。

（2）资本项目

资本项目是指部分进入产成品中的商品。包括两个部分:装备和附属设备。装备包括建筑物（如厂房）与固定设备（如电梯）。附属设备包括轻型制造设备和工具（如手用工具）,以及办公设备（如打字机、办公桌）。这种产品不会成为最终产品的组成部分,但在生产过程中起辅助作用。

（3）供应品与服务

供应品与服务是指根本不会形成最终产品的那类物品。供应品可以分为两类:操作用品（如润滑油、打字纸）和维修用品（如油漆、钉子）。供应品相当于工业领域内的方便品。服务包括维修或修理服务（如清洗窗户、修理打字机）和商业咨询服务（如法律咨询、广告设计）。

针对不同的产品特征制定不同的市场营销策略是企业不容忽视的一个重要方面。

7.1.3 产品组合及其相关概念

1）产品组合：产品线与产品项目

（1）产品组合

产品组合是指一个企业生产经营的全部产品的有机组成方式，即企业全部产品的结构。一个企业的产品组合通常包括若干产品线，每一条产品线又包括若干产品项目。

（2）产品线

产品线是指在技术上和结构上密切相关，具有同类功能而规格、档次、款式不同，能满足同类需求的一组产品。

（3）产品项目

产品项目是指产品线内不同品种、规格、质量和价格的具体产品。一个产品项目通常具有一个特定的名称、型号或编号。

2）产品组合的宽度、长度、深度和关联度

产品组合包括四个衡量变量，即宽度、长度、深度和关联度。产品项目是衡量产品组合各种变量的一个基本单位，指产品线内不同品种或同一品种的不同品牌。例如，同一品种有三个品牌即为三个产品项目。

（1）产品组合的宽度

产品组合的宽度是指企业产品组合中所拥有的不同产品线的数目。例如，表7-1所显示的产品组合宽度为4。

（2）产品组合的长度

产品组合的长度是指产品组合中产品项目的总数。以产品项目的总数除以产品线数等于产品线的平均长度。表7-1所显示的产品组合总长度为18，每条产品线的平均长度为18÷4＝4.5。

（3）产品组合的深度

产品组合的深度是指产品项目中某一品牌所含不同花色、规格、质量产品数量的多少。如"佳洁士品牌牙膏有三种规格、四种配方，其深度就是3×4＝12"。每一品牌的花色、规格、质量产品的总数量除以品牌数，等于企业产品组合的平均深度。

（4）产品组合的关联度

产品组合的关联度是指企业各条产品线在最终用途、生产条件、分销渠道或其他方面的相互关联程度。比如，清洁剂、洗衣粉、洗发液、肥皂、香皂这几条产品线都与洗涤去污相关，这几大类产品的组合就具有较强的关联性。

产品组合的宽度（表7-1）、长度、深度和关联度对企业的营销活动和盈利会产生重大影响。通常，增加产品组合的宽度，即增加产品线的数目、扩大经营范围，可使企业获得新的发展机会，更充分地利用企业的各种资源，分散企业的投资风险；增加产品组合的深度，会使各条产品线具有更多规格、花色、型号的产品，更好地满足消费者的不同需求和偏好，增强企业竞争力；增加产品组合的关联性，可以发挥企业在其擅长领域的资源优势，避免进入不熟悉行业可能带来的风险。因此，企业根据市场需求、竞争态势和企业自身能力对产品组合的宽度、长度、深度和关联度进行选择是非常必要的。

表 7-1 产品组合的宽度

产品	服装	皮鞋	帽子	针织品
产品线的长度	男士西装	男士凉鞋	毛线帽	羊毛衣裤
	男休闲装	女士凉鞋	礼帽	棉毛衣裤
	女士西装	男士皮鞋	童帽	袜子
	女休闲装	女士皮鞋	淑女帽	
	风雨衣		布帽	
	儿童服装			

7.1.4 产品组合策略

1)扩大产品组合策略

扩大产品组合策略包括拓宽产品组合的广度和加强产品组合的深度。拓宽产品组合的广度,是指增加一条或几条产品线,扩大产品经营范围,实现产品多样化。当企业预测现有产品线的销售额和利润率在未来几年要下降时,就应考虑在产品组合中增加新的产品线或加强其他有发展潜力的产品线,弥补原有产品线的不足。新增加的产品线,既可以与原有的产品线有关,也可以是不相同的,目标是提高企业的市场占有率。

加强产品组合的深度,是指在原有的产品线内增加新的产品项目,增加企业的经营品种。如果增加的品种与竞争者相近,企业营销组合战略就应具有一定特色,或者为消费者提供更多售前、售中、售后服务,或者在价格上给予优惠,等等。

2)缩小产品组合策略

缩小产品组合策略,即缩减产品线,缩小经营范围,实现产品专业化。市场繁荣时,扩大产品组合决策可能会为企业带来更多的利润。但市场也有疲软的时候,特别是原料和能源供应日趋紧张,有的企业往往又会采取缩小产品组合策略,从产品组合中剔除获利小的产品线或产品项目,集中力量经营获利多、有发展潜力的产品线和产品项目。

3)产品线延伸策略

每个企业的产品都有自己的市场定位。例如"伊里兰"牌羽绒服定位于高档服装市场,"北京"牌羽绒服定位于中档服装市场,而一些杂牌羽绒服则属于低档服装市场。

"产品线延伸策略"是指部分地或全部地改变企业原有产品线的市场定位。产品线延伸策略可以分为向下延伸、向上延伸和双向延伸三种形态。

(1)向下延伸

有些生产经营高档产品的企业渐次增加一些较低档的产品项目,称为向下延伸。这种策略通常适合下列几种情况:

①利用高档名牌产品的声誉,吸引购买力水平较低的顾客慕名购买此产品线中低档廉

价产品。

②高档产品的销售增长速度下降。

③企业最初进入高档产品市场的目的是建立品牌信誉,树立起高级企业形象,然后进入中、低档产品市场,以扩大销售增长率和市场份额。

④补充企业的产品线空间,以防止新的竞争者涉足。

但是,实行这种策略会使企业面临一些风险:

①推出较低档的产品可能会使原有高档产品市场更加缩小。

②如果处理不慎,可能影响企业原有产品的市场形象及名牌产品的市场声誉。

③可能迫使竞争者转向高档产品的开发。

④经销商可能不愿意经营低档货。

同时,采用这种策略必须辅之以一套相应的营销策略,如对销售系统的重新设置等,所有这些将大大增加企业的营销费用开支。

(2)向上延伸

有些企业原来生产经营低档产品,渐次增加高档产品,称为向上延伸。这种策略通常适合下列几种情况:

①高档产品市场具有较高的销售增长率和毛利率。

②企业的技术设备和营销能力已具备进入高档产品市场的条件。

③为了追求高、中、低档齐备的完整产品线。

④以较高级的产品项目来提高整条产品线的地位。

实行这种策略的企业也要承担一定的风险:

①发展高档产品可能促使原来生产经营高档产品的企业采取向下延伸策略,从而增加竞争压力。

②顾客可能对该企业生产经营高档产品的能力缺乏信任。

③要改变产品在顾客心目中的地位是相当困难的。

④原有的销售人员和经销商可能没有推销高档产品的经验和技能。

(3)双向延伸

有些生产经营中档产品的企业,占领了市场优势后,逐渐向高档、低档两个方向延伸,称为双向延伸。

4)产品线现代化策略

产品线现代化策略强调把现代科学技术应用到生产经营过程中去。现代社会科技发展迅猛,产品开发日新月异,产品的现代化成为一种不可阻挡的大趋势,产品线必然需要进行现代化改造。产品线的现代化改造主要有以下两种方式:一是逐步实现现代化改造;二是全面更新。逐步实现现代化改造可节省投资,但缺点是竞争者很快就会察觉,并有充足的时间重新设计其产品组合;全面更新可避免以上缺点,但资金耗费较大。

7.2 产品生命周期

7.2.1 产品生命周期的概念

任何产品在市场营销过程中,都有一个发生、发展到被淘汰的过程,就像任何生物都有其出生、成长到衰亡的生命过程一样。在市场上,同一种用途的新产品问世并取代了旧产品后,旧产品的市场生命也就结束了。一般来说,新产品一旦投入市场,就开始了它的市场生命。所谓产品生命周期,就是指产品从进入市场销售到最后被淘汰的全过程。产品进入市场销售,其市场生命周期开始,产品退出市场,其市场生命周期结束。

产品生命周期是现代营销管理中的一个重要概念。为加深对这一概念的理解,应明确以下四点:

①产品生命周期,是指产品的市场寿命,而不是产品的使用寿命。产品的使用寿命是指一种产品从进入消费领域被使用,到失去其使用价值的时间间隔;而产品的市场寿命是指一种产品从进入市场时兴盛起来,到被淘汰退出市场的时间间隔。因此,有些产品品种的使用寿命很短,而市场寿命却很长。如火柴、食品等。而有些产品品种的使用寿命较长,而市场寿命却很短,如服装、电器、计算机等更新换代很快的产品。

②产品生命周期,是指产品品种的市场生命过程,而不是指产品种类的市场寿命。相对而言,只有产品中的某一个特定品种,才会存在市场生命周期问题,如车辆、船舶、食品、服装等产品。种类的市场生命将长期延续下去,而其中的各个品种,如某种汽车、某种服装、某种食品,才有不同的市场生命周期。

③产品生命周期不等同于产品在流通领域内停留的时间。许多产品在销售市场中已被淘汰,但这些产品由于没有最终进入消费领域,仍然停留在流通领域中,因此,观察某种产品生命周期的最后阶段,不能以流通领域中是否存在此产品为标准,而应观察其销售情况和其他因素。

④产品生命周期的曲线图与正态分布曲线相类似,但这只是理论上的概括,实际上许多产品生命周期的曲线变异较大,这是受多种因素影响所致。

7.2.2 产品生命周期曲线

典型的产品生命周期一般可分为四个阶段:进入期(又称介绍期)、成长期、成熟期和衰退期,如图7-2所示。

(1)进入(介绍)期

进入期是指某种产品刚刚投入市场的试销阶段。在此阶段,产品销售呈缓慢增长状态,销售量有限。企业由于投入了大量的新产品研发费用和产品推销费用,导致几乎无利可赚。

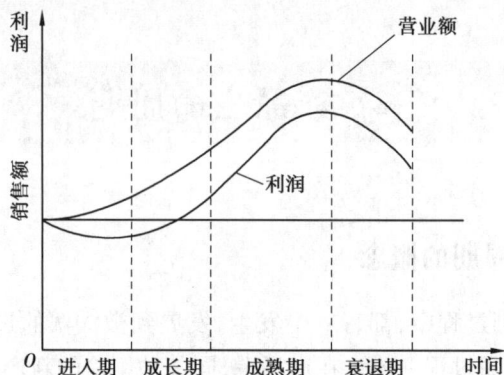

图 7-2 产品生命周期曲线

（2）成长期

成长期是指某种产品在市场上已打开销路后的销售增长阶段。在此阶段，产品在市场上已被消费者所接受，销售额迅速上升，成本大幅度下降，企业利润得到明显的改善。

（3）成熟期

成熟期是指某种产品在市场上普遍销售以后的饱和阶段。在此阶段，大多数购买者已经拥有这种产品，市场销售额从显著上升逐步趋于缓慢下降的态势。

（4）衰退期

衰退期是指某种产品在市场上已经滞销而被迫退出市场的衰亡阶段。在此阶段，销售额迅速下降，企业利润逐渐趋于零或呈负数。

7.2.3　典型产品生命周期各阶段的主要特征和营销策略

1）进入（介绍）期的特点与营销策略

（1）进入（介绍）期的特点

进入（介绍）期的主要特点有：

①产品生产批量小，制造成本高，生产方法还没有完全定型，生产还很不稳定。

②消费者对产品缺乏了解，销售量少。

③广告费用及其他促销费用高。

④价格策略难以确定，价高可能会抑制购买，价低则难以尽快收回成本。

⑤有效的分销渠道网络尚未建立，销售渠道不畅。

⑥市场竞争者少。

（2）进入（介绍）期可采取的营销策略

根据进入（介绍）期的特点，企业应努力使投入市场的产品具有针对性，把握好进入市场的时机，设法把销售力量直接投向潜在购买者，使市场尽快接受该产品，以缩短进入（介绍）期，顺利地进入成长期。在产品的进入（介绍）期，一般可由产品、价格、分销、促销四个基本变量组成各种不同的市场营销策略。如果仅从价格和促销两个因素考虑，则有以下四种市场营销策略。

①快速掠取策略。即企业采用高价格、高促销费用推出新产品。高促销费用是为了一鸣惊人,引起目标顾客的注意,加快市场渗透率,快速抢占市场;高价格是为了在每单位产品销售额中获取最大利润,高价高利,尽快收回投资。采用这种策略的市场环境是:大部分潜在消费者根本不了解这种产品;已经知道这种新产品的顾客求购心切,愿出高价;企业面临潜在竞争者的威胁,急需建立名牌。

②缓慢掠取策略。即企业采用高价格、低促销费用推出新产品,缓慢获得高利润。采用这种策略的市场环境是:该产品市场容量相对有限;大部分消费者已知晓这种新产品;高价格能为消费者所接受;潜在竞争者的威胁较小。

③快渗透策略。即企业采用低价格、高促销费用推出新产品。目的在于先发制人,以最快的速度打入市场,取得最快的市场渗透率和较高的市场占有率。采用这种策略的市场环境是:该产品市场容量相当大;潜在消费者对此新产品不了解,但对价格十分敏感;潜在竞争比较激烈;如果大批量生产可使新产品的单位成本降低。

④慢渗透策略。即企业以低价格、降低促销费用推出新产品。低价在于鼓励消费者接受新产品,低促销费用则可使企业实现更多的利润。采用这种策略的市场环境是:该产品市场容量大;消费者对这种产品已有了解,因为它通常是原有产品的改进;消费者对价格十分敏感;有相当的潜在竞争者。

产品进入(介绍)期是产品生命周期的关键阶段,能否顺利度过决定着该产品的市场前途。

2)成长期的特点与营销策略

(1)成长期的特点

产品进入成长期的主要特点有:

①消费者对此产品已经熟悉,销售量迅速增长。

②产品成本降低,利润增加。

③价格稳定或略有下降。

④分销渠道畅通。

⑤竞争者涌入,市场开始细分。

⑥促销费用下降。

(2)成长期可采取的营销策略

针对成长期的特点,企业为维持其市场增长率,可以采取以下几种营销策略:

①改善产品品质。如增加新的功能,增加产品的特色,改进产品的款式,发展新的型号,开发新的用途等。这样可以提高产品的竞争能力,满足消费者更广泛的需求,吸引更多的顾客。

②改变广告宣传的重点。即把广告宣传的重心从介绍产品转向建立产品形象,创立品牌,维系老顾客,争取新顾客。

③寻找新的细分市场。通过市场细分,找到新的尚未饱和的细分市场,根据其需要组织生产,并迅速进入这一新的市场。

④适时降价。在大量生产的基础上,选择适当时机降价,以激发对价格比较敏感的消费

者发起购买行为。

3）成熟期的特点与营销策略

（1）成熟期的特点

产品进入成熟期的主要特点有：

①产品的销售量增长缓慢，逐步达到峰值，然后缓慢下降。

②市场竞争十分激烈，竞争者之间的产品价格趋于一致。

③各种品牌、各种款式的同类产品不断出现。

④在成熟期的后段，消费者的兴趣已开始转移，企业利润开始下降。

（2）成熟期可采取的营销策略

对许多产品来说，成熟期持续时间最长。对成熟期的产品，企业宜采取主动出击策略，使成熟期延长，或使产品生命周期出现再循环。为此，可采取以下三种策略：

①市场改良策略。这种策略不需要改变产品本身，而是使产品进入新的市场，争取新顾客。这种策略通常有三种形式：寻找新的细分市场，使产品进入尚未进入过的市场；刺激现有顾客，增加使用率；重新树立产品形象，寻找新的消费者。

②产品改良策略。这种策略是通过产品本身的改变来满足消费者的不同需要。产品整体概念的任何一个层次的改良都可视为产品再推出，包括提高产品质量、改变产品的款式和特色，为顾客提供新的服务等。

③营销组合改良策略。即通过改变定价、分销渠道及促销方式来延长产品的增长期和成熟期。营销策略是营销因素组合的巧妙运用，可以通过改变一个因素或改变几个因素的搭配关系来刺激和扩大消费者购买。例如，产品质量不变，降低价格就可以扩大销售。也可以采取增加分销渠道、增加销售网点等办法来促进销售。

4）衰退期的特点与营销策略

（1）衰退期的特点

产品进入衰退期的主要特点有：

①销售量由缓慢下降变为迅速下降，消费者对该产品已经不感兴趣。

②价格降到最低点。

③多数企业无利可图，纷纷退出市场。

④留在市场上的企业，通常采取削减促销费用、简化分销渠道、调低价格、处理存货等措施，以维持微利或保本经营。

（2）衰退期可采取的营销策略

判断一种产品是否已进入衰退期，需要企业认真地进行研究分析，然后决定是否继续留在市场还是退出市场。在衰退期可采取的营销策略主要有：

①继续策略。即继续沿用过去的营销组合策略，仍然保持原来的细分市场，使用相同的分销渠道、定价和促销方式，直到这种产品完全退出市场为止。

②集中策略。即企业把人力、物力、财力等资源集中到最有力的细分市场和分销渠道上，从中获取利润。这样可以缩短产品退出市场的时间，集中力量获取尽可能多的利润。

③收缩策略。即压缩销售费用，精简推销人员，停止广告宣传，削价处理产品，以保持一

定的利润。这样可能导致产品在市场上的衰退加速,但可以争取产品被淘汰前的最后一部分利润。

④转移策略。这种策略一般有两种方式:一是立即转移,企业停止生产经营衰退期产品,出卖、转让产品商标及存货,处理好善后事宜,将企业资源转向新的经营项目;二是逐步转移,即企业及早开发出新产品,逐步停产处于衰退期的产品,有序地完成新老产品的更替,以尽量减少停产、转产给企业带来的损失。

产品生命周期各阶段的特点、目标和战略,见表7-2。

表7-2 产品生命周期各阶段的特点、目标和战略

	引入期	早期成长期	晚期成长期	成熟期	衰退期
顾客	创新者	早期采用者	早期大众	晚期大众	落后者
竞争	常为垄断	进入竞争者	竞争更激烈	稳定的需求	收缩的需求
通常战略	抢先占领	跟随领先者	市场分割	模仿、跟随	
关键力量	研发	市场开发	市场调研	低成本	
产品	基本的	扩展的	差异化	产品线扩散	产品线合并
价格	高价	掠取或渗透		价格战或领导者定价	
促销	建立初步需求			选择性需求	
广告	教育性	揭示产品新特性		强调品牌	数量减少、强调忠诚
渠道	专门商店	新渠道		大量分配	
利润	高			低	
策略	推动			牵引	
动力	生产商			中间商	消费者
目标	尝试/知晓	市场价值		利润	收获

5) 非典型的产品生命周期

在现实经济活动中存在非典型的产品生命周期,其生命周期曲线有以下几种形态:

①再循环形态。指产品进入衰退期后,由于种种因素而进入第二个成长阶段,多为市场需求变化或厂商采取更大促销力度的结果。

②多循环形态,也称"扇形"运动曲线或波浪形循环状态。是产品进入成熟期后,实施正确的营销策略,使产品销售不断达到新的高潮。

③非连续循环状态。大多数时髦商品属于非连续循环,这些产品一上市即热销,而且很快在市场上销声匿迹。厂商既无必要也不愿意做延长其成熟期的任何努力,而是等待下一周期的来临。

7.3 新产品开发

7.3.1 新产品

科技进步日新月异,文明发展一日千里,各种新知识、新产品、新技术不断产生,一些传统旧观念、方法和技术,不是被淘汰,就是被大幅度地改良。产品生命周期迅速缩短,已成为当代企业不可回避的现实。正是这种现实迫使每个企业不得不把开发新产品,作为关系企业生存兴亡的战略重点。

1)新产品的概念

"新产品"这个概念,在现代市场营销学中,不是从纯技术角度,而是从"产品整体"来理解的。也就是说,只要是"产品整体"中任何一个层次的更新或变革,使产品有了新的结构、新的功能、新的品种或增加了新的服务,与原产品相比产生了差异,从而给消费者带来新的利益即可视为新产品。具体来说,新产品主要包括以下四种类型:

（1）全新产品

全新产品是指应用新技术、新材料研制出具有全新功能的产品。这种产品无论对企业或市场来讲都属新产品。如汽车、飞机等第一次出现时都属于全新产品。全新产品开发通常需要大量的资金、先进的技术水平,以及一定的需求潜力,故企业承担的市场风险较大。全新产品在产品创新中只占很小的比例。

（2）换代产品

换代产品是指在原有产品的基础上,采用或部分采用新技术、新材料、新工艺研制出的新产品。如计算机由第一代的电子管主要元件发展到现在第四代的大规模集成电路元件及正在研制的具有人工智能的第五代产品。换代产品与原有产品相比,性能有了改进,质量也有了相应提高。它适应了时代发展的步伐,也有利于满足消费者日益增长的物质需要。

（3）改进产品

改进产品是指对老产品加以改进,使其性能、结构、功能、用途有所变化。如电熨斗加上蒸汽喷雾,电风扇改成遥控开关。与换代产品相比,改进产品受技术限制较小,且成本相对低廉,便于市场推广和消费者接受,但容易被竞争者模仿。

（4）仿制产品

仿制产品是指对市场上已经出现的产品进行引进或模仿、研制生产出的产品。开发这种产品不需要太多的资金和尖端技术,因此比研制全新产品要容易得多。但企业应注意对原产品的某些缺陷和不足加以改造,而不应全盘照抄。

此外,企业将现行产品投向新的市场,对产品进行市场再定位,或通过降低成本,生产出同样性能的产品,则对市场或企业而言,也可以称为新产品。企业开发新产品一般是推出上述产品的某种组合,而不是进行单一的产品变型。

2) 新产品开发的意义

①只有不断地开发新产品,逐步替代老产品,才能适应不断变化的市场需求,更好地满足现实和潜在的需要。

②积极开发新产品是提高企业市场竞争力的重要保证。

③开发新产品,及时采用新技术、新材料、新设备,不断推陈出新,才能促进社会生产力的不断发展,提高国家的综合国力,推动社会进步。

④开发新产品,有利于充分利用企业的资源和生产能力,提高劳动生产率,增加产量,降低成本,取得更好的经济效益。

⑤开发新产品,不断地开拓新市场,满足更为广泛的消费者的需要,也有利于分散企业的经营风险。

3) 新产品开发的程序

不同行业的生产条件和产品项目不同,新产品开发的具体过程自然有所差异,但企业开发新产品的过程一般由八个阶段构成,即寻求创意、筛选创意、形成产品概念、制定市场营销策略、商业分析、产品研制、市场试销、商业性投产。

(1) 寻求创意

新产品开发过程是从寻求创意开始的。所谓创意,就是开发新产品的设想。虽然并不是所有的设想或创意都可以变成产品,但寻求尽可能多的创意却可以为开发新产品提供较多的机会。所以,现代企业都非常重视创意的开发。新产品创意的主要来源有:顾客、科学家、竞争对手、企业营销人员和经销商、企业高层管理人员、市场研究公司、广告代理商等。此外,企业还可以从大学、咨询公司、同行业的团体协会、有关报刊媒体那里寻求有用的新产品创意。一般说来,企业应主要依靠激发内部人员的热情来寻求创意。这就要求企业建立各种激励制度,对提出创意的职工给予奖励,而且高层主管人员应当对这种活动表现出充分的重视和关心。企业营销人员寻找和搜集新产品构思的主要方法有以下几种:

①产品属性排列法。将现有产品的属性一一排列出来,然后探讨,尝试改良每一种属性的方法,在此基础上形成新的产品创意。

②强行关系法。先列举若干不同的产品,然后把某一产品与另一产品或几种产品强行结合起来,产生一种新的构想。比如,组合家具的最初构想就是把衣柜、写字台、装饰柜的不同特点及不同用途相结合,设计出既美观又实用的组合型家具。

③多角分析法。这种方法首先将产品的重要因素抽象出来,然后具体地分析每一种特性,再形成新的创意。例如:洗衣粉最重要的属性是其溶解的水温、使用方法和包装,根据这三个因素所提供的不同标准,便可以提出不同的新产品创意。

④聚会激励创新法。这种方法最为典型的代表方式是"头脑风暴法",将若干名有见解的专业人员或发明家集合在一起(一般以不超过 10 人为宜),开讨论会前提出若干问题并给予时间准备,会上畅所欲言,彼此激励,相互启发,提出种种设想和建议,经分析归纳,便可形成新产品构思。

⑤征集意见法。指产品设计人员通过问卷调查、召开座谈会等方式了解消费者的需求,征求科技人员的意见,询问技术发明人、专利代理人、大学或企业的实验室、广告代理商等的

意见,并且经常坚持,最终形成制度。

(2)筛选创意

取得足够创意之后,要对这些创意加以评估,研究其可行性,并挑选出可行性较高的创意,这就是筛选创意。筛选创意的目的就是淘汰那些不可行或可行性较低的创意,将公司有限的资源集中于成功机会较大的创意上。筛选创意时,一般要考虑两个因素:一是该创意是否与企业的策略目标相适应,这些目标表现为利润目标、销售目标、销售增长目标、形象目标等;二是企业有无足够的能力开发这种创意,这些能力表现为资金能力、技术能力、销售能力等。在筛选过程中除了要综合考虑以上因素外,还要尽量避免两种错误:"漏选"与"错选"。漏选是指未能认识到某项好的创意的开发价值而轻率地舍弃,错选就是把没有发展前途的创意仓促投产。这两种错误都会给企业造成重大损失,在筛选阶段应特别注意。

(3)形成产品概念

经过筛选后保留下来的产品创意还要进一步发展成为产品概念。在这里,应当明确产品创意、产品概念和产品形象之间的区别。所谓产品创意,是指企业从自己的角度考虑能够向市场提供的可能产品的构想。所谓产品概念,是指企业从消费者的角度对这种创意所做的详尽描述。而产品形象,则是消费者对某种现实产品或潜在产品所形成的特定形象。企业必须根据消费者的要求把产品创意发展为产品概念。企业在确定最佳产品概念,进行产品和品牌的市场定位后,就应当对产品概念进行试验。所谓产品概念试验,就是用文字、图画描述或者用实物将产品概念展示于一群目标顾客前,观察他们的反应。

(4)制定市场营销策略

形成产品概念之后,需要制定市场营销策略,企业的有关人员要拟定一个将新产品投放市场的初步的市场营销策略报告书。报告书由三个部分组成:

①描述目标市场的规模、结构、行为;新产品在目标市场上的定位;头几年的销售额、市场占有率、利润目标等。

②简述新产品的计划价格、分销策略以及第一年的市场营销预算。

③一般3~5年销售额和目标利润以及不同时间的市场营销组合等。

(5)商业分析

新产品开发过程的第五个阶段是进行商业分析。在这一阶段,企业市场营销管理者要复查新产品将来的销售额、成本和利润的估计,分析它们是否符合企业的目标。如果符合,就可以进行新产品开发。估计销售额时要特别注意三个购买量:首次购买量、更新购买量、重购购买量。

(6)产品研制

如果产品概念通过了商业分析,研究与开发部门及工程技术部门就可以把这种产品概念转化成为产品,进入试制阶段。这一阶段应当明确的问题是,产品概念能否转化为技术上和商业上可行的产品。如果不能,除在全过程中取得一些有用副产品即信息情报外,所耗费的资金则全部付诸东流。产品原型准备好以后,还必须通过一系列严格的功能测试和消费者测试。

（7）市场试销

如果企业的高层管理者对某种新产品开发试验结果感到满意,就着手用品牌名称、包装和初步市场营销方案把这种新产品装扮起来,推向市场进行试销。这就是新产品开发的第七阶段。目的在于了解消费者和经销商对于经营、使用和再购买这种新产品的实际情况以及市场的大小,然后再酌情采取适当对策。市场试销的规模取决于两个方面:一是投资费用和风险大小;二是市场试销费用和时间。投资费用和风险越高的新产品,试销规模应大一些。反之,投资费用和风险较低的新产品,试销规模就可小一些。从市场试销费用和时间来看,所需市场试销费用越多、时间越长的新产品,试销规模应小一些;反之,则应大一些。总的来说,市场试销费用不宜在新产品开发投资总额中占太大比例。市场试销不仅能增进企业对新产品销售潜力的了解,而且有助于企业改进市场营销策略。比如,从市场试销中,观察使用率(即首次购买的比率)和再购率(即重复购买的比率)的高低,对及时了解新产品能否销售成功有着重要意义。

（8）商业性投产

新产品试销证明是成功的,就可以进行大批量正式投产。企业在这一阶段应做如下决策:投放的时间、投放的地区范围、目标市场。企业应根据目标顾客接受新产品的规律,有效地运用目标市场营销策略和市场营销组合,根据主次、轻重、有计划地安排各种营销活动,加快新产品的市场扩散。

7.3.2　新产品扩散过程管理

所谓新产品扩散,是指新产品上市后随着时间的推移不断地被越来越多的消费者所采用的过程,也就是说,新产品上市后逐渐扩张到其潜在市场的各个部分。扩散与采用的区别,仅仅在于看问题的角度不同。采用过程是从微观角度考察消费者个人由接受创新产品到成为重复购买者的各个心理阶段,而扩散过程则是从宏观角度分析创新产品如何在市场上传播并被市场所采用的更为广泛的问题。

1）新产品采用者的类型

在新产品的市场扩散过程中,由于个人性格、文化背景、受教育程度和社会地位等因素的影响,不同消费者对新产品接受的快慢程度不同。罗杰斯根据这种接受程度快慢的差异,把新产品采用者划分为五种类型,即创新采用者、早期采用者、早期大众、晚期大众和落后采用者。

（1）创新采用者

创新采用者约占全部潜在采用者的2.5%。任何新产品都是由少数创新采用者率先使用的,他们具备如下特征:极富冒险精神;收入水平、社会地位和受教育程度较高;一般是年轻人,交际广泛且信息灵通。企业营销人员在向市场推出新产品时,应把促销手段和传播工具集中在创新采用者身上。如果他们的采用效果较好,就会大力宣传,影响到后续使用者。不过,找出创新采用者并非易事,因为很多创新采用者在某些方面倾向于创新,而在其他方面可能是落后采用者。

（2）早期采用者

早期采用者是第二类采用创新产品的群体,占全部潜在采用者13.5%。他们大多是某个群体中具有很高威信的人,受到周围朋友的拥护和爱戴。正因如此,他们常常会收集有关新产品的各种信息资料,成为某些领域的舆论领袖。这类采用者多在产品的介绍期和成长期采用新产品,并对后续采用者影响较大。所以,他们对创新产品的扩散起着决定性影响。

（3）早期大众

早期大众的采用时间较平均采用时间要早,占全部潜在采用者的34%。其特征是:深思熟虑,态度谨慎;决策时间较长;受过一定教育;有较好的工作环境和固定收入;对舆论领袖的消费行为有较强模仿心理。他们虽然也希望早于一般人接受新产品,但也是在经过早期采用者认可后才购买,从而成为赶时髦者。由于此类采用者和晚期大众占全部潜在采用者的68%,因而,研究其消费心理和消费习惯对于加速创新产品的扩散有着重要意义。

（4）晚期大众

晚期大众的采用时间较平均采用时间稍晚,占全部潜在采用者的34%。其基本特征是多疑。他们的信息多来自周围的同事或朋友,很少借助宣传媒体收集所需要的信息,其受教育程度和收入状况相对较差,所以,他们从不主动采用或接受新产品,直到多数人都采用且反应良好时才行动。显然,对这类采用者进行市场扩散是极为困难的。

（5）落后采用者

落后采用者是采用创新产品的落伍者,占全部潜在采用者的16%。他们思想保守,拘泥于传统的消费行为模式。他们与其他的落后采用者关系密切,极少借助宣传媒体,其社会地位和收入水平最低。因此,他们在产品进入成熟期后期乃至进入衰退期时才会采用。与一般人相比较,他们在社会经济地位、个人因素和沟通行为等方面存在差异。这种比较为新产品扩散提供了重要依据,对企业市场营销沟通具有指导意义。

2) 新产品扩散过程管理

新产品扩散过程管理是指企业通过采取措施使新产品扩散过程符合既定市场营销目的的一系列活动。企业之所以能对新产品扩散过程进行管理,是因为新产品扩散过程除受到外部不可控制因素(如竞争者行为、消费者行为、经济形势等)的影响外,还要受企业市场营销活动(产品质量、人员推销、广告水平、价格策略等)的制约。

企业新产品扩散过程管理的目标主要有以下几个方面:

①引入(介绍)期销售额迅速起飞。

②成长期销售额快速增长。

③成熟期产品渗透最大化。

④尽可能地维持一定水平的销售额。

然而,新产品扩散的实际过程却不是这样。根据产品生命周期曲线,典型的产品扩散模式通常是引入(介绍)期销售额增长缓慢,成长期的增长率也较低,而且,产品进入成熟期不长的一段时间后,销售额就开始下降。为了使新产品扩散过程达到其管理目标,要求企业市场营销管理部门采取一些措施和策略。

①实现迅速起飞,需要:派出销售队伍,主动加强推销;开展广告攻势,使目标市场很快熟悉创新产品;开展促销活动,鼓励消费者使用新产品。

②实现快速增长,需要:保证产品质量,促进口头沟通;继续加强广告攻势,影响后期采

用者;营销人员向中间商提供各种支持;创造性地运用促销手段促进消费者重复购买。

③实现渗透最大化,需要:继续采用快速增长的各种策略;更新产品设计和广告策略,以适应后期采用者的需要。

④要想长时间维持一定水平的销售额,需要:使处于衰退期的产品继续满足市场需要;扩展分销渠道;加强广告推销。

7.4 品牌与包装

7.4.1 品牌及其相关概念

所谓品牌也称产品的牌子。它是用以识别某个销售者或某群销售者的产品或服务,以便与竞争者的产品或服务区别开来的商业名称或标志,通常由文字、标记、符号、图案、设计和颜色等要素或它们的组合所构成。品牌是一个集合概念,它包括品牌名称、品牌标志,如图 7-3 所示。品牌名称是指品牌中可以用语言称谓的部分,也称"品名",如比亚迪、可口可乐、格力等。品牌标志是指可以被认出,但不能用文字表述的部分,主要通过特定的符号、图案、颜色等构成,以显示与其他品牌的区别,如"标致"的狮子等。品牌实质上代表着销售者对交付给顾客的产品特征、利益和服务的一贯性的承诺。名牌或好的品牌往往是质量的保证。品牌是产品整体概念的重要组成部分,具有复杂的象征、深刻的内涵和丰富的市场信息。要把握品牌的深刻内涵,可以从以下六个层次加以理解:

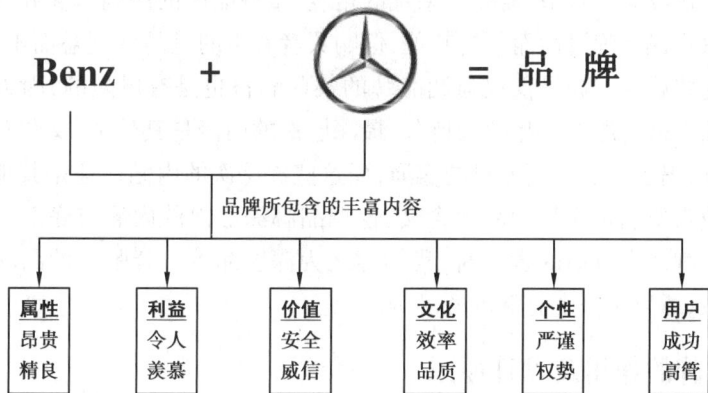

图 7-3 品牌的含义

1)属性

品牌代表着特定的商品属性。例如,奔驰牌轿车不仅意味着工艺精湛、制造优良、马力强大、速度快、耐用性强、转卖价值高,还是昂贵、高贵、体面的象征。这些属性就是用来宣传或做广告的主要内容。多年来,奔驰广告一直强调"全世界无可比拟的工艺精良的汽车"。

2) 利益

品牌不仅代表着一系列的属性,还体现着某种利益。顾客购买某种商品的实质是购买某种利益。因此,属性需转化成功能性或情感性的利益。如奔驰车"工艺精湛"的属性可以转化为"安全、舒适、有面子"等利益;"价格昂贵"可以转化为"身份高,令人尊重,受到羡慕"等利益;"速度快"可以转化为"办事效率高"等利益;而"耐用性强"可以转化成"多年内我不需要买新车"等利益。

3) 价值

品牌能够体现生产者的某些价值。例如,奔驰车体现了高绩效、安全、名望等方面的价值,营销人员必须分辨出对这些价值真正感兴趣的消费者群体。

4) 文化

品牌还代表着一种文化,反映文化的特质或蕴藏着的内涵。例如,奔驰牌轿车代表着德国文化。

5) 个性

品牌也反映一定的个性。如果品牌是一个人、动物或物体的名字,会令人产生许多联想。例如,奔驰(梅赛德斯)就可能让人联想到:一位严谨高效的老板,一只勇猛的雄狮,一幢富贵庄严的宫殿等。

6) 用户

品牌还暗示着购买或使用产品的消费者类型。如果人们看到一个20来岁的毛头小伙子开着一辆奔驰车可能会大吃一惊,人们可能更愿意看到开奔驰车的是一位50来岁的绅士般的高级经理。

企业在品牌建设与经营中,需要从系统的角度,重视品牌的深刻内涵和深度层次。人们常犯的错误是只重视品牌属性而忽视其他,但购买者看重的是品牌利益而不是属性,而且竞争者容易模仿这些属性。如果仅仅强调品牌的某些利益也是有风险的,因为竞争者也可能在强调利益方面后来者居上。品牌最持久、最深层次的内涵是其价值、文化和个性。它们构成了品牌的基础,揭示了品牌间差异的实质,而这些深层次的内涵往往是其他竞争者不易模仿的。品牌建设需要制定完整的品牌含义,挖掘品牌深层次的内涵与底蕴。当购买者或消费者能够识别品牌六个方面的含义时,我们称之为深度品牌。奔驰车的品牌就能反映上述六个方面的含义,所以是一个有深度的品牌。

7.4.2 品牌的作用及设计原则

在现代市场营销中品牌具有重要的作用。从企业角度来说,品牌的作用主要有以下几个方面:

①品牌有助于促进产品销售,树立良好的企业形象;

②品牌有利于保护品牌所有者的合法权益,防止其他个人或企业的仿冒侵权;

③品牌还能约束企业行为,促使其重视长远利益、消费者利益和社会利益;

④品牌有利于扩大产品组合,开发品牌系列产品;

⑤品牌还是企业竞争的手段,有利于企业占领目标市场,提高市场占有率;

⑥品牌是企业重要的无形资产和宝贵的财富,对企业的生存与发展具有重要的推动作用,等等。

品牌的作用不仅表现在企业方面,还表现在消费者方面,具体来说:

①品牌便于消费者辨认、识别、选购所需的商品;

②品牌有利于维护消费者的利益;

③品牌有利于产品的改进,满足消费者新的期望和需求;

④品牌有助于建立顾客的偏好,从而吸引更多的品牌忠诚者等。

随着市场竞争的激烈化和消费的多样化,产品的品牌越来越重要。一个醒目、易记、招人喜爱的品牌直接关系到产品的销售量和利润额,关系到企业的长期生存与持续发展。大部分企业已经意识到品牌设计的重要性。品牌设计是指根据企业发展和消费者需要,通过市场调研,并运用市场学、心理学、语言学、工艺美术学等方面的知识对某一产品的名称、标志及商标进行设计,以便更好地满足消费者需求的过程。品牌设计充满了艺术性与创造性。在品牌设计中应重视以下几个基本原则:

(1)简洁醒目,上口易记

越是简洁醒目的东西越容易引人注目,也容易让人记住。品牌设计要尽量简洁醒目,名称要朗朗上口。宝洁公司的"玉兰油"不仅通俗易记,而且令人不由得联想到清纯、美丽、质朴、大方的姑娘。图案与颜色要醒目,能够吸引顾客的视线,并产生兴趣。"娃哈哈"的图案、海尔的图案都比较吸引人。

(2)构思新颖,造型优美

品牌作为产品的名称与标志,是一种无声的诉求和宣传。品牌设计要独具匠心,避免千篇一律。文字、符号、图案和颜色要造型优美,新颖大方,并能反映产品的特质。如奔驰车的标志就是一个圆形的方向盘。这一构思既朴实,又大方明了,还反映产品的功能,是绝妙的设计。

(3)内涵深刻,情意并重

品牌要有独特的内涵和相应的文化底蕴。独特的内涵是品牌的灵魂,而丰富深刻的文化底蕴是品牌的魅力。如江苏红豆集团的"红豆"品牌就有一定的文化内涵。

(4)富有特色,避免雷同

品牌的名称与标志要反映企业、产品或企业文化等方面的特色,形成符合企业实际与发展要求的品牌,避免与别的品牌雷同或相似。

7.4.3 品牌策略

品牌策略是企业制定产品策略时不可忽视的一个方面。西方市场学认为,品牌策略是整个产品策略的重要组成部分,因为企业为自己的产品起个好名字,正确设计品牌,并向政府申请注册品牌,可以增加产品的价值。

1)品牌与商标的区别

商标是经过政府有关部门注册的品牌,是受法律保护的品牌,有专门的使用权,具有排他性,是一个法律名词。商标是一个品牌或品牌的一部分,已获得专利权,受法律保护。商标保护着销售者使用品牌名称和品牌标记的专用权。商标不能与品牌等同。所有的商标都是品牌,但并非所有的品牌都是商标,二者的区别在于是否经过一定的法律程序。商标是企业的无形资产,驰名商标更是企业的巨大财富,其价值甚至远远超过企业的有形资产,并且可以作为商品在市场上进行交易。

2) 品牌策略

为了使品牌在市场营销中更好地发挥作用,必须采用适当的品牌策略。

(1) 品牌化策略

采用品牌对大部分产品来说可以起到积极作用,但并不是所有的产品都必须采用品牌,由于采用品牌要发生一定的费用,可能会使品牌对促进销售的作用很小。因此,有关品牌策略的第一个决策就是决定是否给产品建立品牌。具体而言,企业可采用使用品牌策略和无品牌策略。

在历史上,许多产品不使用品牌,因为在卖方市场,消费者没有太多的选择。随着商品经济的发展、产品的不断丰富,品牌从诞生到发展,直至今日基本普及化,发展的势头相当迅猛,品牌的积极作用也不断得到体现。比如,品牌化可以吸引更多的品牌忠诚者;良好的品牌有助于树立良好的企业形象,有助于企业细分市场等;但是,这并不意味着现代市场上的产品都应建立品牌。因为,建立品牌是要付出成本的,如设计费、制作费、注册费、广告费等。一个品牌要成功地打入市场,往往要花费巨额费用,导致成本剧增。并且,不是所有的品牌建立都是成功的。所以,是否建立品牌,要看它对识别产品、促进销售的作用大不大,还要看产品的特点,权衡利弊作出决策。

一般而言,可以不使用品牌的产品有:

①用户习惯上不认品牌就购买的产品;

②不因制造商不同而形成不同质量特点的产品;

③生产简单、选择不大的产品;

④大多数未经加工的原料产品。

(2) 品牌归属策略

由于消费者对所要购买的产品并不具备充分的选购知识,所以消费者在购买产品时,除了以产品的制造者的品牌作为选择依据外,还根据经销者的品牌,即在什么商店购买作为选择依据。当然,消费者希望购买具有良好信誉的商家出售的产品,因此产品制造者就需衡量经销者品牌在市场上的声誉,在采用谁的品牌上作出选择。一般来说,如果企业在一个新的市场上销售产品,或者市场上该企业的声誉不及经销者的声誉,则适宜采用经销者的品牌,待产品成功地为市场接受,取得了消费者信任后,也可以转而使用制造者的品牌,或者同时使用经销者品牌和制造者品牌。

①使用制造品牌或称生产者品牌。制造商标从传统上看,因为产品的质量、特色是由制造商决定的,所以制造商品牌一直支配着市场。制造商使用自己的品牌可以获取品牌所带来的利益,也有利于新产品上市。品牌打响后,销售商也乐意销售。

②使用经销商品牌策略或称中间商品牌。当制造商实力薄弱、市场营销经验不足、商誉

不高或进入一个不熟悉的新市场,而经销商有良好的品牌与声誉,还有庞大的分销体系。在这种情况下,生产企业宁可采用经销商品牌,把产品成批地卖给经销商,由经销商用自己的品牌进行销售。

③混合品牌。即制造商品牌和经销商品牌混合使用。这可能有三种情况:一是制造商品牌与经销商品牌同时使用,双方都可以建立自己的信誉;二是制造商在部分产品上使用自己的品牌,另一部分则批量卖给经销商,使用经销商品牌,既扩大了销路,又能建立品牌形象;三是制造商为了进入新市场,先采用经销商品牌,待产品在市场上受到欢迎后再改用制造商品牌。

（3）品牌统分策略

品牌无论其归属如何,都必须考虑所有产品是分别使用不同的品牌,还是统一使用一个或几个品牌的问题。

①个别品牌。是指企业各种不同的产品分别使用不同的品牌。其优势主要有:

a.企业的整体声誉不受某种商品声誉的影响。例如,某企业的某种产品如果失败了,不至于给这家企业的脸上抹黑,因为这种产品用的是自己的品牌名称。

b.某企业原来一向生产某种高档产品,后来推出较低档的产品,如果这种新产品使用自己的品牌,也不会影响这家企业的高档产品的声誉。

c.有利于企业的新产品同时向多个目标市场渗透,但这种策略促销费用较高。

②统一品牌。是指企业所有的产品都统一使用一个品牌名称。例如,美国通用电气公司的所有产品都统一使用"GE"这一品牌名称。企业采取统一名称策略的好处主要有:

a.企业宣传介绍新产品的费用开支较低;

b.可在企业品牌已赢得良好市场信誉的情况下顺利推出新产品;

c.同一品牌下有多种商品在同时销售,有助于显示企业实力,塑造品牌及企业形象。

③分类品牌。是指企业所有产品在分类的基础上各类产品使用不同品牌的做法。分类品牌策略实际上是对统一品牌策略和个别品牌策略的一种折中策略。

④个别品牌名称与企业名称并用。这种在各种不同的品牌名称前冠以企业名称的做法,可以使新产品与老产品统一化,进而享受企业的整体信誉;与此同时,各种不同的新产品分别使用不同的品牌名称,又可以使不同的新产品各具特色。一个拥有多条生产线或者具有多种类型产品的企业可以考虑该策略。

3）品牌延伸策略

品牌延伸策略,是指将一个现有的品牌名称使用到一个新类别的产品上,即将现有成功的品牌用于新产品上的一种策略。品牌延伸策略一方面在新品上实现了品牌资产的转移,另一方面又以新产品形象延续了品牌寿命,因而成为许多企业的现实选择。

品牌延伸策略的好处:

①可以加快新产品的定位,保证新产品投资决策的快捷、准确;

②有助于减少新产品的市场风险;

③有利于降低新产品的市场导入费用;

④有助于强化品牌效应,增加品牌这一无形资产的经济价值;

⑤能够增强核心品牌的形象,提高整体品牌组合的投资效应。

品牌延伸策略的弊端:

①损害原有品牌形象,淡化品牌特性;

②企业把强势品牌延伸到与原有市场不相容或者毫不相干的产品上,有悖消费者的心理定位;

③容易形成此消彼长的现象;

④容易产生株连效应。

4)多品牌策略

多品牌策略是指企业在同一种产品上同时使用两个或两个以上相互竞争的品牌。首创这种策略的是美国宝洁公司,例如该公司与我国合资生产的洗发液就有"海飞丝""飘柔""潘婷""沙宣"几个品牌。虽然多个品牌会影响原有单一品牌的销售量,但多个品牌的销量之和又会超过单一品牌的市场销量,增强企业在这一市场领域的竞争力。

采用多品牌策略的优点主要有:

①多种不同的品牌可以在零售商的货架上占用更大的陈列面积,既吸引了更多消费者的注意,同时也增加了零售商对生产企业产品的依赖性。

②提供几种不同品牌的同类产品,可以吸引那些求新好奇的品牌转换者。

③多种品牌可使产品深入多个不同的细分市场,占领更广大的市场。

④有助于企业内部多个产品部门之间的竞争,提高效率,增加销售总额。

采用多品牌策略的主要风险就是使用的品牌数量过多,以致每种品牌产品只有一个较小的市场份额,而且没有一个品牌特别有利可图,这使企业资源分散消耗于众多的品牌,而不能集中到少数几个获利水平较高的品牌上,这是非常不利的、得不偿失的局面。解决办法就是对品牌进行筛选,剔除那些比较疲软的品牌。理想情况应是企业品牌吞并竞争对手的品牌,而不是企业内部多重品牌之间的自相竞争;或者即使自相竞争,采用多重品牌策略后的净利润,也能达到较大的数量。因此企业如果采用多重品牌策略,则在每推出一个新品牌之前应当考虑:该品牌是否具有新的构想;这种新构想是否具有说服力;该品牌的出现,可能夺走的本企业其他品牌及竞争对手品牌的销售量各有多少;新品牌的销售额能否补偿产品开发和产品促销的费用等。如果这几方面的估测结果是得不偿失,则不宜增加这种新品牌。

5)品牌重新定位策略

品牌重新定位也称再定位,是指全部或部分调整或改变品牌原有市场定位的做法。

企业进行品牌重新定位的原因有:

①竞争者推出一个品牌,把它定位于该企业品牌的周围,侵占了该企业品牌的一部分市场,使其使市场占有率下降,这种情况迫使企业进行品牌重新定位。

②有些消费者的偏好发生了变化,变得喜欢其他企业的品牌,对该企业的品牌需求减少,这种情况也迫使企业进行品牌重新定位。

企业进行品牌重新定位时,要综合考虑两方面的因素:一方面,要全面考虑把自己的品牌从一个市场转移到另一个市场的成本费用。一般来讲,重新定位距离越远,其成本费用就越高。另一方面,还要考虑把自己的品牌定位于新的位置上所得收入有多少。企业必须权衡重新定位的收入和费用,然后决定如何做出品牌重新定位决策。

7.4.4　产品包装

1)产品包装的含义与功能

(1)产品包装有三个层次的含义

①初级包装,即产品的直接容器,如牙膏皮、啤酒瓶、油漆罐等。

②次级包装,即保护"初级包装"的中层包装物,如包装一定数量牙膏、油漆罐的纸箱等。

③装运包装,即为了便于储运和识别某些产品的外包装。在产品的外包装上一般要有标签,在标签上一般印有:包装内容、产品所含的主要成分、产品质量等级、品牌标志、生产厂家、生产日期和有效期、使用方法等。

(2)包装具有以下功能

①具有保护产品、美化产品、促进销售的功能(良好的包装是"沉默的推销员")。

②产品包装可以实现产品的价值和使用价值,精美的包装还可以使产品增加价值。相反,不注意包装,好货也卖不上好价钱。

③包装有利于产品的销售,有利于消费者挑选。

④有了包装,既便于运输、储存、携带,也便于消费者使用产品。

正因为包装具有以上重要功能,目前包装已发展成为一门专业和学问,同时也成为产品策略中的一个重要决策因素。

2)产品的包装策略

企业从市场营销角度考虑,可以采用以下包装策略:

(1)类似包装策略

类似包装策略即企业将生产经营的不同产品,在包装上采用相同的图案、色彩或其他共同特征,使顾客很容易发现是同一家企业的产品。如日本三洋家电公司,其家电产品的包装都是蓝色的。类似包装策略的优点是:

①可以壮大企业声势,扩大企业影响,特别是新产品初次上市时,可以利用企业信誉消除顾客对新产品的不信任感,帮助产品尽快打开销路。

②可以节省设计和印刷费用,从而降低包装成本。

③有利于介绍新产品。类似包装策略适用于同一品质的产品,否则,不仅会使低档产品的包装费用提高,而且会使优质产品蒙受不必要的损失。

(2)等级包装策略

等级包装策略即企业对不同等级的产品,按产品的特征,在设计上采取不同的风格、不同的色调和不同的材料进行包装。如在销售茶叶时,一、二级茶叶可以听装,三、四级茶叶可以盒装,五、六级茶叶可以塑料袋装,其他碎茶或茶末可以散装等。北京京华牌茶叶就是通过不同色彩的包装来区分茶叶等级的。这种策略的优点是不至于因某一商品营销的失败而影响其他商品的市场声誉,方便顾客选购。不足之处是设计成本较高。

(3)配套包装策略

配套包装策略即把使用时相互有关联的几种产品放在同一个包装容器内,一同出售。如家用药箱、配色画笔、文房四宝、盒装点心等。这种包装策略的好处是:便于顾客购买和使用,也有利于带动多种产品销售,特别有利于新产品的推销,如把新产品与其他旧产品放在一起销售,可以使顾客在不知不觉中接受新观念、新设计,从而接受新产品。这种包装策略主要适用于小产品,且不能搭配毫不相干的产品。

(4)双重用途包装策略

双重用途包装策略即企业进行产品包装时,要注意即使原包装的产品用完后,空的包装容器还可以作其他用途。如盛装咖啡、水果罐头的瓶子可作茶杯用,装衣服的袋子可作手提袋等。这种包装策略一方面可以引起顾客的购买兴趣,另一方面还能使镌刻有商标的容器发挥广告宣传作用,吸引顾客重复购买。但是,这类包装成本一般较高,实际上包装已成为一种产品。

(5)附赠品包装策略

附赠品包装策略是目前市场上比较流行的包装策略。例如,儿童市场上玩具、糖果等产品附赠连环画、识字图;化妆品包装中附有赠券、奖券,中奖后可领取奖品。像美厨双胞胎的促销就曾引起人们的踊跃购买,原因在于双胞胎包装中含有美厨粮票,价值若干,在一定期限内用其可购买美厨双胞胎,可以等值货币使用。附赠品包装策略成本较高,容易影响产品在价格上的竞争力。

(6)改变包装策略

改变包装策略又称创新包装策略。产品包装的改变,正如产品本身的改进一样,对于扩展销路同样具有重要意义。克拉夫特公司已试验成功了一种无菌袋,这种用金属箔和塑料制成的袋子极有可能成为罐头的换代包装。目前,国外正在流行一种牙膏气压式配量器,众多消费者感到这种装置比较方便,也避免挤牙膏时把手弄脏。这是创新包装的典范。这些公司正是依靠改变包装策略而获得市场地位的。

(7)透明包装策略

透明包装策略是指通过透明的包装材料,能看见部分或全部内装产品的实际形态,透视产品的新鲜度和色彩,增添产品的风采,使顾客放心地选购。透明包装是一种备受消费者欢迎的包装,有着广阔的发展前景。

(8)附带标示语和包装策略

附带标示语和包装策略同时也是一种宣传策略。标示语有提示性的,如写上新鲜等字样还有解释性标示语,如日本快速面袋上标明:无漂白;德国速溶咖啡袋上标明:无咖啡因;法国花生油瓶上标明:不含黄曲霉毒素;我国粮食、蔬菜、水果的包装物上标明:最佳生态环境生产、绿色产品等,都起到消除消费者对产品所含成分的顾虑的作用。

(9)不同容器包装策略

不同容器包装策略是指根据消费者的使用习惯,按照产品的质量、数量设计不同的包装。例如,瑞士出口美国的雀巢速溶咖啡,为适应一部分主妇每周购物一次的习惯,采用大号包装。为适应另一部分主妇每天购物的习惯,采用4盎司、1盎司的小包装,起到了很好的促销作用。

（10）错觉包装策略

错觉包装策略即利用人们对外界事物的观察错觉，进行产品的包装。如两个容量相同的饮料包装，扁形的看起来就比圆形大些、多些。笨重物体的包装采用浅淡颜色会使人感到轻巧一些，这是利用人们的视觉误差设计包装的心理策略之一。企业在包装决策过程中，要决策产品包装的主要功能，然后根据实现这些功能的特定要求，决定采用哪一种包装策略，以及采用的包装材料、形状、颜色、大小、尺寸等。这些因素必须彼此协调，同时与价格、渠道、促销等营销组合因素保持协调一致。

本章小结

产品是指人们向市场提供的能满足消费者或用户某种需求或欲望的任何有形物品和无形服务。它由五个基本层次组成：核心产品层、形式产品层、期望产品层、附加产品层和潜在产品层。

产品组合是指一个企业生产经营的全部产品的有机组成方式。产品组合的选择可以从宽度、长度、深度和关联度四个方面考虑。通常，可供企业选择的产品组合策略主要有：扩大产品组合；缩小产品组合；产品线延伸；产品线现代化。

产品生命周期是指产品从进入市场销售到最后被淘汰的全过程，它一般可分为四个阶段：进入（介绍）期、成长期、成熟期和衰退期。各阶段有自身特点和相应的营销策略。

不同行业的生产条件和产品项目不同，新产品开发的具体过程自然有所不同，但企业开发新产品的过程通常由八个阶段构成，即寻求创意、筛选创意、形成产品概念、制定市场营销策略、商业分析、产品研制、市场试销、商业性投产。企业在进行品牌决策时，一般可以做出以下几种选择：使用品牌还是不使用品牌；使用制造商品牌还是使用中间商品牌，或者这两种品牌并用；使用群体品牌还是使用个别品牌。

包装策略是产品决策中的一个重要组成部分。常用的包装策略主要有类似包装、等级包装、配套包装、双重用途包装、附赠品包装、附带标示语包装、不同容器包装和错觉包装等。

【思考与练习】

1.什么是产品整体概念？

2.简述产品组合的内涵及组合策略。

3.什么是产品生命周期？简述产品生命周期各阶段的主要特征及营销策略。

4.农产品品牌化的趋势很明显，请对此做出分析。

5.品牌和商标有什么区别？

6.品牌策略主要有哪些？

7.什么是包装？它有哪些作用。

【应用题】

1.大众、通用、奔驰、丰田等世界名车都已经在中国布点，一汽、东风也都完成了从单一卡车生产商向全汽车制造商的战略转变。登录上述各汽车厂商的网站并整理各厂目前的产品组合，分析各厂产品组合的历史轨迹。

2.一家冷饮研发企业开发出一款具有特殊色彩和造型，且口味独特的冰激凌，这种产品是以脱脂牛奶加以各种果茶调制成的一种卡路里较低的新型冷饮。为了形成鲜明的产品形象，需要把这种产品构思转化为产品概念。请从以下几个方面形成明确的产品概念：

（1）目标市场：儿童、追逐新体验的青少年、准备或正在瘦身的青年人。

（2）使用者从产品中获得的利益：解暑、色彩及造型体验、低热量配方、保健（果茶配方）、独特口味。

3.情境：家庭常备、与朋友分享、运动过后、随时享用。

【案例分析】

符号学视角下的中国影视作品跨文化传播

中国电影市场已成为全球第二大市场，中国电视剧也逐渐走向国际市场，文化艺术自身的发展以及国际环境的剧烈变化对中国影视作品的跨文化传播提出了更高的要求。从符号学的视角出发，中国电影"走出去"的跨文化传播路径应当合理提取和运营影视文本中的符号，从差异化、多元化、品牌化、本土化的角度对传播路径进行规划。

（一）适当采用差异化符号，实现有效定位

差异化营销的概念在市场营销学理论中很早就被提出了。影视作品在进行跨文化传播中往往面对差异化主体和差异化背景，国际传播格局中的主体为了更好地达到跨文化传播的目的，需要完成差异化定位。影视文本中复杂的符号体系为接受者带来了理解的障碍，为了避免低效率的单向传播，传播主体可以尝试通过差异化符号的提取实现有效定位，确保触达更多目标受众群体。

2021年3月15日第93届奥斯卡公布"最佳国际影片"入围名单，其中包括了由香港导演曾国祥执导的影片《少年的你》，继《卧虎藏龙》《霸王别姬》《大红灯笼高高挂》《菊豆》《喜宴》和《英雄》之后代表华语片参与此项国际奖项的角逐。影片《少年的你》能够受到国际影视业的关注和认可，不仅是因为影片触及了成长的残酷与压抑，更是由于镜头大胆赤裸地讲述了校园中暴虐压迫的社会现实。注重差异化的符号运用，能够传达出影视作品的类型与风格,并通过可视化以及概念化的影视氛围对受众群体进行区分,从而实现有效触达。在影片前期筹备过程中,曾国祥导演与其团队在重庆的高考现场进行了实地的细节采集,并在影片中运用了大量可视化的符号信息,例如封闭感的空间、高高垒起的书本、口号式的横幅锦旗等。影片创作者通过整合具有强烈视觉冲击的特色化符号,使不同背景的受众在接收到符号信息的同时,能够顺利对影视文本进行"解码",调动认知系统中与之相似的部分。

在影视作品的跨文化传播中,符号的可视化对异己文化场域的受众群体来说更容易被接受,在完成差异化定位的同时,选择性的信息传达使受众完成了有效认知。在运用差异化符号时,同样需要注重符号的选择,由于文化背景的差异,在注重与同类型影视作品进行区分的同时,需要考虑符号在当地的匹配度与接受度。

(二)适时联动多元化符号,实现互相引流

符号由于其自身的开放性和流动性,并不会被限制在一个特定场域中,同时由于符号自身的可视化特征,不同符号体系之间往往可以形成联动,从而实现受众池之间的互相引流。影视作品的符号系统的组成元素主要为影像与声音,视觉与听觉化的多元化符号承载着文化艺术表达的功能。影视符号背后的意蕴及复杂的表达机制,使得不同的符号体系之间的联动容受阻碍。因此,要有效实现受众池之间的互相引流,应当合理、适时地利用和联动影视文本中的多元化符号。

拥有较大粉丝群体和受众池的好莱坞影片,不仅在全球拥有较为完善的发行网络,在不同文化场域也已建立了相对稳固的受众池,不同好莱坞影视公司在异己文化场域的当地营销发行策略值得分析和探讨。由华纳兄弟、威秀娱乐集团和安培林公司联合出品的《头号玩家》在进入中国市场前营销团队对影片受众进行了数据采集,并在前期调研中发现它的粉丝基本集中在游戏爱好者以及有迷影情结的年轻男性,针对这一调研,营销团队结合了影片中丰富的游戏、科幻符号,发起"寻找彩蛋""迷影梗"等线上活动,在唤起观众的观影热情的同时,充分调动观众参与到符号挖掘中,其中,包括"金刚""指环王"等经典影片 IP 以及"我的世界""太空侵略者"等游戏元素联动了游戏群体和资深影迷。尽管其影片原作在中国拥有的粉丝量较少,但仍然凭借出色的符号运用最终在中国获得了近 14 亿元的票房。

在影视作品国际传播的过程中,联动影视作品中的多元化符号,首先应充分挖掘清晰化的影像符号,并在营销规划中通过符号运用为观众带来一种如临其境的氛围体验,在引起观众认同的同时提前将观众带入影片的观影氛围中。其次应避免局限于单一影视文本中,尝试寻找与其他受众群体的符号联结以有效扩大受众池,在精准营销的同时也能为后期的口碑运营奠定基础。

(三)积极构建品牌化符号,引发情感共鸣

品牌化符号体系建构能够在一定程度上突破文化壁垒的局限。以"复仇者联盟""哈利波特""007"等好莱坞影片为代表,系列化影片的品牌效应为其巩固了一定数量的粉丝池,也形成了特定化的符号体系。品牌化符号体系的建构正是一种"长期的符号理念灌输",使系列电影的粉丝作为受众群体对其中复杂的符号体系能够有更快速的反应和深层的解读,对品牌化的符号产生心理认同并触发情感。在跨文化传播中,受众群体由于社会文化背景的不同对文本的解读也有所差异,因而较难形成具有一定规模的特定粉丝群体。但通过品牌化的符号体系建构,受众群体容易对特定影视作品系列产生深层记忆与好感,由此产生对品牌化符号体系的熟悉感,这种熟悉感能够破除文化、语言所带来的壁垒与隔阂,引起情感共鸣,粉丝的反应机制也能使得传播更具效率。

但对于影视作品的跨文化传播来说,品牌化的符号体系建构需要大量的影视作品积累以及粉丝群体的巩固,最根本的还需要质量上乘的系列影视作品的支撑。如今中国电影正在经历构建自身品牌的过程,以《哪吒之魔童降世》《流浪地球》等为代表的具有中国特色符号的影片开始在国际电影市场中进行传播,但粉丝池仍然不够稳固,其品牌化之路依然任重而道远。

(四)合理运用本土化符号,重构主体身份

在后殖民批评理论中,边缘与异己等概念常常被用来分析"他者性",而主体性、话语权常常被用来形容权力关系中拥有霸权地位的一方。"他者"与"主体"的概念是影视作品进行跨文化传播时难以避免的,因此,合理选取与挖掘电影中的符号是传播者构建电影价值与叙事文本的重要步骤。今日的全球化语境对中国电影的本土化符号提出了更高的期望,通过重建电影文本的主体性,文化传播者应当让世界认识到当今中国的电影文化。在新的历史时期,中国电影在国际传播中的诉求也改变了,中国的文化形象不应只被"东方奇观"所局限。

随着中国影视产业的发展,中国传统文化在影视剧中的影像化表达日益丰富,文化底蕴与时代精神的结合展示了中国式的美学与意涵,中国影视剧也逐渐受到海外市场的认可。被美国评为中国版《基督山伯爵》的《琅琊榜》以"平反冤案、扶持明君、开创盛世的大历史"为主线,讲述了一个关于国仇家恨的凄美史诗,在海外传播中获得了良好的口碑。中国传统文化在《琅琊榜》细节处理上的体现让海外观众感受到了制作团队的用心与美学的追求,同时剧集对中国传统文化的传达更是深入文化根源与道德伦理,而非浮于表面的符号叙事。苏珊·朗格认为艺术符号作为"表现性形式",传达的是一种"意味"。本土化符号的应用也应避免流于表面、刻意塑造"他者"的形象,在跨文化传播中回归主体的身份建构。

如今,中国电影已进入了高速发展的阶段。影像化的表达是文化交流的重要途径,其文本中复杂的符号系统能够使影视语言更为丰富,但同时也为异己文化场域的受众带来了一定的"解码"障碍。在这一背景下,中国电影文化传播如何"走出去"问题的提出及相关思考,变得日益迫切。中国电影"走出去"同样需要依靠有效的跨文化传播手段,在搭建海外发行渠道的同时,重视中国特色符号的挖掘,但在面临西方他者文化场域时,同样需要结合西方的叙事背景和受众特点,避免流于表面的传播机制,建立一套有效的中国语境下的对外传播体系,适应世界电影市场与国际交流舞台的需要。

(资料来源:《电影评介》杂志)

【思考与讨论】

1.中国电影文化传播如何"走出去"?

2.中华传统文化底蕴与时代精神的结合展示了怎样的美学与意涵?

第8章 价格策略

【本章重点】

1.定价的基本方法。
2.定价的策略。
3.价格调整的策略。

【引例】

"盲盒"不能盯着未成年人

近日,上海市市场监管局发布了《盲盒经营活动合规指引》(以下简称《指引》),对盲盒经营活动提出系列合规经营建议,包括规范盲盒价格体系、规范营销炒作行为以及制订未成年人保护机制等。

如今,在以年轻人为主的消费群体热捧下,盲盒从最初的潮玩,迅速扩展到美妆、餐饮、图书等诸多行业。盲盒经济也跻身"2021年度中国十大经济热词"。然而,盲盒经济一路飞奔的同时,"踩坑""触线"等"次生灾害"问题也频频出现。

特别是,在盲盒消费主体中有不少未成年人,他们往往缺乏判断力、辨别力和成熟消费观,面对盲盒的新奇、刺激,很容易上瘾,引发一些不良影响。比如文具盲盒以其包装精美、平价实用同时兼具趣味性等特点吸引了很多中小学生,有的孩子频频向家长要钱购买文具盲盒,沉迷其中,严重影响学习。

盲盒有其存在的积极意义,但不能光盯着未成年人。此次,上海率先在全国出台《指引》,专门构建未成年人保护机制,释放出规范盲盒经营、保护未成年人的强烈信号。比如,要根据民事能力状况,区分8周岁以上和8周岁以下两个未成年人群体。前者有条件准许销售,但要征得其监护人同意;后者则完全禁止销售,这种定向保护措施,无疑有助于防止未成年人盲目跟风消费。规定盲盒内商品实际价值应与其售卖价格基本相当,其单个盲盒售价一般不超过200元。通过价格封顶的策略,有利于压缩商家不正当定价、牟取暴利的空间。

市场经济是法治经济,盲盒经济应循法而行,才能避免其"脱轨""翻车"。期待《指引》能在当地得到真正落实,同时也给各地提供经验参考,有效保护未成年人的合法权益,让这种模式给消费者带来更多惊喜,以推动盲盒经济健康发展。

(资料来源:学习强国)

在所有的营销要素中,价格仍然是最活跃和最吸引人的,可能也是最令人困惑的。所有的组织都要为自己的产品和服务定价,而且价格名目繁多,住公寓付租金,上学交学费,经理的价格叫薪金,销售人员的价格叫佣金,工人价格叫工资,还有人把所得税称为赢得赚钱权力的价格。从历史上看,由于产品差异性不大或生活水平低,价格从来都是买主购买产品的主要考虑因素。今天,在较富有的国家和地区,非价格因素已变得很重要了。

8.1 影响定价的主要因素

在市场营销理论中,产品的最高价格取决于该产品的市场需求,最低价格取决于该产品的成本费用。在最高价格和最低价格的幅度内,企业对产品的定价取决于竞争者同种产品的价格水平。在最近十年里,非价格因素已经相对地变得更重要了,但是,价格仍是决定企业市场份额和盈利率的最重要因素之一。除基本因素外,市场上产品价格还要受到各种因素的影响和制约。所以,市场需求、成本费用、竞争者的产品价格对企业产品的价格有着重要影响。从价格策略的角度看,影响产品价格策略的主要因素如下:

8.1.1 需求因素

市场需求状况常常是价格决策的主要参考因素。关于价格和需求的关系,西方经济学进行过理论分析,揭示了两者之间的关系。因价格与收入等因素引起的需求变动率,称为需求弹性。

1)价格与需求

价格与需求直接相关,通常价格越高,需求越小;价格越低,需求越大。这一规律的内在机制在于,价格高低直接影响消费者的实际购买力,从而需求随着价格的变化而波动。

大多数企业面临的市场需求与价格之间都存在这种规律。因此,每个企业都需要预测各种价格水平下的市场需求状况。根据市场需求大小,选择合理价格水平,以便产品不仅能够销售出去,而且可以获取尽可能大的利润。在市场上企业的产品需求量增加,那么企业可以采取适当的提价措施;反之,则适当降价。

2)需求弹性

现实中,每个企业所面临的市场需求存在一定的差异,有的市场需求对价格变化的反应比较敏感,有的则反应相对迟钝。西方经济学理论对此进行过研究,将市场需求对价格变化的反应程度称为价格的需求弹性(简称需求弹性)。用数学公式表述为:

$$价格的需求弹性 = \frac{需求量变化的百分比}{价格变化的百分比}$$

用数学符号表示为:

$$E_d = \frac{\dfrac{Q_2 - Q_1}{Q}}{\dfrac{P_2 - P_1}{P}}$$

式中 E_d——价格的需求弹性;

　　Q_1 和 Q_2——变化前后的需求量;

　　P_1 和 P_2——变化前后的价格。

影响价格需求弹性的主要因素有:

(1)消费者对产品需求强度的大小

通常,生活必需品的需求弹性较小;而奢侈品的需求弹性较大。例如,柴米油盐、香皂、牙膏等需求弹性小。

(2)产品本身的可替代程度

通常,产品功能越容易被替代,产品的需求弹性越大;而产品功能越不容易被替代,产品的需求弹性越小。

(3)产品本身的特性和知名度

越是独具特色和知名度高的产品,消费者对价格越不敏感,需求价格弹性越小;反之,需求价格弹性越大。

例如,价值数万元的劳力士手表,并不会因为降价而销量增加,反而会因为降价失去原有的顾客。

3)需求弹性的应用

企业产品的需求弹性制约着企业的价格决策,市场需求是企业产品价格的上限。一定的市场需求水平必须具有与之相适应的价格水平。若无视这一因素的制约作用,盲目提高价格,就会抑制市场需求,造成企业产品滞销。因此,企业必须重视应用产品价格的需求弹性。但是在应用时切忌机械照搬,应当注意以下几个问题:

①产品价格的需求弹性的大小与调整价格的幅度有关。对产品价格稍作调整时也许弹性不大;但若调整幅度较大,弹性就会变大。

②产品价格的需求弹性的大小和调整价格的方向有关,对产品价格进行调高与调低时,价格的需求弹性并不一致。

例如,某香水公司发现,当价格略微提升时,销售量反而增加,这是因为消费者认为"一分钱一分货"。但是,如果价格过高,继续提升价格,销售量就开始下降。

③产品价格的需求弹性的大小与调整价格的时间跨度也有关系,对价格进行长期调整与短期调整,需求弹性有所不同。

8.1.2 成本因素

需求在很大程度上为企业确定了产品价格的上限,而成本则决定这一价格的下限。因为,长期而言,任何企业确定的产品价格都应当位于其产品费用之上,否则销售收入无法补偿产品费用,企业必将难以长久维持生存。因此,在作价格决策之前,企业都要对产品费用有足够的了解。价格应包括所有生产、分销和推销该产品的成本,还包括对公司的努力和承担风险的一个公允的报酬。但这并不排除在一段时间内个别产品的价格低于成本。

企业的总成本等于固定成本与变动成本之和。固定成本是指在短期内并不随着企业产品产量和销售额的变化而变动的费用。变动成本是指直接随着企业产品产量和销售额的变化而变动的费用。换言之,变动费用的增减取决于企业销售出的产品数量的多少;而固定费用是不管企业销售出多少数量的产品都必让然存在。与价格决策直接相关的单位产品费用是生产规模的函数,它由企业的总费用与总产量决定,计算公式为:

$$单位产品费用 = \frac{企业的总费用}{企业的总产量}$$

单位产品费用与生产规模之间的函数关系,就短期与长期而言有所不同,但两种情况下,单位产品费用均随生产规模的变化而变化,随着生产规模的扩大而递增。这种规律可用下列例子来演示。

某企业,当产品日产量小于 1 000 个单位时,由于固定费用分摊到较少的产品上,故单位产品费用较高,这时随着产品日产量的增加,单位产品费用减少;当产品日产量大于 1 000 个单位时,由于原有生产设备的限制以及效率降低,从而会使单位产品成本增加。这种短期函数关系如图 8-1 所示。

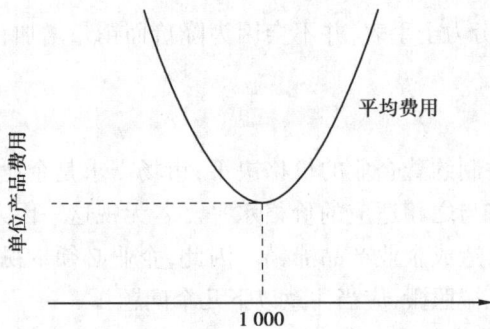

图 8-1　短期费用曲线

长期而言,因为企业可以调整其固定费用,故当企业准备将日产量提高到 2 000 个单位时,它可以扩大企业的生产规模。这样一来,生产规模的扩大使企业生产设备效率更高;劳动安排更加合理。因此,可使企业生产 2 000 个单位日产量的单位产品费用比生产 1 000 个单位日产量的单位产品费用更低。由此,随着生产规模的扩大,单位产品费用逐步降低,平均费用将随之增加。在这里 3 000 个单位的日产量是最合理的生产规模。在这一规模下,企业的长期平均费用和短期平均费用都达到最低点。

8.1.3　竞争因素

企业产品价格决策受到竞争程度的影响。竞争对手的产品价格是企业产品价格决策的参考因素,也是企业产品价格决策的重要依据。根据竞争对手的产品价格,企业可以进行相应的价格决策。如果企业的产品质量与竞争对手相似,其价格就必须同竞争对手相似;如果企业的产品质量低于竞争对手,其价格就必须低于竞争对手,反之其价格就可以高于竞争对手,而且在价格决策中比对方具有更大的灵活性和控制权。企业应当善加利用竞争对手的产品价格这一因素,对其产品进行市场定位,树立独特的市场形象。

1) 完全竞争市场的价格决策

完全竞争市场由许多买主和卖主组成,产品是同质的,市场上产品价格是由整个行业的供求关系所决定,买卖双方的行为只受价格因素的支配,没有哪一个买主或卖主能左右市场价格。这一方面是由于每一个买主或卖主的买卖数量只占市场总量的很小一部分,如果某一卖主的产品定价高于市场价格,其产品就销售不出去;另一方面,卖主也没有必要以低于市场价格销售产品,因为按照整个市场供求关系决定的价格水平确保所有的产品按市场价格都能售出。由此可见,在完全竞争市场条件下,企业是"价格的接受者",而不是"价格的决定者",而且企业也无须进行市场调研、促销等工作,因为这样只会增加企业费用而不会带来任何收益。由此,企业只能依靠提高产品的生产效率,降低各种消耗及费用,才能获得更多的利润,如小麦、铜或金融证券。

完全竞争市场存在的前提条件:

① 市场上存在许多卖主和买主,他们买卖的产品只占总量的极小部分;

② 他们买卖的产品之间不存在任何差异;

③ 新卖主可以自由进入该市场;

④ 卖主和买主对市场信息完全掌握;

⑤ 生产要素在各个行业之间可以自由流动。

显然,现实中符合这些条件的完全竞争市场并不存在。在完全竞争市场,企业可以采取随行就市的定价策略。

2) 垄断竞争市场

垄断竞争市场存在的前提条件:

① 产品之间存在差异,即同样产品之间存在质量、包装、品牌、式样和服务等差别;

② 在市场上仍存在很多的买主或卖主。

在这种市场条件下,由于各个卖主所提供的产品具有一定的差异性,买主感觉有所不同,愿意支付不同的价格。同时,因为各个卖主所提供的产品并无本质差异,产品之间具有很强的替代性,所以任何卖主如果定价过高,就会失去市场。

例如,日化产品中的洗发水市场,全国性品牌与地区性品牌竞争,各品牌皆以价格和颜色、香味、功效等非价格因素来寻求差异。

总之,在垄断竞争市场条件下,企业已不再是消极的"价格接受者",而是强有力的"价格决定者"。企业可通过广告宣传、包装、品牌等方式影响消费者,使之从心理上感受不同企业提供的产品的差异性,从而自愿接受企业确定的产品价格。

3) 完全垄断市场的价格决策

在完全垄断市场的条件下,由于一个行业中只有一家企业,没有与之抗衡的竞争对手,因此,这家企业可以完全控制市场价格,可在国家法律法规允许的范围内自由定价。但是对非政府管制的民营垄断企业(如杜邦公司刚推出尼龙时)不一定采取绝对高价,原因有以下三点:一是可以避免导致政府管制,二是可以避免吸引竞争对手,三是可以低价策略迅速拓展市场。

在现实中,这一类型的市场实属少见,只存在于某些国家特许的企业独占。例如:公用事业中邮政系统、对某种产品拥有专利权(如杜邦公司刚推出尼龙时)或拥有原料独家开采权的企业;此外,在某些特殊地区,由于运输成本或其他因素的影响,也可形成一定时期局部的完全垄断。

4)寡头垄断市场的价格决策

在纯粹寡头垄断的条件下,市场价格往往不是由市场供应关系直接决定,而是由少数寡头通过默契所确定;或者是由一家最大的寡头先行定价,其他寡头紧随其后。这种价格一旦形成,在相当长的时期内就会比较稳定。因为某家寡头提高价格,其竞争对手则不会采取相应举措,这样一来,这家寡头必然会放弃提价。

在产品差异寡头垄断的条件下,各家寡头生产的产品各具特色,他们可以通过各种促销方式吸引消费者,培养消费者对其产品的忠诚和偏爱,因此,在一定程度上,他们可以各自控制自己产品的价格,不受竞争对手的左右。

8.1.4 政府政策法规

企业产品价格决策优势要受到政府干预以及政策法规的制约。政府干预可以简单地分为两种情况:一是政府为了扶持某行业的发展,而规定该行业产品的最低限价,以鼓励和支持该行业的企业扩大生产。这一最低限价通常高于市场供求平衡点的价格,由此可能会出现供给过剩,为了维持最低限价政府会采取政府购买等措施。西方某些发达国家的农产品就属于此种情况。二是政府为了防止物价上涨而规定某些产品的最高限价。这一最高限价往往低于市场供求平衡点的价格。由于价格偏低有可能出现供给短缺。

一个国家的政策法规对企业产品价格决策具有强制性约束力。我国成品油价格实行"政府指导价或政府定价",即在政府指导下,石油垄断企业无权自主决定是否涨价,只能提出涨价的建议,最终的决定权在国家发展改革委。现行的《石油价格管理办法(试行)》中规定,当布伦特、迪拜、辛塔三地原油连续22个工作日移动平均价格变化超过4%时,可相应调整国内成品油价格。

我国随着市场经济体制改革的深入,与之配套的有关法律法规也在陆续出台;与此同时,政府对某些行业或产业的企业价格决策的权限也有明确规定,任何企业在进行价格决策时务必严格遵循有关法律法规以及政府的政策指导。

《价格法》规定,政府价格主管部门根据商品和服务的垄断程度、资源稀缺程度和重要程度,对以下五类商品和服务实行政府指导价或政府定价。

一是与国民经济发展和人民生活关系重大的极少数商品;二是资源稀缺的少数商品;三是自然垄断经营的商品;四是重要的公用事业,即为适应生产和生活需要而经营的具有公共用途的服务行业;五是重要的公益性服务,即涉及公众利益的服务行业。

8.1.5 消费者心理和习惯因素

价格的制定和变动导致消费者心理上的反应也是价格策略必须考虑的因素。在现实生活中,很多消费者购物时存在"一分钱一分货"的观念。面对不太熟悉的商品,消费者常常从价格上判断商品的好坏,从经验上把价格同商品的使用价值挂钩。消费者心理和习惯上的反应是很复杂的,在某些情况下会出现完全相反的反应。在一般情况下,涨价会减少购买行为,但有时涨价会引起抢购,反而会增加购买。一些品牌采用独家生产或限量的方式来显示其独特性。名牌手表、珠宝、香水等奢侈品制造商在宣传信息和渠道战略中经常强调独享性。对于渴望独一无二的奢侈品顾客来说,即使价格提高其需求也仍会增加,因为他们认为很少有人买得起这种商品。

因此,在研究定价对消费者心理的影响时,应持谨慎态度,要仔细了解消费者心理及其变化规律。

女士的黑色 T 恤看起来很普通。实际上,阿玛尼、盖普以及瑞典的平价原装连锁店 H&M 所售的黑色 T 恤也没有多大区别。然而,阿玛尼的一件黑色 T 恤售价为 275 美元,盖普和 H&M 的却分别只有 14.9 和 7.9 美元。阿玛尼的 T 恤含 70% 的尼龙、25% 的涤纶和 5% 的蛋白纤维。而盖普和 H&M 的 T 恤则是全棉的。确实,阿玛尼的 T 恤比较时尚,还带着一个"产于意大利"的标签,但是这怎么就值 275 美元呢? 作为一个奢侈品牌,阿玛尼因其价格高达数千美元的套装、手袋和晚礼服而闻名于世,在这种情况下,它的 T 恤不可能只卖 15 美元甚至 100 美元。而且因为没有多少人会买 275 美元的 T 恤,所以阿玛尼生产得很少,这又进一步吸引了那些希望拥有限量版 T 恤以彰显身份的人群。"价值并不仅仅取决于质量、功能、效用和分销渠道,"库尔特·萨蒙协会零售策略部经理、萨克斯第五大街百货店前首席执行官阿偌德·埃罗森说,"它还取决于消费者对一个品牌奢侈内涵的看法。"

8.2 制定价格程序

当企业研发出一种新产品、将原有产品引入新的分销渠道或新地区的时候,企业都必须制定价格。大多数市场都有 3~5 个价格层次,企业必须对其产品的质量和价格进行定位。

企业制定定价策略时考虑上一节我们探讨的一些因素,现在来详细分析定价的步骤:
①选择定价目标;
②确定需求;
③估计成本;
④分析竞争中的成本、价格和供应物;
⑤选择一种定价方法;
⑥制定最终价格。

8.2.1 选择定价目标

所谓定价目标,就是商品价格实现后企业应达到的目的。企业定价作为经营活动的一项重要内容,其一般目标是企业取得尽可能多的利润,但是定价应考虑的因素很多,所以企业定价的具体目标也多种多样。对于不同的市场环境、不同的时间、不同的企业,定价目标是不同的,企业应在权衡各个目标的利弊后加以选择。一般而言,企业的定价目标有五种:追求利润(当前利润最大化,目标收益、合理利润目标)、市场份额最大化、市场获利最大化和产品质量领导地位、生存、防御或打击竞争对手等。

1) 追求利润

追求利润直接反映企业的基本经营目标,具体分为以下三种情况。

(1) 以当前利润最大化为目标

即在短期内通过高价形式获得尽量多的利润,服务于利润最大化的经营目标。采用这种定价必须具备以下条件:一是企业产品在市场上和技术上占有优势,竞争对手暂时无法赶超;二是企业产品在市场上供不应求;三是适用于市场上推出的新产品。采用这种定价目标具有一定的风险性,如果企业过分强调当前的表现,就会忽视其他营销组合变量的作用、竞争者的反应和消费者的情感伤害,导致自己的产品被替代或丧失市场份额,损害自身的长期利益。

(2) 以预期投资收益率为目标

投资收益率为利润与投资总额之比。企业相对于所投入的资金,都期望在预期时间内分批收回。定价时,一般在总成本费用之外加上一定比例的预期盈利,以预期收益为定价目标。其特点是既不追求一时高利,也不薄利多销,而是一定时期内的稳定收入,服务于企业的长期经营目标。

(3) 以获取合理利润为目标

有些企业所处的市场竞争十分激烈,对价格的控制能力十分有限,在竞争中往往采取跟随策略。在定价上往往把目标定在与同行业平均利润相一致的水平上,以获取平均利润。广大中小企业通常采用这种定价目标。同时,行业的"领先者"为了排斥市场竞争者,以便长期占领市场,又能获得长期的稳定利润,往往也采用合理利润的定价目标。

2) 市场份额最大化

一些企业希望获得市场份额最大化,认为销量越高,单位成本越低,长期利润就越高。也有些企业认为,较高的市场份额可以保证企业产品的销路,便于企业掌握消费需求的变化,易于形成企业控制市场和价格的能力。他们制定较低的价格,认为市场对价格是高度敏感的。这种定价也称为"市场渗透定价法"。使用这一定价目标除了要满足市场对价格高度敏感这一条件,企业还必须具备以下条件:随着产量的增加,由于规模经济效应和生产经验的积累,产品的单位成本能够不断降低;而且企业具备扩大生产的潜在生产能力。例如,计划一年内将市场占有率从 10% 提高到 15%,为了达成这一目标,企业要制订相应的市场营销计划和价格策略。

具备下列条件之一,企业就可以考虑通过低价实现高市场占有率:

①市场对价格高度敏感,低价能刺激需求迅速增长。

②生产与分销的单位成本会随生产经验的积累下降。

③低价能劝退现有的和阻止潜在的竞争者。

例如,格兰仕进入微波炉行业后,从1996年开始屡屡掀起"降价风暴",经过几年惊心动魄的价格大战,大量小规模的微波炉厂家被迫退出市场,一些外国品牌也不得不徘徊观望,能与格兰仕一争高下的仅剩下处于市场第二位的韩国LG公司。4年后,微波炉年产量达到1 200万台的格兰仕在中国抢占了六到七成的市场份额,可以说格兰仕已经垄断了国内市场。

3)产品质量领导地位

一些公司可能会致力于成为市场中产品质量的领导者。企业奉行质量领先这样的经营宗旨,并在生产和市场营销中贯彻质量最优化的指导思想。这就要求用高价弥补高质量和研发的高成本。许多品牌都想被认为具有很高的质量、品位和地位,在消费者心目中树立一种形象,是企业在经营中创造的无形资产。如星巴克咖啡、宝马汽车和阿玛尼服装都已成为各自行业的质量领导者,通过高品质、奢华和溢价获得了大量忠实顾客群。

4)生存

当企业面临产能过剩、激烈竞争或消费者需求变化时,生存就是企业的主要目标。为避免倒闭,企业必须制定一个低价,只要价格能补偿可变成本和部分固定成本,公司就可以继续经营下去。生存是一个短期目标,一旦企业出现转机,就应当以其他目标作为主要定价目标。

5)防御或打击竞争对手性定价目标

防御或打击竞争对手性定价目标是指企业在价格决策时主要着眼于应付激烈的市场竞争或避免发生价格竞争。通常做法是企业以对产品价格有决定影响的竞争对手的价格为基础,在广泛收集资料、审慎比较权衡后,对本企业产品进行价格决策。经常采用的办法一是以低于竞争对手的价格销售产品;二是以高于竞争对手的价格销售产品;三是以与竞争对手相同的价格销售产品。

当企业打算进入一个市场领导地位已经得到确认的产品市场时,一般最多只能采取与竞争对手相同的价格;小型企业由于营销费用较低,价格一般应当制订得低一些;只有具备特殊优越条件,比如资产雄厚、产品质量优异、服务水平很高等,才有可能把价格制订得高一些。

6)其他目标

非营利组织和公共机构可能会有其他的定价目标。2006年7月1日,北京市选择了面积较大、位于居住区附近的12个城市公园和33个具有爱国主义教育和科普教育意义的博物馆,向公众免费开放。紫竹院、人定湖、团结湖、日坛等公园不再收取门票。北京市注册公园总数为339个,其中85.6%已免费向公众开放。2009年8月,新疆维吾尔自治区发改委公布的《自治区游览参观点门票价格管理办法》明确规定,今后新疆范围内无论是自然风景区、自然保护区、重点文物保护单位、世界自然和文化遗产、森林公园、地质公园、部分博物馆、纪念馆,还是依托国家自然资源或文化资源投资兴建的游览参观点的门票价格和景区内没有引入竞争的缆车、区间车、观光车、游船等交通运输服务项目收费及机动车辆停放收费,都将被纳入政府定价和政府指导价。

20 世纪 80 年代美国八大著名公司的定价目标,见表 8-1。

表 8-1　定价目标

公司名称	定价主要目标	定价附属目标
通用汽车公司	20%资本回收率(缴税后)	保持市场份额
固特异公司	对付竞争者	保持市场地位和价格稳定
美国罐头公司	维持市场销售份额	应付市场竞争
通用电气公司	20%资本回报率(缴税后) 增加7%销售额	推销新产品 保持价格稳定
西尔斯公司	增加市场销售份额 (8%~9%为满意的份额)	0%~15%传统的资本回报率
标准石油公司	保持市场销售份额	保持价格的稳定 一般资本回报率
国际收割机公司	10%资本回收率	保持市场第二的位置
国民钢铁公司	适应市场竞争的低价	增加市场销售份额

8.2.2　确定需求

不同的价格会导致不同的需求量,从而会对公司的营销目标产生不同影响。价格和需求的关系可以用需求曲线来表示,关于需求弹性的问题,在前面影响定价的主要因素中已经做了分析。

8.2.3　估算成本费用

任何企业都不能随心所欲地制定价格。产品的最高价格取决于市场需求,最低价格取决于产品的成本费用。企业希望制定一个合理的产品价格,不仅能弥补其生产、分配和销售成本,还可以为其付出的努力和承受的风险提供正常利润。

8.2.4　分析竞争状况

在竞争市场,企业必须考虑竞争者的成本、价格和可能的价格反映。应当考虑最接近的竞争者的价格。如果企业提供的产品具有竞争者并不具备的特色,那么该企业就可以在竞争者的价格上提价;如果竞争者的产品具有该企业并不具备的特色,那么该企业就应当减价。任何价格的制定和改变,都会引起消费者、竞争者、分销商和供应商的反应。

8.2.5 选择一种定价方法

给定消费者的需求水平、成本函数和竞争者的价格后,企业就可以制定价格了。制定价格时,重点考虑三个问题:成本是价格的下限;竞争品的价格或替代品价格是参照基准;顾客对产品特性的评价是价格的上限。

企业应选择一种将上述三个因素考虑在内的定价方法。通常说来,有六种定价方法:成本加成定价法、目标收益定价法、边际成本定价法、认知价值定价法、需求差异定价法、随行就市定价法和投标定价法。

1)利润导向性定价目标

(1)成本加成定价法

成本加成定价法是以产品成本作为定价的基本依据,具体操作时,再加上预期利润来确定价格的成本导向定价法,是最常用、最基本的定价方法。在单位产品成本的基础上,加上一定比例的预期利润作为产品的售价。其计算公式为

$$单位产品价格 = 单位产品成本 \times (1 + 加成率)$$

例如:某零售店经营的某品牌服装每件成本为 80 元,加成率为 50%,则每件服装的价格为

$$每件衣服的单位价格 = 80 \times (1 + 50\%) = 120(元)$$

成本加成定价法的优点是计算简单;缺点是忽视了市场需求和竞争状况的影响。需要考虑商品的需求弹性和企业的预期利润。该方法适用于零售企业。

(2)目标收益定价法

目标收益定价法又称目标利润定价法,是在成本的基础上,按照目标收益率的高低计算价格的方法。

$$\frac{单价(总成本 + 目标利润)}{预期销售量} = 单位变动成本 + 单位贡献毛利$$

【例 8-1】 某企业生产 A 产品,年固定成本消耗为 6 000 000 元,每件产品的变动成本为 2 元,预计销售量为 200 000 个,假如企业的目标收益是成本利润率的 20%,请问 A 产品的单价应为多少?

解 目标利润 = 总成本 × 成本利润率

$$= (固定成本 + 变动成本) \times 成本利润率$$

$$= (6\ 000\ 000 + 2\ 000\ 000 \times 2) \times 20\%$$

$$= 2\ 000\ 000(元)$$

$$产品单价 = \frac{总成本 + 目标利润}{销售量}$$

$$= (6\ 000\ 000 + 2\ 000\ 000 \times 2 + 2\ 000\ 000) \div 200\ 000$$

$$= 12\ 000\ 000 \div 200\ 000$$

$$= 60(元)$$

因此,该产品为达到利润目标,定价应为 60 元。

目标收益定价法的优点是可较好地实现投资回收计划;缺点是企业必须具有较强的计划能力,必须预测好销售价格与期望销售量之间的关系,避免出现确定了价格而销售量达不到预期目标的被动情况。该方法适用于需求价格弹性小或具有垄断性质的企业。

(3)边际成本定价法

边际成本定价法是以变动成本为基础,而不计算固定成本的一种定价方法。其计算公式为:

$$单位产品价格 = 单位变动成本 + 边际贡献$$

式中的边际贡献是指每增加一个单位产品销售量对企业经济收入所作的贡献。这一贡献首先补偿固定成本,然后才是企业的真正盈利,如果这个边际贡献不能完全补偿固定成本,就会出现一定程度的亏损。

【例8-2】 某企业的年固定成本消耗为 50 000 元,每件产品的单位变动成本为 30 元,计划总贡献为 160 000 元,当销售量预计可达 10 000 件时,求 A 产品的单价应为多少?

解 产品单价 = 边际收入/ 实际销售量 + 单位变动成本

$$= 30 + 160\ 000/10\ 000$$

$$= 46(元)$$

边际成本定价法的优点是易于管理者在各产品之间合理分摊可变成本。采用此方法一般低于总成本加成法,能大大提高产品的竞争力;缺点是企业必须数据齐全,价格弹性和需求预测精准。适用于厂家的固定成本已基本收回,产品周期的成熟期卖方竞争激烈时。这一方法的出发点并不是让产品单价绝对等于其变动成本,而在于用这种方法去计算的单价明确了企业产品价格的最低极限——底线。因为产品单价至少应该大于其变动成本,否则企业生产和销售的产品越多将越亏损;若产品单价大于其变动成本,其边际利润就可以弥补部分固定成本。在市场竞争特别激烈、企业订货不足时,为了减少企业损失,保住市场,企业对其部分产品可以运用这种方法定价。

(4)盈亏平衡定价法

盈亏平衡定价法又称保本定价法或收支平衡定价法,是指在销量既定的条件下,企业产品价格必须达到一定水平才能做到盈亏平衡、收支相抵。既定的销量就称为盈亏平衡点,这种制定价格的方法就称为盈亏平衡定价法。科学地预测销量和已知固定成本、变动成本是盈亏平衡定价的前提。其计算公式为:

$$产品单价 = 单位变动成本 + 固定成本/销售量$$

2)市场需求导向定价法

以需求为中心的价格决策方法是在营销观念指导下进行价格决策的方法。其基本理念是生产目的既然是为了满足消费者需求,那么产品价格就不应仅仅以企业成本为依据,而应以消费者对产品价值的理解及需求为依据。具体操作方法有以下两种。

(1)认知价值定价法

认知价值定价法也称"感受价值定价法""理解价值定价法",是根据消费者对产品的认识和估价来进行价格决策,而不是根据卖方成本来进行价格决策。在具体确定某一产品的单价时,企业首先要顾及和测定该产品非价格变量在消费者心目中的价值水平,然后根据消费者对产品所理解的价值水平确定产品价格。

认知价值定价法的依据是,任何产品在市场上的价格以及该产品的质量、服务水平等,在消费者心目中都有一定的认识和评价。当产品的价格水平与消费者对产品价值的理解和认知都大体一致时,消费者就会接受这种产品;反之,消费者就不会接受这一产品,该产品自然就销售不出去。

当企业计划在市场上推出一个新产品时,应用认知价值定价法的具体做法是:首先,企业从产品质量、服务、分销渠道和促销举措等方面为产品设计一定的市场形象,根据消费者对其接受程度,制定一个能够被目标市场接纳的产品价格。其次,预测在这一价格水平下,产品销售量能够达到多少,并据此估算产品的产量、投资额及单位成本。最后,综合所有情况和数据,预算这种产品的盈利水平,若赢利适当就投资生产;若无赢利或赢利太小就放弃生产。

认知价值定价法一般在企业推出新产品或进入新的市场时采用,也适用于企业之间比较定价。例如,假定服务业中有 A、B 两家饭店位于同一条街道上,它们提供的饭菜质量相似,但 A 饭店在门面装潢、内部环境、服务态度等方面优于 B 饭店,这样 A 饭店完全可以利用消费者的较高接受程度,将饭菜价格定得比 B 饭店高一些。

认知价值定价法的优越性是显而易见的,正确应用这一方法的关键是要准确地判断消费者对于产品价值的理解和接受程度。

（2）需求差异定价法

在消费者需求中存在着需求的个体差异性,这种需求差异体现在社会、经济、自然、地理、文化等方面的不同。因此,对同一产品或服务因市场需求的时间、数量、地点、款式、消费水平及心理差异而制定不同的价格,以满足消费者个性化需求的一种定价方法,称为需求差异定价法。这种定价方法所制定的价格通常与产品成本无关。

需求差异定价法可分为以下几种:根据消费者购买能力的差别定价;根据购买时间的差别定价;根据购买地点的差别定价;根据购买数量的差别定价;根据产品外观样式的差别定价。

例如,为了迎合儿童的口味,以前无味的牙膏变成了各种水果味牙膏,其成本只增加了1%,但是售价增加了 10%;为了迎合不同的消费人群,把护肤品包装分为平装和精装,包装成本差别只有 10%,但是售价却有 40% 的差别;电影院的不同座位对应的消费感受是不一样的,因此好位置定高价。

需求差异定价法的优点是有利于企业增加销量,获取更多的盈利;缺点是使用不当会引起消费者的反感而损失市场。该方法适用于因细分市场所增加的开支不会超过高价收入所得。

3）以竞争为中心的价格决策方法

以竞争为中心的价格决策方法是企业在竞争激烈的市场上,为了应付竞争格局争取更多的消费者而采取的一些特殊价格决策方法。具体操作方法有以下两种。

（1）随行就市定价法

随行就市定价法是指企业根据行业价格水平作为定价标准来确定企业产品的价格方法。在竞争激烈且产品需求弹性较小或供需基本平衡的市场上,这是一种比较稳妥的定价方法;对寡头垄断市场而言,这一定价方法更为适用,因为在这种市场上,消费者对市场行情几乎不了解,寡头之间也彼此熟悉,这样,某一企业独自采取提价或降价措施都不会从中获益。

这一定价方法在西方发达国家普遍流行。原因在于:某些产品的成本难以核算,随行就市意味着集中行业内各个企业的智慧,确保获得收益;根据市场行情定价,也可减少风险,容易与竞争对手和平相处,如果企业定价与市场行情背离,则对消费者及其竞争对手由此产生的反应难以把握,徒增风险。

(2)投标定价法

投标定价法是指卖方在买方的招标期限内,根据对竞争对手报价的估计制定相应的竞争报价的一种定价方法。是社会集团(企业或事业单位)购买者在进行批量采购、从事大型机械设备购买或为工程项目选择承包商(承建商或承造商)时通常采用的一种方法。其目的是通过引导卖方竞争的办法来筛选最合适的合作者。征求承包人的一方(买方)为"招标人";前来应征参加竞争的应聘者为"投标人";经过竞争以后的优胜者为"中标人",三者一般均为法人。

企业参加投标的目的是中标,所以报价应低于竞争对手的报价。一般而言,报价高,利润高,但中标机会小;报价低,中标机会大,但利润低。因此,报价是既要考虑目标利润,又要考虑中标概率,见表8-2。

表8-2 不同投标价格对期望利润的影响

企业报价(元)	目标利润(元)	中标概率(%)	预期利润(元)
7 000	500	70	500×70% = 35
10 000	350	27	350×27% = 94.5
13 000	650	6	500×6% = 30
15 000	850	1	500×70% = 35

由表8-2可知,最佳报价是10 000元。

8.2.6 制定最终价格

以上定价方法缩小了企业最终售价的取值范围。在确定产品的最终价格时,企业必须考虑其他因素,包括其他营销活动、价格对其他各方的影响等。

1)其他营销活动的影响

最终价格的确定必须考虑产品相对于竞争者的质量和广告支出。有研究表明,具有相对平均质量,但有较高的广告预算的品牌能获得溢价。消费者愿意为知名产品支付更高的价格。

在营销过程中价格并没有质量和其他利益那么重要。有研究表明,在线零售行业,只有19%的消费者注重价格,更多的消费者关注的是用户支持(65%)、准时送货(58%)、产品的运输和装卸(49%)。

2)价格对其他各方面的影响

管理人员必须考虑其他各方对价格的反应。分销商和经销商怎么想？如果他们不能取得足够的利润,则会选择不把产品推向市场。销售人员是否愿意以这个价格出售产品？竞争者会作出什么反应？当供货商看到公司产品的价格时,是否会提高供货价格？政府是否会干预？

8.3　定价策略

8.3.1　新产品定价策略

在定价程序中,首先要选择定价目标,在确定目标之后,可以用下面的不同定价策略达到公司目标。

1)撇脂定价法

所谓"撇脂定价法"(market-skimming pricing)又称高价法,即将产品价格定得较高,尽可能在产品生命初期,在竞争者研制出相似产品之前,尽快地收回投资,并取得相当利润。"撇脂"的原意是指去除牛奶上的那层奶油,含有捞取精华的意思。例如:苹果公司的 iPod 产品是最近几年最成功的消费类数码产品,一经推出就获得空前成功,第一款 iPod 零售价高达399 美元,即便是对美国人来说,也是高价位产品,但是有很多"苹果迷"既有钱又愿意花钱,一面市往往被一抢而空。可见,苹果的撇脂定价取得了成功。但是苹果公司认为还可以"撇到更多的脂",于是不到半年又推出了一款容量更大的 iPod 产品。当然价格更高,定价 499美元,仍然销售火爆,苹果公司赚得钵满盆溢。

撇脂定价适用于以下条件:

①市场上存在一批购买力很强、并且对价格不敏感的消费者;

②这样的消费者数量足够多,企业有厚利可图;

③暂时没有竞争对手推出同样产品,企业产品具有明显的差别化优势;

④当有竞争对手加入时,企业有能力转换定价方法,通过提高性价比来提高竞争力;

⑤企业品牌在市场上具有传统影响力。

2)市场渗透定价法

市场渗透定价法是指在新产品投放市场时,为了获得做大销售量、做大市场占有率或吸引大量顾客,达到迅速占领市场的目的,从而制定较低价格的方法的。

【案例 8-1】

本田飞度——低价,一步到位

在国内经济型轿车市场上,像广州本田的飞度一样几乎是全球同步推出的车型还有上海大众的 POLO。但与飞度相比,POLO 的价格要高得多。飞度 1.3L 五速手动挡的全国统一销售价格为 9.98 万元、1.3L 无级变速自动挡销售价格为 10.98 万元。而三厢 POLO 上市时的价格为 13.09 万~16.19 万元。飞度上市后,POLO 及时进行了价格调整,三厢 POLO 基本型的最低报价是 11.11 万元。即使这样,其价格还是高于飞度。虽然飞度 9.98 万元的价格超过了部分消费者的心理预期,但在行家眼里,这是对竞争对手的致命定价。

飞度在定价上体现了广州本田的营销技巧作为一个技术领先的产品,飞度采取的是一步到位的定价。虽然这种做法往往会让消费者向经销商缴纳一定费用才能够快速提到汽车,增加了消费者的负担。但供不应求的火爆现象会让更多的消费者产生悬念。如果产量屏障被打破后,消费者能够在不加价的情况下就可以提到车,相信满意度会有很大的提高,因为它给予了消费者荣誉上的附加值。

对于飞度为什么能够实现如此低的定价这一问题,广州本田方面的解释是,飞度起步时国产化已经超过 80%,而国产化比例是决定国内轿车成本的两大因素之一。整体来看,飞度良好的市场表现最重要的原因之一就是广州本田采用了一步到位的低价策略,在短期内汽车性能和价格都难以被对手突破。这就使长期徘徊观望的经济型轿车的潜在消费者打消了顾虑,放弃了持币待购的观望心理,纷纷选择了飞度。

8.3.2 购买心理价格决策策略

消费者购买产品过程中大都受到心理因素的影响,因此企业可以根据消费者购买心理对产品价格进行调整,使消费者更加容易接受。常用的有关定价策略有声望定价、尾数定价、习惯定价、招揽定价和分级定价五种。

1) 声望定价

声望定价使用高价位或整数位来显示产品的高品质形象,是利用消费者仰慕名牌产品或名店声望的心理来确定产品的价格。在消费者心目中声誉高的企业、商家或产品适合于应用这一策略,此外,这一策略也适用于药品、食品、化妆品、珠宝及医疗等质量不容易鉴别的产品。

2) 尾数定价

尾数定价是所确定的产品价格以零头作为尾数,而不是采用整数价格。这样可以使消费者觉得产品的价格似乎低于其实际价值。

例如:一双皮鞋定价 89.95 元或 498 元,而不是 90 元或 500 元,可以让消费者更容易接受,因为在消费者心理上,89.95 元只是 80 多元钱;498 元只是 400 多元钱,比整数价格少了许多。此外,尾数定价还可以使消费者感到产品价格是经过精心核算的。这一策略尤其适合于零售业。

3) 习惯定价

习惯定价就是企业顺应市场上已经形成的价格习惯来定价,使消费者更容易接受。现实中许多产品在网上已经形成了一个公认价格,企业不可轻率地将其改变,以免引起消费者的反感。面对这种情况,企业宁可对产品的内容、包装、容量等方面进行调整,也不要改变其价格。日常生活中的饮料、家庭常用品都可以采用这一策略。

例如,在我国,火柴每盒2分,这个习惯价一直稳定了20多年。1984年湖南省的火柴涨至每盒3分,以至于一段时间,当地消费者宁愿买2分一盒的小盒旅行火柴,也不愿买本省的火柴。但是,如果产品的生产成本过高,又不能涨价,应该怎么办呢?这时可以采取一些灵活变通的办法。比如:可以用廉价原材料替代以往较贵的原材料;也可以减少用料,减轻分量,如将冰棒做得小一点,将火柴少装几根。

4)招揽定价

招揽定价就是企业以特殊价格提供众所周知的"亏本特价品",用以吸引消费者前来购买商品,其目的是希望消费者同时购买更多的非特价商品。例如,现在满大街的5元店,大打"5元任选"的招牌,这可抓住了人们的好奇心理。尽管某些商品的价格略高于市价,但仍招徕了大批顾客,销售额不可小觑。

5)分级定价

分级定价也称系列定价,就是把所有产品划分为不同档次、等级,再对各个档次、等级分别定价。这样一个系列价格档次,不仅便于消费者按需购买、各得其所,而且可以简化消费者购买决策过程,容易使之产生安全感和信任感,同时便于企业提高管理效率,增加收益。

8.3.3 差别价格策略

差别价格策略就是企业根据地理、顾客、产品和时间等因素的差异,对产品基本价格进行调整。在这里,企业以两种或多种价格销售同一产品,而且产品价格并不反映各种成本比例上的差别。本质上讲,这一策略是价格歧视政策的体现。差别价格策略的常见做法有以下四种。

1)顾客差别定价

顾客差别定价又称顾客细分定价,是指企业按照不同的价格把同一产品或服务卖给不同的顾客。该定价策略是根据顾客的付款能力来定价的。一般来说,收入水平、年龄、职业、性别等不同的消费者对价格的接受程度有较大差异。对低收入者、弱势群体定价水平要低,对高收入者定价水平要高。这种定价策略是根据具体情况灵活掌握,差别对待,同时也表明顾客的需求强度和产品知识有所不同。

例如:企业把同一种产品或服务按照不同的价格卖给不同的顾客。例如,公园、旅游景点、博物馆将顾客分为学生、年长者和一般顾客,对学生和年长者收取较低的费用;铁路公司对学生、军人售票的价格往往低于一般乘客;自来水公司根据需要把水资源分为生活用水、生产用水,并收取不同的费用;电力公司将电力分为居民用电、商业用电、工业用电,根据不同的用电性质收取不同的电费。

例如,在菜市场,菜贩因人而异报价是常事。一向不太计较花钱的王小姐在家门口的金旭菜市场买菜,她随口问了一句"青椒多少钱啊?""三块一斤。"王小姐买菜一向没有讨价还价的习惯,一番挑拣后,称重、付钱、找零。正当她要离开时,一位大妈也到这个摊位来买菜。"青椒咋卖?""两块。"这段简短的对话,让王小姐几乎不敢相信自己的耳朵。

金旭菜市场很多时候菜价是临时决定的,看人报价,上班族和年轻人往往挑品相好的菜,很少还价,有的甚至连价格也不问,你说多少钱他就给多少。而对那些看起来娴熟的老买家,往往直接说最低价。

2) 产品形式差别定价

产品形式差别定价是指企业按产品的不同型号、不同式样,制定不同的价格。但不同型号或式样的产品,价格之间的差额和成本之间的差额是不成比例的。比如:33 英寸彩电比 29 英寸彩电的价格高出一大截,可成本差额远没有价格差额这么大;一条裙子定价 70 元,成本 50 元,如果在裙子上绣一组花,追加成本 5 元,但价格却可定到 100 元。

3) 产品地点差别定价

产品地点差别定价是指企业对处于不同位置或不同地点的产品或服务制定不同的价格,即使每个地点的产品或服务的成本是相同的。例如影剧院不同座位的成本费用都一样,却按不同的座位收取不同价格,因为公众对不同座位的偏好不同;火车卧铺从上铺到中铺、下铺,价格逐渐增高。

4) 销售时间差别定价

销售时间差别定价是指产品价格随着季节、日期甚至钟点的变化而变化。一些公用事业单位,对用户按一天的不同时间、周末和工作日的不同标准来收费。例如,长途电信公司制定的晚上、清晨的通话资费标准可能只有白天的一半;航空公司或旅游公司淡季价格便宜,而旺季一到价格立即上涨。这些措施可以促使消费需求均匀化,避免资源的闲置或超负荷运转。

8.3.4 地区定价策略

一般而言,一个企业的产品不仅卖给当地,也需要卖到外地。如果卖给外地顾客,企业要把产品从产地运到顾客所在地,就需要进行装运。所谓地区定价策略就是灵活反应和处理运输、装卸、仓储、保险等费用,且产品价格并不一定与供货成本成固定比例的定价策略。常用的操作方法有以下五种:

1) 产地运输工具上交货定价

产地运输工具上交货定价是指企业按产地出厂价出售某种产品,并负责将产品运到产地某些运输工具(如卡车、火车、船舶、飞机)上交货,交货前的一切费用由企业承担,交货后的费用和风险由买方承担。这种做法的不利之处在于,有可能失去远离产地的客户。

2) 统一定价

统一定价是指企业对不同地区的客户,都按相同的出厂价加相同的运费及其他费用来定价。换言之,也就是对不同地区的客户,不管远近,价格一样。这一做法对近地客户不利。

3) 分区定价

分区定价是指企业将所有销售地区划分为几个区域,对不同区域制定不同价格,同一区域价格相同。这一做法的不足之处在于,区域相邻的客户需要支付不同的价格,容易引起顾客的不满。

4) 基点定价

基点定价是指企业选择几个城市作为基点,然后按照一定的出厂价加上从基点到客户所在地的运费来定价,而不管货物实际上是从哪个城市发出。有的企业为了提高灵活性,选定多个基点城市,按照离顾客最近的基点计算运费。基点定价有利于避免价格竞争,顾客也可在任何基点购买,企业也可以将产品推向较远市场,有利于市场扩展。

基点定价方式适合下列情况:

①产品运费成本所占比重较大;

②企业产品市场范围大,许多地方有生产点;

③企业的价格弹性较小。

5)运费免收定价

运费免收定价就是产品出厂价加上离客户最近的竞争对手会开出的送货成本。运用这一策略有利于企业打入距离较远的市场。只要企业的净收入超过产品的边际成本,就可以采用这一策略拓展偏远地区的市场。

8.3.5 价格折扣策略

1)现金折扣定价

现金折扣定价是指企业给及时付清货款的顾客的一种减价。例如,顾客在 30 天内必须付清货款;如果 10 天内付清货款,则给予 2% 的折扣。

2)价格折扣定价

例如,一台冰箱标价 4 000 元,顾客以旧冰箱折价 500 元,购买时只需支付 3 500 元,称为价格折扣定价。

3)数量折扣定价

数量折扣定价是指对于那些大批量购货的客户给予一定比例的价格优惠。具体又分为非累计数量折扣(根据每份订单)和累计数量折扣(根据某个时期购货总量)。数量折扣定价的目的是鼓励客户只从本企业购货,不再寻求其他货源。

4)功能折扣定价

功能折扣定价是指给予那些为企业提供某些营销功能(诸如推销、宣传、仓储、服务等)的中间商的价格优惠。企业对于不同的分销渠道提供的功能折扣可能有所不同,这是因为他们提供的服务不尽相同(如推销、储存、服务等)。但是,对于各个分销渠道内的中间商必须提供相同的功能折扣。

5)季节折扣定价

季节折扣定价是指企业对于那些在销售淡季购买企业产品的客户给予的价格优惠。这一折扣形式可使企业保持全年的稳定性。这一策略普遍适用于旅游、客运以及提供季节性服务的产品(诸如空调、滑雪器材等)。

8.3.6 产品组合定价策略

现代大多数企业生产的产品已经不再局限于一种或几种产品,而是生产种类繁多、品种各异的同一系列或不同系列的多种产品。其中许多产品存在一定相关性,企业在给这些产品定价时,应当统筹考虑,以便在尽量扩大各种产品销售量和利润的同时,使企业整体效益达到最佳。常见的产品组合定价策略有以下三种。

1) 产品线定价

每个企业的产品组合都是由几条产品线构成的,而同一产品线通常会同时生产相互关联的多个产品项目。这些产品项目之间并不存在本质差异,一般仅仅是外形、功能上存在极小差异,完全可以视为替代品。因此,企业必须合理确定各个产品项目之间的价格差额,这一价格差额不仅要反映消费者对各个产品项目的价值理解,还要考虑各个产品项目之间的成本差异及竞争对手的产品价格。价格差额确定得是否合理直接关系到各个产品项目的销售量。由此也直接决定了企业整体收益的大小。产品线定价是指根据产品线内各项目之间在质量、性能、档次、款式、成本、顾客认知、需求强度等方面的不同,参考竞争对手的产品与价格,确定各个产品项目之间的价格差距,以使不同的产品项目形成不同的市场形象,吸引不同的顾客群,扩大产品销售,争取实现更多利润的定价方式。例如,服装店对男士西服定价 220 元、650 元、1 100 元三个档次,顾客自然会以三个质量等级来对应选购三种价格的产品。营销人员的任务就是使顾客确信按质论价:"一分钱,一分货。"但是,企业在进行产品线定价时应注意,产品线中不同产品的价差要适应顾客的心理需求,价差过大,会诱导顾客趋向于某一种产品,价差过小,会使顾客无法确定选购目标。

企业以保本甚至微亏的价格来制定低价产品的价格,往往可增加顾客流量,使生产与销售迅速达到理想规模,遏制竞争;高价产品则可树立企业的品牌形象,以超额利润迅速收回投资,增强企业的发展后劲;中价产品通过发挥规模效应可为企业带来合理利润,维持企业的正常运行。

2) 可选品定价

可选品定价是指对与主要产品密切关联的可任意选择的产品的定价。许多企业不仅提供主要产品,还提供与主要产品密切关联的任选产品。企业为任选品定价有两种策略:一种是为任选品定高价,靠此盈利;另一种是定低价,以此招徕顾客。例如,个人护理品牌屈臣氏在每一期的促销活动中,屈臣氏都会推出 3 个以上的超值商品,若顾客一次性购物满 50 元,多加 10 元即可任意选购其中一件商品,这些超值商品通常会选择屈臣氏的自有品牌,这样就能在实现低价位的同时又可以保证利润。

3) 连带产品定价

连带产品定价也称互补品定价,是指使用过程中具有相互连带或补充关系的产品定价方式。在连带品或互补品中,价值高且使用时间较长的产品为主件;价值低且使用时间较短的产品为从件。这种定价策略通常是对基本产品定低价,对配套产品定高价。其他设备与所需的原料之间都存在着互补关系,也可以采用这种定价策略。如胶卷与相机、电筒与电池、计算机硬件与软件等,企业一般将主产品定价获利低一些,而将连带产品定价获利高一些。顾客购买了主产品,必须购买连带产品才能使主产品发挥作用,企业闲时可通过连带产品销售获得长期利益。如吉列公司就曾将剃须刀架定价极低,而刀片定价偏高;爱普生打印机很便宜,但是墨盒相当昂贵。

【案例 8-2】

20 世纪,吉列在行业内首次推出这种模式时,以 55 美分的价格销售成本 2.5 美元的刀架,而把成本 1 美分的刀片卖到了 5 美分,一把吉列剃刀一年下来平均需要更换 25 把刀片,大量来自刀片的收入让吉列利润飞速增长,而由于首次投入大为降低,这种收费方式也迅速被顾客所接受。这种定价策略帮助吉列垄断剃须刀市场数十年。目前,吉列每年从剃刀和刀片这一产品组合中获得大约 40 亿美元的收入,其全球市场份额比紧跟其后的竞争对手多 6 倍。其续生收入占到公司总销售收入的 42% 和总利润的 68%。在吉列剃刀之后,"剃刀与刀片"定价模式被大量应用于可拆分为基本产品和消耗件的产品销售上,比如打印机和墨盒、光学照相机和胶卷、游戏机和游戏软件等,不少产品都借助或部分借助这种定价模式获得了市场成功,但也有不少企业在使用这种定价模式时忽视了它的局限与使用条件,从而陷入困境。

(资料来源:21 世纪商业评论网)

8.4 营销价格变动与企业对策

尽管企业应当尽力保持价格的稳定,但在很多情况下企业还是不得不对价格进行适当的调整,以保证市场份额和利润。价格调整虽然会引起潜在客户、经销商和企业营销人员的不满,但是成功的价格调整仍有可能使企业利润大大增加。

8.4.1 降价与提价

企业处在一个不断变化的环境中,为了生存和发展,有时需要主动地降价或提价,有时又需要对竞争者的变价做出适当的反应。

1)企业降价的原因

企业降价的主要原因如下:

①企业的生产能力过剩,因而需要扩大销售,但是企业又不能通过产品改进和加强销售工作等来扩大销售。

②在强大竞争者的压力之下,企业的市场占有率下降。

③企业的成本费用比竞争者低,企图通过降价来掌握市场或提高市场占有率,从而扩大生产和销售量,降低成本费用。

2)企业提价的原因

虽然提价会引起消费者、经销商和企业营销人员的不满,但是一个成功的提价可以使企业的利润大大增加。引起企业提价的主要原因如下:

①由于通货膨胀,物价上涨,企业的成本费用提高,因此许多企业不得不提高产品价格。

在现代市场经济条件下,在通货膨胀压力下,许多企业往往采取提价来应对通货膨胀。例如,我国2011年春季蔬菜大涨,学校食堂、校外小吃店不约而同地涨价。

②企业产品供不应求,不能满足所有顾客的需要。提价方式包括:取消价格折扣,在产品大类中增加价格较高的项目等。为了减少顾客的不满,企业提价时应当向顾客说明提价的原因,并帮助顾客寻找节约途径。例如,我国春运期间火车票的提价。

8.4.2 顾客对企业变价的反应

1)顾客对企业降价的反应

顾客对企业某种产品的降价可能会有以下看法:产品有缺陷,滞销;产品样式过时,即将推出新产品;该企业产品品质下降;该企业资金困难,难以维持经营;该产品价格还会进一步降价。

2)顾客对企业提价的反应

顾客对企业某种产品的提价可能会有以下看法:该产品很紧俏;不赶快购买再以这个价格就买不到这个产品了,还会继续提价;该产品很有价值。

8.4.3 企业对竞争者变价的反应

在变动价格时,花很多时间分析企业的选择是不可能的。竞争者可能花了大量时间来准备变价,而企业必须在数小时或几天内明确果断地作出适当反应。企业缩短价格反应决策时间的唯一途径:预判竞争者的可能价格变化,并预先准备适当的对策。

在同质产品市场上,如果竞争者降价,企业也必须随之降价,否则顾客就会购买竞争者的产品而不再购买该企业的产品。如果行业内某些企业提价,其他企业也可能会随之提价,但是如果有一个企业不随之提价,那么最先发动提价的企业和其他企业也不得不取消提价。

在异质产品市场上,企业对竞争者价格变动的反应有更多的自由。在这种市场上,顾客选择卖主时不仅要考虑产品价格高低,而且要考虑产品质量、服务、可靠性等因素,因而在这种产品市场上,顾客对较小的价格差额无反应或不敏感。

企业在对竞争者价格变动做出适当反应之前,须调查研究和考虑以下问题:

①为什么竞争者要变价?

②竞争者打算暂时变价还是永久变价?

③如果对竞争者的变价置之不理,将对企业的市场占有率和利润有何影响?其他企业是否会作出反应?

④竞争者和其他企业对本企业的每一个可能的反应又会有什么反应?

除了这些问题,企业还必须进行更广泛的分析,必须考虑自己的产品在产品生命周期中所处的阶段,产品在公司产品组合中的重要程度,竞争者的意图和可利用的资源,顾客对价格变动的可能反应,等等。

在现代市场经济条件下,市场领先者往往会遇到一些较小企业的挑战。这些较小企业的产品比得上市场领导者的产品,它们往往通过"侵略性的降价"和市场领先者争夺市场阵地,提高市场占有率。在这种情况下,市场领先者有以下几种选择:

（1）维持价格

因为市场领先者认为，如果降价就会使利润减少过多；保持价格不变，市场占有率不会下降太多；以后能恢复市场阵地。

（2）保持价格不变

同时改进产品功能、服务、沟通等感知价值，运用非价格手段来反攻。采取这种战略比降价和低价经营更合算。

在产品质量不变的情况下，也可以通过减低客户购买总成本，提高客户感知价值。在北美上市销售的纸浆都是被成捆包装的。以往，每捆纸浆都是用大张纸包好，然后用标准的电镀钢丝垂直交叉捆好后运送到客户的工厂，随后钢丝会在纸浆进行深加工之前被剪断。由于钢丝在纸浆外面捆得非常紧，因此在被剪断时会伤害剪钢丝的工人，即使他们戴着个人安全防护设备也难以避免。从轻微的小伤口到严重的眼睛和腕骨受伤，导致工伤索赔并且浪费工作时间。然而现在，许多北美制造商都开始采用"无线"包装纸浆。与传统包装方式相比，这一革新对客户很有吸引力，因为无线包装能够减少对工人的伤害。此外，处理无线包装的纸浆也能节约人工成本，而且每年的机器和维护费用也降低了。企业可以通过采用独特的包装方法、提供快速送货服务、提供优质的售后服务，迅速为客户解决问题。所有这些都能提高客户对产品的感知价值，尤其是降低客户成本，并使他们能够更好地服务顾客。对于企业来讲，相比于降低价格、以较低的边际利润率运营，维持原价、提高产品的感知价值是一种更为合理的策略。

（3）降价

市场领先者之所以采取这种战略，那是因为他认为：第一，降价可以使销售量和产量增加，从而使成本费用下降；第二，市场对价格很敏感，不降价就会使市场占有率下降；第三，市场占有率下降，以后就难以恢复。但是企业降价后，应尽量保持产品质量或服务水平，而不应降低产品质量或服务水平。

降价一定要具有成本领先优势和规模经济效益。通过扩大产销规模、提高装备技术档次与管理水平，降低营销、服务费用和资本负债率等方式切实地使成本领先于竞争对手，只有产品的总成本低于竞争者的企业才有资格打价格战。总成本领先战略与价格战并不是任何企业和个人都能随心所欲运用自如的，它的成功实施需要以大规模的产销、一流的管理水平、卓越领先的技术工艺、先进的生产设备、较强的自我配套一体化能力、较低的负债率为支撑。格兰仕微波炉通过大幅度的降价策略不断地扩大销售量，进而产生规模效益使成本不断下降，市场份额不断扩大，2006年获得微波炉市场的绝对霸主地位。国内外微波炉企业面对这种价格战的冲击，纷纷撤出市场。在这种情况下，格兰仕才开始提升微波炉的价格，逐步走出价格战的漩涡。但并不是所有的企业都能获得格兰仕微波炉似的成功，长虹等家电企业至今还在价格战的旋涡中无法自拔。

（4）提价

同时推出某些新品牌，以围攻竞争对手的品牌。同时改进产品、服务、沟通等，运用非价格手段来反攻。价格战会损害企业的市场形象，甚至把企业原有的高端定位彻底摧毁。因此，市场上的一些高端产品在应对价格战时，往往反其道而行之，进行提价强化产品的高端形象,从容地应对低价竞争。高端企业经营的目标不是强调销售收入的多少,而是盈利能力的高低;不是强调市场占有率的大小,而是强调市场地位;不是强调品牌的知名度,而是强调顾客的忠诚度。比如,史密斯是具有 100 多年历史的美国第一大热水器巨头,在价格定位上,一直坚持高端定位策略,其热水器平均价格一般比市场价格水平高出 40%~50%。近年来,与热水器行业的平均价格差别越来越大,而且在热水器厂家不断降价的情况下,它的价格每两年进行一次提价。这种提价策略不但没有降低史密斯的销售量,反而使其在中国热水器市场的占有率排名第三位。

受到竞争对手进攻的企业必须考虑:产品在其生命周期中所处的阶段;该产品在企业产品投资组合中的重要性;竞争者的意图和资源;市场对该产品价格和价值的敏感性;该产品成本费用随着销售量和产量的变化情况。

本章小结

价格策略是指企业通过对顾客需求的估量和成本分析,选择一种能吸引顾客、实现市场营销组合的策略。在营销组合中,价格是唯一能产生收入的因素,其他因素表现为成本。

影响定价决策的因素包括企业的营销目标、成本、顾客、竞争对手和其他外部因素。因此,定价成功与否在很大程度上取决于定价决策和公司目标的契合度。

定价机关制订价格,应当履行价格调查、成本监审或者成本调查、听取社会意见、合法性审查、集体审议、作出制订价格的决定等程序。依法应当开展成本监审、专家论证、价格听证、风险评估的按照有关规定执行。

市场营销环境总是不断地创造新机会和产生危机或威胁,根据市场营销环境的变化制订有效的市场营销战略,扬长避短,趋利避害,抓住机会,适应变化,从而实现企业的市场营销目标。

【思考与练习】

1.请分组交流对当地著名超市的价格印象,再实地调查,分析说明调查结果,并与先前的印象加以比较。

2.几乎所有的新产品都经历过价格由高到低的过程,请从成本、竞争、顾客价值认定等方面阐述这一过程的合理性与不合理性。

3.结合中国企业实际,谈谈企业在采取降价策略时经常遇到的问题和挑战。面对竞争对手的提价或降价,企业应如何应对?

【应用题】

ZOL 产品报价网

中国价格网

中华旅游报价网

汽车之家

上述网站是提供价格服务为主的网站。访问这些网站,找到更多的类似网站,分析这些网站的大量存在对企业的价格行为和顾客的购买行为会产生什么影响。

【案例分析】

格兰仕的低价竞争策略

1994—2000 年,微波炉在中国市场的销量从 40 万台跃升为 1 000 万台,中国本土企业格兰仕是行业发展的关键推动者。总部设在广东顺德的广东格兰仕集团有限公司的前身是生产羽绒制品的小厂,1978 年年产值仅 47 万元。2007 年,格兰仕集团销售收入 250 亿元,同比增长 60%(其中出口达 10 亿美元)。格兰仕成长为微波炉、空调和小家电的世界级制造商,已进入全球近 200 个国家和地区。2008 年,格兰仕在中国微波炉市场占有率为 60%,世界微波炉市场占有率为 50%。至 2008 年,格兰仕连续 14 年蝉联中国微波炉市场销量及市场占有率第一,连续 11 年蝉联微波炉出口销量和创汇双冠王。

1992—2000 年是格兰仕发展的全新阶段——转型进入微波炉行业并高速成长为领跑者时期。1992 年,中外合资的格兰仕电器有限公司生产出第一台格兰仕品牌微波炉。1993 年,格兰仕试产微波炉 1 万台。1995 年,格兰仕微波炉销售量达 25 万台,以 25.1% 的市场占有率成为中国微波炉行业第一名(当年销售收入 3.84 亿元,利润 3 100 万元)。1997 年,格兰仕集团在中国市场启动了微波炉降价战。当时,微波炉价格多在 1 000~3 000 元,韩国 LG 公司占有中国微波炉市场最大份额,但市场仅限于少数高端消费群体。格兰仕作为市场挑战者,平均降价幅度在 20% 以上,结果带动了中国微波炉市场销售总量从不足 100 万台(1995 年)跃升至 200 多万台,其中格兰仕微波炉的销售量跃升至 65 万台,国内市场占有率高达 35%(部分地区和月份的市场占有率超过了 50%)。1997 年 7—10 月,格兰仕集团连续两次对多种型号微波炉大幅降价,降价幅度为 30%~40%,微波炉的平均价格从此降至几百元,成为广泛普及的大众消费品。同年年底,格兰仕微波炉市场占有率再次跃升至 47.1%,产销量跃升至 198 万台。1999 年,格兰仕微波炉产销量突破 600 万台,全年销售额达到 29.6 亿元,其中内销与出口各占 50%,国内市场占有率高达 67.1%,稳居第一位,欧洲市场占有率达 25%。2001 年,格兰仕微波炉全球产销量飙升至 1 200 万台,成为全球最大的专业化微波炉制造商。2001 年至今是格兰仕发展的第三阶段:进入家电其他相关领域并国际化。2005

年,格兰仕微波炉全球年产销量突破 2 000 万台,其中出口 1 400 万台,全球市场占有率近 50%。格兰仕微波炉全球销售的远期目标为 2 200 万台,其中出口销量 1 500 万台。在微波炉产业稳步升级的同时,2001 年格兰仕开始涉足空调和小家电制造领域,仍然走低成本−规模的竞争路线。2005 年,格兰仕空调全球产销量高达 350 万台,是产销量增幅最大的空调品牌。格兰仕小家电的增长同样迅速,其中电烤箱、早餐机遥遥领先同行,电饭煲进入行业前两强,电磁炉进入行业四强。同年,格兰仕迈向国际化,其第一途径是以 OEM(代工形式)建立世界级的生产规模,进一步发挥制造和成本优势。格兰仕已与全球 200 多个跨国公司建立了 OEM 合作关系,其中大部分跨国公司将海外生产线搬到中国,由格兰仕为其贴牌生产相关产品。2005 年,格兰仕开始建造占地 3 000 亩的全球最大空调专业制造基地,目标是形成世界最强的空调生产配套能力,并拥有世界级的自主开发和配套生产空调核心元器件的能力。格兰仕计划至 2008 年实现空调年产销规模 1 500 万台的又一个世界第一。格兰仕国际化的第二途径是建立海外分公司和海外销售渠道,以成本优势寻求国外市场的发展机会。这一步还在稳步推进中。

格兰仕制造的低价格模式

格兰仕的低价模式是其核心竞争力,也典型地反映和代表了中国制造的低价竞争战略。格兰仕的成功使 LG、惠而浦、松下等原有的微波炉制造商在中国及海外都失去了市场。格洛丽亚等人认为格兰仕运用低成本领先战略非常成功,归纳格兰仕模式为:降低成本→降价→提高市场份额→扩大生产规模→进一步降低生产成本,该模式不但运用于微波炉行业,而且成功地运用于空调和小家电行业。格兰仕聚焦于制造和低价以实现快速增长,依靠动态的低成本领先优势,压倒竞争者夺得遥遥领先的市场份额。格兰仕降价策略的主要特征如下:

①成本—降价—市场占有率—制造规模,四要素形成紧密的互动关系和良性循环的拉动效应。

②降价幅度大。降价幅度相当大,多数降幅在 25%~40%;降价规模和范围相当广泛,包括多产品型号和多地区参与;降价延续时间长,在 1996 年后长达近 10 年时间。

③效果显著。每次降价获得的市场占有率提升都在两位数,对竞争者和跟随者都构成强大威慑。

【案例思考】

1.格兰仕成功之处在哪里。

2.格兰仕低价策略的主要弱点是什么?

【营销实训】

手机市场价格策划。

【实训目标】

1.通过对手机市场价格的评析,加深学生对各种价格方法及策划的理解。

2.进一步了解价格制订、修订和变动的原因及其策略。

3.初步培养学生价格策划能力。

【实训内容与组织】

1.内容：

（1）手机市场价格策划状况调查。调查对象：本地的手机专卖店、手机商店、百货商店手机柜、网店等；调查内容：某一品牌手机的价格及其销售情况；调查方式：上网点击、观察调查、深入访谈等。

（2）对某一品牌手机市场价格策划进行评析。包括手机品牌名称、档次高低、进价依据、顾客反映、顾客流量、价格策划、销售情况等。

2.组织：

（1）选择学生比较熟悉或正在使用的某一品牌手机（如华为、小米、VIVO、OPPO、苹果、三星等）为调查对象。

（2）将学生分成若干小组，制订调查表或访谈提纲，分头进行调查与观察。

（3）以小组为单位汇总调查结果并进行讨论。

【成果与考核】

学生撰写某一品牌手机价格策划评析报告，教师批阅并全班交流。

作业：某品牌手机市场价格策划评析。

小米手机、苹果手机和华为手机的定价策略

小米手机一经面世，就以豪华的配置和亲民的价格，给广大用户树立起"高性能，低价格"的品牌形象。小米手机主打高性价比，从小米1手机至小米5手机售价均维持1 999元，从2017年推出小米6手机开始上调价格，至今推出的小米9手机仍然未突破3 000元；红米系列手机销量一路疯涨，但价格一直维持在1 000元左右；MAX系列手机主打大屏幕大电量，价格也维持在1 000元左右。小米手机通过自己浓郁的社区基因为用户打上了手机发烧友的标签，又有如此竞争力的价格护航，迅速占领了市场，之后凭借越发成熟的研发、生产、供销、服务系统，手机生产与分销的单位成本随生产经验的积累而下降，得到了众多业内人士的认可和追捧。研究智能手机行业的公共关系专业人士戴维·沃尔夫先生曾经表示："如果拿相同特性的手机来比较的话，你愿意多花四成到六成的价格买一部性能相似的三星手机吗？而且小米手机的质量能够令人接受。"与小米形成鲜明对比，iPhone X并未采取这样的定价策略。以在中国市场的发售为例，iPhone X在苹果官方商店的零售价为人民币8 388元起，黄牛市场更是炒到10 000元上下。即便是多年果粉，这也实属高价位产品。但是，一经推出，首批供货立马抢购一空。可见，苹果的定价策略相当成功，而且屡试不爽，可以预见的是随着iPhone X热度逐渐下降，下一年度仍会有一款新的机型刺激果粉们的钱包。

华为手机作为国产手机知名品牌，旗下有众多系列产品。如华为P系列、Mate系列、

Nova 系列等,不同系列的产品市场定位不同,定价也有很大差别。如 Nova 系列手机价格在 2 000~3 000 元,P 系列、Mate 系列手机价格在 3 000~5 000 元,而 Mate 保时捷设计系列手机价格则在 10 000 元以上。

【思考与讨论】

请分析小米手机、苹果手机和华为手机的定价策略,并说明各定价策略的适用范围。

第9章　渠道策略

【本章重点】

1.分销渠道及功能类型。

2.分销渠道管理。

3.中间商及类型。

4.渠道冲突与解决。

【引例】

江苏无锡：电信公司抗疫期间打好满意服务三大"战役"

连日来，在紧张有序的防疫通信保障工作中，江苏省无锡市中国电信分公司实施满意服务新举措，打好"网络提优、渠道拓展、装维突击"三大"战役"，为无锡市各行各业、居民生活的防疫提供坚实的基础，书写满意服务在特定时期的新篇章。

无锡电信把筑牢基层服务作为满意服务升级的"底盘"，从落实"最后一公里"延伸至桌对桌的"最后一米"。无锡分公司聚焦基层组织建设，把工作责任压实到基层、规章制度落实到基层、精兵强将充实到基层、各项保障倾斜到基层。组织骨干全力以赴打好网络质量提升"攻坚仗"、渠道服务提升"主动仗"、装维渗透服务"提升仗"，牢牢守住满意服务"只能更好"的底线。

疫情就是命令，防控就是责任。日前，无锡电信接入维护中心接到在京沪高速东出口安装疫情监控探头的任务，要求当日完成。服务团队立即启动应急方案，3名疫情突击队员带领装维队伍经过两个多小时的紧张施工，完成探头安装。在归途中，他们又接到在锡宜高速通江大道出口安装疫情监控探头的任务。此时夜已深，春寒袭人，队员们抖擞精神，放缆、跳纤、测试数据，一番忙碌，终于在凌晨圆满完成任务。

网络响应在创新中再提速。3月底，无锡市前洲中心小学接到上级部门通报，发现所属IP存在恶意程序感染事件，校方对如何排查、处理病毒缺乏经验，同时迫切希望能够迅速解决问题，消除病毒带来的负面影响。无锡分公司网络安全中心团队把满足客户需求和遏制病毒传播作为首要责任，快速部署，经过多次安装调试，成功配置防护策略，行动力和执行力赢得客户的一致好评。

渠道服务能力再提升，受理安装一条龙。3月31日凌晨以来，无锡市电信分公司渠道受理与装维渗透紧密联动,及时申请立即安装,对监控点位逐一确认上线情况,部分点位到现场调整拍摄角度等。在无锡市锡北镇,无锡电信向厚桥街道现场交付对讲手机50部,为临时征用的某酒店安装门磁100套。

(案例来源:学习强国)

9.1 分销渠道的概念、职能和类型

9.1.1 分销渠道的含义

关于分销渠道的定义,美国营销学者迪夫和理查德·斯蒂尔等认为分销渠道是指"当产品从生产者向最后消费者或产业用户移动时,直接或间接转移所有权所经过的路径"。因此,分销渠道是由渠道成员构成的通道,而非成员本身。

美国市场营销学会、菲利普·科特勒、路易斯·斯特恩等主张"组织机构说"。他们认为,分销渠道是指促使产品或服务顺利地被使用或消费的一整套相互依存的组织。据此,分销渠道包括两个部分:

①发生交易关系,取得所有权的制造商、批发商、零售商和消费者;

②未取得产品所有权,但协助转移所有权的代理商和经纪人,但不包括供应商和辅助商。

在现代市场营销学和营销实践中,还存在"市场营销渠道"和"商品流通渠道"等概念。市场营销渠道是指那些配合起来生产、分销和消费某一生产者产品或服务的所有企业和个人,包括各种生产资源的供应商、生产企业、商人中间商、代理中间商、辅助商以及最终消费者和用户。由于市场营销渠道中供与产的关系也可以看成生产与销售的关系,因此在实践中,分销渠道与市场营销渠道常常混用。

9.1.2 分销渠道的职能

生产者为什么愿意把部分销售工作委托给中间机构呢?这种委托意味着放弃对销售的控制。然而,生产者可以通过中间机构获得效率。凭借他们的各种关系、经验、专业知识以及运营规模,中间机构推动产品广泛进入目标市场,通常比生产企业自己干得更加出色。

分销渠道在整个市场营销中具有重要意义,理由有四:第一,分销渠道是最基本的市场营销组合因素4P之一,是不可分割的一部分。第二,分销渠道会较大程度地影响产品、价格、促销等其他市场营销组合因素,甚至决定一个产品在市场上能否获得成功,因为它担负着将产品及时转移到市场并引导顾客购买产品的重要功能。在美国,分销商们赚取了最终售价的30%~50%的毛利。对比一下,广告费用通常只占到最终售价的5%~7%。第三,分销渠道的性质决定了它与整个市场营销处于一种长期关系,不能轻易变动,因为它的决策意味着对其他公司的一种较长时期的承诺。当一个汽车制造商和独立的经销商签订合同,由后者经销前者的汽车后,汽车制造商从合同生效之日起就必须尊重其经销权,不得以本公司的销售网点取而代之。可以说,一个分销系统就是一项关键性外部资源,它的建立通常需要若干年,并且不能轻易变动。它的重要性不亚于其他关键性的内部资源。第四,分销渠道具有运输、贮藏等提高产品价值的功能,并通过其功能的发挥在适当的时间、适当的场所,将适当数量的产品提供给批发商、零售商和消费者。

在社会日趋规模化、复杂化的今天,在生产和消费之间,在产品、服务及其使用者之间,会出现时间、数量、地点和持有权等的缺口。分销渠道将承担起消除、调整经济上不一致现象和弥补各种缺口的重要职能。

1) 收集、提供信息

分销渠道构成成员的中间商直接接触市场和消费者,最能了解市场的动向和消费者的实际状况。这些信息都是企业产品开发、促销等创造需求和经营全盘必不可缺的,尤其对于那些信息收集能力较弱的生产企业而言,分销渠道提供的信息便成为经营的耳目。

2) 刺激需求,开拓市场

市场营销的本质在于创造需求。分销渠道系统通过其分销行为和各种促销活动来创造需求,扩展市场。分销渠道采用的促销手段与制造商是相同的,主要包括人员推销、广告、营业推广、公共关系等。分销渠道协助、配合制造商或者独立开展促销活动,通过具有说服力的沟通方式来刺激购买。

3) 减少交易次数

中间商存在的理论依据之一就是在分销过程中介入中间商可以减少卖方与买方之间的交易次数。例如,以安全剃须刀闻名的吉列特公司通过约 4 000 家批发商向 50 万家零售商,再由 50 万家零售商向 1 亿消费者出售产品。由于中间商的存在,大大减少了吉列特公司的交易次数,也降低了成本和节约了时间。

4) 调整活动

分销渠道进行的调整活动主要包括集中、编配分装、扩散备齐产品等。这些职能可以调整生产者和消费者之间的各种利害关系,使产品得以顺利流通。

(1) 集中产品

集中产品是指从众多的生产者手中把产品集中起来,尤其是中小规模生产者的产品和农产品都是通过中间商集中起来后再统一向市场提供。这样,既可实现大量交易又能节约运输费用等。

(2) 编配分装

编配分装是指集中或大量生产的产品在接近消费者或用户的过程中,为了方便批发、零售和消费以及适合目标市场的需要必须将其小批量化,按一定的标准、规格进行分类、编配和分装。

(3) 扩散

扩散就是产品集中起来经过编配、分装后,尽可能地通过较多的途径销售出去,最终实现消费。

（4）备齐产品

备齐产品就是备齐并提供目标市场所需的各类产品，满足目标市场的需要。通常这是由距最终消费者或使用者最近的零售商和批发商承担，其中尤为重要的是百货商店和专卖店等商店。这种职能存在的决定性意义在于方便消费者购买，即便于消费者随时随地获得所需产品。

5）物流

物流又称实体分配。要使产品从生产者转移到消费者或用户就需要储存和运输。承担这一职能的便是物流。

6）洽谈生意

洽谈生意应包括双向洽谈，一是前向性洽谈，寻找可能的购买者并与之进行沟通；二是后向性洽谈，即渠道成员向生产者进行反向沟通并订购产品。

7）承担风险

承担风险是指在产品分销过程中承担有关风险。对于有的分销企业来说，资金流方面的风险极大，这主要表现在数目庞大的应收账款上。有的分销公司的应收账款总数可能高达数千万元，有逼近公司净资产的趋势。也就是说，如果这些钱都收不回来，公司就有破产的危险。此外，国家的相关政策也会影响行业客户，有时他们的确没钱，分销商也不大可能去法院起诉，只能选择等待。所以，这种大单的回款周期一般都很长，短则一月、两月；长则一年、两年，甚至数年。

8）融资

融资是指为补偿渠道工作的成本费用而对资金的获取与支用。

【案例9-1】

宜家家居作为全球家居用品零售商，将家居的功能性和简约大方理念深入地传递给消费者，并使这一家居生活概念进行全球性的传播。宜家卖场不仅分布66间风格各异、不同尺寸的样板间，产品更是涵盖家居、家具、软体……从客厅到浴室、从厨房到餐厅……超过7 000种产品任顾客选购，产品设计简约现代，自助式体验的经营方式使顾客体验到宜家只逛不买的快感。中国的白领们把"喝星巴克咖啡，用宜家家具"作为一种风尚，这样的经营模式取得了巨大成功。宜家引领了一种装修风格，一种生活态度。宜家在中国开设了9家门店，2011年，共有约340万人次光顾宜家成都商场，平均每天高达近万人次。上海有2家门店，上海的第二家门店在浦东北蔡地区开业。该店是亚洲最大、全球第二大的宜家商场，仅次于宜家在瑞典总部的商场。

宜家家居的成功，成为很多家具以及家居饰品生产商的目标经销商，每一生产厂家出于各自的成本考虑，大多数只生产一种或少数几种风格的家居，但宜家琳琅满目的产品展示吸引的巨大顾客群是任何一家厂商都无法做到的。因此，由宜家、美国安德林格中国公司、Smart Design/Tim Kennedy Studio等国际采购大腕出席的家具订购会，此次家具行业海外买家见面会涉及的产品涵盖酒店家具、家具零件、商贸家具、家居家具、户外家具、折叠家具、家居装饰等各大类上百个品种,如此明确的采购意向、巨额的国际订单令国内家具行业振奋不已,仅东莞市就有50余家家具企业踊跃参加。

9.1.3 分销渠道的类型

1) 按渠道的长度分类

（1）渠道长度

渠道长度是指产品分销所经中间环节的多少。所经中间环节越多,渠道越长;反之,渠道越短,最短的渠道是不经过中间环节的渠道。

分销渠道可按其长度的不同分为四种基本类型,如图9-1所示。

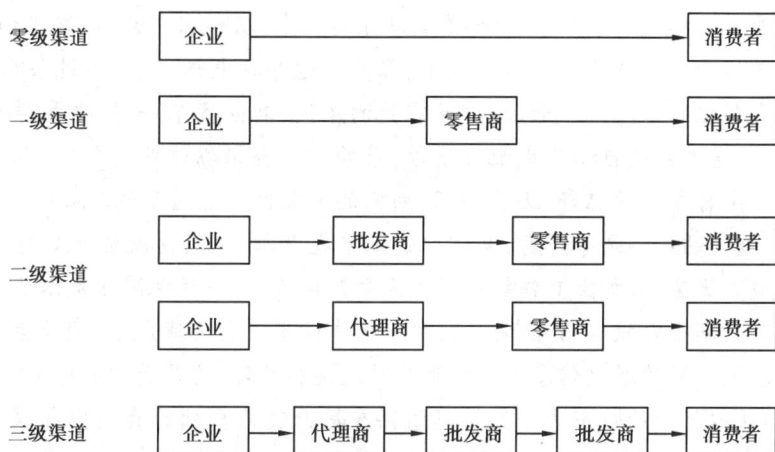

图 9-1 分销渠道的类型

（2）零层渠道

零层渠道通常称为直接渠道,是指产品从制造商转移到消费者或用户的过程中不经过任何中间商转手的分销渠道。直接渠道的主要形式有上门推销、邮寄销售、电子通信销售、网络营销、电视直销、制造商自设商店专柜等。其优点如下:

①能缩短产品的流通时间,使其迅速转移到消费者或用户;

②减少中间环节,降低产品损耗;

③制造商拥有控制产品价格的主动权,有利于稳定价格;

④产需直接见面,便于了解市场,掌握市场信息;

⑤由于制造商直接面对客户,减少了仓储面积并杜绝了呆账,没有经销商和相应的库存带来的额外成本,因而可以保障制造商及客户利益,加快其成长步伐。

直销的销售模式,一种是以安利和玫琳凯等为代表的金字塔式的以传销为基础的销售模式;另一种就是小米手机、戴尔式的直接销售模式。前者主要是以大量的人员推销、人员发展下线,层层销售、层层推荐的形式,即以销售人员为主体;后者主要是以生产厂家为主体,厂家通过一定方式把信息传递给目标消费者,客户通过某种方式把信息反馈给厂家,双方互动,达成协议,销售主体是厂家自身,没有中间渠道环节。前者更多地用在日常生活用品、保健品、礼品等行业,后者一般是附加值较大、单个价格较高、使用周期较长、更需要完善的售后服务体系的行业或产品。前者以大量的人员为基础,人员渠道是其生存的生命线;后者以产品为基础,依靠的是产品的性价比和综合优势。

【案例 9-2】

戴尔是近 10 年来投资回报率最好的 IT 企业。戴尔为什么成功?莫非凭的是超一流领先的研发?莫非凭的是超一流研发带来的顶尖技术?戴尔年研发的投入不足 5 亿美元,不到业界平均水平的 10%。莫非凭的是领先的低成本生产控制?莫非凭的是特有的产品和技术?不是,戴尔的成功靠的是独树一帜的营销模式创新——戴尔的直销模式。

戴尔的商业运作模式基于如下理念:真正从市场上来,从顾客中来,围绕市场与顾客转,给顾客提供超值的产品和服务。通常情况下,客户通过 800 电话,或者通过戴尔网站下单。这是个性化和定制化的信息,每个订单由于客户的不同,其配置不一样,这些详情都会存储到戴尔数据中心,通过系统自动生成配置清单,采购部门会根据这些清单进行采购,第三方物流公司会在 1 小时内把货配好,20 分钟后,所需的零配件就送到了戴尔工厂。

不难看出,戴尔的成品是零库存,其零配件基本也是零库存,这就能很好地解释戴尔产品为什么具有成本优势,再加上直销绕过了中间分销环节,进一步保障了成本优势和投资回报。戴尔工厂的信息平台赋能内外部沟通,极大地减少了信息沟通成本,因为生产一台产品的所有信息和决策结果均通过信息平台得到及时反映和呈现,这是透明的也是可视的。

可见,戴尔是以优秀的数据管理和卓越的供应链系统为基础的直销模式取得了令人难以望其项背的竞争力。

(3)一层渠道

一层渠道是指生产者和消费者(或用户)之间介入一层中间环节的分销渠道。在消费者市场,其中间环节通常是零售商;在生产者市场,大多是代理商或经纪人。

【案例 9-3】

农民专业合作社蔬菜大户与青岛家乐福合作,开创"农民直供日"活动。农民专业合作社把当天采摘的 10 吨 20 种蔬菜运到家乐福门前广场,向来往市民推介最新鲜的市郊农产品。家乐福严把蔬菜质量关,将有机蔬菜大量引入青岛各区的每家超市,满足老百姓对"菜篮子"食品安全的要求。家乐福已在北京、上海、天津、武汉、广州、大连和宁波等 11 个制造业发达城市建立了采购基地,并对这些采购基地的种植过程进行严格控制,以便放心、快速地把农产品摆放到货架上。

(4)二层渠道

二层渠道是指生产者和消费者(或用户)之间介入了两层中间环节的分销渠道。在消费者市场,通常是批发商和零售商;在生产者市场则通常是代理商和批发商。

(5)三层渠道

三层渠道是指在生产者和消费者(或用户)之间介入了三层中间环节的分销渠道。

一般来说,三层渠道多见于消费者市场,通常包括两种情况:一是在批发商和零售商之间设有专业批发商,三者的关系为一级批发→二级批发(专业批发)→零售商;二是在批发商之前有一总经销商或总代理商,其关系是总代理(总经销)→批发商→零售商。

一、二、三层渠道与直接渠道相对应,可统称为间接渠道。

分销渠道的长度是指产品从企业到消费者(或用户)的转移过程中所经历的中间环节数。

2)按渠道的宽度分类

分销渠道的宽度,是指渠道的每个层次使用同种类型中间商数目的多少。多者为宽渠道,意味着销售网点多,市场覆盖面大,少者为窄渠道,市场覆盖面相应较小或很少。根据不同的渠道宽度,通常分为三种分销策略:密集分销、选择分销和独家分销。

(1)密集分销

密集分销又称广泛分销或开放性分销,是指制造商尽可能多地发展批发商和零售商,并由它们销售其产品。这种策略较适用于食品、日杂用品等生活必需品和便利品之类产品。这些产品的特点是以大多数消费者为对象,而消费者又希望能轻而易举、随时随地买到这些产品。例如,食盐、酱油、矿泉水、中性笔、电池等产品。

(2)选择分销

选择分销是指制造商根据自己所设定的交易基准和条件,精心挑选出最合适的中间商销售其产品。这是一种介于宽与窄之间的销售渠道。它一般适用于消费品中的选购商品和特殊品,工业品中的零配件,以及专业性强、用户比较固定、对售后服务有一定要求的工业产品。选择性分销渠道的优点是可以节省开支费用,提高营销效率,对市场加以控制。但是,选择性分销渠道使企业难以在营销环境宽松的条件下实现多种经营目标;企业要为被选用的中间商提供较多的服务,并承担一定的市场风险。

但是,能否使用选择性分销渠道取决于以下条件:

①中间商能否提供良好的合作;

②愿意参与渠道协作的中间商数目的多少;

③制造商能为中间商提供多少市场畅销产品,在供货方式、价格上能给多大优惠,在诸如采用广告宣传等措施所需的费用上能给予多大的支持等;

④制造商与中间商之间的联系以履行合同来维系,无论哪一方的行为有损合同的执行,必将使产品在该渠道上的流通受阻,从而使采用这一渠道的预定目标落空。

【案例 9-4】

苹果公司对经销商的发展极其小心,苹果销售渠道在中国有以下几种方式:一是总代理方式,苹果实行双代理模式,在中国区的总代理总共有四个:翰林汇、长虹佳华主要负责苹果iPad 在中国区域的总代理;而方正世纪、佳杰科技主要负责苹果电脑、软件产品在中国区域的总代理。二是零售终端方面,采取授权专卖店、卖场连锁店以及网上授权零售三种方式相结合的路线。到 2011 年 3 月,iPhone 手机在中国区域的正规销售渠道相对比较少,销售渠道也比较独特,只有 Apple Store 在线商店、Apple Store 零售店和中国联通三种渠道,其中,中国联通授权苏宁销售其部分合约 iPhone 手机。其后，苹果在中国各省（市、自治区）发展了大大小小的经销商：以北京为例，苹果在北京地区的经销商就有 92 家；湖北地区到 2012 年 4 月，也有 64 家经销商。细分为 Apple 优质经销商、Apple Shop 和 Apple 授权经销商。

（3）独家分销

独家分销是指制造商在某一地区仅挑中一家中间商销售其产品。通常双方协商签订独家经销合同，一方面规定制造商不再在该地区发展经销商；另一方面也规定经销商不得经营竞争者的产品。独家分销渠道是一种最为极端的常见专营型分销渠道。这种渠道的优点是：

①有利于维持市场的稳定性；

②有利于提高产品价值；

③有利于提高销售效率。

9.1.4　分销渠道的模式

1）垂直分销系统

垂直分销系统即垂直一体化，是指制造商、批发商和零售商等形成一个统一体。他们服从于一个领导者，或是制造商，或是批发商，或是零售商，取决于其能力和实力的大小。垂直分销系统有三种主要类型。

（1）公司式垂直分销系统

公司式垂直分销系统是指制造商、批发商、零售商归属同一所有者并受其统一管理和控制的系统。其实，这种垂直一体化既能向前一体化也能向后一体化。例如，日本松下电器公司不仅制造家用电器，在大量生产、大量销售的时代，以合并、共同出资等形式将众多的批发商和零售商纳入自己的麾下，随后打造成系列批发商和系列零售商，最多时前者达 224 家，后者高达 27 000 家。又如，西尔斯百货公司从它部分拥有或全部拥有的公司里销售产品的比例超过 50%。

（2）管理式垂直分销系统

管理式垂直分销系统是指由某一家规模大、实力强的企业出面将制造商和处于不同层次的中间商组织起来并实行统一管理的系统。例如，名牌产品制造商柯达、宝洁，凭借其品牌、规模和管理经验优势出面协调批发商、零售商的经营业务和政策，采取共同一致的行动。柯达（KODAK）和吉利（Gillette）等公司不仅可以对其所确定的各分销渠道成员的行为作出有效的协调，而且可以从这些经销商那里得到诸如产品陈列、提供最佳货架、主动采用各种促销手段和价格政策等方面的积极合作。所以这种分销系统被许多企业认为是最理想的分销渠道形式。

2）水平分销系统

水平分销系统是指在分销过程中履行同一渠道职能的两个或两个以上企业联合起来共同开发和利用市场机会的系统。如某零售店可以通过与其他零售店合并或增加店铺来实行水平一体化。水平一体化能在采购、市场调研、广告、人事等方面获得规模效益，但并不是改善渠道的最佳方法。

3) 多渠道分销系统

多渠道分销系统是指一个公司建立两条或两条以上的分销渠道,向一个或更多的顾客细分市场分销其产品的系统。如某制造商一方面通过中间商分销产品,另一方面又利用因特网销售产品。采用多渠道分销系统,公司可以获得三个方面的好处:一是扩大市场覆盖面;二是降低渠道成本;三是增加销售特征,使其更适合顾客的要求。比如,江浙一些打火机生产厂商采用出口代理商、网上贸易平台,设立国外分公司等多种渠道扩大自己的国际市场份额。

【案例 9-5】

2005 年以来,戴尔在中国的销售频繁遭到各地客户投诉,戴尔的直销模式因此被人们纷纷质疑缺乏优质的售后服务。同年 4 月,美国《商业周刊》也炮轰戴尔直销模式,直指戴尔在软件及服务领域的不足。而业内人士认为,戴尔此次市场份额下降的主要原因是其直销模式在四、五级城市及中小企业等新兴市场销售疲软,也就是开拓乏力。2007 年 4 月 27 日,戴尔 CEO 迈克尔·戴尔表示,为使戴尔品牌走出当前的低迷境况,刺激公司业务增长,公司将考虑直销以外的其他业务模式。迈克尔在致雇员的电子邮件中宣称:直销是一种创新模式,但不是信仰。我们要简化业务模式,通过直销以外的其他手段来满足用户需求。

对于戴尔来说,在中国并没有完全执行全球统一的直销策略。代理商也可以通过直购的方式给 DELL 下订单,只不过不叫代理商,而是称为系统集成商。为了弥补渠道的不足,或者是为了完成业绩目标,戴尔中国默认这些采购者作为到达最终消费者的方式之一而存在。在戴尔的大客户采购网络中,实际上有很多购买者都是大的系统集成商。据业界人士估算,Dell 在中国的直销比例从来没有超过 60%,也就是说,有 40% 的产品走了间接代理方式。

9.2 分销渠道的策略

在任何市场上,经营者都要充分利用自己的资源,先在局部形成优势力量,再综合分析各种影响因素,作出决策。在决定启用何种分销渠道销售产品前,必须考虑会受哪些因素影响,才能做出正确的决定。

9.2.1 影响分销渠道选择的因素

分销渠道的选择和构筑是企业的重要决策事项,它对市场营销影响极大。选择和构筑何种分销渠道要根据企业的总体市场营销战略进行综合判断和决策。尤其是分销渠道的选择和构筑一定要适合或最能接近企业所确定的目标市场。因此,在选择和构筑分销渠道时,不仅要对渠道成员的中间商进行全方位的分析和研究,而且还要考虑和研究对分销渠道的长度和宽度造成影响的其他因素。

1) 产品因素

产品特性不同,分销渠道的长度和宽度一般也有区别。

产品种类不同,分销渠道自然不同。按消费者购买习惯划分的便利品、选购品、特殊品等,其零售店的类型差别甚大。如食品、日杂用品等生活必需品,因购买频率高,应选择时间、距离上方便消费者购买的分销渠道。也就是要尽量多设零售网点,建立成规模的流通机构,形成长而宽的分销渠道;便利品较适合采用密集分销策略;选购品、特殊品等较适合短而窄的分销渠道,可采用选择分销和独家分销策略;建筑材料、大宗产品需要选择运输距离和装卸次数最小化的渠道销售。

生鲜易腐坏的产品一般采用直接渠道或尽可能短的分销渠道。技术含量高、维修需要专业知识的产品最好选用直接渠道或尽量减少中间环节;单价高的产品一般采用短渠道,生产者直销或只通过零售商销售。相反,单价低的产品一般采用长而宽的渠道;体积大且质量大的笨重产品宜用短渠道;对非标准化的产品,由于没有明确的质量标准、规格和式样,如家装行业,大多数产品都是非标准化的,无论从选材、物流,再到上门测量、安装,都需要多次当面沟通的一般采用直接渠道或较短渠道。需要生产者和用户直接面议配置、规格等要求,签订供货合同,一般采用直接销售。

产品因素对分销渠道选择的影响见表9-1。

表 9-1 产品因素对分销渠道选择的影响

产品因素	产品属性	渠道短	渠道长	举例说明
产品的单位价格	高	√		大型机械设备
	低		√	日用品
产品的体积与质量	整、大	√		大型机械设备
	细、小		√	日用品
产品的易腐性	强	√		鲜活产品
	弱		√	衣物
产品的技术与服务要求	高	√		医疗设备
	低		√	日用品
产品的标准化	高		√	小配件、日用品
	低	√		设计项目
产品的专用性	高	√		医疗设备
	低		√	日用品

2) 市场以及顾客特性

①市场规模大且分散时,适用中间商分销,能提高效率,降低成本;当市场有局限性,或表现集中时,则宜限定或排除中间商。

②生产者和消费者之间的距离越远,采用间接渠道比直接渠道更能节省费用。

③对消费者的正确理解是所有市场营销活动的基础,分销渠道的选择和构筑也不例外,必须清楚地掌握消费者特性。

具体来说,至少应明确下列项目:

①购买者、使用者是谁?

②为什么购买?

③在哪儿购买?

④何时购买?

⑤买什么?

⑥买多少,购买频率,购买单价?

⑦购买行为是否有计划且慎重?

⑧习惯性购买还是冲动性购买?

⑨采取什么样的生活方式?

⑩最能接近目标顾客的最佳分销渠道是什么?

3) 企业特性

分销渠道的选择和构筑不仅受外部因素的影响,而且受企业自身因素的影响也很大。

(1) 企业竞争力

企业竞争力(知名度、品牌力、技术力、销售力等)的强弱,对渠道的建立及管理、指导力的发挥具有重大影响。在市场、业界居于优势地位的情况下,选择、开发分销渠道的幅度较大,既可自建分销渠道,也可选择中间商来应对现有渠道。如果企业保持着强大的竞争力,那么既可以整合分销系统,实现分销的垂直一体化,也可以确定销售公司制度或多渠道并存等。例如,近年来,随着品牌的强势崛起和渠道管理的需要,街头出现很多的美的专卖店和格力专卖店。

(2) 经营者的经验和能力

如果经营者不能直接设立、管理销售部门,就必须利用中间商和代理商。

(3) 财务能力

短渠道较长渠道需要更多的固定费用,必须投入更多的资金。因此,渠道的选择必须分析公司的财务能力。

(4) 企业的产品组合也会影响渠道类型

一般来说,产品组合广度越大,与顾客直接交易的能力就越大;产品组合的深度越深,则使用独家专卖或选择代理商就越有利;产品组合的关联性越强,则越应使用性质相同或相似的分销渠道。

4) 环境特性

在渠道的决策过程中,生产者必须考虑竞争状况、生态、经济状况、技术、社会、法律等市场营销环境。

①分销渠道的选择要受到竞争者所采用渠道策略的影响。在了解、分析竞争者渠道策略的基础上,结合企业自身情况决定渠道类型,有的生产企业为了与竞争者抗衡,选择与竞

争者相同或相近的分销渠道;有的则设法避开竞争者的渠道策略,如日本 J 公司在厨房用洗洁剂领域市场占有率第一。该公司避开竞争,没有采用业界常用的代理商渠道策略,而是采取直接渠道策略,选派推销人员直接访问饭店、餐厅等用户,并向其推销产品,确保了市场占有率。

②技术的进步大大地改变了分销系统,出现了诸如电话销售、电视销售、电子商务、网络营销等一系列新的分销模式。

③经济的制约作用,如经济萧条时,生产者希望降低分销成本,使终端消费者获得低廉价格真正的实惠,这意味着要用较短的渠道。

④政府有关产品流通的各种政策、法规也限制渠道的选择。

【案例 9-6】

1995 年,安利正式落户中国,首先在广州投资 1 亿美元建成了安利在海外唯一的现代化日用消费品生产基地,欲在中国掀起一场安利直销风暴。可是很快国内形形色色打着直销旗号的传销诈骗活动搅乱了安利的市场前景。1998 年 4 月 18 日,国务院《关于禁止传销经营活动的通知》出台,对传销(包括直销)活动加以全面禁止,安利开始在中国寻求新的生存方式。1998 年 6 月 18 日,对外贸易经济合作部、国家市场监督管理总局、国家国内贸易局联合发布《关于外商投资传销企业转变销售方式有关问题的通知》,准许部分外资传销企业转为店铺经营,并可以雇用推销员。1998 年 7 月经批准,安利(中国)日用品有限公司正式采用新的营销方式,由直销改为"店铺+雇用推销员"的经营模式,自此,安利 40 多年来在全球80 多个国家和地区均通过直销员销售产品的传统被彻底打破。转型后的安利把原来分布在全国各地的 20 多个分公司改造成为第一批店铺,后来又陆续对这些店铺进行扩充。所有产品明码标价,消费者可以直接到专卖店中自行选购,杜绝推销员自行定价带来的问题。新的经营模式给消费者带来了新的选择,同时也让安利作出了新的尝试,突破原有的直销模式,多种销售方式并举,这对安利融入中国国情也是一种挑战。

5) 中间商特性

选择分销渠道时,还必须考虑在分销过程中承担不同职能的各种中间机构的优缺点、规模、地理位置、信誉、分销能力、合作意愿,等等。

对苹果公司而言,国美、苏宁等卖场管理不够规范,无法与 Media Markt、Fortress、百思买的成熟模式相比。国美、苏宁模式主要以量取胜,由于网络庞大,扩张快速,总部对专场管控很少,导致每个区域甚至每个专场的管理都有所不同。苹果中国和卖场的沟通主要在总部,国美、苏宁等卖场会成立一个项目小组,和苹果就店面位置、市场推广等细节制定协议。但由于卖场各自为政,管理混乱,故苹果会对卖场进行评估,每半年清场一次,进行调整,每个卖场都有可能被撤销。百思买、顺电和苹果也有合作,它们是苹果较为满意的合作对象,但前者在中国水土不服,后者扩张速度太慢,无法满足苹果对渠道的需求。

9.2.2 分销渠道类型的选择

选择哪种分销渠道分销产品必须进行三个决策。

1）是否使用中间商的决策

生产者将产品直接卖给消费者或用户,形成直接渠道;经过中间商转手卖给消费者或用户,则形成间接渠道。

2）层级的决策

如果生产者决定采取间接渠道分销产品,就需进一步进行层级决策,决定采用多少层渠道。

3）宽窄的决策

生产者在决定采用间接渠道时,除上述的层级决策外,还需考虑间接渠道的宽窄之别,即从密集分销、选择分销、独家分销中选择适合自身特点的渠道策略。

是否要把偌大的市场放到一个"篮子"里?越来越多的制造商开始理性、成熟地考量渠道分销,越来越意识到渠道优化的重要性,诸如渠道优化不在于网络数量而在于网络质量,不在于随波逐流而在于适合、创新,这也为独家分销提供了思想"沃土"。如果仅就"独家分销"而言,主要有以下几种情况:

（1）中国大陆市场独家分销

这种模式,主要是境外企业（跨国企业或港澳台企业）寻求开拓中国大陆市场的常用办法,也为国内企业采用,尤其前几年比较常见。近几年,国内企业把产品总分销权"外包"弊端不断显露,这种模式在国内逐渐式微。

（2）某个行业领域内独家分销

比如,四川省泸州市邮政局受省邮政局委托,与四川郎酒集团有限责任公司签订了经销协议书,获得郎酒集团公司系列酒产品在全国邮政系统内部的总经销权。

（3）大区独家分销

把整个中国市场划分为几大片区,把每个片区产品经销权交给一家企业。比如中国台湾IT巨头宏基公司采取的就是这种分销模式,把市场划分为几个大区,分别由几家大区总经销商负责产品分销。不过目前正在改造这种模式,采取"分公司+代理商"模式,以便渠道扁平化。

（4）省区市独家分销

目前,制造商采用最多的就是这种独家分销模式,但目前有渠道重心进一步下沉的趋势,总经销权向市（县）级移动,既调动经销商的积极性,又能完善市场布局,增强渠道的可控性,比如,商务通采取小区独家经销制。

当一个制造商面临偌大的中国市场时,全国性总分销就出现了四种模式:一是制造商分品牌设立总分销商,如五粮液集团;二是制造商分行业设总经销商;三是制造商分产品设置总经销商;四是把渠道作为一个"筐",什么都往里面"装",但这种模式的成功概率很低。

在偌大的市场中采取独家分销这种渠道模式,有如下缺点:

①价格竞争优势丧失。由于总经销下设各级分销商的层层"扒皮",产品价格竞争优势在逐渐丧失,尤其是终端价格。当然,也有一种例外情况,即总经销商本身就是大型终端商,这种情况下会提升产品价格竞争力,这就是国美（号称价格杀手）、苏宁（号称价格屠夫）让其他零售渠道疾恶的重要原因。

②渠道功能弱化。由于渠道功能越来越复杂,复合型渠道应运而生。要求渠道不仅具有产品流通功能,还应承载服务、信息反馈等诸多功能,但总分销商能否把服务、信息等做起来,繁杂却获利菲薄的任务承担起来,还是个未知数。上海大众一直由上海汽车工业销售总公司行使产品总经销权,并依靠其在全国建立起多级销售网络体系进行批发零售。由于生产企业远离市场,导致市场反应能力弱化,曾一度使占据国产轿车市场半壁江山的桑塔纳在20世纪90年代末销量急剧下滑,在内忧外患的挤压下,上海大众收回了产品经销权。

③经营资金压力。由于总分销商战线过长,不可避免地制造商资金回笼滞缓,甚至造成呆死账而导致财务危机。这种情况在医药、保健品、快速消费品行业很常见,资金压力主要来自终端销售商,主要由他们结算账期决定。

④店大欺"客"。总分销商店大欺"客",这个"客"不仅包括顾客,还包括制造商。在经销商强大到足以左右制造商的生产局面时,生产商就可能面临经销商压力与威胁,总分销商不断地讨价还价,比如价格、返利、促销支持等条件。

⑤造成市场营销惰性。独家分销容易造成制造商经营上的惰性,因而产生过度依赖,可能会把企业带到危险的边缘,经销商的一个小动作,都可能产生"牛鞭效应",在制造商方面产生很大的波动。

⑥市场无根基。采取这种总分销模式,市场是总经销商(或总代理商)的,而非制造商的,所以这种市场是虚无的,或者说是一种"空中楼阁",随时都有倒塌的可能,市场风险极大。

渠道资本的牺牲品。由于总分销商作为商业资本,"利"字为先,为牟取利益很可能主推其他竞争品牌的产品,尤其是大力扶持那些经营利润更高的品牌,而对于低利润产品则按照合同"维持"经营,甚至在时机成熟时把产品淘汰出局。

9.2.3 分销渠道的管理

分销渠道的管理,实质上是在制造商决定采用间接渠道销售产品时,对渠道成员即中间商的选择、激励和评估。

1)选择中间商

中间商包括批发中间商和零售中间商。中间商选择是否得当,直接关系到制造商市场营销效果。选择中间商首先要广泛搜集有关中间商的业务经营、资信、市场范围、服务水平等方面的信息,确定审核和比较的标准。选定了中间商还要努力说服对方接受你的产品,因为并不是所有的中间商对你的产品都感兴趣。投资规模大,并有名牌产品支撑的制造商完成决策并付诸实际是不太困难的。例如,丰田汽车公司轻而易举就能吸引到新的经销商。而对那些刚刚兴起的中小企业来说就不是一件容易的事。例如,宝丽来公司刚开始时无法说服照相馆经销它的新照相机,因此不得不去大型综合商店。一般情况下,选择中间商必须考虑以下条件。

(1)中间商的市场范围

市场是选择中间商最关键的因素,首先要考虑目标中间商的经营范围所包括的地区与产品的预计销售地区是否一致。其次中间商的销售对象是不是制造商所希望的潜在顾客,这是最根本条件。因为制造商都希望中间商能打入自己已确定的目标市场,并最终说服消费者购买自己的产品。

(2)中间商的产品政策

中间商承销的产品种类及组合情况是中间商产品政策的具体体现。选择时一要看中间商有多少"产品线",二要看各种经销产品的组合关系,是竞争产品还是促销产品。一般认为,应当避免选用经销竞争产品的中间商。但如果产品的竞争优势明显也可以选择经销竞争者产品的中间商。因为顾客在对不同的产品作客观比较后,有权力决定购买有竞争力的产品。

(3)中间商的地理区位优势

区位优势就是位置优势。选择零售中间商最理想的区位应当是顾客流量较大的地点。批发中间商的选择则要考虑其所处位置是否便于产品的批量储存与运输。通常以交通枢纽为宜。

(4)中间商的产品知识

许多中间商被规模巨大,而且拥有名牌产品的制造商选中,原因在于它们对销售某种产品有专门经验。选择对产品销售有专门经验的中间商往往会很快地打开销路。因此,生产企业应根据产品特征选择有经验的中间商。

(5)预期合作程度

如果中间商乐意与制造商合作,中间商就会积极主动地推销产品,对双方都有益处。有些中间商希望制造商也参与促销,扩大市场需求,并相信这种销售方式会获得更高的利润。生产企业应根据产品销售的需要确定与中间商合作的具体方式,然后再选择最理想的合作中间商。

(6)中间商的财务状况及管理水平

中间商能否按时结算包括在必要时预付货款,取决于财力的大小。中间商的销售管理是否规范、高效,关系着中间商市场营销的成败,而这些都与制造商的发展息息相关。

(7)中间商的促销政策和技术

采用何种方式推销产品及运用选定的促销手段的能力直接影响销售规模。有些产品适合广告促销,而有些产品适合人员推销。有的产品需要有效地储存,有的产品则需快速运输。要考虑中间商是否愿意承担一定的促销费用以及有无必要的物质、技术基础和相应的人才储备。选择中间商前必须对其所能完成某种产品销售的市场营销政策和技术的现实可能程度作全面评价。

(8)中间商的综合服务能力

现代商业经营服务项目甚多,选择中间商要考察其综合服务能力如何,有些产品需要中间商向顾客提供售后服务,有些在销售过程中需要提供技术指导或财务帮助(如赊购或分期付款),有些产品还需要专门的运输与存储设备。目标中间商所能提供的综合服务项目与服务能力应与企业产品销售所需要的服务要求相一致。

2)选择中间商的方法

选择中间商的方法很多,有很多知名企业用评分法。评分法就是对拟选择作为合作伙伴的每个分销商,就商品分销能力和条件进行打分评价。这里使用加权评分,即每一个因素所占的比重根据因素的重要性不同而不同。评分法主要适用于一个较小地区的市场上。考察中间商时，要掌握以下几个原则：第一，中间商有能力按照企业策略铺货；第二，费用最低；第三，时间最短，速度最快。

例如，某企业希望选取的零售商应具有理想的市场覆盖范围、良好的声誉、较好的区位优势、较强的促销能力，并且愿意与生产厂家积极协作，主动进行信息沟通，财务状况良好。但是各个候选中间商均在某些方面具有一定的优势，没有一个候选中间商在各个方面都名列前茅，因此，该企业采用评分法对三家候选中间商进行评选，结果见表9-2。

表9-2 分销商评价方法与结果

评价因素	权数	候选中间商 1		候选中间商 2		候选中间商 3	
		打分	加权分	打分	加权分	打分	加权分
市场覆盖范围	0.2	80	16	70	14	90	18
声誉	0.15	80	12	85	12.75	70	10.5
历史经验	0.05	75	3.75	70	3.5	80	4
合作意愿	0.1	90	9	95	9.5	65	6.5
产品组合情况	0.15	80	12	70	10.5	85	12.75
财务状况	0.15	75	11.25	75	11.25	85	12.75
区位优势	0.1	75	7.5	70	7	85	8.5
促销能力	0.1	85	8.5	80	8	85	8.5
总分	1	640	80	615	76.5	645	81.5

通过打分计算，第三候选中间商的得分最高，该企业应当考虑选择它作为当地的分销商。

3) 激励渠道成员

如何通过企业的激励最大限度地调动经销商的积极性，从而构建一种长期的战略合作伙伴关系，是企业营销管理者最重要的工作。

经销商激励一般分为物质激励与精神激励两种。

（1）物质激励

物质激励主要体现在价格优惠，渠道费用支持，年终返利，渠道促销等。比如，啤酒批发商全年销售达到 10 万箱，在年底结算货款的基础上，厂家给予实际销量的 3% 作为奖励；达到 15 万箱并全部结清货款，则给予 4% 的奖励；不足 10 万箱者不给予奖励。还有一种物质激励是促销费用和助销物料，是用来激励零售商，达到增进其进货、销货积极性的目的。如提供一定数额的产品进场费、货架费、堆箱陈列费、POP 张贴费、人员促销费、店庆赞助、商店DM（商业广告）的赞助等。

（2）精神奖励

精神奖励可采取的措施有：

①开展促销活动。制造商利用广告宣传推广产品，一般很受中间商欢迎，广告宣传费可由制造商负担，也可要求中间商合理分担。制造商还应经常派人前往协助主要中间商安排产品陈列，举办产品展览和操作表演等活动。

②培训。培训是经销商最好的精神激励方式，传授经销商及营销人员在经营、管理、销售方面的技能，比单纯的物质激励更重要。

③旅游。旅游是对经销商非常友好的一种激励方式，在繁忙之余，安排他们一次放飞身心的机会，劳逸结合，会更彰显企业凝聚力，更好地激发他们口碑传播的良好效果。例如，1996年底，"嘉士伯"啤酒允许在6—9月4个月内，向完成规定销量者提供两个新、马、泰旅游名额；"贝克"啤酒则提供赴德国考察的机会；"百威"啤酒的奖励为美国旅游考察……这些出国考察机会既对国营经销商的经营管理人员具有吸引力，又使私营经销商老板获得开拓事业的学习机会，在某一时期，比纯金钱利益的奖励更受经销商欢迎。

④大客户会。有的企业通过定期召开大客户会的形式，邀请大客户代表参加企业的新产品说明会，促使核心客户深刻领悟企业经营战略及其策略，明确企业发展方向，更紧密的厂商携手，打造共赢的良好局面。

⑤专业顾问。有的企业为了体现对经销商的支持力度，采取派驻专业顾问形式，帮助经销商深度分销或者协助销售。这些专业顾问，往往是企业的营销精英，技能高超，策划力强，能够帮助经销商迅速提升业绩。

⑥提供信息。市场信息是开展市场营销活动的重要依据。企业应将所获得的市场信息及时传递给中间商，使他们心中有数。为此，企业有必要定期或不定期地邀请中间商座谈，共同研究市场动向，制定扩大销售的措施；企业还可将自己的生产状况及生产计划告诉中间商，为中间商合理安排销售提供依据。

激励渠道成员使其有良好表现，必须从了解个别中间商的需要及心理入手。一些中间商常遭制造商批评的主要表现如下：只强调某一特定品牌，推销员对产品的知识过于浅薄，未能充分利用制造商提供的广告资料，疏忽某些顾客（他们可能是个别产品的好顾客，而不是中间商产品组合的好顾客），甚至其粗心的记录保存系统有时会遗漏品牌名称。

然而这些从制造商角度观察到的缺点，如转换成中间商角度就很容易理解。

①中间商并非受雇于制造商以形成其分销渠道中的一环，而是一个独立市场，并且经过长期实践，他安于某种经营方式，执行实现自己目标所必需的职能，在自己可以自由决定的范围内制定自己的销售策略。

②中间商经常以担任其顾客的采购代理人为主要工作，其次才是供应商的销售代理人，任何向他购买产品的顾客，他都有兴趣接待。

③中间商试图把所有产品组成一组相关的产品组合，并将该组合销售给每个顾客。其销售努力在于取得该产品组合的订单，而非单项产品的订单。

④除非给予很大优惠，中间商不会为其所销售的品牌保存个别销售记录。那些可供产

品开发、定价、包装及促销规划使用的信息,常被中间商未标准化的记录所抹杀,有时甚至有意隐瞒。

⑤要激励中间商,就必须从被激励者的角度来考察整个销售体系。

大多数制造商都以为激励是为了想方设法得到独立中间商或不忠诚、怠惰中间商的合作。他们幻想出诸如高利润、私下交易、奖赏、合作广告津贴、展示津贴、销售比赛等正面激励因子激励中间商;如果这些未能发生作用,他们就改用负面惩罚,例如,威胁减少中间商利润,减少给中间商的服务,甚至终止双方关系。这些方法的根本问题在于制造商从未正视经销商的需要、困难以及经销商的优劣势。相反,他们只是靠单纯的"刺激—反应"式的思考把很多繁杂的工具凑合起来。

一些经验丰富的制造商则常常会与经销商建立长期合作伙伴关系。这就需要制造商详细了解他能从经销商那里得到什么,以及经销商可以从他那是获得些什么。所有这些,都可用市场涵盖程度、产品可获得性、市场开发、寻找顾客、技术方法与服务以及市场信息来测量。制造商希望得到渠道成员对这些信息的认可,甚至依其遵守情形建立报酬机制。

例如,一家企业并不直接给予经销商25%的销售佣金,而按下列标准支付:

①能保持适度的存货,给5%;

②能满足销售配额的要求,给5%;

③能有效地服务顾客,给5%;

④能及时地通报最终顾客的购买水平,给5%;

⑤能正确管理应收账款,最后给5%。

4) 激励渠道成员的方法实例

①施奎亚公司(断路器、配电盘)要求销售代表用一天时间与每一经销商一起"站柜台",以便了解经销商的经营情况。

②戴伊可公司(工程用塑料和橡胶制品)实行每年一次为期一周的休假制度,由20个经销商的年轻高级管理人员和20个戴伊可公司的年轻高级管理人员参加,以便通过研究讨论会和旅游活动来加强互相联系。

③柴雅利电器公司(电气开关和电子键盘乐器)指派一位与经销商联系工作的经销经理负责制订正式的经销商市场营销计划。公司还专门指定两名内部推销人员负责与每一经销商进行电话联系,以便建立迅速反应系统。

5) 评估渠道成员

制造商除了选择和激励渠道成员外,还必须定期评估绩效。如果某一渠道成员的绩效过分低于既定标准,则须找出主要原因,同时还应考虑可能的补救办法。当放弃或更换中间商将会导致更坏的结果时,制造商则只好容忍这种令人不满的局面。当不致出现太坏的结果时,制造商应要求销售业绩欠佳的中间商在一定时期内有所改进,否则,就取消代理资格。

如果一开始制造商与中间商就签订了有关绩效标准与奖惩条件的契约,就可避免种种不愉快。在契约中应明确经销商的责任,如销售强度、绩效与覆盖率;平均存货水平;送货时间;次品与遗失品的处理方法;对企业促销与训练方案的合作程度;中间商对顾客须提供的服务等。

除了针对中间商绩效签订契约外,制造商还须定期发布销售配额,以确定目前的预期绩效。制造商可在一定时期列出各中间商的销售额,并依销售额大小排出选择名次。如此可以促使后进的中间商为了自己的荣誉而奋力上进;也可促进先进的中间商努力保持已有的荣誉,百尺竿头,更进一步。

在排列名次时,不仅要考量中间商销售水平的绝对值,而且还须考虑他们各自面临的各种不可控的环境变化,考虑制造商的产品大类在各中间商的全部产品搭配中的相对重要程度。

测量中间商的绩效,主要有以下两种方法。

第一种测量方法是将每一中间商的销售额绩效与上一期的绩效进行比较,并以整个群体的升降百分比作为评估标准。对低于该群体平均水平以下的中间商,必须加强评估与激励措施。如果对后进中间商的环境因素加以调查,发现某些可被原谅的因素,如当地经济衰退;因不可抗力的原因,不可避免地失去某些顾客或主力推销员等,其中某些因素可在下一期补救过来。这样,制造商就不应对经销商采取任何惩罚措施。还有一种测量方法呢?

【案例 9-7】

苹果公司意识到北京部分经销商的不规范经营给公司带来巨大损失后,雇用第三方公司频繁在中关村巡店,主要负责监管店面陈列和排查,一个人平均管理 6~7 个店,通常每周巡查一次。2011 年,苹果公司公布:从 7 月 1 日起不再接受中国大陆地区的授权经销商申请,此举是苹果对分销渠道进行全面肃清的开端。

(资料来源:环球企业家)

9.3　中间商

企业确定了分销渠道战略后,还必须正确选择中间商。因此,需要掌握各类中间商(主要是批发商和零售商)的特点与作用,了解现代企业形式的新发展。

9.3.1　批发与批发商

批发是指一切将产品或服务销售给为了转卖或者商业用途而进行购买的人的活动。

批发商主要有三种类型:商人批发商、经纪人和代理商、制造商销售办事处。

1) 商人批发商

商人批发商是指自己进货,取得产品所有权后再批发出售的商业企业,也就是人们通常所说的独立批发商。商人批发商是批发商的最主要类型。

商人批发商按职能和提供的服务是否完全来分类,可分为以下两种类型:

（1）完全服务批发商

这类批发商执行批发商业的全部职能，它们提供的服务主要有：保持存货、雇用固定的销售人员、提供信贷、送货和协助管理等。它们分为批发商人和工业分销商两种。批发商人主要是向零售商销售，并提供广泛的服务；工业分销商可制造产品而不是向零售商销售产品。

（2）有限服务批发商

这类批发商为了减少成本费用，降低批发价格，只执行一部分服务。

2）经纪人和代理商

经纪人和代理商是从事购买或销售或二者兼备的洽谈工作，但不取得产品所有权的商业单位。与商人批发商不同的是，它们对经营的产品没有所有权，所提供的服务比有限服务批发商还少。其主要职能是促成产品的交易，借此赚取佣金作为报酬。与商人批发商相似的是，它们通常专注于某些产品的种类或某些顾客群。

经纪人和代理商主要分为以下几种：

（1）产品经纪人

产品经纪人的主要作用是为买卖双方牵线搭桥，协助双方进行谈判，买卖达成后向雇用方收取费用。它们并不持有存货，也不参与融资或风险。

（2）制造商代表

制造商代表比其他代表批发商人数更多。它们代表两个或若干个互补型产品线的制造商，分别和每个制造商签订有关定价政策、销售区域、订单处理程序、送货服务和各种保证以及佣金比例等方面的正式书面合同。它们了解每个制造商的产品线，并利用自身的广泛关系来销售制造商的产品。制造商代表常常用在服饰、家具和电器产品等产品线上。那些无力为自己雇用外勤销售人员的小公司往往雇用制造商代表。另外，某些大公司也利用制造商代表开拓新市场。

（3）销售代理商

销售代理商是在签订合同的基础上，为委托人销售某些特定产品或全部产品的代理商，对价格、条款及其他交易条件可全权处理。这种代理商常见于纺织、木材、某些金属产品、某些食品、服装等行业，这些行业中的竞争非常激烈，产品销路对企业生存至关重要。某些制造商，特别是那些无力推销自家产品的小制造商，通常使用销售代理商。

（4）采购代理商

采购代理商一般与顾客有长期关系，代替顾客进行采购，负责为其收货、验货、储运，并将产品运交买主。这种代理商的主要表现形式是服饰市场的常驻采购员，他们为小城市的零售商采购适销的服饰产品。采购代理商消息灵通，可向客户提供有用的市场信息，而且还能以最低价格买到好的产品。

9.3.2　零售与零售商

零售是指所有向终端消费者直接销售产品或服务，用于个人及非商业性用途的活动。任何从事这种销售活动的机构，不论是制造商、批发商还是零售商，也不论这些产品或服务是如何销售(经由个人、邮寄、电话或自动售货机)或者是在何处(在商店、在街上或在消费者家中)销售的,都属于此范畴。而零售商或者零售商店是指那些销售量主要来自零售的商业企业。

零售商的类型千变万化,新的组织形式层出不穷。通常,零售商分为三种类型,即商店零售商、无门市零售商和零售机构。

前国家国内贸易局在 1998 年 7 月将零售商店分为八类:百货店、超级市场、大型综合超市、便利店、仓储式商场、专业店、专卖店、购物中心。从发达国家的情况来看,最主要的零售商店类型有:

1) 专用品商店

专用品商店经营的产品线较为狭窄,但产品的花色品种较为齐全。例如,服装店、体育用品商店、家具店、花店和书店均属于专用品商店。

2) 百货商店

百货商店一般销售几条产品线的产品,尤其是服装、家具和家庭用品等,每一条产品线都作为一个独立部门由专门的采购员和营业员管理。此外,还有一些专门销售服装、鞋子、美容化妆品、礼品和皮箱的专用品百货商店。由于百货商店之间竞争激烈,还有其他形式的零售商,特别是来自折扣商店、专用品连锁商店、仓储零售商店的激烈竞争,加上交通拥挤、停车困难和中心商业区的衰落,百货商店正逐渐失去往日魅力。

3) 超级市场

超级市场是指规模巨大、成本低廉、薄利多销、自我服务的经营机构,主要经营各种食品、洗涤剂和家庭日常用品等。超级市场的主要竞争对手是方便食品店、折扣食品店和超级商店。

4) 方便商店

方便商店是设在居民区附近的小型商店,营业时间长,每周营业七天,销售品种范围有限、周转率高的方便产品。消费者主要利用它们做"填充"式采购,因此,其营业价格要高一些。但是,它们能满足消费者一些重要的需求,人们愿意为此付出高价。

5) 超级商店、联合商店和特级商场

超级商店比传统的超级市场更大,主要销售各种食品和日用品。它们通常提供洗衣、干洗、修鞋、支票付现、代付账单和廉价午餐等服务。联合商店的面积比超级市场和超级商店更大,呈现一种多元化经营的趋势,主要向医药和处方药领域发展。特级商场比联合商店还要大,综合了超级市场、折扣和仓储零售的经营方针,其花色品种超出了日常用品范围,包括家具、大型和小型家用器具、服装和其他产品。其方法是原装产品陈列,尽量减少商店人员搬运,同时向愿意自行搬运大型家用器具或家具的顾客提供折扣。

超大规模购物中心(SHOPPING MALL)产于 20 世纪初,五六十年代在美国等发达国家盛行起来,掀起了商业经营模式的新浪潮,并逐渐以购物、餐饮、休闲、娱乐、旅游等综合性经营模式与完美的环境配套设施而风靡欧、美、日及东南亚国家。SHOPPING MALL 的定义是:"大型零售业为主体,众多专业店为辅助业态和多功能商业服务设施形成的聚合体。"其显著特征是:规模大,由若干个主力店、众多专业店和商业走廊形成封闭式商业集合体,面积通常在十万平方米以上。功能齐全,集购物和其他商业服务,甚至金融、文化功能于一体,进行全方位服务。

6)折扣商店

一个真正的折扣商店具有下列特点:

①商店经常以低价销售产品。

②商店突出销售全国性品牌,因此价格低廉并不意味着产品质量低下。

③商店在自助式、设备最少的基础上经营。

④店址趋向于租金低的地区,要能吸引较远处的顾客。

7)仓储商店

仓储商店是一种以大批量、低成本、低售价和微利多销的方式经营的连锁式零售企业。仓储商店一般具有以下特点:以工薪阶层和机关团体为主要服务对象;价格低廉;精选正牌畅销产品;会员制;低经营成本;先进的计算机管理系统。

8)产品陈列室推销店

这类商店将产品目录推销和折扣原则用于品种繁多、加成高、周转快和有品牌的产品。这些产品包括珠宝首饰、动力工具、提包、照相机及照相器材。这类商店已经成为零售业最热门的形式之一,甚至对传统的折扣商店形成威胁。顾客可用电话订货,由店方送货上门,顾客支付运费。顾客也可开车来商店亲自验货提货。

9.3.3 电子商务下的网络营销渠道

电子商务下的网络营销有别于传统营销的一个重要方面,就是产品的分销渠道更具变化,可供选择的网络营销渠道主要有:

1)会员网络

网络营销中的一个最重要的渠道就是会员网络。会员网络是在企业建立虚拟组织的基础上形成的网络团体,通过会员制,促进顾客之间的联系和交流,以及顾客与企业的联系和交流,培养顾客对企业的忠诚度,并把顾客融入企业的整个营销过程中,使会员网络的每一个成员都能互惠互利,共同发展。

【案例 9-8】

小米销售渠道只有两个,一个是小米网电商,一个是运营商。小米网电商销售占70%,运营商占30%,这刚好跟很多传统依赖实体店的厂商相反。小米做的是互联网手机品牌,以互联网为主渠道销售,用互联网与用户保持交流。

2)分销网络

根据企业提供的产品或服务的不同,分销渠道就不同。如果企业提供的是信息产品,则可以直接在网上进行销售,只需较少的分销商,甚至不需要分销商。如果企业提供的是有形产品,则需要分销商。企业要想达到较大规模的营销,就要有较大规模的分销渠道,建立大范围的分销网络。

3）快递网络

对于提供有形产品的企业，要把产品及时送达顾客手中，就需要通过快递公司的送货网络来实现。规模大、效率高的快递企业建立的全国甚至全球范围的快递网络，是企业开展网络营销的重要条件。

4）服务网络

如果企业提供的是无形服务，则可以直接通过互联网实现服务功能。如果企业提供的是有形服务，需要对顾客进行现场服务，那么企业就需要建立服务网络，为不同区域的顾客提供及时的服务。企业可以自己建立服务网络，也可以通过专业性服务企业的网络实现顾客服务目的。

【案例 9-9】

小米 2010 年只使用论坛的形式来服务，从 MIUI 论坛开始，最初只有几十名员工的时候，全体工程师、创始人都上论坛解答用户的问题。后来随着用户的增加，论坛上专门开设板块接受用户的咨询，解决用户每一个问题。2011 年小米手机发布后，建立了 400 电话客户系统和在线客服系统。再后来小米用户都在玩微博，小米便组建了数十人的团队，专门在微博上和用户保持沟通，每天超过数万人通过微博给小米发私信或者评论，小米誓言每个用户的问题都在 15 分钟内响应。微信流行起来，又组建了微信客户运营团队。

9.4　渠道冲突管理

无论对渠道进行怎样的设计和管理，都可能存在某些冲突，最根本的原因在于各个独立的企业实体之间利益不可能一致。当某一渠道成员为了自己的利益做出不利于渠道的行为时就会发生渠道冲突。

9.4.1　渠道冲突类型

假定某一制造商建立了包括批发商、零售商和网络直销在内的垂直渠道，制造商希望渠道之间互相合作，互相弥补，从而实现利润最大化，但是垂直、水平和多渠道之间会产生以下三种冲突：

1）水平渠道冲突

横向渠道冲突是指渠道中同一层次的渠道成员之间发生的冲突，如同级批发商或同级零售商之间的冲突。表现为窜货，压价销售等。产生水平冲突的原因大多是生产企业没有对目标市场的中间商数量分管区域做出合理规划，中间商为了各自利益互相倾轧。这是生产企业开拓了一定的目标市场后，中间商为了获取更多的利益必然要争取更多的市场份额，在目标市场上展开的圈地运动。

2)纵向渠道冲突

纵向渠道冲突是指在同一渠道中不同层次的企业之间的冲突,这种冲突较之水平渠道冲突更为常见。例如,某些批发商可能会抱怨生产企业在价格方面管控得太严,留给自己的利润空间太小,而提供的服务(如广告,推销等)太少;零售商对批发商或生产企业,可能也存在类似的不满。

越来越多的生产企业从自身利益出发,采取直销与分销相结合的方式销售产品,这就不可避免地会同下游经销商争夺客户,大大挫伤下游渠道的积极性;另一方面,当下游经销商的实力增强后,希望在渠道系统中拥有更大的权利,向上游渠道发起挑战。在某些情况下,生产企业为了推广自己的产品,越过上一级经销商直接向下一级经销商供货,使上下游渠道间产生矛盾。

3)多渠道冲突

多渠道冲突是指生产企业建立了两条或两条以上的渠道,向同一渠道销售产品而发生的不同渠道之间的冲突。当某一渠道获得更低价格或毛利较低时,多渠道冲突就会越演越烈。

【案例 9-10】

当固特异将长效轮胎通过沃尔玛和折扣轮胎店出售时,激怒了代销固特异的独立经销商。为了平抑独立经销商的不满,固特异为其提供了在其他零售点不予销售的某些专营性轮胎型号。

2000 年,全美唱片零售商协会起诉 Sony 唱片公司,诉称 Sony 滥用版权垄断优势,在唱片包装上印制 Sony 公司旗下的在线零售网站,诱导顾客转向网络购买,从而给经销商造成损失。协会负责人声称:Sony 利用特权将客户吸引至自己的在线商店,明显有悖于公平竞争原则。

2012 年 3 月 3 日,苹果宣布第一代 iPad 降价 1 100 元;3 月 4 日,两周内购买一代 iPad 的消费者可以返还差价的消息传开。由此,大多数中国消费者第一次知道了苹果还有价格保护策略:如果你自收到货物之日起 14 个工作日内,苹果降低你购买的任何产品(促销/特定/折扣/翻修产品除外)的价格,可以要求退还或贷记对你收取的价格与目前销售价格之间的差额。但这引发了另外一个矛盾:苹果在华的价格保护仅限于苹果网店和四大实体店,其他经销商被排除在外。

这种差别对待令消费者十分不满。同年 3·15 电子产品投诉网站显示,过去的一周,关于苹果经销商拒绝返还差价的投诉骤增,截至 3 月 13 日零时,有近 300 条投诉。

此举更令经销商叫苦连天。有业内人士爆料称,截至 2012 年 3 月 10 日,苹果在华的渠道商因 iPad 一代无预警降价及官方返还差价造成的经济损失已达上亿元人民币。苹果此举目的在于警示中国消费者,苹果直营店与普通经销渠道有什么区别,从而树立自己直营销售体系的口碑和权威。

9.4.2 渠道冲突的对策

生产企业与生产企业、生产企业与中间商、中间商与中间商之间的冲突是不可避免的，这既源于强烈的逐利动机，又迫于残酷的市场竞争。但是，凡事都有利有弊，从某种程度上讲，渠道发生适度冲突也是营销活动的一种助推剂：其一，旧的渠道模式有可能会被一种新的渠道模式所取代，从长远的战略眼光来看，这种创新对消费者是有利的；其二，完全没有渠道冲突和客户摩擦的生产企业，其渠道的覆盖与市场开拓肯定有瑕疵。渠道冲突的激烈程度还可以成为判断冲突双方实力及产品热销与否的晴雨表，生产企业大可不必为渠道冲突伤脑筋。

某些渠道冲突能发挥建设性的作用，对变化的市场环境有更强的适应性。所以，应当考虑如何更好地管理冲突。下面的例子是关于价格议论提供 B2B 服务的企业电子面临渠道冲突时，仍试图建立信任，彼此合作。

【案例 9-11】

印刷仪器制造商 AB Dick 面临着开放直接的电子商务渠道可能取消一个重要分销渠道的问题。为了解决这个问题，该公司开发了一套经销商模式并和有意向的经销商建立了战略性供应链合作关系。AB Dick 通过经销商与消费者在网上直接联系。经销商扮演着分销店的角色，受理消费者的账单和订单，与高端的仪器销售保持密切联系，通过提供在线销售来赚取利润（及时交易是直接从 AB Dick 到最终用户），并与当地仪器销售保持密切关系。AB Dick 的技术副总裁说，经销商获得了从未有过的生意，同时也得到了运费和劳务费，这些令他们很高兴。AB Dick 通过在线销售降低了成本并增加了销售。但由于它的经销商要作为当地的分销点，并与消费者保持联系，它不得不在最终用户在线直接订购的效率和便利性两个方面保持平衡。

消除渠道冲突的另一有效解决方法是尽可能地区分不同渠道的供应品种，以尽量减少不同渠道之间的竞争。这种方法可以通过产品分类、商标命名、价格策略、广告以及推销等方式实现。

【案例 9-12】

油漆制造商 Sherwin-Williams 公司虽然拥有诸如大型商场、购物中心、独立油漆商店到该公司的油漆专卖店等多种渠道，但因其善于管理各营销渠道之间的冲突，多年来，各渠道间皆相安无事。通常，产品本身并无多大区别，然而，要服务千差万别的顾客，商标名称、价格、附加服务等在各营销渠道之间甚至同一营销渠道内都有区别。其子公司 Sherwin-Williams United Coating 生产沃尔玛 Color Place 系列油漆，公司还为 K-Mart 生产设计师专用的 Martha Stewart 系列油漆以及商标名为 Dutch Boy 的油漆。

营销者还必须注意，不得因渠道选择不当而造成品牌形象的稀释。当 CK 这样的品牌通过折扣渠道销售得太多时，品牌形象会受到严重打击。Coach 一直致力于防止品牌形象的稀释。

【案例 9-13】

手提包制造商 Coach 在 2004 年、2005 年一直保持着两位数的增长,不仅及时地推出新品,也归功于精心设计的渠道扩张。经调查显示,Coach 增长最快的细分市场是通过工厂直销店以 25% 的折扣销售的绝版货、老款包。但是,公司谨慎地管理渠道,努力保持折扣购买者与高端顾客之间的隔离。Coach 在 199 家常规商店保持全价不打折。未售出货物不会降价销售,而是送到 60 英里以外的工厂直销店。全家购买者(平均 35 岁,受过高等教育,单身或者刚结婚的职业女性)、概念股工厂直销店购买者(平均 45 岁,受过高等教育,已婚女性占 80%)有显著差异,这证明公司成功地区分了两种渠道。

太多冲突是失调的,解决渠道冲突要做好渠道成员的沟通工作,促成他们互相理解乃至紧密合作;必要时要通过谈判和调解来消除误会、澄清事实;甚至通过仲裁和法律手段来保证渠道畅通。对不遵守游戏规则、屡教不改的渠道成员,就必须采取办法清除渠道。

9.4.3 窜货管理

经销商跨越自身覆盖的销售区域而进行有意识的销售就是窜货。

1) 窜货的表现形式

经销商之间的窜货。经销制是企业通常采用的销售方式,生产企业在开拓市场阶段,由于实力所限,往往把产品委托给销售商代理销售。销售区域中由于市场发育不均衡,可能出现甲地的需求比乙地大,甲地货不应求,而乙地销售不旺,为了应付生产企业制定的奖罚政策,乙地经销商往往会想方设法完成销售份额,通常将货以平价甚至更低价格转给甲地经销商。

生产企业销售总部"放水"。生产企业由于管理监控不严,总部销售人员因利益驱动,违反地域配额政策,使区域供货失衡,造成市场格局不合理。

低价倾销即将过期的产品。对食品、饮料、化妆品等有明显使用期限的产品在到期前,经销商为了避开风险,置企业信誉和消费者利益于不顾,采取低价倾销的方式将产品倾销出去,不仅扰乱了价格体系,还侵占了新产品的市场份额。

自然性窜货。自然性窜货是指因经销商的网络辐射力较强或长期以来形成的购销关系,经销商在获取正常利润的同时,有意或无意地向自己辖区外的区域销售产品,但对其他区域经销商的销售和网络影响不大,无渠道冲突或冲突不明显。生产企业虽然进行了销售区域的划分,但在相邻区域的边界一般会存在销售网络的交叉与重叠,自然性窜货在所难免。另外,某些由于区域经销商网络无法覆盖而存在的空白市场,自然性窜货则是有益的补充。

有些窜货会给企业带来巨大损失,如打乱生产企业价格体系,使经销商对生产企业丧失信心,打击经销积极性;同时,也会导致生产企业的产品品牌信誉下降,失去消费者的信赖。但有的窜货可以弥补市场空白,企业无需投入,便可提高知名度。

2) 预防和处理窜货的对策

窜货的发生需要具备三个条件:窜货主体、环境、诱因。所以,要从根源上解决窜货问题,就必须从以下三点入手。

（1）选择好经销商

在制定、调整和执行招商策略时要明确避免窜货主体出现或增加。要求生产企业合理地制定并详细考察经销商的资信和职业操守,除了从经销的规模、销售体系、发展过程考察外,还要考察经销商的品德和财务状况,防止有窜货记录的经销商混入销售渠道。对新的经销商,由于企业不太了解他们的情况,一定做到款到发货。宁可牺牲部分市场,也不能赊销产品,防止某些职业道德欠佳的经销商挟持货款进行窜货。

（2）创造良好的销售环境

①制订科学的销售计划。企业应建立一套市场调查预测系统,通过准确的市场调研,收集尽可能多的市场信息,建立市场信息数据库,通过合理的推算,得出各个区域市场的未来进货量区间,制定出合理的任务量。一旦个别区域市场进货情况发生暴涨或暴跌,超出了生产企业的估算范围,就可初步判定该市场存在问题,企业就可迅速对此做出反应。

②合理划分销售区域。合理划分销售区域,保持每一经销区域的经销商密度合理,防止整体竞争激烈,产品供过于求,引起窜货;保持经销区域布局合理,避免经销区域重合,部分区域竞争激烈而向其他区域窜货;保持经销区域均衡,按经销商的不同实力、规模划分经销区域、下派销售任务。对新的经销商,要不断考察和调整,防止误判。

（3）制定完善的销售政策

①完善价格政策。许多生产企业在制定价格政策时由于考虑不周,埋下了许多可能导致窜货的隐患。生产企业的价格政策不仅要考虑出厂价,而且要考虑一批出手价、二批出手价、终端出手价。每一级别的利润设置不可过高,也不可过低。过高容易引发降价竞争,造成倒货;过低调动不了经销商的积极性。价格政策还要考虑今后的价格调整,如果一次就将价格定"死",没有调整的空间,对今后的市场运作极其不利。价格制定后,企业还要监控价格体系的执行情况,并制定对违反价格政策现象的处理办法。企业应有完善的价格政策体系,经销商才无空可钻。

②完善专营权政策。在区域专营权政策的制定上,关键是法律手续的完备与否。生产企业在制定专营权政策时,应对跨区域销售问题作出明确规定:什么样的行为应受什么样的政策约束,使其产生法律约束力。此外,还应完善返利政策。完善的营销政策可以从根本上杜绝窜货现象。

3) 建立监督管理体系

把监督窜货作为企业制度固定下来,并成立专门的稽查部门,由稽查人员明察暗访经销商是否窜货。在各个区域市场进行产品稽查,摸排各经销商的进货来源、进货价格、库存量、销售量、销售价格等信息,随时向企业报告。一旦发生窜货现象,市场稽查部门就可以迅速发现异常,企业就能在最短的时间内对窜货做出反应。

利用社会资源防止窜货。主要有以下四种方式:

①利用政府"地方保护行为"。与当地工商行政管理部门联系,合作印制防伪不干胶贴。

②组成经销商俱乐部,不定期举办沙龙,借此增进经销之间的感情。

③采取抽奖、举报奖励等措施。

④最佳方式,把防伪防窜货结合起来(后面详细讲述),利用消费者和专业防窜货公司协助企业防止窜货现象。

9.5 物流管理

戴尔成功的直销模式,在很大程度上归因于供应链管理的成功。戴尔摒弃库存赚取利润的方式是用户货款与供应商货款的时间差——即在未来 15 天内,别人已经帮戴尔把钱付了。可见,摒弃库存(以信息代替存货)是戴尔供应链模式的核心。直销和分销的区别,令人最容易想到的就是"库存因素"。库存问题的实质有两个方面:一是库存管理能力,二是与零件供应商的协作关系。与供应商协调的重点就是迅速精准的信息反馈。戴尔不断地寻求减少库存,相应地不断缩短生产线到顾客家门口的时空距离。

戴尔有一套完整的供应商管理体系和信息共享平台,可以第一时间获取、收集、统计、分析信息并通过共享平台让供应商了解、知道并传输所需的原材料和零配件。相对于传统企业的常规采购方法,戴尔的一次性采购量可能没有传统企业的采购量多,在价格上可能没有优势,但是零库存减少了库存的管理和设施的维护等费用,特别是没有后期的库存积压资金以及电脑业不断地更新换代、产品升级而带来的库存物料的过时导致的产品滞销或者不得不降价销售的难题。戴尔因零库存及时跟上了市场的发展和客户的需要,从而赢得了先机。由此可见,戴尔供应链的零库存无疑是具有巨大优势的。而且随着采购量的累积加大,采购价格也会不断降低。

传统物流起源于工厂。其管理者的任务就是选择一系列仓库以及可以将产品在最佳时间以最小成本运送到目的地的运输配送商。现在,传统物流已经扩展为一个更宽泛的概念,即供应链管理。对供应链的分析可以帮助生产企业找到最佳的供应商和分销商,进而帮助其提高生产率,降低生产成本。

9.5.1 物流的含义及目标

物流包括构建满足市场需求的基础结构,进而执行和控制原材料和最终产品从初始状态到使用再到满足客户需求而获得盈利的整个物流过程。

市场物流的规划通常包括以下内容:

①确定企业对客户的价值取向。比如,我们提供什么样的准时配送标准?我们应在多大程度上保证订单和账单的准确性?

②确定最佳的渠道设计和网络策略,为客户提供更好的服务。比如,企业应直接服务客户,还是通过中介?我们应维护多少仓库并将其安排在什么位置?

③在销量预测、仓库管理、运输管理、原材料管理等方面出台更出色的运营措施。

④运用怎样的信息系统、设备、政策资源以及程序解决各种问题。

1）物流目标

总而言之,物流作业包括如何快速反应、最小库存、集中运输,保证质量等问题。这是企业物流作业目标中最基本的要求。快速反应关系到一个企业能否及时满足客户的服务需求。

（1）快速反应

"9·11"事件中,恐怖分子破坏的是美国的金融中心,不少遭到波及的金融业者紧急向PC制造商下订单。交货速度最快的戴尔电脑,成为其中最大的赢家。在纽约世贸中心倒塌的6个小时后,一家受波及的证券商立刻向戴尔电脑下了200台的PC订单,随后订单如潮水般涌入,迫使戴尔电脑位于德州奥斯汀的生产线必须日夜加班赶工,以满足在世贸中心倒塌中受害企业的大量订单需求。在恐怖袭击后不到一周的时间里,戴尔公司已售出超过24 000台服务器和个人电脑,以替换遭到损坏的电脑。为了适应大量的订单需求,戴尔电脑派了数百名技术人员赶赴曼哈顿区与华盛顿特区支援,还把一辆16轮的大卡车改装成流动技术支持与安装中心,甚至包了一架飞机,专门从台湾运送大批电脑零件直飞该公司位于德州奥斯汀总部。

（2）最小库存

最小库存是企业作业目标中最核心的要求。最小库存的目标是资金占用和相关的周转速度。库存越小,资金占用就越少;周转越快,资金占用也越小。存货周转率高,意味着投放在存货上的资产得到了有效利用。

（3）集中运输

集中运输是企业物流作业中实施运输成本控制的重要手段。运输成本与运输产品的种类、运输规模和运输距离直接相关。许多具有一流服务特征的物流系统都采用高速度、小批量运输,这种运输通常成本较高。为了降低成本,可以将运输进行整合。一般而言,运输量越大、距离越长、单位运输成本就越低。

（4）保证质量

物流行业本身是不断地寻求客户服务质量的改善与提高的行业。因为一旦货物质量出现问题,物流的运输环节就要从头再来,这样不仅增加成本,而且会影响客户对企业服务质量的评价。

2）物流决策

生产企业主要在四个方面对市场物流作出决策:

①我们应当怎样处理订单?（订单处理）

②我们应当在哪里设置仓库?（仓储）

③我们应当怎样管理库存?（库存管理）

④我们应当如何装运产品?（产品运输）

（1）订单处理

现在很多企业都在试图缩短订单支付周期。这一过程包括很多步骤,比如销售人员上报订单、订单核对汇总、库存和生产规划、产品的运送以及接收付款。整个过程周期越长,客户满意度越差。通用电气使用的信息系统,可以在收到订单的同时立刻审查客户的信贷状况,并查询到订单产品的库存信息,通过电脑预定货船,开具客户账单,更新库存记录、发送新的产品存货订单,以及向销售代表反馈信息,即时告知订单处理阶段,这一切能在15秒内完成。

(2)仓储

仓储的存在解决了生产和消费在时间、空间和需求数量上的矛盾。仓储决策就是解决好运输成本、消费者需求的服务水平,以及仓库数量之间取得平衡的问题。仓库点位越多,越有利于在最短的时间内满足顾客需求,但是成本很高。存货通常被安放在生产企业周围,剩下的可能会安放在其他地方的仓库里。分销商仓库一般存有很多来自不同生产企业或供货商的产品,而且总是试图尽快清空。

自动化仓库采用中央电脑操控的先进的物资处理系统。海尔集团分析发现,在整个供应链中,最受制约的就是仓储,于是在青岛海尔信息园修建了一座机械化立体库,立体库的建筑高度是16米,每天进出的托盘达到1 200个,实际能力是1 600个。5 400 m²取代了原来6 500 m²的外租库;由于使用了计算机系统,管理人员从原来的300多人降为48人。这样,通过减少外租库的租金,外租库到车间的来回费用,节省工人工资,一年加起来是1 200万元。

(3)库存管理

库存管理人员希望企业能保持充足的库存产品,以便最快地满足客户需求。但是同时占用了较大的仓储面积和较多的资金,相应地仓储成本也会增高。因此,必须在管理较多存货的成本与由此产生的销售和利润之间做出权衡。

制定库存决策时需要明确何时应该重新订购产品以及订购多少,管理层通过库存情况掌握存货量达到何种程度时应该重新预订产品。

要执行接近零库存的策略,就必须按照订单,而不是为了存储产品来组织生产。戴尔首先让消费者订购电脑,并且预先付款,然后用消费者货款支付供货商货款,购买所需的部件。

(4)运输管理

运输方式和运输路线影响着产品的价格,送达是否准时,以及送达客户时的状态。企业能选择的运输方式有公路、铁路、水运、航空和管道,他们有各自不同的鲜明特点。在选择发货方式时,通常会考虑这些运输方式的速度、频率、可靠性、容货量、可行性、是否可以跟踪以及成本。比如,速度方面,空运最快,其次是火车和货运。如果要求成本最低,则应选择水路或管道运输。

本章小结

分销渠道是产品从生产领域向最后消费领域转移所经历的通道。实现实体转移、信息沟通、融资、结算、风险承担等方面的功能。分销渠道有两种基本类型:直接渠道和间接渠道,间接渠道按照中间机构层次的数量分为一级渠道、二级渠道和多级渠道。

影响渠道设计的因素主要有产品因素、市场和顾客特性、企业特性和环境特性。企业在设计分销渠道时,必须对渠道长度、宽度、成员之间的权利和义务作出决策,并做好渠道方案的评估工作。

中间商包括批发商、零售商。批发商主要有商人批发商、经纪人、代理商。零售商的类型变化万千,新的组织形式层出不穷。

无论对渠道如何设计和管理,总会产生各种垂直、水平和多渠道之间的冲突,因此,企业要通过渠道管理来消除这些冲突,防止窜货行为。

市场营销在做好渠道设计后,还需重视后勤决策,其实质是产品实体分配,包括订单处理、仓库、库存管理、运输管理。

【思考与练习】

1.寻找一家采用独家分销的企业,并分析该企业为什么不采用其他方式?

2.随机调查你身边的 10 个人,询问他们最近一个星期购买了哪些产品,分别是在哪种类型的零售组织结构中购买的? 花了多少钱? 做一个简单的统计分析。

3.影响渠道设计的主要因素有哪些?

【应用题】

经常有人说,直销、微商、无店铺的销售成本要比间接销售、店铺销售的成本低、售价低。直销也总是这样宣传它的优点,没有巨额广告费,没有黄金地段的高额租金,没有昂贵的、富丽堂皇的装潢。然而,事实上,在消费品领域,直销、无店铺销售始终没有获得大的发展,也没有成为某类产品的主导销售方式。谈谈你的看法。

【案例分析】

戴尔直销在中国的变革

戴尔在美国的直销模式,如下图:

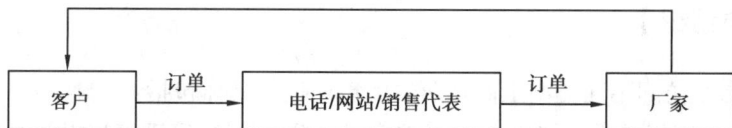

中国的直销模式,如下图:

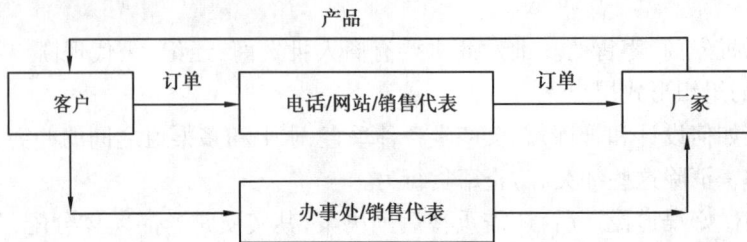

相对美国市场,中国多了一层办事处机构,这一机构主要在北京、上海、广州、成都等大城市。通过这几个大城市可以获得信息以及通过遍布中国的销售代表获得信息。

戴尔公司增加了销售代表,是基于中国市场的以下特殊性:

①中国人对直销模式有一个逐渐适应和采纳的过程。传统上,中国人习惯眼见为实的直接购买,对先付款再交货的模式不太认同。因此,戴尔的直销模式进入中国并不是照搬套用,甚至还走过一个短期的代理商时期。

②由于缺少与客户面对面交流的机会和遍布各地的销售网点,直销企业必须加大其他方面的宣传力度,因此,戴尔的广告和公关成本非常高。特别是中国一般消费者对电脑硬件知识了解不多,要他们自己定制产品,这在客观上要求戴尔投入更多的宣传或广告进行市场教育和培育。戴尔的解决方案是先从大客户和政府以及行业客户入手,通过不断的市场培育来引导个人市场。

【案例思考】

1.试分析戴尔公司所面临的中国市场环境的特点。戴尔公司应对中国市场环境作出怎样的渠道决策?

2.戴尔的渠道转型是通过哪些途径实现的?取得了怎样的成效?请分析其成功的原因。

【实训目标】

1.进一步了解销售的结构、特点。

2.掌握现代分销的新模式、新策略。

3.培养学生进行销售渠道策划的初步能力。

4.模拟设计一种销售渠道。

【实训内容与组织】

组织学生参观访问不同类型工商企业的销售渠道。具体包括:

(1)一般企业销售渠道的结构类型、主要特点、成员数量、管理策略以及物流系统的作业与设计等。

(2)超市、连锁店、配送中心、大卖场、仓储等的经营范围、配货模式、物流运行、仓储管理等。

（3）电子网络商店的设备、机制、送货、运行、虚拟、交易、管理等。

【成果与考核】

（1）把全班同学分成三组，分别到约定的工商企业、大卖场、电子网络商店参观访问。

（2）每位学生撰写访问报告，即对企业销售渠道进行评析、建议，并模拟设计一种销售渠道。

（3）组织学生进行全班交流。

作业：要求学生完成一份销售渠道的评析及设计报告。

【案例讨论】

宜家的分销渠道选择

1943 年，时值第二次世界大战期间，17 岁的坎普拉德在瑞典创办了宜家公司。刚开始，宜家卖过钢笔、相框、钱包和其他廉价商品。1951 年，宜家开始销售当地木匠打制的家具。1957 年，第一家瑞典宜家家具商店开张。如今，宜家在 26 个国家开设了 280 家零售店，年销售额达 230 亿美元，是世界上最大的家居公司。公司因时尚的设计、适中的价格赢得了大批忠诚客户。宜家专注于家具和家居装饰市场，其零售店的面积很大。宜家经营具有深度的产品线，包括家庭所有房间的家具、装饰用品及照明材料。以前宜家只制造低价、平板包装的家具，近年来也推出了质量和价格均较高的斯德哥尔摩系列家具。在商店布局、设计方面，宜家迎合了消费者一站式购物的偏好，并以"生活方式"为主题展示单身人士、已婚人士或者年轻家庭感兴趣的家具类型。对顾客来讲，这种展示方式让购物变得轻松愉快多了。另外，宜家还利用插图向顾客介绍如何进行各种各样的商品组合。这对买家具符合现在生活方式但又不想用一辈子的顾客来说，是一种非常合适的展示方式。宜家的成功贯穿始终，而且这种成功并非偶然——公司借助卓越的营销规划才走到今天。宜家面临着一个新的挑战：怎样并且去哪里扩张业务并增加公司收入？公司已经宣布，要在俄罗斯、德国、法国、中国、意大利、日本、英国、芬兰、西班牙、瑞士增设新店。宜家近年来还开设了网上商店，其网站非常受欢迎，仅 2007 年一年的点击率就高达 4.5 亿次。在美国，宜家家具的在线销售额超过 1 500 亿美元，业内专家预计连续的年增长率将达两位数。尽管在线家具购买声誉良好，宜家在 2013 年左右，却宣布将店内销售作为"唯一的销售渠道"，在家庭购物和在线销售渠道上不会追加更多投资。公司这一决策基于以下理念：只通过实体商店销售产品，公司能为消费者提供最好的产品和最低的价格。

在竞争激烈的零售世界，宜家过去的成功并不是未来的保障。宜家只关注店内销售这一决策正确吗？宜家不发展在线销售是否能继续保持其竞争优势和实现全球增长与利润目标？

【思考与讨论】

1.宜家不发展在线销售的决策是否正确？为什么？

2.调查一下宜家在中国市场的销售渠道是怎样的？并分析其渠道运行的特点。

3.请提出您对宜家今后的分销渠道决策的建议并说明理由。

佰草集的渠道模式选择之路

佰草集是上海家化联合股份有限公司1998年创立的全资子公司，以"自然、平衡"为主旨，将现代化生物科技与古方中草药文化相结合，推出了多种中草药护理产品。经过20多年的发展，佰草集已成为百货渠道护肤品销量前20的国产品牌，在中国内地拥有超过1 500多家门店、专柜，产品远销法国、西班牙、意大利、土耳其、波兰、丹麦、瑞典等9个国家。

佰草集定位中高端市场。为了树立良好的品牌形象，区别于大众市场中的多个化妆品品牌，佰草集在创立之初，首先建立了自营专卖店，地址选在上海香港广场，并照此模式于三年内在上海、南京等地开设了30多家自营店。然而，自营专卖店的经营模式并不利于佰草集的品牌推广与全国性扩张，于是，佰草集挥师北上，于2002年进驻北京市的百货公司专柜，开启了佰草集传统百货渠道的发展模式，不仅在3年内成功实现销售过亿，而且在消费者心目中逐步确立起中高端产品形象。同时，为了快速拓展零售端，佰草集于2000年推出了特许加盟制度，全国众多城市都有佰草集的加盟商，加盟商可以拥有自己的百货专柜与专卖店。经过10多年的发展，佰草集在中国的专卖店超过1 000家，其中七成以上为加盟店，特许加盟模式让佰草集产品的专柜、专卖店数量及销售利润都得到了快速增长。

然而，传统的自建专卖店的形式并不适合所有地区。早在2001年，佰草集曾以自建专卖店形式在香港开设了两家专卖店，但是业绩惨淡，最终于2003年退出香港市场。痛定思痛，佰草集通过总结与思考，在2007年与香港万宁连锁店合作，将产品进驻终端货架，从而全面打开了香港市场。

佰草集从未停止在营销渠道方面的创新脚步，从2007年起，佰草集开始探索SPA美容院模式，为顾客提供美容产品与服务体验，已在多个城市开设了"养美空间"SPA馆。2018年，佰草集以"重服务高客单"策略在山东省三、四线城市设立了众多"养美空间"网点，以迎合消费者皮肤护理需求，取得了较好的销售成绩，并在2019年布局了更多三、四线城市的"养美空间"。随着我国电子商务的发展，很多消费者更偏好网络购物模式。佰草集并未像其他化妆品品牌那样急于在网络中广泛铺货，而是选择了自营官网、天猫等B2C平台，虽然渠道宽度有限，但合作紧密，有效地维护了佰草集的良好形象和价格，并跟随平台节奏开展各项推广活动，电商平台交易量也实现了大幅增长。

佰草集并不满足于国内市场，同时还放眼于国际市场。2008年9月，佰草集产品通过欧盟认证，正式走出国门，入驻法国巴黎香街的丝芙兰旗舰店，仅上市一个月，销售额就超过100万元人民币。借助丝芙兰优质渠道优势，先后进驻了西班牙、荷兰、瑞典、波兰、意大利等国家。2013年，与德国最高端化妆品连锁巨头道格拉斯合作，成功进驻德国市场。

（资料来源：杜志琴.佰草集开拓国际市场的成功经验及启示［J］.对外经贸实务,2017（10）：49-52.）

【思考与讨论】

1.佰草集采用了哪些营销渠道模式?

2.佰草集为何在首次进驻香港时遭遇失败?

3.佰草集国际化采用的营销渠道模式有哪些优点?

第10章　促销策略

【本章重点】

1.促销策略组合的内容。
2.广告媒体的特点。
3.公共关系的活动方式。
4.营业推广的形式。

【引例】

湖北武汉民生物资供应货丰价稳　线上线下大促销不亦乐"虎"

虎年春节临近,在湖北武汉市,大红的灯笼、鲜艳的中国结、红彤彤的"福"字、可爱的卡通虎随处可见,一派喜庆、温馨的春节气氛。连日来,无论是各大商超还是快递点都人气满满。

各大商超促销不亦乐"虎"

日前,在湖北省武汉市武昌区一家超市内,一副副春联、一盏盏灯笼、一张张"福"字,配上热闹的背景音乐,增添了浓浓的年味儿。

在武商 MALL 地下一层的"武商里",通道两侧的"网红墙"焕然一新。"年夜饭""放鞭炮""雄狮闹新春"等新春主题墙绘全新登场,吸引过路市民"打卡"合影。"之前和朋友来过好几次,这边的'网红墙'人气一直很旺,上新了春节主题,感觉过年氛围十足。"市民曾女士表示。

除了浓浓的春节氛围,各大商超的促销更是热闹。

在武商广场,腊月廿七到正月初六,消费满 1 500 元即可抽取武商优选年货;大年初一到初三,还有虎年定制抱枕满额赠礼,不亦乐"虎"。汉商银座购物中心、汉商 21 世纪购物中心、汉商武展购物中心三大购物中心,其微信会员可免费领取 30 元鞋服酬宾券,此外,6 000积分还能兑换 50 元购物卡。

各地特产快递"大串门"

响应就地过年号召,家乡的味道却不能少。春节临近,饱含着浓浓乡愁的各地特产被塞进"年味包裹","奔赴"外地游子身边。老字号、家乡农产品的异地订单激增,各地特产"跨省"过新年、全国"大串门"。

"趁着电商年货节,我买了一批家乡老字号,价格优、味道正,很适合我这种在外地上班的人。"1月28日,在武汉工作的北京人刘理将刚收到的北京稻香村糕点"晒"到朋友圈里,这是他最爱的故乡糕点之一。"今年过年不回家,有了这口家乡美味,就有了年味儿。"

"响应'就地过年'号召,孩子今年第一次在外地过年,我们邮寄去一些他爱吃的周黑鸭、腌腊肉和洪湖莲藕,弥补孩子不能在家过年的遗憾。"正在办理寄递业务的市民黄女士说。

电商年货节期间,北京稻香村、德州扒鸡、西凤酒等一批北方老字号产品畅销南方市场。"年货节期间我们开店直播、参与老字号专卖活动,全店销售额同比增长了120%。"某品牌电商负责人说。

生活必需品储备足、价格稳

目前,武汉多家大型商超通过提前备货、加大供货量、集中调货等方式,确保节日期间生活必需品不脱销、不断档、数量足、价格稳。

武商超市已在总仓配送中心储备了粮食1 000吨、食用油1 100吨……此外,猪肉、蔬菜等商品按照2021年同期库存110%的水平进行储备,确保每日货物运送到位。春节期间照常营业不打烊,如果当日客流过多,门店还会适当延长闭店时间。"以蔬菜类为例,我们与市郊、省内以及山东、云南等地多个蔬菜基地达成合作协议,随时可以加量采购。"武商超市相关负责人表示。

中百仓储相关负责人表示,春节期间,近15 000名员工坚守岗位,全力保障供应。在中百集团生鲜物流园,占地3万平方米的冷链配送中心提前一个月就开始备货,总备货量计划比往年同期上浮20%。

(资料来源:学习强国)

在当今的市场竞争中,除了产品质量和销售价格的竞争外,促销策略也是一种竞争手段。如何以较少的投入获得轰动效果,已成为许多商家参与竞争、吸引顾客的又一热点。促销决策是市场营销的一个重要内容。如何使工商企业生产或经营的产品信息迅速传递给消费者,并有效地对消费者进行外部刺激,增强消费者需求强度,影响消费者购买决策过程,诱导消费者购买自己的产品,把潜在消费者转化为自己的现实消费者,这就是本章所要阐述的内容。

10.1 促销组合

10.1.1 促销

1)促销概念

促销是指企业通过人员或非人员的方式,向目标消费者传递产品或服务信息,帮助消费者认识产品或服务带来的购买利益,从而刺激和引发消费者的消费欲望和兴趣,使其产生购买行为的活动。

对于促销的本质,我们主要从以下三个方面来理解:

(1)促销的核心是沟通信息

企业与消费者之间达成交易的前提条件就是沟通信息。如果企业没有将自己生产或经营的产品或服务等相关信息传递给消费者的话,那么消费者对此将一无所知,而面对市场上众多的满足消费者同样需求的同类产品,如若连产品都未听说过,后续发生购买行为的概率就会非常小。企业只有将自己提供的产品或服务等信息传递给消费者,才可能引起消费者的注意,并有可能刺激和诱导他们产生购买欲望。

(2)促销的目的是诱导和刺激消费者产生购买行为

在消费者可支配收入不变的前提下,消费者是否产生购买行为主要取决于消费者的购买欲望,而消费者购买欲望又与外界的刺激、诱导密不可分。促销正是针对这一特点,通过各种传播方式把产品或服务等信息传递给消费者,以激发其购买欲望,使其产生实质性的购买行为。

(3)促销方式分为人员促销和非人员促销

企业将合适的产品或服务,在适当地点、以适当的价格以及出售的信息传递到目标市场,一般是通过两种方式:一种是人员推销,即推销员和顾客面对面地进行推销;另一种是非人员推销,即通过大众传播媒介在同一时间向大量消费者传递信息,主要包括广告、公共关系和营销推广等多种方式。这两种推销方式各有利弊,起着相互补充的作用。此外,目录、通告、赠品、店标、陈列、示范、展销等也都属于促销策略范围。

2)促销作用

促销在营销中起着非常重要的作用,主要体现在以下几个方面:

(1)传递信息,强化认知

销售产品或服务是市场营销活动的中心任务,信息传递是产品或服务顺利销售的保证。信息传递有单向和双向之分。单向信息传递,是指卖方发出信息买方接收,是间接促销的主要功能。双向信息传递,是买卖双方互通信息,双方都是信息的发出者和接收者,直接促销有此功效。在促销过程中,一方面,卖方(企业或中间商)向买方(中间商或消费者)介绍企业有关现状、产品或服务概况等信息;另一方面,买方向卖方反馈对产品或服务的需求等有关信息,促使生产者、经营者取长补短,改进产品或服务,更好地满足消费者需求。

(2)突出特点,激发需求

在市场竞争日趋激烈的情况下,同类产品很多,而且有些产品差别微小、消费者往往不易区分。企业通过促销活动宣传、说明本企业产品或服务区别于其他同类竞争产品之处,便于消费者了解该企业产品或服务在哪些方面优于同类竞争产品,使消费者认识到购买、消费该企业产品或服务所带来的利益较大,最后乐于购买该企业的产品或服务。

(3)形成偏好,稳定销售

在激烈的市场竞争中,企业产品或服务的市场地位并不稳定,有些企业的产品销售波动较大。企业运用适当的促销方式,开展促销活动,可使较多的消费者对该企业的产品形成偏好,进而稳住已占领的市场,达到稳定销售的目的。

（4）建立信誉，刺激欲望

消费者在选择购买某产品或服务满足需求时，常常会对自己了解的、能够满足某一需要的产品或服务进行多方面的考量和对比。在对比过程中，产品或服务的品牌、价格、知名度和美誉度等都是其考量的重要依据，因此，在促销过程中，销售方要善于利用各自在这些方面的优势，打动消费者，刺激其产生购买某特定消费品的欲望。

（5）指导消费，扩大销售

在促销活动中，营销人员通过对产品或服务的详细介绍，在一定程度上对消费者起到了指导作用，同时向消费者传递购买该产品或服务可以获得的各种优惠，从而激发消费者的购买欲望，将潜在需求变为现实需求，实现扩大销售的功效。

蒙牛，是国人皆知的大型乳制品企业，也是中国乳制品市场竞争的角逐者。在成就今日蒙牛乳业的过程中，一系列的营销策略功不可没。其中，促销策划更是处处充满新鲜和刺激，成为中国乳制品行业最具活力的企业之一。蒙牛的促销策略主要体现在巧用公关、抓住热点，制造轰动。中国第一次载人飞船神舟五号成功发射并着陆的那一刻，许多人都注意到在央视的直播节目中，关于神舟五号的贴片广告中，频频出现蒙牛牛奶的广告。要知道，神舟五号承载了太多中国人遨游太空的梦想！紧接着，蒙牛不间断地推出中国宇航员"指定饮用牛奶"广告；而在各地的销售终端，悬挂有航天标志的 POP 广告更是把视觉冲击的影响力直接带到了顾客面前；与此同时，启动了包括新产品试用和赠品助威的促销攻势；在电视、报纸、杂志、互联网、路牌等广告媒体上，关于蒙牛的各种软、硬广告潮水式涌向各类顾客，让零售商、经销商、顾客目不暇接。经过与"神舟五号"的成功"联姻"，蒙牛成功地把自己送上了中国乳制品行业最年轻、最有市场影响力的三大企业之列。

10.1.2　促销组合及影响促销策略的因素

市场促销组合由多种促销手段组成，每种手段又有多种不同方法，许多因素都影响着营销人员对促销工具的组合。促销组合是市场营销组合的第二个层次。促销组合是指企业有计划、有目的地把人员推销、广告、公共关系、营业推广这四种促销方式进行适当配合和综合运用，形成一个完整的销售促进系统。这四种方式或手段各有长处和短处，促销的重点在不同时期、不同产品或服务上也有区别。因此，在实际策划过程中，需要根据企业现实要求，对四种促销方式进行适当选择，综合编配，形成不同的促销组合策略。

1）各种促销方式的特点

（1）人员推销

人员推销是一种既传统又现代的促销方式。它是指企业派出人员或委托推销人员，亲自向目标顾客对商品或服务进行介绍、推广、宣传和销售。人员推销的优点是直接沟通信息，反馈意见及时，可当面促成交易。因此，它的作用不仅限于出售现有货物，而是配合企业的整体营销活动去发现顾客需求、满足顾客需求，把市场动向和顾客需求反馈回生产企业，并据此调整企业生产经营范围、结构，增强企业竞争能力。人员推销是购买过程后期最有效的一种促销手段，与广告相比，人员推销具有以下三个方面的突出特性：一是人际接触，通过直接对话、双向沟通，使双方都能觉察到对方的需要及特点并做出调整；二是培养关系，人员推销可将最初的买卖关系发展为深厚的友情关系。通过感情培养，可以建立起长期的业务关系；三是及时反应，这种促销方式在顾客听取推销陈述后可作出明确反应。尽管人员推销具有上述三方面的优势，但也是一种最昂贵的促销工具。

（2）广告

广告是指企业通过一定的媒介物，公开而广泛地向社会介绍企业的营销形式和产品品种、规格、质量、性能、特点、使用方法以及服务信息的一种宣传方式。在各种促销手段中，广告是一种大众化的信息沟通方式。作为普遍性媒体，广告具有覆盖面广、渗透力强的特点，广告是企业与分散购买者及时沟通的一种有效方式。但广告媒体众多，媒体成本差异比较大。如电视广告需要大量预算，而其他形式的广告，如报纸广告则可用较少的预算完成。广告是商品经济的产物，是随着商品经济的发展而逐渐发展起来的，特别是随着我国经济体制改革的不断深化，市场经济体制的建立，工商企业作为独立的商品生产者和商品经营者，科学地运用广告宣传，对传播信息、促进生产、引导消费、扩大销售、加速商品流通和提高经济效益都具有十分重要的作用。

（3）公共关系

公共关系是指企业通过各种活动使社会公众了解企业，以赢得他们的信赖和好感，从而为企业创造良好的舆论环境和社会环境。公共关系的核心是交流信息，促进相互了解，宣传企业的经营方针、经营宗旨、经营项目、产品特点和服务内容等，提高企业的知名度和社会声誉，为企业争取良好的外部环境，推动企业不断地向前发展。公共关系的吸引力在于它具有较高的可信度。一般来讲，新闻报道和宣传介绍看上去比广告更加真实可靠。尽管市场营销人员并不把公关活动看作主要的促销手段，仅仅是当作促销的补充形式，但与其他促销手段相配合的公关活动还是十分有效的。

（4）营业推广

营业推广是指企业在比较大的目标市场中，为刺激早期需求而采取的能够迅速产生鼓励作用、促进产品销售的一种措施。营业推广的形式有很多，大致可以分为三类：第一类是直接面对消费者的，如展销、现场表演、赊销、消费信贷、现场服务、有奖销售、赠给纪念品或样品等；第二类是属于促成交易的，如举办展览会、供货会、订货会、物资交流会、购货折扣、延期付款、补贴利息、移库代销等；第三类是鼓励推销人员的，如推销奖金、红利、接力推销等。营业推广具有相当的广泛性。一般属于上述三种形式的促销方法都可以称为营业推广。它可通过奖券、竞赛和奖励等形式创造出更强烈、更大范围的消费行为。这种以让利、引诱来诱导消费者立即进行交易的促销活动，可提高正在下降的销售额，但这一手段的作用效果常常是短期的，对建立产品的长期品牌偏好没有显著功效。

促销的各种方式，各有其优点和缺点，列表分析见表10-1。

表 10-1 各种促销方式的优缺点比较分析表

促销方式	优点	缺点
人员推销	直接沟通信息,反馈及时,可当面促成交易	占用人员多,费用高,接触面窄
广告宣传	传播面广,形象生动,节省人力	只能对一般消费者,难以立即促成交易
公共关系	影响面广,信任程度高,可提高企业知名度和声誉	花费力量较大,效果难以控制
营业推广	吸引力大,激发购买欲望,可促成消费者当即采取购买行动	接触面窄,有局限性,有时会降低产品身份

促销组合,就是把人员推销、广告宣传、公共关系和营业推广四种形式有机地结合起来,综合运用,形成一种促销策略或技巧。这四种促销形式,又可归纳为推式策略和拉式策略,而两类推销策略的形式和作用又是不同的。

实行推式策略的企业往往采取主动、直接的方式,由企业推销人员通过一定渠道,将产品或服务推荐给消费者,是一种达到销售目的的推式策略。主要是运用人员推销和营业推广手段把产品推向市场——从制造商推向批发商,从批发商推向零售商,直至最终消费者或用户,如图 10-1 所示。实行推式策略要求推销人员针对不同的产品、不同的对象,采取不同的方式方法。该策略花费在现有产品、新开发产品、现有用户和潜在用户上的力量是不均等的,而是有针对性的。

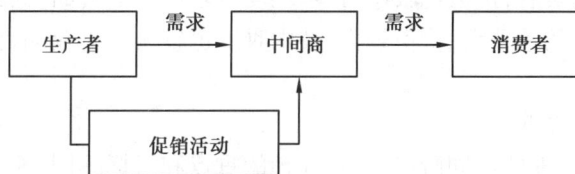

图 10-1 推式策略示意图

实行拉式策略的企业,往往采取间接的方式,通过宣传,使消费者对产品或服务产生兴趣,如图 10-2 所示。拉式策略是企业将主要的促销预算用于广告或其他宣传措施上,通过一系列的宣传报道,诱导消费者对产品产生兴趣,吸引他们来购买产品。实行拉式策略必须注意企业是否库存充足,能否提供良好的产品等。

企业在促进产品销售过程中,究竟是实行推式策略,还是实行拉式策略,要根据具体情况而定。这两种策略、四种促销方式各具特点,在促销活动中各有作用、相辅相成。工商企业应有计划地将各种促销方式有机地结合起来,适当选择、编配和运用,使之互相配合。人员推销必须借助广告宣传介绍,才能引导更多的潜在消费者;广告宣传最终也需通过人的推销活动,才能实现销售产品的目的。因此,促销组合实质上是综合运用四种促销方式,使之成为一个有机整体,充分发挥整体效能。其结构模式如图 10-2 所示。

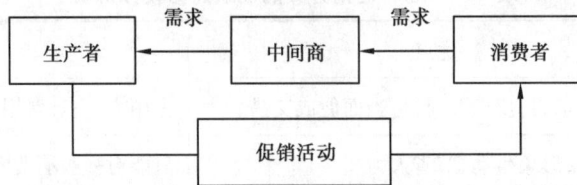

图 10-2　促销组合结构模式

2）制订促销组合需要考虑的因素

各种促销手段不仅各具特点，而且它们相互之间还存在着密切的有机联系，表现为各种促销工具之间具有相互补充、相互替代的作用。营销人员在制订促销组合策略时，应综合考虑各方面因素。

（1）促销目标

促进销售的总目标，是通过向消费者的报道、诱导和提示，促进消费者产生购买动机，影响消费者的购买行为，实现产品由生产领域向消费领域的转移。但在总目标的前提下，在特定时期对特定产品，企业又有具体的促销目标。例如，针对某些产品，企业的促销目标可以是引起社会公众的注意，报道产品存在的信息；也可以重点突出产品特点、性能，以质量、造型或使用方便来吸引顾客；还可以强调售后服务优良等方式。总之，在进行促销组合时，要根据具体、明确的营销目标对不同的促销方式进行适当选择、组合，编配使用，从而达到促销目标。

（2）产品性质

不同性质的产品，消费者状况以及购买要求不同，因而采取的促销组合策略也不同。一般来说，具有广泛的消费者，价值比较小、技术难度也较小的消费品，促销组合中广告的成分要大一些；而有较集中的消费者，价值较大，技术难度也较大的工业品，促销组合中运用人员推销的成分要大一些。

（3）产品市场生命周期

在产品市场生命周期的不同阶段，企业促销的重点和目标不同，相应地要制订不同的促销组合。介绍期重点是让消费者了解产品，所以主要采取广告方式，同时也可以采取人员推销诱导中间商采购。成长期和成熟期重点是增进消费者的兴趣和偏好，多采取不同形式的广告介绍产品特点、效用。衰退期重点是促成持续的信任和刺激购买，多做广告效果已不大，宜采取营业推广的方式增进购买，见表 10-2。

表 10-2　不同时期采取不同的促销方式

产品生命周期	促销重点目标	促销主要方式
介绍期	使消费者认识、了解产品	各种介绍性广告、人员推销、导入 CIS 策略
成长期	提高产品的知名度	改变广告形式（如形象广告）
成熟期	增加产品的信誉度	
衰退期	维持信任、偏爱	营业推广为主，辅以提醒性广告、减价等
市场生命周期各阶段	消除顾客的不满意感	改变广告内容，利用公共关系

（4）市场性质

市场地理范围、市场类型和潜在顾客的数量等因素，决定了不同的市场性质；不同的市场性质，又决定了不同的促销组合策略。一般来说，像小规模、本地市场促销，应以人员推销为主；若是广泛的市场，像全国市场或全球市场，则应以广告和文字宣传为主；市场比较集中，渠道短，销售力量强，产品需经过示范、退换的，应采用人员促销策略；产品销售分散，渠道多而长，产品差异性大，消费趋势已很明显，有必要快速告知消费者的，最好采用非人员促销策略；消费品市场买主多而分散，主要采用广告宣传和营业推广方式；生产资料市场的用户虽少但销售额大，应以人员推销为主。

（5）促销预算

究竟以多少费用用于促销活动，不同的竞争格局，不同的企业和产品都有所不同。促销预算一般是采取按营业额确定一定比例的方法，有的也采取针对竞争者的做法来确定预算额度的办法。一般来说，竞争激烈的产品，如化妆品、口服液等，促销预算往往较大。不同的预算额度，从根本上决定了企业可选择的促销方式。通常来看，广告宣传的费用较高，人员推销次之，营业推广花费较小，公共关系的费用最少，但它们在不同时期的促销效果是不同的。企业在选择促销方式时，要根据企业的资金状况，以能否支持某一促销方式的顺利进行为标准，同时，投入的促销费用要符合经济效益原则。

10.2　人员推销

【案例 10-1】

世界上最伟大推销员

假设你接到一个任务，在一家超市推销一瓶红酒，时间是一天，你认为自己有能力做到吗？你可能会说：小菜一碟。那么，再给你一个新任务，推销汽车，一天一辆，你做得到吗？你也许会说：那就不一定了。

如果连续多年都能每天卖出一辆汽车呢？您肯定会说：不可能，没人做得到。但是，世界上就有人做到了，这个人在 12 年的汽车推销生涯中总共卖出了 13 000 辆汽车，平均每天销售 6 辆，而且全部是一对一销售给个人的。他也因此创造了吉尼斯汽车销售的世界纪录，同时获得了"世界上最伟大推销员"的称号，这就是乔·吉拉德先生创造的伟大传奇：

连续 12 年被《吉尼斯世界纪录大全》评为世界零售第一。

连续 12 年平均每天销售 6 辆——至今无人能破。

被吉尼斯世界纪录誉为"世界最伟大的销售员"——迄今唯一荣登汽车名人堂的销售员。

乔·吉拉德创造了 5 项吉尼斯世界汽车零售纪录：

平均每天销售 6 辆；

最多一天销售 18 辆；

一个月最多销售 174 辆；

一年最多销售 1 425 辆；

在 12 年的销售生涯中总共销售了 13 000 辆。

10.2.1　人员推销的特点

人员推销是指通过推销人员深入中间商或消费者进行直接的宣传介绍活动,使中间商或消费者采取购买行为的促销方式。

人员推销是人类最古老的促销手段。早在小商品经济时代,商贩的沿街叫卖、上门送货等都属于人员推销性质。在市场经济高度发展的现代社会,人员推销这种古老的促销形式重新焕发了青春,成为现代社会最重要的一种促销形式。

同非人员推销相比,人员推销的最大特点是具有直接性。人员推销无论是采取与顾客面对面交流的形式,还是采取推销人员通过电话访问顾客的形式,推销人员都是通过自己的声音、形象、动作或拥有的样品、宣传图片等直接向顾客展示、操作、说明,直接相互交流。人员推销的这种直接性的特点,决定了实施过程中既具有优于非人员推销的一面,也有劣于非人员推销的一面。

人员推销的优点主要表现在以下几个方面：

1) 灵活性

推销人员与顾客保持直接联系,在推销过程中可以直接展示产品,进行操作表演,帮助安装调试,并且根据顾客反映出来的欲望、需求、动机和行为,灵活地采取必要的协调措施,对顾客表现出来的疑虑和问题,也可以及时进行讨论和解答,诱发购买欲望,促成购买。

2) 针对性

采取广告方式等非人员推销手段,面对的是广泛的社会公众,他们可能是也可能不是该产品的顾客。而人员推销在作业之前往往要事先对顾客进行调查研究,选择潜在顾客,直接针对潜在顾客进行推销活动。针对性强可以减少浪费,促销绩效也比较明显。

3) 完整性

人员推销过程是从市场调查开始,经过选择目标顾客、当面洽谈、说服顾客购买、提供服务,最后促成交易,反馈顾客对产品及企业的信息。这也是企业产品销售的完整过程。人员推销的完整性是其他促销方式所不具备的,因此,人员推销在收集、传递、反馈市场信息,指导市场营销,开拓新的市场领域等方面具有特殊的地位和作用。

4) 情感性

推销人员在与顾客长期反复的交往过程中,往往培养出亲切友好的关系。一方面,推销人员帮助顾客选择称心如意的产品,解决产品使用过程中的种种问题,使顾客对销售人员产生亲切感和信任感;另一方面,顾客对推销人员的良好行为予以肯定和信任,也会积极主动地宣传企业产品,帮助销售人员扩展业务,从而形成长期稳定的关系。

人员推销的缺点主要表现为：当市场广阔而又分散时，推销成本较高；同时，推销人员的管理也比较困难；此外，很难觅得理想的推销人员。由于人员推销具有上述优势和特点，其在工业品和技术性较强、使用较为复杂的耐用消费品的推销中，尤为适用。

10.2.2 推销队伍设计

推销人员是企业与消费者之间的纽带。一方面，推销人员代表着企业，是企业代表，因此对推销人员的一种流行称谓是销售代表；另一方面，推销人员或销售代表又从消费者那里反馈回市场需求的有关信息。所以，企业应认真研究销售队伍的设计问题，确定销售队伍的结构和规模。

1）推销人员的职责

（1）寻找顾客

推销人员不仅要了解和熟悉现有顾客的需求动向，提供产品满足消费者重复购买的要求，更重要的是尽力寻找新的目标市场，发现潜在顾客，从事市场开拓工作。

（2）传递信息

推销人员在推销过程中及时将企业提供的产品和服务信息传递给顾客，为顾客提供资料，引起顾客的购买欲望，作出相应的购买决策。

（3）推销产品

通过与消费者的直接接触，运用推销艺术，有效地分析顾客需求及其期望的最大利益，根据不同情况向他们提供各种奖励、折扣、优惠和服务等，从物质上和精神上满足对方需求，诱导其实现购买产品的目的。

（4）收集信息

企业所需要的营销信息，很大一部分源于顾客，推销人员活跃于企业与顾客之间，是企业收集信息的重要渠道之一。推销人员在推销产品过程中，应进行调查研究，与顾客保持经常联系，收集市场情报资料，及时向有关部门反馈信息，为改进营销措施、制定营销决策提供依据。

（5）提供服务

推销人员应在推销中积极主动地为顾客提供售前、售中、售后服务，及时解决顾客在购买和使用产品过程中出现的问题。提供服务的过程，是企业推销零配件和其他产品的良好机会，有利于提高产品的市场占有率。

（6）建立和维护积极有益的关系

关系营销理论和实践已经证实：推销人员必须重视发展与顾客的关系。关系营销理论认为，推销人员在推销活动中，如果善于与顾客建立关系，将会对推销效率产生积极的影响。

2）推销队伍的结构模式

随着市场经济日益发展，市场情况复杂多变，需将推销队伍的结构问题纳入企业销售战略的高度来认真研究。推销队伍的结构主要有以下几种：

（1）地区式结构

地区式结构即按区域设置销售代表。几个销售代表或销售小组负责一个区域的产品销售。这是一种最简单的推销组织形式。这种结构的优点是：推销人员的责任明确,便于考核；推销人员活动区域稳定,有利于与当地客户建立联系；因推销人员固定在一个区域因而费用开支较少。

这种结构模式适合于类似性较大的产品和市场。

（2）产品式结构

产品式结构即按产品设置销售代表,每个推销人员（组）负责某种或某类产品的推销业务。随着产品技术的日益复杂、产品种类的增加以及产品间关联度的下降,推销人员要掌握全部产品的知识日益困难,按产品门类组成销售队伍有利于推销人员熟悉产品性能,有效组织销售。

这种结构模式适合于产品技术性强、生产工艺复杂、营销技术要求高、产品品种多而买主又不大相同的企业。

（3）市场式结构

市场式结构即按顾客的特点设置销售代表。企业可针对不同行业设置销售代表,便于推销人员长期了解该行业的需求特点；企业也可针对客户规模设置销售代表,便于对大客户和小客户分别促销。市场式结构的优点在于每个推销人员对特定客户的需求可进行深入了解；市场式结构的缺点是,如果各类顾客较为分散,则销售人员的费用开支较大。

（4）复合式结构

复合式结构即将地区、产品、市场几种结构混合起来设置销售代表。这类结构可按地区-产品、地区-顾客、产品-客户进行分工,也可按地区-产品-客户进行分工。复合式结构适合于顾客类别复杂而分散的企业,有利于增强企业营销能力。但由于形式复杂,一个推销人员往往要对数种产品经理或几个部门经理负责,容易造成多头领导、职责不清,特别是与不同部门工作人员的配合欠佳时,会直接影响推销效果,给管理带来一定的难度。

3）推销队伍的规模

推销队伍是企业最具生产力也是最昂贵的资产之一。一方面,企业产品最终须经推销人员销售出去,高质量的推销队伍将为企业创造巨大的财富；另一方面,推销人员人数的增加又会增加企业成本。因此,需将推销队伍的规模控制在适当的水平。

企业通常采用工作量法确定销售队伍的规模。该方法主要包括以下五个步骤：

①将顾客按年销售量分成大小类别；

②确定每类顾客所需的访问次数；

③各类顾客所需的访问次数即是整个地区的访问工作量,即每年的销售访问次数；

④确定一个销售代表每年可进行的平均访问次数；

⑤将总的年访问次数除以每个销售代表的平均访问次数即得所需的销售代表数。

10.2.3　人员推销的基本形式与策略

1）人员推销的基本形式

一般来说,人员推销有以下三种基本形式。

（1）上门推销

上门推销是最常见的人员推销形式。它是由推销人员携带产品的样品、说明书和订单等走访顾客,推销产品。这种推销形式,可以针对顾客的需要提供有效服务,方便顾客,故为顾客广泛认可和接纳。这是一种积极主动的、名副其实的"正宗"推销形式。

（2）柜台推销

柜台推销又称门市推销,是指企业在适当地点设置固定的门市,由营业员接待进入门市的顾客,推销产品。门市的营业员是广义的推销人员。柜台推销是等客上门式的推销方式。由于门市里的产品种类齐全,能满足顾客多方面的购买需求,能为顾客提供较多的购买便利,并且可以保证商品安全无损,故此,顾客比较乐于接受这种方式。柜台推销适合于零星小商品、贵重商品和易损商品的推销。

（3）会议推销

会议推销是指利用各种会议向与会人员宣传和介绍产品,开展推销活动。例如,在订货会、交易会、展览会、物资交流会等会议上推销产品均属会议推销。这种推销形式接触面广,推销集中,可以同时向多个推销对象推销产品,成交额较大,推销效果较好。

2）人员推销的基本策略

在人员推销活动中,一般采用以下三种基本策略:

（1）试探性策略（或称"刺激-反应"策略）

试探性策略是在不了解顾客的情况下,推销人员运用刺激性手段诱导顾客产生购买行为的策略。推销人员事先设计好能引起顾客兴趣、能刺激顾客购买行为的推销话术,通过渗透性交谈进行刺激,在交谈中观察顾客的反应;然后根据其反应采取相应的对策,并选用得体的语言,再对顾客进行刺激,进一步观察顾客的反应,以了解顾客的真实需要,诱发购买动机,引导产生购买行为。

（2）针对性策略

针对性策略是指推销人员在了解顾客某些基本情况的前提下,有针对性地对顾客进行宣传、介绍,以引起顾客的兴趣和好感,从而达到成交目的。因推销人员常常在事前已经根据顾客的有关情况设计好推销话术,这与医生对患者诊断后开处方类似,故又称为"配方-成交"策略。

（3）诱导性策略

诱导性策略是指推销人员运用能激起顾客某种需求的说服方法,诱导顾客产生购买行为。这种策略是一种创造性推销策略,它对推销人员要求较高,要求推销人员能因势利导,诱发、唤起顾客的需求;并能不失时机地宣传、介绍和推荐所推销的产品,以满足顾客对产品的需求。因此,从这个意义上讲,诱导性策略也可称为"诱发-满足"策略。

10.2.4　推销人员的素质与培训

1）推销人员的素质

推销人员素质是指推销人员在产品销售过程中,其品质、作风、知识结构、性格等内在因

素有机结合所表现出来的各种能力。一个合格的推销人员,应具备以下素质:

(1)思想政治素质

推销人员应具有强烈的事业心和责任感。具有集体利益高于个人利益的思想境界,具有公道、正派的思想作风和合作共事的精神。

(2)知识修养

推销人员经常与各种各样的顾客打交道,需要具备较宽泛的知识面。知识面宽泛与否,在一定程度上制约着推销人员的推销能力。所以推销人员应有旺盛的求知欲,善于学习的能力,这样在工作中才会游刃有余。一般来讲,一个优秀的推销人员应当具备政治法律知识,懂得经济学、市场营销学和推销业务知识,懂得社会学、心理学等多种知识。

(3)实际工作能力

一个合格的推销人员应具备业务推销能力、人际关系处理能力、主动为顾客服务的能力以及较强的应变能力。

(4)个性素质

推销工作的特殊性决定了对推销人员性格的特殊要求。合格的推销人员应具有感情外露、热情奔放、活动能力强、能当机立断的外向型性格特征,沉默寡言、内向性格的人不宜从事推销工作。

2)推销人员的培训

人员推销的效果如何,关键取决于推销人员的素质。一支精良的推销队伍来自教育培训。企业不仅要对遴选确定后的推销人员进行认真的培训,而且对原有的推销人员也要定期组织集训,以适应市场形势发展的需要。

培训推销员,首先要制订良好的培训计划。为此,应考虑下列问题:培训计划的目标;培训内容;由谁来主持培训;培训时间;培训地点;培训方法;培训效果评价。培训计划的制订要具有针对性,即根据继续培训、主管人员培训、新进人员培训等不同类型的培训,确定不同的培训内容和培训方法。

推销人员培训的主要内容如下:

①企业知识,包括该企业的历史、战略目标、组织机构、财务状况、主要产品的销售情况和政策、市场竞争对企业的影响等;

②产品知识,包括该企业营销产品的范围、结构,自己所负责推销的产品的性能、用途、使用和保管方法等;

③市场知识,包括该企业目标顾客的分布、需求特点、购买力水平、购买动机、购买行为、消费习惯,以及市场情况、该企业的市场地位,竞争者产品的市场地位和营销措施;

④推销技巧,包括推销原则和推销策略,推销人员的工作程序和责任,良好的个性,处理公众关系和人际关系的能力等。

推销人员的培训方法有集体培训和个别培训两种。集体培训的方法有:专题讲座,模拟演示,分组讨论,岗位练兵等。个别培训的方法有:在职函授,业余进修,请有经验的推销人员"传、帮、带",采用工作手册或其他书面资料教学等。

10.3　营业推广

10.3.1　营业推广的特征

营业推广是指为刺激需求而采取的能够迅速激励购买行为的促销方式。与其他促销方式不同,营业推广多用于一定时期、一定任务的短期特别推销。一般来说,人员推销、公共关系、广告等促销方式都带有持续性和常规性,而营业推广则常常是上述促销方式的一种辅助手段,适用于特定时期、特定商品的销售。营业推广是指企业在比较大的目标市场中,为刺激早期需求而采取的能够迅速产生激励作用、促进产品销售的一种措施。营业推广的形式有很多,大致可分为三类:第一类是直面消费者型,如展销、现场表演、赊销、消费信贷、现场服务、有奖销售、赠给纪念品或样品等;第二类属于促成交易型,如举办展览会、供货会、订货会、物资交流会、购货折扣、延期付款、补贴利息、移库代销等;第三类是鼓励推销人员型,如推销奖金、红利、接力推销等。作为一种短期的促销方式,营业推广一般具有两个相互矛盾的特征:

1) 强烈呈现

营业推广的许多方法往往把销售的产品在消费者的选择机遇前强烈地呈现出来,似乎告诉消费者这是一次永不再来的机会,购买该产品可以带来额外的好处。通过这种强烈的刺激,迅速消除顾客疑虑、观望心理,突破顾客的购买惰性,促使其迅速购买。

2) 产品贬低

由于营业推广的很多方法都呈现强烈的吸引氛围,有些做法难免显示企业急于出售产品的意图,如果使用不当,反而会使消费者怀疑产品的品质,产生逆反心理。

营业推广这种刺激迅速购买的方式,预设了一个基本的假设前提:消费者的购买欲望,是可以通过强烈刺激而释放或提前释放的。因此,企业在以其他方式促销的同时,短期内需要给予消费者一剂"兴奋剂"来消除惰性,增加产品成交率。当然,这种方式的副作用就是可能造成产品贬低,因此要适可而止,因时因地适度开展。

10.3.2　营业推广的作用

近十余年来,营业推广在促销组合中的作用日益增强,营业推广的费用在企业促销费用支出中的比例越来越大,已远远超过广告费支出。企业之所以对营业推广倍加青睐,是因为在日益激烈的市场竞争中,营业推广发挥着独特的作用。

1) 加速新产品市场导入的进程

当消费者对刚进入市场的新产品还不够了解,不能作出积极的购买决策时,通过有效的营业推广措施,如免费试用、折扣优惠等,可以在较短时期迅速让消费者了解新产品,促进消费者接受产品,从而加速市场导入的进程。

2)强化消费者重复购买的行为

消费者对某一产品的首次购买,并不能保证其重复购买。但是,通过销售积分奖励、赠送购物券等多种推广方式的运用,则可以在很大程度上吸引消费者重复购买,进而养成对该产品的购买习惯。

3)刺激消费者迅速购买

通过运用优惠价格,附送赠品等多种方式,形成强烈的利益诱导,可以在短期内刺激消费者的购买欲望,加速消费者的购买决策,从而在短期内迅速提高企业销售额。

4)抵御竞争者的促销活动

当竞争对手大规模地展开促销活动时,可以有针对性地选择营业推广手段,抵御和反击竞争者促销行为,保持顾客忠诚度,维持企业的市场份额。

必须明确,营业推广只是一种战术性的营销手段,它的运用只能起到一种即时激励的作用,一般难以建立品牌忠诚,也难以在销售大幅度下滑时发挥起死回生的作用。

10.3.3　营业推广的形式

营业推广包括对消费者进行营业推广,对中间商进行营业推广,对推销人员进行营业推广三种类型,每种类型又有多种方法。营业推广的方法五花八门,数不胜数,但围绕对消费者进行短期利益诱导这个基本点,可以对各种各样的推广方法进行分门别类地整理,形成几大系列,以便有效利用并加以不断创新。营业推广工具可分为对消费者的推广工具、对经销商的推广工具和商业推广工具三类。

1)消费者推广工具

直接面对消费者的营业推广工具主要有:

(1)样品

样品是免费供应一定数量的某种产品或服务。免费赠送样品是企业新产品打入市场时的常用方法,尤其适用于小商品,如糖果、饮料等。除赠送外,样品也可以邮寄,在商店中附送,或在街头散发,也有低价出售试用样品的,如"买一送一"方式。赠送样品是介绍新产品最有效、最昂贵的方法。

(2)减价

产品进入成熟期后,企业常以减价来吸引顾客,扩大销售量。减价的常用方法是在产品原价的基础上,提供给消费者一定的折扣,并在价格标签或产品包装上将折扣数标出。但必须说明企业并非出于质量问题才减价,让消费者放心购买。

(3)交易印花

消费者在购买某一产品时,企业根据消费者购买产品的金额给予一定数量的印花,当消费者积累的印花票达到一定数目时,即可到指定地点兑换指定产品。

(4)优惠券

优惠券是授权持有者在购买某种产品或某种品牌的产品时,可享受一定折扣、免付一定金额的票据。企业可通过邮寄或附在其他产品中或随报纸、杂志赠送等方式,将优惠券赠给有关顾客。据专家认为,优惠券要提供 15%～20%的优惠才有效,优惠券主要适用于成熟品牌的销售和鼓励新产品的早期试用。

（5）有奖销售

有奖销售通常是在收货时附送奖券,小额奖品可立即兑奖,大额奖品一般择期公开摇号抽奖,也可将中奖标记预先封装在产品包装内,消费者购买产品时,凭中奖标记领奖。

（6）赠奖

赠奖是低价出售或免费赠送某种产品,以此作为对购买某种特定产品的激励。赠奖的形式一种叫关联赠品,消费者购买甲产品,可免费或廉价获得乙产品,既可置于包装内,也可附在包装上,倘若包装物本身是能重新使用的容器,也可作为赠品。另一种是免费邮寄赠品,就是在收到消费者购买某商品的证据后,邮寄给消费者的一种赠品。还有一种是把产品以低于正常零售价的价格出售给同一商品的购买者。有时,免费服务也可当作赠品看待。

汉堡大王根据电影"魔鬼炸弹"设计了一个推广活动,给儿童赠送一个能发出声音和充电的小玩具,可以用来炸掉魔鬼,后来发现儿童很容易取出玩具中的电池。虽然这次活动成功地吸引了顾客,但汉堡大王仍然取消了这次活动并回购所发出的小玩具,以免儿童吞食电池引发意外事故。

（7）现金折扣

现金折扣和减价不同,减价是消费者从零售商那里购买商品时获得的价格折扣,现金折扣是购买过程结束后从生产企业那里得到的价格削减。当消费者把具体购买凭证寄给生产企业后,生产企业会把购买价格的一部分作为折扣寄给消费者。

（8）商品陈列和现场表演

商品陈列和现场表演是指在销售现场的橱窗或柜台里专门布置某些产品,通过陈列或新产品使用示范等方式来激发消费者购买动机。

（9）免费试用

免费试用是指邀请潜在购买者免费尝试产品,比如汽车经销商邀请免费驾驶,以激发购买兴趣。

（10）产品保证

当消费者对产品质量比较敏感时,对质量的保证也是一种重要促销工具,企业如提供比竞争对手更长的质量保证期,就能吸引更多的消费者注意。

除上述促销工具外,对消费者的促销还可以使用连带促销、竞赛或抽奖等方式,无论哪一种促销工具,如果能和广告方式结合起来使用,往往会收到更加有效的促销效果。

（11）促销竞赛

促销竞赛是利用人们的竞争心理,通过组织相关的竞赛活动以达成促销目的的促销方式。促销竞赛包括消费者竞赛、经销商竞赛、销售人员竞赛。消费者竞赛是通过组织消费者参与多种形式的竞赛活动,强化产品的顾客扩展,以达到促销产品的目的。经销商竞赛一方面可以激发经销商的合作兴趣,加大进货和分销力度,另一方面可以密切制造商与经销商的关系,加强彼此的协作。销售人员的竞赛有利于提高销售人员个人或团队的销售量,同时也有利于销售人员之间的互相学习和共同提高。

（12）组合推广

组合推广是通过一些综合性的手段，进行产品促销的方式，它主要包括示范推介、财务激励、联合促销、连锁促销、会员制促销。示范推介是通过对产品的操作示范或组织产品推介活动等形式进行促销。财务激励是通过消费信贷方式开展的促销活动。联合促销是两个以上的生产企业共同开展的促销活动，如航空业与旅游业的联合促销活动。连锁促销是通过连锁方式进行的促销活动，相较于单个企业的促销活动，显然具有整体促销的效益。会员制促销是通过会员制或俱乐部的方式，对会员在一定时期进行折扣销售，这种方式有助于吸引顾客入会以享受长期的优惠。

（13）廉价包装

包装不仅具有保护商品、吸引顾客的功能，而且还具有直接促销作用。工商企业可以采用简单包装、把小包装换成大包装、除去精美包装等方式，达到降低费用及商品降价的目的，吸引"经济型"顾客。此外，企业还可利用多用途包装、系列包装等，不断吸引顾客，提高重复购买率。

2）经销商推广工具

制造商开展针对经销商的营业推广活动，试图达到以下目的：一是说服批发商和零售商经营制造商的某品牌产品；二是鼓励批发商和零售商购买比平常数量更多的产品，即大量进货；三是激发批发商和零售商通过广告、展示、削价等方式推销制造商品牌；四是刺激零售商及其销售人员的商品推销工作。通常使用的推广工具有：

（1）购买折扣

购买折扣是指经销商在一定时期内每次购买得到的相对于报价的直接折扣，这种折扣使经销商获得利润或广告支出费用的补偿，可以鼓励中间商多经营老产品或有一定风险的新产品。

（2）津贴

津贴是制造商为感谢中间商的合作而给予其利益上的一种补偿，存货津贴是用以激励中间商增加从制造商的进货量；广告津贴是制造商对经销商代做产品广告的酬谢；陈列津贴是为酬谢经销商举办产品特别展示而给予的补贴。

（3）免费产品

当中间商购买某种产品达到一定数量时，制造商就为其提供一定数量的免费产品。

（4）推销奖金

当经销商及其推销队伍推销制造商产品时，制造商应给予一定数额的推销奖金，以奖励推销有功人员，可以是现金或礼品。

除上述促销工具外，对经销商的营业推广还包括店面布置、零售业务培训、中间商竞赛和合作广告等形式。

3）商业促销工具

运用商业促销工具可获得吸引消费者购买或激励推销人员取得更大成绩的促销效果。

主要促销工具如下：

（1）商业展览和业务会议

由行业协会牵头组织的商业展览和业务会议可以边展览边交易，通过这种订货会或展销会，可接触到其他促销方式难以接触到的潜在顾客，发现新的销售渠道，争取向消费者销售更多的产品。

（2）销售竞赛

销售竞赛的竞赛对象包括推销人员和中间商。通过对有业绩的推销人员或经销商负责人给予奖励，目的在于提高一定时期内的销售额。对表现优秀者可给予免费旅行、发放奖金或赠送礼品的奖励。当然，生产企业所制定的竞赛目标经过努力是可以达到的，否则，推销人员和中间商便不会接受这种挑战。

（3）特殊广告品

特殊广告品是推销人员免费送给潜在顾客的价格低廉而有用的礼品。因这些物品使用频率高，以此为载体的公司名称和广告信息就会经常出现在消费者面前，自然使人产生好感。

10.3.4 营业推广方案的制订与实施

1）营业推广方案的制订

企业在制订营业推广决策时，不仅要确定营业推广的目标，选择适当的推广形式，还要制订具体的推广方案，主要内容包括奖励规模、奖励范围、发奖途径、奖励期限以及营业推广的总预算。

（1）奖励规模

营业推广的实质就是对消费者、中间商和推销人员予以奖励。因此，企业在制订具体营业推广方案时首先应决定奖励规模。在确定奖励规模时，首先应进行成本——效益分析。假定奖励规模为1万元，如果因销售额扩大而带来的利润大大超过1万元，那么奖励规模还可扩大；如果利润增加额少于1万元，则这种奖励就得不偿失。营业推广的这种成本——效益分析，可为制订奖励规模决策提供必要的数据支撑。

（2）奖励对象

企业应决定奖励那些现实的或可能的顾客。

（3）发奖途径

企业还应决定通过哪些途径来发奖。例如，代金券可以放在产品包装里分发，也可以通过广告媒介分发或直接邮寄。在选择分发途径时，既要考虑各种途径的传播范围，又要考虑其成本。

（4）奖励期限

企业必须慎重考量奖励期限。如果奖励期限太短，许多消费者可能恰好在这一期限内没有购买得不到奖励，从而影响营业推广的效果；反之，如果奖励期限太长，又不能促成消费者立即决定购买决策。

（5）总预算

确定营业推广预算的方法有两种：一是先确定营业推广的方式，再预算推广总费用；二是在一定时期的促销总预算中拨出一定比例用于营业推广。第二种方法较为常用。

2）营业推广方案的实施与评估

在具体运用各种营业推广方式前，如果有条件，应对各种方式进行事先测试，以选择合适的推广方式。企业还应为每一种营业推广方式确定具体的实施方案。实施方案包括两个关键的时间因素：一是从准备到公布实施的时间；二是推广始末的间隔时间，应当是 90% ~ 95% 的推广产品已经卖掉的时间。这个时间可能是一个月甚至几个月。

为了改进营业推广方法，需要对推广方案进行评估。事实上，很多企业往往忽视这一工作。制造商对营业推广进行评估：主要有以下四种方法：第一，最常见的一种方法，是把推广前、推广期间和推广后的营业情况进行比较。第二，对那些在推广时购买这一产品，事后又转向购买其他品牌类似产品的顾客进行调查。第三，如果企业还需要进一步研究，可对消费者进行调查，调查有多少消费者还记得这次营业推广活动，他们的做法如何，多少人从中得到了好处，以及这次推广活动对他们以后的品牌选择起了什么作用。第四，企业还可以针对营业推广的作用、期限等进行细致的分析。有些大企业有意选择一些地区，对在全国范围内曾使用过的营业推广方法逐一进行评判，以便对不同策略的推广效果进行评估。

10.3.5　企业进行营业推广时应考虑的因素

1）目标

营业推广必须具有明确的目标。企业应当根据目标市场和整体策略来确定推广目标，根据推广目标制订周密的计划。当然，由于消费者、中间商、企业事业单位有各自不同的购买特点，在确定目标和制订计划时应区别对待，并把长期目标与短期目标有机地结合起来。

2）费用

营业推广是企业重要的促销形式。通过营业推广可以增加销售额，同时也增加了费用。企业要权衡推销费用与营业收益的得失，把握好"所费"与"所得"的正确比值，从而确定促销的规模和程度。

3）对象

各种营业推广手段针对不同的对象，其作用是有很大差别的。实践证明，营业推广的对象主要是"随意型"顾客和价格敏感度高的消费者。对于已经养成固定习惯的老顾客，营业推广的作用要小一些。因此，推广对象的选择要因时、因地制宜。

4）媒体

企业应通过最佳媒体来实施营业推广。比如一张优惠券，既可以放在产品包装袋里赠送，也可以在购买产品时当场分发，或附随在报刊广告中。又如，为了扩大某种产品的销售，企业拟给予顾客 10% 的价格折扣。这一信息应通过什么媒体传播出去，则值得研究。一般来说，选择媒体应考虑媒体的普及率及费用支出等情况，权衡利弊，从优确定。

5）期限

营业推广的时间选择必须符合整体营销策略，并与其他经营活动相协调。如果时间太短,不少有希望的潜在顾客也许恰好在这一阶段没有采购需求,从而收效甚微;如果推广时间太长,又会给消费者造成一种假象,认为这不过是一种变相减价,因而失去吸引力。因此,时间选择要恰到好处,既要给消费者传递"欲购从速"的吸引力,又要避免草率从事。

6)效果

营业推广的效果体现营业推广的目的。每次营业推广后,都要对营业推广的效果进行评价。营业推广效果评价的一般方法有比较法(即比较推广前后销售额的变化情况)、顾客调查法、实验法等。企业可通过这些方法取得营业推广效果资料,并与推广目标和计划进行比较分析,肯定成绩,找出问题,以便控制和调整营业推广过程,实现推广目标。

10.4 广 告

10.4.1 广告的概述

1)广告的定义

广告词源于拉丁文 Adverture,有注意、诱导的意思。1300—1475 年古英语时期,英语 Advertise 一词才开始出现,其含义为"某人注意到某事",后演变为"引起他人注意"。17 世纪英国商业兴盛时期,"Advertise"一词才广为通用;而将静止的 Advertise 演进为动态的广告活动 Advertising,就具有了现代广告的含义。现代广告是以支付广告费的形式,通过电视、广播、报纸、杂志等各种媒体,向消费者传播产品或服务等信息的一种促销手段。

2)广告的构成要素

(1)广告主

广告是一种企业行为,它是企业为实现一定的营销目标而向现实或潜在的购买者传递商业信息所进行的活动。产生广告行为的企业被称为"广告主"。广告也可包括非营利性组织的行为,如各类公益性广告。产生广告行为的非营利性组织也被称为"广告主"。任何广告均有明确的广告主。

(2)广告信息

广告主通过广告诉求所传递的信息一般分为以下几种:

①产品信息,即有关产品品牌、特性、质量等方面的信息。

②服务信息,即有关服务的种类、方式等信息。

③观念信息,即信誉、形象等信息。

(3)广告媒体

广告的传播方式是非人员的大众传播方式。与人员推销时的人际传播不一样,广告是通过大众传播媒体进行的信息沟通,因此,它不是以个人而是以群体作为传播对象。

(4)广告费用

广告需要支付费用,广告在制作与发布过程中都需要发生制作费用及媒体刊播费用。

（5）广告目标

广告具有明确的针对性和目的性。广告的对象是消费者或目标顾客,其目的是刺激消费者的欲望,形成对经销商的产品、服务的需求或对其他经销商有利的反应。

3）广告的功能

广告作为一种经济现象,无处不在,无时不有。从营销角度看,广告的功能作用主要有以下几点:

（1）介绍产品

广告能使顾客了解有关产品的存在、优点、用途及使用方法等,有助于顾客根据广告信息选择适合自己需要的产品。同时,广告信息的传播,对培养新的需求和新的消费方式有一定促进作用,对扩大销售量和开发新产品具有重要意义。

（2）促进尝试性购买

顾客使用产品是广告的终极目的,广告具有刺激、鼓励人们做第一次尝试购买的作用。顾客通过尝试性购买和使用产品,才有可能成为企业的忠实客户。

（3）开辟新市场、发展新顾客

企业要发展壮大,就需要谋求扩大市场,拓展产品销路。对于新的细分市场,广告因能广泛、经常地接近顾客,因此能起到开路先锋的作用。广告是进行市场渗透的有力武器。

（4）保持或扩大市场占有率

广告能让消费者经常感觉和认识到某种产品的存在。这是企业保持一定市场占有率的有效手段。

（5）树立或加深企业商标的印象

顾客购买产品时,企业的名称和商标往往是选择的重要依据。因此,企业名称和商标能否赢得顾客的好感和信赖,直接关系到产品的销售。广告是确立理想的企业与商标印象的重要途径。

（6）消除对产品的偏见

广告能改善消费者对产品的评价,确立好感。

（7）支持中间商,改善与中间商的关系

总之,广告的作用是多方面的,在品种繁多的现代商品市场上,广告已成为企业在激烈的市场竞争中取胜的必要手段。

4）广告的种类

按沟通的直接目的,可把广告分为提供信息、说服购买和提醒使用三种。

（1）告知性广告

告知性广告是指企业在市场开拓阶段为迅速让消费者或用户了解产品或服务的名称、性能、特点等所做的广告。目的是提高产品的知名度,诱导早期购买,建立初步需求。

（2）说服性广告

说服性广告又称竞争性广告,是企业在产品生命周期的成长阶段所做的广告,目的在于介绍产品的实际使用效果,突出该产品的特色和用途,从而建立起对企业产品品牌的选择性需求。这种广告多在市场竞争激烈时使用。说服性广告的目标是为特定的品牌培养选择性需求,因此,某些说服性广告已变成比较性广告,即企业将产品或服务与竞争者进行对比,通过与其他品牌的特定比较来突出自身的优越性。

比较性广告可分为直接比较广告和间接比较广告,前者是企业将自己的产品与某一竞争者进行对比,后者是将自己的产品与不指明的竞争者进行对比。尽管间接比较广告没有指明竞争者,通常人们也明白广告中竞争者的指向。比如,百事可乐曾进行过可乐蒙眼品尝试验,并将结果在广告中广为宣传,虽然百事可乐在广告中并未指明试验中的竞争者,但人们一看便知是在与可口可乐进行对比。今天的比较广告已随处可见,比如,百事可乐与可口可乐、汉莎航空公司与美国航空公司等比较广告大战已尽人皆知。世界各国政府对比较广告的态度也不尽一致,英国、奥地利、瑞士等国家允许使用比较广告;而法国、比利时、意大利和荷兰等国家则禁止使用比较广告;德国法律虽规定有条件地允许比较广告存在,事实上比较广告在德国极为少见。

(3)提醒性广告

提醒性广告对成熟或处于衰退期的产品或服务非常重要,目的在于提示消费者不要忘记曾经购买或消费过的产品或服务,唤醒他们继续购买,加深消费者对产品或服务的印象。这种广告适用于历史悠久的老产品或服务、已经行销多年并处于成熟或衰退阶段的产品或服务,因竞争激烈已由紧俏转为滞销的产品或服务,比如美国杜邦公司、壳牌石油公司经常通过提示广告,宣传老企业的传统产品或服务,以减弱人们的遗忘程度。提醒性广告的另一种相关形式是强化性广告,目的是让受众相信自己已经做出了非常正确的选择。

10.4.2 广告媒体的种类

随着经济生活的日益丰富和科学技术的进步,可供企业传递广告信息的媒体和形式越来越多。常见的广告媒体有以下几类:

1)印刷媒体

印刷媒体是指以印刷品作为传播广告信息的媒体,包括报纸、刊物、产品说明书、样本、广告信、电话簿、挂历、台历、票证、火车时刻表、工具书插页等。

2)电子媒体

电子媒体包括电影、电视、广播、幻灯、电子显示大屏幕等。这类广告媒体在现实生活中的作用越来越大,应引起企业的特别重视。

3)户外媒体

户外媒体包括广告牌、招贴、路牌、墙壁、霓虹灯、橱窗、气球、灯箱等。

4)实物媒体

实物媒体包括产品、模型、包装装潢、礼品、标识、徽章。

5)其他媒体

其他媒体包括火柴盒、手提包、包装纸、购物袋、纪念册、运动衫、附赠品等,文体表演也是很好的广告媒体。

选择广告媒体是一种创造性的活动,不应只集中在个别媒体做广告,新奇的广告形式往往能收到意想不到的效果。比如,有的企业在公厕做广告,由于人们如厕不可避免地要看到广告,宣传效果还相当不错。

10.4.3 主要广告媒体的特点

广告主为使广告信息得到有效的广泛传播,可通过多种媒体来实现。

1) 报纸

在传统四大媒体中,报纸无疑是最多、普及性最广和影响力最大的媒体。报纸广告几乎是伴随着报纸的创刊而诞生的。随着时代的发展,报纸的种类越来越多,内容越来越丰富,版式更灵活,印刷更精美,报纸广告的内容与形式也越来越多样化,所以报纸与读者的距离也更接近了。报纸成为人们了解时事、接收信息的主要媒体。报纸的主要特点如下:

(1)传播速度较快,信息传递及时

对于大多数综合性日报或晚报来说,出版周期短,信息传递较为及时。有些报纸甚至一天要出早、中、晚等好几个版,报道新闻就更及时了。一些时效性强的产品广告,如新产品和有新闻性的产品,就可利用报纸,及时地将信息传递给消费者。

(2)信息量大,说明性强

报纸作为综合性内容的媒介,以文字符号为主,图片为辅来传递信息,其容量较大。由于以文字为主,因此说明性很强,描述详尽。对于一些关注度较高的产品,利用报纸的说明性可详细告知消费者有关产品的特点。

(3)易保存,可重复

由于报纸的特殊质地及规格,相对于电视、广播等其他媒体,报纸具有较好的保存性,而且易折易放,携带十分方便。一些人在阅读报纸过程中还养成了剪报的习惯,根据各自所需分门别类地收集、剪裁信息。这样,无形中又强化了报纸信息的保存性及重复阅读率。

(4)阅读主动性

报纸把许多信息同时呈现在读者眼前,增加了读者的认知主动性。读者可以自由地选择阅读或放弃哪些板块;哪些板块先读,哪些板块后读;阅读一遍,还是阅读多遍;采用浏览、快速阅读或是详细阅读。读者还可以决定自己的认知程度,如仅有一点印象即可,或者将信息记住、记牢;记住某些内容,或者记住全部内容。此外,读者在必要时还可将所需要的内容记录下来。

(5)权威性

消息准确可靠,是报纸获得信誉的重要条件。大多数报纸历史悠久,且由党政机关部门主办,在社会民众中素有影响和威信。因此,在报纸上刊登的广告往往会让消费者产生信任感。

(6)高认知卷入

报纸广告多数以文字符号为主,要了解广告内容,要求读者在阅读时集中精力,排除其他干扰。一般而言,除非广告信息与读者有密切关系,否则读者在主观上是不会为阅读广告花费太多精力的。读者的这种惰性心理往往会减少他们详细阅读广告文案内容的可能性。换句话说,报纸读者的广告阅读程度一般是比较低的。不过当读者愿意阅读时,他们对广告内容的了解就会比较全面、彻底。

（7）注意度不高

一份报纸有很多栏目，也有很多广告，它们竞相吸引读者的注意。因此，只有当你的广告格外醒目时，才容易引起人们的注意。否则，读者可能视而不见。

（8）印刷难以完美，表现形式单一

最近几年在高新科技的支持下，报纸的印刷技术得到了突飞猛进的发展。但到目前为止，报纸仍是印刷成本最低的媒体。受材质与技术的影响，报纸的印刷品质不如专业杂志、直邮广告、招贴海报等媒体。报纸以文字为主要传达元素，表现形式相对于电视的立体、其他印刷媒体的斑斓丰富，显然要单调得多。

2）杂志

杂志也是一种印刷平面广告媒体，尽管与报纸广告相比，它明显地缺乏时效性，而且覆盖面有限，但由于它精美的印刷，光彩夺目的视觉效果，深受特定受众的喜爱。由于杂志种类繁多，雅俗共赏，而且出刊周期短的杂志种类最多，影响颇大，因此，它成为现代广告四大媒体之一。由于印刷技术的发展和人类思维的进步，以往单纯的平面设计模式不断被突破，新的设计形式不断涌现，这都预示着杂志广告的前景广阔。杂志的主要特点如下：

（1）读者阶层和对象明确

杂志的读者不像报纸广泛，但分类较细，专业性较强，这对于选择特定阶层的广告投放非常方便，更能做到有的放矢。同类杂志的读者，在质的方面大体相同，因此，广告文案的制作也容易得多，反过来说，每一类杂志都拥有基本的读者群，那么就可以针对不同的消费者选择不同的杂志。所以，为了更好地利用杂志媒体，应当根据广告目标对象的要求对能利用的杂志进行分类。

一般来说，杂志的读者都有一定的文化水平，有较好的理解能力，而且凡是订阅某种杂志的人，对该杂志的性质与刊登内容都有一定的了解和兴趣，专业人士对专业杂志刊登的东西更容易接受，这样就有利于广告发挥作用。订阅杂志的人生活水平都较高，有能力领略广告介绍的内容，所以新产品在开拓市场时，杂志媒体也是一个有效的媒体。

（2）杂志印刷精美，阅读率高，保存期长

杂志媒体的用纸较好，尤其是广告用纸更为讲究，在广告的印刷上要比报纸精美得多，尤其是彩色广告，色彩鲜艳精致，特别引人注目，可以逼真地再现产品形象，激发读者的购买欲望。杂志广告大都采用全页或半页，版面较大，内容多，表现深刻，图文并茂，较易把广告主所要提供的信息，完整地表达出来。

杂志媒体比起广播、电视来说，生命长得多。广播电视节目一播即逝，而杂志阅读时间长，常被读者保存下来反复阅读，因此，杂志广告能与读者反复接触，读者也有充足的时间对广告内容作仔细研究，加深印象。

（3）杂志媒体版面安排灵活，颜色多样

在版面位置安排上可分为封面、封底、封二、封三、扉页、内页、插页，颜色上可以是黑白，也可以是彩色，在版面大小上有全页、半页也有 1/3、2/3、1/4、1/6 页的区别，有时为了适应广告客户做大幅广告的要求，还可以作连页广告、多页广告，效果十分强烈，影响巨大。

杂志与报纸一样,同属印刷媒体。这就决定了它们之间存在着一些共同的心理特性,包括阅读主动性、高认知卷入、保存性和可信性。但是杂志与报纸也存在很大的差别:在内容上,杂志不像报纸以新闻报道为主,而是以各种专业和科普性知识来满足各种类型读者的需要;在印刷质量上,杂志一般优于报纸。因此杂志具有不同于报纸的心理特性。

(4)读者针对性强

杂志内容有较大的倾向性、专业性,不同的杂志,可以在广大区域里,拥有不同的和比较稳定的读者层。比如摄影杂志,读者以摄影行业和业余摄影爱好者为主,故有关摄影器材的广告,登在摄影杂志上,广告对象正与该杂志的读者接近,可以有效地争取这些读者成为购用该产品的顾客。

(5)知识性

许多杂志的内容以专业知识和科普知识为主,因而容易使读者对杂志阅读产生知识性期待。这与报纸的消息性一样,杂志的知识性也成为杂志广告的一个心理特性。

(6)重复性

杂志的内容丰富多彩,长篇文章较多,读者不仅要仔细阅读,而且常常要分多次阅读,甚至保存下来日后再读。读者的多次翻阅增加了与杂志广告接触的机会,有利于广告在读者记忆中留下较深的广告印象。

(7)美感好,引人注目

杂志纸质较好,可以印上精美的彩色图片,高度逼真地再现产品原貌。同时,杂志广告多为商业广告,广告登载量不多,一般集中刊登在一定的书页上,排列整齐美观,具有较强的艺术感染力,给人以美的享受。

(8)时效性差

杂志是定期刊物,发行周期较长,有周刊、半月刊、月刊、季刊、半年刊,甚至年刊,因而影响广告的传播速度。时效性强的广告,如企业开张广告,文娱广告,促销广告等,一般不宜选用杂志媒体,否则容易错过时机,广告效果甚微。

3)广播

由于科技的发展,新媒体不断涌现,广播媒介面临着越来越多的挑战和冲击。但是,广播也有其自身的独特优越性,只有充分了解了这些特性,才能扬长避短,进一步发挥这一媒体的潜力。

广播广告的主要特点有:

(1)传播方式的即时性

即时性,是指广播广告传播速度最快。广播可使广告内容在讯息所及的范围,迅速传播到目标消费者耳中。不论身在何地,只要打开收音机,广告对象就可以立即接收到广告讯息。如果广告策略、战术的临时调整而需要紧急发布某些广告讯息,例如发布展销会、订货会、折价销售等时效性要求较强的供求讯息时,广播广告可以在数小时内完成播出任务,有时还可以做到现场直播。因此,广播广告的即时性优势是其他媒介所无法取代的。

(2)传播范围的广泛性

由于广播广告是采用电波来传送广告信息的,电波不受空间限制,并且广播的发射技术与电视相比简单得多,所以广播的覆盖面积特别广泛,它可以到达全世界的每一个角落。广播覆盖范围的广泛性使人们不论在城市还是乡村,在陆地还是空中,都可以接收到信息。广播不受天气、交通、自然灾害的限制,尤其适合于那些自然条件比较复杂的地区。

（3）收听方式的随意性

收听广播最为简便、自由、随意。因为它不受时间、地点的限制,不管是白天还是晚上,不管你在哪里,也不管你在干什么,只要打开收音机,都可以收听广播内容。科技的不断进步,使收音机越发向小型化、轻便化发展,有的只有火柴盒大小。尤其是"随身听"这种受年轻人青睐的收听工具的出现,从某种程度上说,广播媒体可以被受众随身携带。

（4）受众层次的多样性

印刷媒介对受众文化水准、受教育程度的要求较高。而广播可使文化程度较低甚至不识字的人也能听得懂广告的内容,所以广播媒体的受众层次更具多样性。尤其是我国的文化教育事业还不是很发达,文盲、半文盲不在少数,而这一部分人又是任何广告主都无法忽视的消费群体。要想针对他们发挥广告的告知与说服功能,广播是非常合适的广告媒体。

（5）制作成本与播出费用的低廉性

广播广告单位时间内信息容量大、收费标准低,是当今最经济实惠的广告媒体之一。同时,广播广告制作过程也比较简单,制作成本也不高。

（6）播出的灵活性

在日常竞争中,广告主经常需要根据竞争对手的举动来调整自己的战术行动,快速做出反应。广播广告是所有媒介中制作周期最短的,也是最为方便、最为得心应手的工具。而报纸和电视广告除了制作较复杂,刊播时段和版面一般都比较紧俏,需要提前预订。而广播广告在安排播出和调整时段上相对容易,更灵活。

（7）激发情感的煽动性

广播靠声音进行传播,诉诸人的听觉,能给听众带来无限的想象空间,这也正是广播的魅力所在。广播广告的特色正是通过刺激人的听觉感官,激发收听者产生联想,因为广播的声音是实在的、具体的,特别容易撩拨人的心弦,煽动人的情绪,而广告也在这种情形下不知不觉地完成了传达与说的功能。

但是,广播广告也有稍纵即逝、传播方式单一等不足之处。

4）电视

电视广告的主要特点如下:

（1）直观性强

电视是视听合一的传播,人们能够亲眼看到并亲耳听到如同在自己身边一样的各种鲜活事物,这就是电视视听合一的传播效果。单凭视觉或听觉,或视觉与听觉简单地相加而不是有机融合,都不会使受众产生如此真实、信服的感受。电视广告的这种直观性,是其他任何媒介都无法比拟的。它超越了读写障碍,成为一种最大众化的宣传媒介。它无须对观众的文化知识水准有严格的要求。即便是不识字,不懂语言的人,也基本上可以看懂或理解广告所传达的内容。

（2）有较强的冲击力和感染力

电视是唯一能够进行动态演示的感性型媒体，因此电视广告冲击力、感染力特别强。电视媒介是用真实记录的手段再现信息形态，即用声波和光波信号直接刺激人们的感官和心理，以取得受众感知经验上的认同，使受众感觉特别真实，因此电视广告对受众的冲击力和感染力特别强，是其他任何媒体的广告都难以达到的。

（3）受收视环境的影响大，不易把握传播效果

电视机不像印刷品可随身携带，它需要适当的收视环境，离开了这一环境，也就从根本上阻断了电视媒介的传播。在这个环境内，观众的多少、距离电视机荧屏的远近、观看的角度及电视音量的大小、器材质量以至电视机天线接收信号的功能如何，都直接影响着电视广告的收视效果。

（4）瞬间传达，被动接受

全世界的电视广告长度差不多，都是以5秒、10秒、15秒、20秒、30秒、45秒、60秒、90秒、120秒为基本单位，超过4分钟的比较少，最常见的电视广告则是15秒和30秒。这就是说一则电视广告只能在短短的几秒、几十秒内完成信息传达任务，这是极为苛刻的时间条件。而且受众又是在完全被动的状态下接受电视广告的，这也是电视广告区别于其他广告媒介的特点。

（5）费用昂贵

费用昂贵，一是指电视广告本身的制作成本高，周期长；二是指播放费用高。就制作费而言，电影、电视这种艺术形式本身就以制作周期长、工艺过程复杂、不可控制因素多（如地域、季节天气、演员等）而著称，而电视广告又比一般的电影、电视节目要求高得多。广告拍片的片比通常是100∶1，可见仅是胶片一项，电视广告就比普通电影、电视节目超出许多倍，而且为广告片专门作曲、演奏、配音、剪辑、合成，都需要花费大量的成本。

就广告播出费而言，电视台的收费标准也很高。我国中央电视台A特段30秒的广告收费就要人民币4.5万元。而国外电视台黄金时段播出费用还要高得多，美国的电视广告每30秒要10万~15万美元，如果在特别节目中插播广告更贵，有的甚至高达数十万美元。

（6）有较高的注意率

经济发达的国家和地区，电视机已经普及，观看电视节目已成为人们文化生活的重要组成部分。电视广告注意运用各种表现手法，使广告内容富有情趣，增强了视听者观看广告的兴趣，广告的收视率也比较高。电视广告既可以看，还可以听。当人们不留神于广告画面时，耳朵还是听到了广告内容。广告充满整个电视屏幕，也便于人们集中注意力。因此，电视广告容易引人注目，广告触达效果还是比较强的。

（7）有利于不断加深印象

电视广告是一种视听兼备的广告，又有连续活动的画面，能够逼真地、突出地从各方面展现广告产品的个性。比如，广告产品的外观、内在结构、使用方法、效果等都能在电视画面中逐一展现，观众如身临其境，留有明晰深刻的印象。电视广告的反复播放，能不断加深人们的印象，巩固记忆。

（8）有利于激发情绪，增加购买信心和决心

由于电视广告形象逼真，就像上门推销人员一样，把产品展示在每个家庭成员面前，使人们亲眼所见，对广告产品容易产生好感，引发购买兴趣和欲望。同时，观众在欣赏电视广告时，有意或无意地对广告产品进行比较和评论，通过引起注意，激发兴趣，统一购买思想，这都有利于增强购买信心，做出购买决定。特别是选择性强的日用消费品、流行的生活用品、投入市场的新产品，通过电视广告，容易受到使观众的关注并激发对产品的购买兴趣与欲望。

（9）不利于深入理解广告信息

电视广告制作费用高昂，黄金播放时间收费最贵。电视广告时间长度多在5~45秒。要在短短的几秒、几十秒时间内，连续播出各种画面，闪动很快，不能做过多的解说，影响人们对广告产品的深入理解。因此，电视广告不宜播放需要详尽理解性诉求的产品，如生产设备类产品。一些高档耐用消费品在电视上播放广告时，还需运用其他广告形式作详细的补充介绍。

（10）容易产生抗拒情绪

由于电视广告的显著效果，投放电视广告的客户不断增加，电视节目经常被电视广告打断，容易引起观众的不满。

5）户外广告媒体

凡是能在露天或公共场合通过广告表现形式同时向许多消费者发出诉求，能达到推销产品目的的物品都可称为户外广告媒体。户外广告可分为平面和立体两大类：平面的有路牌广告、招贴广告、壁墙广告、海报、条幅等；立体广告分为霓虹灯、广告柱以及广告塔、灯箱广告等。在户外广告中，路牌、招贴是最为重要的两种形式，影响甚大。设计制作精美的户外广告已成为一个地区的象征。

（1）户外广告的主要特征

①它对地区和消费者的选择性强。户外广告一方面可以根据地区的特点选择广告形式，如在商业街、广场、公园、交通工具上选择不同的广告表现形式，而且户外广告也可以根据某地区消费者的共同心理特点、风俗习惯来设置；另一方面，户外广告可为经常在此区域内活动的固定消费者提供反复的宣传，使其印象深刻。

②户外广告可以较好地利用消费者上班途中、散步游玩时间，在公共场合经常产生的空白心理。这时，一些设计精美的广告、霓虹灯多彩变化的光芒常能给人留下非常深刻的印象，能引起较高的注意率，更易使其接受广告内容。

③户外广告具有一定的强迫诉求性质，即使匆匆赶路的消费者也可能因对广告的随意一瞥而留下一定的印象，并通过多次反复刺激而对某些产品或服务留下较深印象。

④户外广告表现形式丰富多样，特别是高空气球广告、灯箱广告的发展，使户外广告更具特色，而且这些户外广告还有美化市容的作用。这些广告与市容浑然一体的效果，往往会使消费者非常自然地接受广告。

（2）户外广告的不足之处

户外广告内容单纯，能避免其他内容及竞争广告的干扰，而且户外广告费用较低。不足

之处在于：

①覆盖面小。由于大多数的户外广告位置固定不动,覆盖面不大,宣传区域小,因此设置户外广告时应特别注意地点的选择。比如,广告牌一般设立在人口密度大、流动性强的地方。机场、火车站、水运码头南来北往的流动人口多,适于设立全国性广告。

②效果难以测评。由于户外广告的对象是在户外活动的人,这些人具有流动性质,其接受率很难估计。而且人们总是在活动中接触到户外广告,其注视时间非常短,甚至只有几分之一秒,有时人们在同一时间可能接触到多种户外广告,因此要取得广告效果,就要想方设法让人们视觉暂留,这非常重要。

6) 售点广告

售点广告又称 POP 广告,POP 是英文 Point of Purchase 的简称,20 世纪 30 年代诞生于美国。今天,POP 广告以新的形式出现,而且备受重视和广泛运用。

今天的 POP 广告,包括橱窗陈列、柜台、货架陈列、货摊陈列等,还包括销售地点的现场广告,以及有关场所门前的海报、招贴。随着无人销售形式的出现,尤其是超级市场的出现与普及,售点广告的功能也在逐渐扩大。售点广告还包括销售地点发布的各种广告包装纸、说明书、霓虹灯、小册子、赠品、奖券等,不过售点广告最主要的形式还是通过商品本身为媒体的陈列广告。

售点广告按场合分为店外和店内两类。店外 POP 广告,是使消费者认识店址,吸引消费者进入商店的广告,如招牌和橱窗。店内 POP 广告,是最接近消费者的广告,由柜台展示、货架陈列、地面展示、墙面广告、天花板装饰、商品包装、动态装饰等部分组成。

售点广告实际上是其他广告媒体的延伸,对潜在购买心理和已有的广告意向能产生非常强烈的诱导功效。经美国人调查研究,购买者在出门前已确定买什么产品的情况只占全部销售额的28%,而在销售现场使潜在意识成为购买行为的则占72%,可见,销售现场广告的作用是巨大的。具体作用如下：

①售点广告能加深顾客对产品的认识程度,能更快地帮助顾客了解产品的性质、用途、价格及使用方法。能诱发顾客的潜在愿望,形成冲动性购买,它不像其他媒体那样必须给人留下深刻印象和记忆才能产生购买行为。正因如此,这类广告更应在表现形式上考虑如何增强广告的注意率。

②售点广告能增强销售现场的装饰效果,美化购物环境,制造愉悦气氛,增进购物情趣,对消费者发挥潜在的诱导作用,是无声的推销员。

③售点广告的表现形式和真实度是其他媒体不可比拟的,这类广告一般更重视实物展示,能补充传统四大媒体的不足,使抽象的、停留在印象中的物品成为鲜活的、肉眼可见的实物。

④售点广告设计一次,可长期反复使用,能节省宣传费用。

7) 网络

自 1994 年 10 月 4 日,美国著名的《热线杂志》(Hotwired)首开网络广告先河以来,网络广告就迅速席卷欧美大陆,成为当今欧美国家最为热门的广告宣传形式,并且迅速地扩展到世界其他国家和地区。美国国家科学基金会预测,2000 年的网络用户高达 5.5 亿人,网络成为继报纸、杂志、广播、电视之后的第五大媒体。随着网络用户的增多,电子商务的迅速发展,网络广告也一路高歌猛进,阔步向前。网络广告的主要特征如下:

（1）互动性

网络广告的互动性决定了网上的广告和电视广告不一样,电视广告可以强迫收看,节目有趣,刚播到一半,广告插播进来你还非看不可,这多少还能保证一定的观众量。但是网民浏览网页是有目的的,如果想查股票信息,或者其他,网页广告常常会被忽略。因此要深入研究网民心理,想方设法吸引网民的无意识注意。

（2）超大信息容量

一般而言,一个网站会有上十或数十乃至数百个网页。网页信息采取非线性文本形式,通过链接方式将不同的网页互相连接起来,组合成一个有机的整体,更重要的是,网络广告所负载的信息,可以由广告受众自主选择,随心所欲。消费者强烈的主动性及强大的信息量要求我们要深知消费者的需要及根据不同类型消费者对信息进行分类,以便广告受众深入点击,获取更多的广告信息,提高广告效率。

（3）付费性

对于作为互动广告的网络广告而言,能否吸引网民点击你的站点是非常重要的,因为网络广告的受众是自己花钱上网来看广告的,除非广告具有十足的吸引力和亲和力,能引起他的极大兴趣,他才有可能参与进来。

（4）吸引有意注意程度

网络广告是一种非强迫性传播,它不像电视、广播、报纸、户外广告等具有强迫性,想方设法吸引人们的视觉和听觉,将有关信息塞进受众的脑子,打动人们的无意注意。网络广告作为一种传播活动,毫无疑问要吸引人们的无意识注意,吸引人们在信息的海洋中注意它、点击它,但它独特的交互性主要吸引的是人们的有意识注意并力求调动人们的自觉性和主动性。用一句话概括就是:在一般媒体上,广告找人看;在网络媒体上,人找广告看。所以吸引消费者有意识注意的程度水平是评价一则网络广告心理效果的重要指标。

（5）引起兴趣,满足需要程度

互联网是一个分众媒体,它提供的是一种双向沟通方式,并能将信息按照用户的个人情况和需求进行个人化定制。人们在互联网上是一种自助的信息消费行为,信息的选择和使用完全按照用户个人的兴趣和需要决定。只有引起网民的兴趣,满足网民的某种现实需要或潜在需要的网上广告信息才能一步步吸引网民深入点击,接收广告信息。因此,能否引起网民的兴趣,满足网民的需要是关系网络广告成败的一个重要因素。

（6）易辨认、易识别程度

网络广告最根本的特性是互动性,互动性广告的重心在于互动信息的传递。超大信息容量是网络广告优于传统媒体广告的突出特点。一般而言,一个网站下面,会有上十个乃至数百个网页。面对庞大的信息量,如何使网民辨认、理解这些信息,提取自己所需要的信息,这也是评价一则网络广告不可或缺的指标。

（7）信息的针对性、亲和力

网络互动广告一对一模式要求信息传播的个性化,让每个接触广告的网民都感到,广告产品是专门为自己准备的,让广告信息走到网民身边来,贴近每个网民的内心,想其所想,爱其所爱。因此,广告信息是否具有针对性,富有个性,是否具有亲和力应是网络广告心理效果测评系统中的一个重要指标。

(8)引起在线购买程度

网络广告是一种针对目标市场进行广泛劝说的传播活动,和其他大众传播方式相比,网络广告具有更明确的广告对象,另外,网络技术可以帮助广告主选择网民,跟踪网民,多方面掌握网民资料,然后有的放矢,对症下药,因此可望成为一种最富针对性的促销行为。网络这种全天候、全球性的市场交流媒介,不仅能建立品牌认知度,还能吸引网民仔细考察一种产品,促成购买,并提供售后服务和售后支持。所以能否引起人们的直接在线购买行为也是评价网络广告的一个重要指标。

8)手机短信广告

这是一种新兴媒体,也有人称之为第五媒体,第六媒体。

短信群发是基于中国移动、联通、电信、网通直接提供的短信接口实现与客户指定号码进行短信批量发送和自定义发送的目的。短信群发的宗旨是为企业发展节约开支,提高效益而产生的,它将"打折信息""促销活动""新品发布"等相关信息发布到目标客户的手机上,为企业树立品牌形象或占有市场创造了无限商机,也能为企业大幅降低广告开支。手机短信作为"第五媒体"的地位,已经得到广泛的认同,与传统大众媒体具有相同、相似、相近的共同之处,拥有庞大的受众群体。对于广告主而言,手机短信息广告媒体具有以下不可替代的信息传播优势:速度快;分众性、回报高;投资小;精确性高;蔓延性好;灵活性高;互动性强;成本低;瞬时轰动效应强。

短信群发平台的缺点:

①信息容量小、对人的吸引力小。短信平台只能用文字编辑,缺乏相应的图像资料,所以相对略感乏味,并且现在短信广告泛滥,阅读率不太高。而彩信的发送成本又太高。

②终端资料难收集。短信平台需要有相应的号码才可以发送,而这些号码怎么收集,以及收集后应该发给哪些目标客户就成为一个很重要的问题,所以短信平台的客户覆盖率不一定全面。

9)邮寄广告

邮寄广告是以邮寄的方式直接送达用户的印刷广告。它是广告的一种,属于速效性广告。在西方国家,居住在公寓楼里的人们,每天总会收到从邮局送来的一叠印刷精美的折页、样本、卡片之类,大都关于旅游、餐馆、饭店、航空或纪念品商店等方面的广告品。近年来,这种形式在国内也逐渐兴起,企业、社团纷纷用邮寄广告方式进行信息传播。

邮寄广告建立在实名数据库基础上,其主要优势如下:

(1)帮助企业精准定位目标消费者

在市场细分理论指导下的营销,根据人口统计及消费者共同的心理特点,把不知名的顾客划分为类。而现在新一代超算计算机和数据库技术能使企业将销售目标集中在更少的人身上,最终目标集中在最小消费单位——个人身上,实现精准定位。

（2）降低营销成本，提高营销效率

由于数据库能够精准定位某种产品的目标消费者，企业就可以削减用于促销的广告宣传费，或降低成本，或将大量促销费直接让利于消费者，增强企业竞争力。据有关资料统计，用数据库筛选消费者，其邮寄宣传品的反馈率高达 20%~30%。

（3）邮寄广告具有隐秘性

传统的市场营销战略需通过大众传播来实施，因此不具有隐蔽性，策略易被竞争者掌握。运用 DMA 广告营销，无须借助大众媒体，比较隐秘，一般不会引起竞争对手的注意。即使竞争者获得了营销策略也为时已晚，因为营销广告和销售已经完成。这种隐蔽性对于实验某种新的营销策略十分有效，可以有效避免营销策略在实验阶段就被竞争对手察觉，比较容易达到预期的销售效果。

（4）足够的产品服务说明空间

邮寄广告另外一个特点就是它提供给客户的信息远远超过任何一种传统媒体，你可以将自己所有想告诉客户的信息全部反映在宣传资料中，你甚至可以将产品的样品一并寄给客户，给客户以最真实感受。

（5）及时得到反馈，准确掌握广告效果

传统营销难以得到目标顾客的反馈，因而也就难以得到顾客的相关数据，推广和促销的效果难以监控，这也是目前困扰传统大众媒体的一个重要问题。而 DMA 营销能够获得顾客的反馈，可以对推广效果进行相关的评估，能够实现营销的精准化。营销者可以将顾客的信息收集到数据库中，并对数据库进行开发，获得目标市场的相关数据，为下一次的推广和企业内部决策提供参考。

邮寄广告的缺点：

①邮寄广告存在的主要问题，就是太多太滥，容易引起接收者反感，有的单位一天就能收到十几封甚至几十封邮寄广告，看都不看直接丢进垃圾桶，因此，现在有的邮寄广告不但邮寄书面材料，还寄录像带、录音带、礼品、试用样品等，并写上收件人的姓名，而不是写某个科室或部门收，目的就是引起对方的注意和重视。

②广告的成效主要在于收信人的名单选择是否精确，收集名单并非易事，如果名单选择不精确，收信人不是购买决策人，效果未必好，在国外，购买这类名单成本较高。在国内，就算花钱也不一定能买到所需要的邮寄名单，总之，邮寄广告名单获得比较困难。

③广告覆盖的目标消费者数量较少，不可能寄出几十万上百万份广告邮件，不适宜促销老百姓需要的生活消费品。

④广告成本较高。

10）黄页广告

优点：方便利用的媒体、有电话数据的特殊功能、面广、时效长、成本低。

缺点：内容多而杂不便于查阅、可读性差、不够时尚前卫、不可充当休闲读物。

11）交通广告

在日常生活中，交通是不可缺少的。利用公交车、地铁、航空、船舶等交通工具及其周围的场所等做广告，这就是交通广告。交通广告因价格比较低廉，且有着较好的传播效果，对企业来说,有很大的吸引力。

(1)交通广告的优点

①由于定点或定路线的原因,广告对部分人群的接触率会较高,广告主可以根据广告目标的要求,选择目标消费者经常使用的有关交通工具的线路、场所做广告。

②交通广告信息展示时间长,消费者在较长时间接触广告,广告内容富有持久性。

③区域性广告效果较好,交通广告既可随交通工具流动,具有流动性,又可固定在车站、机场、码头等场所,具有稳定性。既可运用喷绘、招贴等表现手段,又可采用影片、音响等艺术形式。

④能灵活运用色彩。

⑤广告内容的变化弹性大。

(2)交通广告的缺点

①交通广告因交通工具和线路等的限制,广告对象不广泛,广告接触面有一定的局限性。

②广告篇幅有限,广告场地不能自由选择。

③公共交通工具的乘(旅)客流动性大,成分复杂,较难进行市场细分。

④广告接触者心情不稳定,对广告内容只能是概而置之,广告效果难以测定。

12)DM 广告

DM 广告主要分为印刷品、电子目录和实物三大类,在欧美,DM 广告发展十分迅猛,是仅次于报纸、电视的第三大媒体,在美国 DM 广告总量点全国广告总量的 20% 左右。

①DM 广告不同于其他传统广告媒体,它可以有针对性地选择目标对象,有的放矢,减少浪费。

②DM 广告是对事先选定的对象直接实施广告,广告接受者容易产生其他传统媒体无法比拟的优越感,使其更自主关注产品。

③一对一地直接发送,可以减少信息传递过程中的客观挥发,使广告效果达到最大化。

④不会引起同类产品的直接竞争,有利于中小型企业避开与大企业的正面交锋,潜心发展壮大企业。

⑤可以自主选择广告时间、区域,灵活性大,更加适应善变的市场。

⑥想说就说,不为篇幅所累,广告主不再被"手心手背都是肉,厚此不忍,薄彼难为"困扰,可以尽情地赞誉产品,让消费者全方位了解产品。

⑦内容自由,形式不拘,有利于第一时间抓住消费者的眼球。

⑧信息反馈及时、直接,有利于买卖双方双向沟通。

⑨广告主可以根据市场的变化,随行就市,对广告活动进行调控。

⑩摆脱中间商的控制,买卖双方皆大欢喜。

⑪DM 广告效果客观可测,广告主可以根据效果重新调配广告费和调整广告计划。

10.4.4　选择广告媒体

上述媒体特点不同,优缺点兼有,企业应综合各方面的因素,选择最有利的广告媒体。广告媒体的选择一般需考虑以下几方面因素。

1) 目标顾客的媒体习惯

目标市场的消费者有其特定的媒体习惯。企业进行广告宣传的目的就是将产品、服务等有关信息准确、及时、有效地传递给目标消费者，但如果企业所选择的传播媒体与消费者的媒体习惯不一致，这时的广告促销就收效甚微。因此，对消费者经常购买的产品应采用他们经常接触的广告媒体进行传播。比如男性用品的广告多刊登在体育杂志上或在电视的体育节目时间播放；技术性强的产品多刊登于专业杂志。

2) 产品性质和特点

工业品，尤其是技术性能比较高的产品，宜采用报纸、样品目录、商品说明书等做广告，以便于用户了解产品性能、特点及使用维修方法。消费品，尤其是日用消费品，可选择的广告媒介较多，但最理想的传播媒体还是广播和电视，因为这两种媒体在各国的普及率都很高，是消费者接收产品信息的重要渠道。

3) 媒体的传播数量、质量与可用性

媒体的传播数量是指报纸、杂志的发行量；电台、电视的覆盖面等，它关系到信息传播与影响的范围。媒体的覆盖范围与目标市场范围应是一致的，倘若产品的目标市场只是某一局部地区，就不必选择覆盖全国的广告媒体。媒体传播的质量是指某一具体媒体在消费者心目中的声誉和威望，在某种程度上，它比媒体数量更直接影响到信息传播的效果。媒体可用性通常来自政府政策或法律方面的限制；同时也会受到一国经济、文化、社会等因素的制约。比如瑞典、挪威、丹麦等国家禁止在电台和电视台做商业广告；南欧地区的居民对电视广告反感，但喜欢看杂志，故商业广告多刊登在杂志上。

4) 媒体费用

媒体费用不仅取决于媒体自身的声誉和影响力，还取决于信息播放的时间、频率和广告持续时间。在大多数国家，媒体费用是可以通过谈判来协商的，但一般来讲，电视广告费用最高，报纸、杂志广告次之，邮寄广告的费用有时也很高，而广播广告则比较低廉。再者，在视听媒体的黄金时间和报纸杂志的重要版面播放或刊登广告费用很高，企业应根据自己的财力和所要达到的传播效果，正确选择合适的媒体。

10.4.5　广告效果评价

规划和控制广告的关键是对广告效果的评价。合理的广告促销应先在一个或几个城市开展小规模广告活动，评价其效果，然后再投入大笔费用在全国范围内铺开。广告效果评价包括沟通效果评价和销售效果评价两个方面。

1) 沟通效果评价

沟通效果评价是指广告是否有效地将信息传递给了消费者。沟通效果的评价可分为事前测试和事后评估。

(1) 事前测试

事前测试有三种方法：一是直接评分法，即让消费者观看企业产品的各种备选广告，请他们给不同的广告打分，以此来测试广告效果。二是组合测试法，请消费者看或听一组广告,不限制时间,然后请他们回忆广告内容,其结果可表明广告内容中突出的地方以及易懂性、易记性。三是实验室测试法,这是用仪器测量消费者对于广告内容的生理反应。但这类试验只能测量广告的吸引力,无法衡量消费者的信任、态度和意图。

(2)事后测试

事后测试是在广告发布后对消费者进行的测试。一种是回忆测试,即让接触过广告媒体的人回忆最近几次媒体刊播的广告及其产品,其结果可说明广告为人注意和容易记忆的程度;另一种是识别测试,即让媒体记者从若干广告中辨认哪个广告是他们过去曾经看过的,由此可判断广告在顾客头脑中留下的印象。

2)销售效果评价

评价沟通效果可以帮助企业了解广告传递信息的结果,但却无法揭示其对销售额的影响,那么销售效果评价就是直接评估广告使销售额增加了多少。这比沟通效果的测量更为困难,因为销售额的增长不仅受制于广告,而且还受到其他各种因素的影响,如产品、价格、收入、渠道等。评价效果的难易程度取决于影响因素的多少,比如直销方式下销售效果比较容易衡量;而在运用品牌广告或企业形象广告时,销售业绩则很难衡量。

10.5 公共关系

公共关系并非仅是企业市场营销的一部分。一方面,任何社会组织都有必要进行公共关系活动,并非只是营利性组织的专利;另一方面,企业生产经营活动的各个方面都需要公共关系,公共关系具有多方面的作用和功能。但当人们着眼于公共关系在促进销售方面的作用时,公共关系就成了促销的一种方式,与其他方式并列。

10.5.1 公共关系的概念

公共关系作为一种重要的市场营销工具,是指在市场营销活动中正确处理企业与社会公众关系,树立企业良好形象,从而促进市场销售的活动过程。对企业来说,公共关系就是为了更好地为公众利益服务,实现营销目标,经常与社会公众保持信息联系,注意公众的态度,并采取一系列措施去争取公众的理解和舆论的支持,建立良好的企业信誉的各项活动的总称。

重视公共关系在促销中的应用,是现代市场营销观念进一步发展的体现。因为企业以消费者为中心展开的市场营销活动,需要在企业与社会公众互相了解和协调行动中有效贯彻。企业向潜在消费者提供信息、进行宣传劝说的促销活动需要在社会公众对企业方针、政策有一定理解和良好的印象时,才能更加有效;培养建立一个良好的公共关系,是企业的无形财富。一个企业,如果声誉卓著,众口皆碑,它的兴旺发达是不言而喻的。

企业公共关系由三部分组成,即社会组织、公众和传播。在公共关系活动过程中,这三个要素密切联系,不可分割。

1) 公共关系的主体——社会组织

企业是整个社会大系统中的一个子系统,其生存和发展必须与外部各要素发生联系,产生各种各样的交往活动。从某种意义上看,企业必须依赖于其他组织才能生存下去。企业作为一种营利性组织,为了使自己的产品价值和使用价值能尽快实现,并获得应有的经济效益,必须从公共关系的主体身份出发,积极开展各种各样的公关活动,以达到内求团结、外谋发展的目的,最大限度地提高企业的经济效益与社会效益。

2) 公共关系的客体——公众

所谓公众,就是指任何因面临某种共同问题而形成并与社会组织的运行发生一定关系的社会群体。从企业角度看,公众是指与企业相关联的各类社会群体。

企业面临的公众是十分复杂的,可分为内部公众和外部公众。内部公众主要是指企业的内部职工和股东,与营销活动关系密切的外部公众主要有消费者、经销商、供应商、传播媒介、社区、政府等。企业公共关系的工作之一,就是要处理好与这些公众的关系。

3) 公共关系的内容——信息传播

传播是指两个相互独立的系统之间,利用一定的媒介和途径所进行的、有目的的信息传递活动。公共关系反映的是人与人之间的交往,因而也离不开信息的传递与沟通。从企业来看,信息传播就是企业正确地使用各种传播媒介,及时地向公众传递有关企业的各种信息,及时有效地收集公众对企业的各种意见和了解他们的态度。信息传播过程是一种信息分享过程,双方都能在传递、交流、反馈等一系列过程中分享信息,在双方信息沟通的基础上取得谅解,达成共识。

10.5.2　公共关系的作用

站在企业角度,公共关系被广泛地用于配合市场营销,尤其是开展促销活动。公共关系促销是一种"软推销术",它在树立企业形象、产品形象的同时,促进产品的销售,满足消费者高层次的精神需求,不断赢得新老顾客的信赖。总的来说,公共关系促销具有以下作用:

1) 有利于塑造企业和产品的良好形象

公共关系促销的实质是以公众利益为出发点,在为顾客提供优质产品或服务的同时,提高自身的知名度和顾客的信任,招徕更多的顾客,刺激或诱导顾客的购买欲望,提高市场占有率和经济效益。特别是善于运用新闻媒介的企业,能够迅速提高企业知名度和美誉度,塑造企业良好形象。

2) 有利于赢得顾客

顾客与企业之间的关系,不仅是一种单纯的买卖关系,而且还是一种良好的信息交流关系和相互协作关系。如果企业能够预测顾客的需要并提供超出顾客预期的产品,那么企业产品的销量必然会大幅上升。因此,今天的营销人员已不再是单纯的推销者,而应是帮助顾客解决问题的专家。他们的任务已不再局限于推销产品,还应是客户的伙伴和人才,充当客户的顾问。这就要求现代企业的营销人员掌握公关策划术和公关促销术,熟悉顾客心理,在营销中充分考虑和照顾广大顾客的利益,力图满足顾客的利益需求,以增进顾客与企业的感情,改变顾客的态度,引导其购买行为。

3)有利于开展创造性销售活动

在促销活动中,企业把公共关系和商业销售机会有机结合起来,创造了多种公共关系促销术,如循序渐进法、情景模拟法、环境促销法、故布疑阵法、出奇制胜法等。

4)有利于化解危机

现代社会,市场竞争更加激烈,企业面临的风险更大,经营中的陷阱更多,危机来得更加频繁,杀伤力更大。稍有不慎,企业便会面临生死攸关的"不测"事件。这时,公共关系促销术则是解决危机的"特效药"。

【案例 10-2】

1999 年 6 月中旬,正值软饮料消费的高峰期,比利时、法国的消费者却在饮用可口可乐后出现不明食物中毒症状。这在欧洲国家引起了公众的心理恐慌,随即比利时、法国、荷兰、卢森堡政府宣布禁售可口可乐,甚至中国的有关部门都对可口可乐(中国)公司的生产厂进行了上门检查。之后的短短十天,可口可乐股票直线下跌,销售额损失数千万美元。更为严重的是,这在很大程度上破坏了可口可乐的品牌形象和公司信誉。面对危机,可口可乐经营管理者们实施了一系列公共关系措施:

(1)公司所有高层管理者亲赴比利时、法国处理饮料污染事件,向受害者道歉。

(2)立即委托比利时一家独立的卫生机构调查事故原因并将结果公之于众。

(3)宣布污染事件是发生在局部地区的偶然事件,从而为其他地区的正常销售扫除了障碍,如可口可乐(中国)公司借国家商检部门检查合格之机,反复向媒体说明受到污染的欧洲可口可乐产品没有输入到中国境内。

(4)在处理事件的整个过程中,公司始终控制住信息的发布源。可口可乐在危机中成功运用公共关系,最大限度地减少了公司的进一步损失。

10.5.3 公共关系的内容

要把公关主题表达出来,必须借助于一些公关模式,还要选择传播媒介,把握好策略和时机。企业开展公关促销,可采用以下几种方式:

1)创造和利用新闻

新闻媒介是社会公众的耳目和喉舌,在一般社会公众心目中具有相当的权威性。就企业的公关活动而言,要密切与新闻界的联系,与新闻单位的关系越融洽,相应地就会得到更多更好的有关企业及其产品的报道。比如人们看到吉列公司的广告前,就已知道了吉利感应剃须刀,这是因为报纸和杂志已对有关感应刀片进行了报道,人们已了解到这是一个技术突破,对这一新产品已有好感。公关人员应及时将有新闻价值的稿件通过媒体播发出去,并选择恰当的时机,举行记者招待会,依托记者的现场报道来扩大影响。比如美国福特汽车公司向国际市场推出"野马"牌新型轿车,在该车投放市场4天前,邀请世界各地的数百家报刊记者,参加由70辆车组成的"野马"轿车大赛,这些参赛车经过700英里的长途奔驰而未出现任何故障,因而引起了记者们的极大兴趣。他们在世界各国数百家报纸和杂志的显著位置,登载了有关这一大赛的大量文章和照片。这一宣传攻势在世界各地产生了极大反响,从而使"野马"轿车的销售额创造了该公司历史最高纪录。

公关部门可编写一些有关企业、产品和雇员的新闻,也可举行活动,创造机会以吸引新闻界和公众的注意,扩大影响,提高知名度。如三菱电梯在上海寻找"三菱娃娃"、法国白兰地在美国的精彩"亮相"等,都是企业扩大影响的好创意。

【案例10-3】

宝洁用公共关系推广佳洁士牙齿增白贴

就在产品发行前,为了宣传增白贴的信息,宝洁第一次确认关键的目标对象——影响力群体:婚礼顾问、沙龙和spa拥有者,还有国内和当地的联谊会领导者。这些影响者被认为是形象专家。宝洁为这些形象专家专门举办了会议向他们介绍增白贴。还请了Joan和Melissa Rivers作为增白贴发行庆典的嘉宾。这些活动,配合着分发的试用品和在时代广场上的巨大广告牌,向消费者保证在劳动节后使用增白贴非常好。宝洁还创建了上排挑战活动来鼓励持怀疑态度的人,只在上排牙齿上使用增白贴来看是否真的有差别。参加这次挑战的众多发言人在人群中操作,显示了上排牙齿的不同。总之,这项公共关系活动引起了2.4亿人次的媒体观看量,包括今日节目的报道以及"时尚好管家"(GoodHousekeeping)、"家庭圈子"(Family Circle)、"魅力"(Glamour)、"造型"(InStyle)和Elle等杂志的介绍。宝洁公司成功地推广了增白贴,在开始零售前的预售就获得了2 300万美元的销售额。在这些销售中,有1/3直接和公共关系有关。现在,宝洁在每年5亿美元的牙齿护理市场中的牙齿增白细分市场上显著领先。

2)事件

寻找甚至制造某些事件是企业进行宣传所使用的一种特别技巧,企业可利用各种事件来吸引顾客和公众对企业产品及服务的注意,包括新闻发布会、讨论会、博览会、比赛、周年纪念、捐款或捐赠物品等方式。比如日本雅马哈公司在世界上称雄的产品,除了摩托车外,还有钢琴。为了突出这一产品形象,该公司在具有悠久音乐历史的欧洲设立了专门的琴房,每年还出资资助5名世界最优秀的青年钢琴家,并与他们保持密切联系。通过这些举措使雅马哈钢琴始终位于世界顶尖产品之列,国际性钢琴比赛大都选用雅马哈品牌。

3)出版物

包括年度报告、小册子、文章、视听材料和公司的业务杂志在内的出版物,可以作为有效的沟通材料来使企业和目标市场保持经常的接触,以吸引顾客对企业及其产品的注意,帮助企业在社会公众面前树立良好形象。利用各类出版物可向国内外公众宣传企业的历史、现状及发展前景;企业的经营宗旨、方针和目标;企业的产品种类和产品特点、性能与用途;企业的经济实力、技术与管理水平；企业与当地公众的良好合作关系以及企业对当地社会的贡献等。这种形式是企业经常采用的能有效沟通信息，并改善企业外部公众关系的一种重要手段。

4）举行各种会议

企业可以举行产品和技术方面的展览会、研讨会和演讲会，以及各种有奖比赛、纪念会等。这是提高企业和产品知名度的另一种方法。如美国克莱斯勒公司曾举行大规模的演讲会，促进了该公司汽车的销售，并刺激了投资者购买该公司股票。

5）公益活动

企业是社会的一分子，在从事生产经营的过程中，也应积极参加广泛的社会活动，以赢得社会公众的爱戴。例如，参与上级和社会组织的各类文化、娱乐、体育活动；参与免费产品咨询、维修、保养等服务活动；参与赞助办学、扶贫、救灾等公益性质的活动等。在市场上，公众越来越注重企业对社会的影响和贡献，企业在财力许可的条件下，可支持目标市场的教育事业、慈善机构、体育比赛和文娱活动等，这些活动一经媒体报道就会广为传播，在较大范围内产生影响。现在国外许多大公司出于长远的战略考虑，为在中国公众心目中树立良好的形象，正在为某些与顾客购买行为无关的社会福利事业捐款，如可口可乐公司为中国"希望工程"的数次捐款；日本的东芝、日立，美国的柯达、IBM，德国的西门子等公司在中国市场营销时，总少不了"本公司竭诚为中国四化服务"之类的口号，目的是提高公司在中国消费者心目中的美誉度。通过公益活动以建立公众好感，是那些打算在目标市场国长期经营下去的国际企业的重要营销策略之一。

在一次"90年代营销策略"研讨会上，美国营销学教授菲利浦·科特勒以"PENCILS"（铅笔）的巧妙比喻概括了公共关系活动的诸多表现形式，现分别作如下简要解释。

①P（Publication）：指发布宣传文字。这是典型的工商活动新闻报道。

②E（Event）：指旨在起推广作用的"事件"报道。某些企业往往独具匠心地创造某项事件，并通过对所谓事件的追踪报道达到促销效果。典型案例是美国某猫食公司有意识地创造一只名猫 Morri（莫丽丝），希望为那些有猫或爱猫人士塑造一个生气勃勃的生动逼真的猫形象，让人觉得此猫是如此玲珑乖巧，惹人怜爱，以至尽人皆知。经过公关公司的精心设计，养猫的人更多了，猫食罐头公司的生意越来越红火。

③N（News）：指新闻报道。日本丰田汽车在国际汽车博览会上展示未来车型 FXV-11，吸引了众多观众围观，这一新闻成为各媒体报道的热点。瑞士"欧米茄"（OMEG）手表厂为参加某杯赛的运动员及工作人员按成本价供应一块纪念表，这因此成为一条轰动性新闻。西方一些汽车公司往往乐意将高级轿车赠送给来访的有关国家的政府首脑，因为这种赠送仪式常常是报纸上的头条和重要电视新闻，由此产生的影响不是普通广告所能比拟的。

④LC（Community Relation）：指社会联系活动。美国麦当劳公司通过组织汉堡包球队，在儿童节举办游艺会等公关活动，努力在社区内为自己树立一个"好公民"形象。

⑤I（Idengtity media）：指信息传播的媒介选择。信息内容应与媒体性质相符，科技产品新闻如果刊登在专业杂志上，效果肯定要比刊登在一般报刊上为好，再如 IBM 的管理制度、可口可乐的营销策略和宝洁公司的人员推销经验，应是管理类杂志的热门话题。

⑥L(Lobby):指游说。这一活动在美国相当盛行。游说对象主要是政府或有关的官方机构,目的是希望政府的各项决策使企业处于比较有利的境地,至少不要使企业受到制裁。

⑦S(Social Cause Marketing):指公益营销。如宣传吸烟有害,呼吁保护野生动物和减少空气、水、噪声等污染,科特勒特别强调这类活动的作用,提倡企业从事此类活动。他认为,企业在这方面的日积月累,有助于在公众中提高自己的形象。

6)建设企业文化

好的企业形象与企业文化的建设是分不开的。企业可以有计划、有步骤、有重点地建设企业文化,提高员工素质,活跃文化氛围,美化企业环境,从深层次、有效地开展公共关系活动。例如,撰写书面材料、编制音像材料来介绍、宣传自己;定期举行员工文化娱乐活动;利用清晨升国旗、表彰大会等形式增强企业凝聚力;等等。

除了以上列举的活动外,企业还可以通过导入 CIS 来树立形象,开展公共关系活动。

10.5.4 公共关系的目标

1)运用公共关系宣传促销

企业营销的成功,需要综合运用营业推广、广告宣传、人员推销、公共关系等促销手段,其中营业推广、广告宣传、人员推销,是促销的重要手段和策略,但它们往往给人以"王婆卖瓜,自卖自夸"嫌疑,容易引起用户或顾客的逆反心理。与此相反,消费者越来越倾向于新闻界或第三方对企业或产品的赞赏和评价报道,并据此决定市场行为。他们认为,新闻界超脱于企业利益之外,是与企业和消费者无关的第三方,因此能站在公众立场上对企业产品和企业形象做出真实、准确的评价,从而既能提高企业产品的知名度,又能提高顾客对商品的信任程度。

2)运用公共关系通过塑造企业形象促销

企业市场营销的成功,仅仅靠自身是不够的,还需要社会各界的大力支持和协作。没有供应商的支持和协作,企业就没有好的货源;没有银行的支持和协作,企业就没有资金的融通⋯⋯为此,企业应借助公共关系,促使公众把自己看作是遵纪守法、为公众和社会做贡献、注重社会利益的"公民"。如果企业在制定市场营销策略中不顾公众的利益,无视企业对社会环境造成的污染,只求企业自身利润的最大化,对社会福利事业漠不关心、一毛不拔,哪怕它的产品再好,定价再公道,也会遭到公众舆论的谴责,招致政府的干预和消费者的抵制。这无疑是一种自损行为。所以,仅以盈亏作为衡量企业行为的准则是远远不够的。企业必须自觉地意识到国家的宗旨和社会经济目标,并使企业的行动尽可能顺应和引导公众的潮流。作为社会组成部分的企业,必须担负起义不容辞的社会责任,通过积极开展公共关系活动,实行开放式经营,为社会公众和社会谋福利,为科学文化教育事业作出力所能及的贡献,扭转人们对企业只是赚钱机器的传统看法,从而扩大企业的声誉,获得公众对企业销售活动的支持,借以扩大销售。

3)运用公共关系保证企业市场营销真正以消费者为中心

随着社会政治、经济、文化的全面进步,消费者在市场行为中不仅关心产品本身的性能,而且更关心企业所能赋予的人与人之间的关系。因此,企业必须在市场营销中以消费者为中心。企业应设身处地为消费者着想,站在消费者的角度去审视企业,从消费者意见中发现问题,找出不足之处。我们知道,人们由于年龄、职业、社会地位乃至性别的差异,看问题的角度各有不同;同样,人们由于所站的立场不同,也会形成观点的不一致。站在企业的立场上,可以认为企业实施的方针、政策是完全正确的,但站在消费者的立场上,也许就会发现企业问题的症结。比如,某企业经营一批当时市场紧俏的美菱牌电冰箱。从企业角度看,能够公开出售紧俏的优质电冰箱就算不错了,无须送货上门。但从消费者角度看,不仅需要称心如意的产品,而且需要经营者提供方便的服务,设身处地为消费者着想,就会将美菱牌电冰箱送货上门。为了密切企业与公众之间的感情纽带,公关部门必须与消费者建立联系制度,听取和收集不同行业的公众对企业市场营销政策和活动的意见和要求,对任何来访、来电、来信、来人均给予迅速、礼貌、准确和友好的答复。通过公共关系活动,增进企业与社会公众感情上的交流和融合,从而保证企业市场份额的不断扩大。

4) 运用公共关系,通过纠正企业营销的失误进行促销

企业经营的产品千千万万,接待的顾客千差万别,各种交易活动纷繁复杂,难免会出现市场营销失误,如产品的质价不符、广告言过其实等,因而受到社会舆论的谴责。对这种情况稍一疏忽,就会给企业带来无可挽回的损失,使企业声名狼藉。企业在市场营销中如出现这样的事件,明智之举是:企业本着实事求是的态度,坦率地检讨企业营销策略失误以及其他过失,尽快向社会表明企业正在虚心听取各方面的意见并予以改正,并采取"解铃还须系铃人"策略,及时邀请新闻界和社会有关部门对企业进行实地考察,以求得他们将企业的整改措施和整顿情况及时地公布于众,消除公众的不满,求得公众的谅解,把事件的影响降到最低限度,借以重振声誉。对于公众因不了解真实情况而对企业产生误解,企业决不能一声不吭,而应对公众的误解给予必要的解释和说明,以正视听。当一些企业采取不正当竞争手段诋毁企业形象时,受诋毁的企业应公开发表声明,予以揭露,使其真相大白于公众,求得社会舆论的支持,维护企业声誉,借以恢复和扩大企业产品销售。

10.5.5 公共关系的原则

企业开展公共关系,应遵循以下行为准则。

1) 真实性原则

公共关系的真实性原则是指工商企业开展公共关系工作,要以事实为基础,据实、客观、公正、全面地传递信息,沟通情况。因为企业公共关系旨在沟通企业与社会公众之间的联系,它的职能之一是通过信息传播和交流来树立良好的企业形象。因此,信息的真实、准确就成为企业公共关系工作获得成功的基本前提。

2) 平等互利原则

平等互利原则是指企业与公众平等相处,共同发展,利益兼顾。企业公共关系是为企业既定目标和任务服务的,但这种服务要以一定的道德责任为前提,以利他的方式"利己",只有"利他"才能"利己"。公共关系强调主体与客体的平等权利和义务,尊重双方的共同利益和各自的独立利益,信守企业与公众共同发展、平等互利的坚定信念。如果企业在相互交往

中损人利己,为满足自身的眼前利益而损害公众利益,不顾信誉,不顾形象,就毫无公共关系可言。

3) 整体一致原则

公共关系整体一致的原则,是指企业从社会全局、企业全局的角度,审视公共关系工作,评价其经济效益,明确自身的责任和义务,迎合公众的长远利益和根本利益。

一个企业要保证自己的长远利益,求得自己的稳定发展,就必须顾及社会整体利益。只有取得公众和其他社会组织的支持与合作,才能取得利润,获得发展,并在竞争中取胜。注重社会整体利益,亦是公共关系职业道德的基本要求。这一原则对企业公共关系工作的指导,集中体现在对公众负责、对社会负责方面。所谓对社会负责,就是企业不仅要考虑本身的经济效益,而且要站在全社会的高度,考虑社会的整体利益。因为每个企业都是社会的一分子,离开了社会就无法生存,所以企业应当担负起社会责任,履行社会义务。

4) 全员公关原则

全员公关是指企业的公共关系工作不仅依靠公关专门机构和专职公关人员的努力,还要依靠企业各部门的密切配合和全体员工的共同关心和参与。这就必须强调全员公关原则,即要求企业全体成员都要树立公关意识,共同关注和参与公共关系工作,共同推动企业公共关系目标的实现。

树立企业形象不是企业哪一位员工的事,也不是单一部门能够完成的工作。企业形象是通过企业所有人员的集体行为表现出来的,是企业内个人形象的总和。每一位企业员工与外界交往时,都是企业形象的一个载体。他们的活动都体现企业的整体形象和风貌。因此,企业的每一位成员在对外交往时,都必须注意自己的形象,从而维护企业的整体形象。

本章小结

促销即促进销售,是通过人员和非人员的方式,把企业的产品及提供的服务信息传递给顾客,激发顾客的购买欲望,促成顾客购买行为的全部活动的总称。促销活动的实质是一种沟通、激励活动。

促销方式分为人员推销、广告宣传、公共关系、营业推广四种方式。促销策略是四种促销方式的单项运用和综合运用。企业在制定、选择促销策略时,应综合考虑不同产品的特点、营销目标、企业内部条件、外部市场环境、消费者需求等因素,以便达到最佳的促销效果。

【思考与练习】

1.公共关系能为企业做什么？主要有哪些公关和宣传工具？

2.试比较主要广告媒体。

3.谈谈您对做个好推销员的理解。

4.有哪些销售促进工具？影响其选择的因素有哪些？

【应用题】

1.上至营销总监,下至一般推销员,营销人才的跳槽既发生在中小企业,也发生在大型企业,似乎已是家常便饭。营销人才连续多年一直在人才需求排行榜上名列前茅,有些企业甚至声称不愿再到人才市场招聘营销人才,理由居然是招不到。在就业形势严峻的情况下,这两种情况的存在颇耐人寻味。

请分析上述现象。

2.奥美广告于1948年创立,目前在100个国家有359个办事处,为全世界第六大代理商,以创意见长,并为客户制作具有销售力的广告。

"广告的最终目标就是销售产品,而品牌正是介于产品与使用者之间的关联,我们笃信品牌对销售所能产生的巨大影响力,为了帮助客户建立一个让消费者足以信赖的品牌,我们有一套独特的思考和工作方式来达成此目标,称为'360度品牌管家'。我们所做的每一则广告都是建立品牌长期投资的一部分。"以上是奥美的自我陈述,点击进入奥美网站,分析奥美是如何与客户共同发展的,并分析"360度品牌管家"。

【案例分析】

CCTV 黄金时段广告招标

1994年,中国中央电视台（CCTV）首次尝试以招标形式来解决黄金时段广告销售中的供不应求的矛盾,后来发展成CCTV广告经营的主要方式,至2008年已连续15年,CCTV的广告收入占中国电视媒体广告收入总额的1/3左右,而CCTV广告招标的收入占其广告总收入2/3(2006年为63.3%,58.69亿元)。2009年CCTV黄金资源广告招标总额达92亿元。每年11月18日的CCTV黄金时段广告招标已经成为中国的电视媒体广告和企业营销竞争的重要风向标。2004年11月,世界著名的《华尔街日报》头版称CCTV广告招标是中国的品牌奥运会。该报记者杰费里·福勒评论说:中国本土企业与CCTV的结盟,是造成国际企业在中国市场陷于被动的原因之一。CCTV对中国经济的影响力可能被忽视了,至少被低估了。CCTV广告招标持续受到企业追捧和社会关注。参与投标的企业和地区逐年增加,新行业新企业不断进入,从民营企业发展到国有企业和跨国公司的参加。广告招标总额从1995年的3.3亿元发展到2009年的92亿元,几乎一直呈增长状态。中标行业和中标企业的分布也反映出中国市场上广告媒体投放的重心波动和竞争。CCTV广告招标运作也逐年完善,充分发挥自身的资源优势和品牌优势,由暗标到明标再到明暗标结合(暗标入围、明标竞位)。

招标的物、客户服务、整合相关资源、市场推广策略等不断提升,体现出 CCTV 逐步走向以客户价值为中心的市场转型。

【案例思考】

1.为什么招标这一方式在 CCTV 的广告时段销售中能发挥重大作用并一直成长?

2.从企业投放广告的角度,结合中国市场的环境,分析争夺标王的利与弊。

【营销实训】

为某产品设计广告。

【实训目标】

1.加强对产品宣传的实践能力。

2.锻炼广告策划能力。

3.有创意地设计广告,培养创新精神。

【实训内容与组织】

1.成立若干广告策划小组,选择准备要作广告宣传的产品(可以跟有关的厂商联系,使本次训练更具实践性)。

2.为产品设计有创意的广告,小组间可以比拼,比较哪个组的广告有新意,哪个组能够使做了广告的产品确实提高销售额。

3.对广告设计的反馈信息进行整理,分析并总结广告的质量及其宣传力度对产品的销售有何帮助。

【成果与检测】

1.以策划小组为单位设计一份广告策划书。

2.各个策划小组之间进行评价,评出优秀策划方案。

3.教师评估。

作业:××产品广告策划书

大学生消费市场的促销策略研究

现代市场营销不仅要求企业生产适销对路的产品,制订吸引人的价格,使目标顾客易于取得他们所需要的产品,而且还要求企业积极开展促销活动。促销的实质是卖方企业与现实和潜在顾客之间进行信息沟通的过程。高校大学生消费市场(以下简称"大学生市场")是以所有在校大学生为消费主体的消费品市场。企业在进行促销组合设计时必须考虑大学生市场的特点,有针对性地制订促销方案。

一、大学生市场信息沟通的特点

大学生是一个特殊的青年消费群体,正处于不成熟阶段向成熟阶段过渡的时期。经调查研究发现,大学生市场具有自身鲜明的特点如消费需求的跨层次性、消费行为的时尚性、消费内容的多样性、消费动机的复杂性、相关群体影响易形成从众行为等。在信息的传递和沟通上,大学生市场也有自身的特点,表现在以下几个方面:受到多年正规教育的影响,对精神生活的要求较高。大学生是同龄青年中受教育程度较高的群体,内心世界对自我尊重和自我实现的需求比较强烈,渴望得到外界的承认。大部分的学生居住在集体宿舍,上课时间相对统一,信息的获取渠道相近,信息交流频繁。调查表明:宿舍、教室、食堂是大学校园三大信息集散地。此外,互联网在大学生接触的媒介中的影响比较深。经调查,近80%的大学生喜欢上网,45%的大学生每周平均上网时间为2~8小时。至于上网的看法,近30%的大学生认为上网可以认识更多的朋友,25%的大学生认为上网能更快地了解国内外新闻,25%的大学生认为网络游戏很好玩,上网会影响学习,上网是无聊时的消遣方式等提法只有不到10%的大学生认可,另外有20%的大学生认为上网是目前的主流行为。

基于以上特点,我们认为,通常企业针对青年市场主要以电视广告作为主要促销手段的方式对大学生市场而言效果并不明显。企业应当选择更贴近大学生的促销方式以增强互动与交流。

二、针对大学生市场的促销组合策略

各种促销方式有各自的优缺点,企业制订促销组合时要对人员推销、广告宣传、公共关系和销售推广等方式进行选择、搭配运用,使其成为一个有机整体,发挥整体效能。

(一)以情动人,锁定目标市场的广告策略

现在的大学生是受广告影响较大的一代人,对广告比较敏感,超过40%的大学生会尝试购买广告介绍的产品或直接根据广告选择所需产品,即使是坚持买自己平时喜欢的品牌、很少理会广告的大学生消费者,在品牌认知过程中也深受广告的影响。

广告策略首先要针对大学生的心理特点,宣传中突出年轻活力的形象与消费者心目中的理想状况相近。其次,广告目标确定后,要选择适当的媒体,才能把企业的信息传递给目标消费者。传统媒体如电视、报纸都是大众媒体,传播面广、影响面也大,但是针对性略显不足。企业需要更贴近大学生市场的广告媒体直接将信息传递到目标市场。因此,企业应重点考虑选择以下媒体:①互联网广告。新兴广告媒体成本低,针对性强。②校园内或附近的卖场POP广告。其主要形式有悬挂于天花板上的方条、店内旗帜、立式展示物、海报、特殊陈列架、特别布置物、特价标示牌等。由于POP广告布置在商店内外,它借助于强烈的视觉传达效果,可以吸引路人进入店内使顾客既能看到广告宣传又能见到实物,效果比较理想。③邮寄广告。即将印刷的广告物,如产品目录、产品说明书、订单、商业宣传单等通过邮政系统直接寄给目标大学生消费者。传统邮寄广告的显著优点是地理选择性和目标顾客针对性极强、提供信息全面、反馈快;缺点是可信度低,目标顾客为个人消费者,不能产生群体效应,成本也较高。大学生的集体生活正好可以降低邮寄广告影响力小的缺点,从而降低企业运营成本。另外,企业可以采用电子邮件的方式传递信息,符合大学生的习惯,速度更快。

（二）激发热情、互动交融的活动策划

活动策划是企业开展公关活动最好的切入点。大学校园内现在的各类学生活动极为丰富，各种形式的竞赛、文体活动、讲座晚会和各类社团活动频频举行。这些活动吸引了大量学生参加，是企业进行产品宣传的大好时机。企业可以直接赞助学生活动，既有利于拉近企业与学生消费者之间的距离，也有利于企业及其产品的扩大宣传，增强企业及其产品在学生消费者中的认知度。一些特殊时机包括：新生入学、学校运动会、毕业晚会等。企业还可通过策划参与性强的竞赛活动或娱乐活动吸引学生的参与。这些活动除了可打响产品的知名度外，还可以增加销售，锻炼学生的实践动手能力，容易取得学校的支持和鼓励学生参加。校内的营销活动最好具有延续性，得到大学生的认同。作为一项延续性活动，关键在于活动主题的确定，要做到每次促销都有主题，活动主题既要新颖，与社会关注的热点相结合，又要与企业营销战略和定位相吻合，还要真正触及大学生的内心想法。只有这样才能既让学生感兴趣、打动学生的内心，又达到企业宣传的目的。

（三）直入人心、刺激购买的销售推广策略

大学生由于经济条件的影响对价格比较敏感，也把购买到价廉物美的产品作为一种乐趣。销售推广策略是企业吸引忠诚消费者的有效手段，也是打动新顾客的主要方式，其方式多样，可灵活使用。企业常用的促销手段中最受大学生欢迎的依次是降价出售、赠送礼品、有奖销售等。

1.特价促销

降价由于办法简单，因此，在促销活动中，应用得最为广泛，但不能天天降价。最常见的特价促销活动有下列几种：一是将换季产品或库存较久的产品、滞销品或者外包装有破损的产品降价出售。二是在新店开张、传统节日、周年庆典时推出折扣产品。三是每周、每月推出一款特价品，让消费者买到既便宜质量又好的产品。四是批量价格优惠，这种方法一般用在周转频率较高的食品和日常生活用品方面，对消费者批量购买产品时给予价格上的优惠，增加顾客一次性购买产品的数量。大学生可以宿舍或班级为单位统一购买，获得优惠。降价促销容易引起消费者的购买增加，但可能影响顾客的忠诚度。

2.示范宣传策略

利用大学生的求新求异消费心理，对大学生不太熟悉的新产品，除了广告宣传外，还可专门在学生聚集场所如学校食堂进行现场展示，演示产品的功能、使用方法，解答大学生提出的询问，制造活跃的气氛，启发大学生对新产品的兴趣。这种方式可帮助缺乏产品知识和消费经验的大学生们了解产品性能，引发即兴购买。同时大学生群聚生活的影响易形成从众行为。关键是企业如何做好学生群体中的"时尚消费者"和"意见领袖"的促销工作，通过他们的示范作用，来达到引导消费的目的。

3.奖励活动促销

这是极其有效的促销活动，可在短期内对促销产生明显的效果。通常会使用有奖销售、集点赠送和以旧换新等方式。需要注意的是，活动的日期、奖品或奖金、参加资格、发奖方式等必须让大学生消费者清楚，特别是中奖率不能太低，以增强大学生消费者的参与热情和信任。

4.免费试用和赠品

企业要迅速地向大学生消费者介绍和推广产品,争取大学生消费者的认同,可以设计免费品尝新包装、新口味的食品,或免费赠送、免费试用,鼓励大学生消费者使用新产品,进而产生购买欲望。还可以设计一些带有企业形象标识的小礼品,如钥匙链、小型卡通玩具等,在大学生消费者购买一定数量产品时免费赠送。当大学生消费者购买产品后,附赠精美包装。包装可以根据产品的形状及数量分别设计,可以是特别的包装盒或购物袋。

三、促销活动成功的基本要点

促销活动要取得成功需要企业慎重考虑和周密计划。企业需要了解竞争对手最新的促销意图以及与公司有关的产品品牌的状况,并将反馈回来的信息加以综合分析,制订统一的促销方案。企业在针对大学生市场的促销活动时,必须掌握以下要点:

(1)树立以大学生消费者为中心的促销新理念

应切实地把握大学生消费者所关心的内容并进行准确的市场定位,注重以大学生消费者为中心的服务方式,突出"沟通"二字,站在大学生消费者的立场,从大学生消费者的角度看待产品陈列、宣传及各项服务,为大学生消费者提供最大限度的方便。

(2)促销活动的目的必须明确

企业每一次促销都应有具体的目标,如刺激消费、宣传消费新观念、新生活方式以及与之对应的新产品等。这些目标是企业制订活动准则和评价促销效果的依据。

(3)根据企业的实力确定促销规模

首先要确定促销规模,测算促销费用。这些必要的费用支出的大部分是用来刺激销售的,如折扣、赠品、降价等。这些费用支出应从销售额中得到补偿,所以促销活动方案的制订必须要考虑企业的实际承受能力。

【思考与讨论】

1. 如何使大学生体会到产品带给他们的满足感和价值,刺激他们的购买欲?
2. 如何指导和培养大学生正确的消费理念和理财能力,促进他们健康成长?
3. 如何有针对性地采取协调行动,满足大学生的需要,并及时发现问题?

第11章 市场营销新领域与网络营销

【本章重点】

1.市场营销发展新领域的动向和特点。
2.绿色营销、知识营销、关系营销、整合营销、体验营销的内涵与特征。
3.网络营销的几种常用方法。
4.网络营销在企业营销战略中的地位与作用。

【引例】

盲盒成为旅游营销新"玩法"

盲盒源自日本的福袋,是指将玩偶或动漫影视作品的周边放进未经标识的盒子中,消费者只有购买并打开才会知道自己抽中了什么。近两年,不少景区和文创企业看到了盲盒市场的无限潜力,开始研发自己的IP盲盒产品。

令人"上瘾"

业内把2019年称为盲盒经济元年,据《95后玩家剁手力榜单》数据显示,近20万消费者人均一年花2万元集盲盒,购买力最强的消费者一年买盲盒耗资百万元。盲盒爱好者火花表示,盲盒中的玩偶是自己喜欢的卡通形象或者有文化内涵就愿意购买,为此,4月故宫淘宝盲盒"故宫猫"刚上线就"剁手"了一套。

据悉,7月初,故宫上新了第二批明朝人物盲盒,目前,两批盲盒分别占据了网店热销的第一名和第二名。有网友表示,自己并不是盲盒玩家,但是故宫的文化属性让自己对这两款盲盒很有好感,也愿意买来收藏。

中国旅游协会旅游商品与装备分会秘书长陈斌表示,"故宫淘宝"每次上新都能引起消费者的共鸣,这得益于其本身文化IP的不可替代性和近些年在文创方面的创新与突破。如今,陕西博物馆、三星堆博物馆也有了自己的盲盒文创,受到了消费者的欢迎。

除了景区自主开发的盲盒产品,还有的景区委托有经验的企业开发IP产品。例如迪士尼与一些盲盒公司多次合作,推出了米奇坐坐系列、坐坐家族系列2迪士尼公主、玩具总动员系列盲盒,受到粉丝们的喜爱。盲盒爱好者火花说,迪士尼IP盲盒是她最喜爱的盲盒系列之一,她几乎收集了全套。

前景广阔

厦门艾大师网络科技有限公司华南区域经理王亮说："盲盒玩偶材质基本都是PVC，成本并不高。一个巴掌大小的搪胶玩具，厂家定价均在10元以下，而一个盲盒的售价通常为59元、69元，这其中品牌的经营支出，如渠道、市场、营销广告等方面的成本占比较高。"王亮表示，目前在盲盒玩法及营销方式相对雷同的情况下，IP开发与运营是企业最应该思考的问题。"消费者认可你的IP设计，才会愿意为这个系列的盲盒买单。"

2019年，厦门艾大师网络科技有限公司开始将"72变趣新零售"文创礼品自动售货机布局到景区、商场、地铁等人流量大的地方。王亮表示，公司计划趁着这股"盲盒热"东风，将产业布局进一步扩大，通过"文创+新零售"的方式，将富有中国文化特色的原创IP盲盒产品出口到海外。

除了像故宫、迪士尼一样推出IP盲盒产品，盲盒的"盒"里还可以装什么呢？

7月27日，"飞猪杭州旅游超级品牌日"线上活动开启。活动按照"一天四时"的理念，将杭州文旅特色分别以"清晨——经典杭州""午后——风雅杭州""傍晚——妩媚杭州""夜间——活力杭州"为主题进行"杭州城市盲盒"打造。这款盲盒包含了联名限量手办、茶叶等杭州特色产品及酒店房券、下午茶券、SPA券等。整款系列盲盒充满杭州特色，拓展了盲盒的玩法。

7月16日，中联航联合京东旅行推出"盲盒飞行家"活动，价格为往返含税298元/人，国内44城目的地随机。在京东旅行周年庆期间，此款盲盒上线仅2天订单量就破万。这是中联航将盲盒理念用在航空旅游市场中延伸出的新玩法——产品不再局限于盒子里的玩偶，而是未知的目的地。

陈斌认为，"城市盲盒"和"盲盒飞行家"都属于一种新型的营销方式，毕竟"万物皆可盲"。盲盒经济是建立在潮流玩具基础上的，像故宫这种本身文创产品就卖得好、有足够的知名度的景区及企业，研发的盲盒文创产品才受消费者认可。"目前来看，大部分景区吉祥物IP都还没'玩起来'。"

营销"新招"

陈斌表示，对于景区盲盒产品的开发，IP孵化运营最为重要。"要么有一个超强IP，是别的地方都找不到、非你莫属的，要么研发的IP有创意、有意义，能抓住年轻人的心。可以从当地的景区文化、消费场景等方面进行融合创新。"另外，"限量"是潮流玩具延续已久的一种传统，和普通产品不一样，把潮流玩具做成艺术品，有收藏价值，控制数量也是其中一个方面。景区开发的文创产品一般都是大众化的，如何将"限量"和大众化平衡好，也是"玩转"盲盒经济的关键。

王亮表示，一款盲盒"玩得转"，一是有故事、有文化内涵，二是营销做得好。一款盲盒对消费者产生吸引力的原因在于限购、新品、收藏等，这也给盲盒增添了一份无形的"价值"暗示，从而使购买者产生了优越感。当然，没有背景故事的玩具IP也有很多，比如日本的"暴力熊"、Hello Kitty、熊本熊等，都不是靠内容大火的，他们的商业模式基本是以周边、衍生品和品牌授权为主。

　　陈斌建议，景区未必非得通过手办娃娃的形式进行营销，款式各异、实用性强的日用品均可植入盲盒，博物馆内的图书、文化衫也可以打包成盲盒进行销售，最主要的是要用好的东西来做盲盒。

（案例来源：学习强国）

网络直接营销渠道的实施

　　随着我国服装行业网络直销的兴起，在网络经济环境下，网络消费者对服装的个性化需求快速提升。李宁公司于2008年6月推出了官方商城。

　　1.网站建设

　　网站是服装企业通向互联网的大门，网络消费者在网上购买服装时，通过网络了解服装企业的信息，通过文字、图片和视频了解服装产品的相关特性。网站建设者应当重视消费者在浏览网站时的视觉和心理感受，产品图片的色彩、搭配等。

　　进入李宁官方商城后，访客可以看到，在网页用色上主要采用黑白红的组合，给人以购物的冲动。主页顶部导航条依次为首页、我的李宁、主题活动、产品地带、兑换礼品、特价区、企业VIP。

　　2.功能系统的实现

　　（1）信息系统

　　信息系统主要是传递李宁公司和服装产品的信息发布、活动公告、消费者信息采集等。通过信息系统，网站获得了网络消费者的个人注册信息，并在线向消费者推广企业开展的各种优惠活动等，从而在美化网站前台系统的基础上，完成了信息的流通和对消费者信息的采集。

　　（2）购物系统

　　购物系统主要是为网络消费者提供服装产品、方式等信息，记录购物车信息、消费者选择支付和配送。购物系统是服装企业实施网络直接营销的核心部分，网络消费者进入购物系统后，吸引消费者的首先是产品的色彩和款式，所以，产品图片的布局和效果非常重要。

　　（3）数据库系统

　　数据库系统主要是计算机记录系统传递的信息，并与外部接口（银行系统、认证机构、物流配送中心）连接，同时将实时数据传送至企业内部各个系统，供企业实施相应的内部管理、客户资源管理等。

（资料来源：颜军梅，彭光辉.市场营销学[M].南京：南京大学出版社，2014.）

突破才有创新

　　营销的创新与哥伦布发现新大陆一样，结果出来后人们会评头论足，但是在这之前却没有人想到这一点，没有人去突破。所以，努力研究营销规律、创新的方法，其余的让别人去说吧，你只要能打动你的顾客就行。本章主要介绍市场营销的一些新领域，比如，绿色营销、知识营销、关系营销、整合营销、体验营销等。此外，本章将重点介绍网络营销这一新兴营销方式。

11.1 市场营销新领域

11.1.1 绿色营销

1)绿色营销的概念

由于绿色一词有多种象征意义,从而对绿色营销概念的理解有所不同。从"绿色是自然之色、象征着环境保护"的角度进行描述,有学者认为绿色营销是企业的一种经营哲学或一种行为观念,其中心含义是保护地球生态环境,促进人与自然、经济与生态环境的和谐关系,确保人类社会可持续发展。在这种意义上,绿色营销是指个体或企业在消费者利益、环境利益和自身利益有机统一的基础上,创造和发现市场机遇,采取相应的市场营销策略以满足顾客需求,并从中获得发展的过程。这种含义上的绿色营销有三条宗旨:一是节约材料耗费,保护资源;二是确保产品安全、卫生和使用方便,有利于人们的身心健康和生活品质提高;三是引导绿色消费,培养人们的绿色意识,优化人类的生存环境。

从"永续经营"的角度进行描述,有学者认为:绿色营销是指在经营中重视、充分利用并回收再生资源,使企业实现"永续经营"。其目的是求得企业、环境与社会和谐均衡共生。

从"绿色消费"的角度进行描述,有学者认为:绿色营销是指以绿色观念为经营哲学,以绿色文化为企业价值观,以消费者的绿色消费为中心和出发点,通过制定和实施相应的营销策略,满足消费者的绿色需求,以实现企业的经营目标。

从管理科学的角度进行描述,有学者认为:绿色是一个形象用语,泛指保护地球生态环境的思想或观念、计划、行动和行为等。"绿色管理"就是将环境保护的观念融于企业的经营管理中,注重对生命、资源、环境的管理。企业实施绿色管理,要达到三个主要目标:

①资源利用最大化。企业通过集约型的科学管理,使所需的各种物质资源得到最有效、最大限度地利用,使单位资源的产出达到最大、最优。

②废弃物排放最小化。企业通过实行以预防为主的措施和全过程控制的环境管理,最大限度地减少生产经营过程中的各种废弃排放物。

③适应市场需要,产品绿色化。企业根据市场的需要,开发对环境、对消费者无污染和安全优质的产品。

以上三者相互联系、相互制约,资源利用得越充分,环境负荷就越小,产品绿色化,能够促进物质资源的有效利用和环境保护。通过这三个目标的实现,最终使企业的发展目标与社会发展目标、环境改善协调同步,走上企业、消费者和社会可持续发展的三赢之路。实施绿色管理,要抓好以下几个关键环节:一是进行全员环境教育,树立绿色经营理念;二是建立企业环境管理新体系;三是大力推行清洁生产;四是开发符合市场需求的绿色产品。

从"利益相统"的角度进行描述,有学者认为绿色营销是指企业在市场营销过程中注重地球生态环境保护,促进生态与经济发展,为实现企业自身利益、消费者利益及社会利益三者的统一,对营销活动进行策划和实施的过程。

从"可持续发展"的内涵进行描述,有学者认为绿色营销观念的实质是强调企业在进行营销活动时,努力把企业的经济效益、环境效益与社会效益结合起来,尽量保持企业经营与人、自然环境和社会环境的和谐,不断改善人类的生存环境;尽量修正传统的、非绿色消费和营销观念,不断完善整体产品的概念理论,开发货真价实的绿色产品,传播绿色文明。该观点认为,与可持续发展理论中的"生态持续"相比,绿色营销要求的营销策略更具长远性、开放性和弹性,更加关注企业运作对自然生态环境所带来的正面与负面影响;并且通过全面倡导绿色观念,达到消费持续和企业经营持续,最终实现社会持续发展的目的。绿色企业的营销活动应以改善和提高人类的生活质量或品质,满足人类长远需要为目的,为促进社会公正、稳定、安全、文明、健康发展作贡献,并能成为每个企业的自觉行动,这也是"绿色市场营销观念"的最终目的。

国内还有一些学者认为,绿色营销观念包括以下内容:

①要求企业在开展市场营销活动的同时,努力消除和减少生产经营对生态的危害和影响,企业在选择生产技术、生产原材料、制造程序时,应尽量符合环境保护标准;

②在进行产品设计和包装设计时,尽可能降低产品包装或产品使用所造成的剩余物,以降低对环境的影响;

③在分值和报销过程中,应积极引导消费者在产品消费、使用,废弃物处置等方面尽量减少环境污染;

④在产品售前、售中、售后服务中应注意节省资源,减少污染。

另有学者认为,绿色营销是指企业在营销活动中要体现"绿色",即在营销中要注重对地球生态环境的保护,促进经济与生态的协调发展,为实现企业自身利益、消费者和社会利益以及生态环境利益的统一而对其产品、定价、分销和促销的策划与实施过程。直观地说,就是把"无废无污"和"无不良成分"及"无副作用"贯穿于整个营销活动中。

还有学者认为,绿色营销是指企业在整个营销过程中,充分体现环保意识和社会意识,向消费者提供科学的、无污染的、有利于节约能源和符合社会道德准则的商品和服务;并采用无污染或少污染的生产及销售方式,实现对生态环境和社会环境的保护与改善,确保消费者获得安全、卫生、方便、可靠的商品和服务,提高人们的生活质量,优化人类的生存环境。

绿色营销的概念还可以理解为企业以环境保护观念作为经营哲学思想,以绿色文化为价值观念,以消费者的绿色消费需求为中心和出发点,力求满足消费者绿色消费需求的营销策略的总称。

国外有学者认为,绿色营销是指运用营销工具以实现企业目标及个人目标的方式,有利于保护、珍惜和爱护自然环境。绿色营销要求营销人员发挥更积极的作用,不仅要帮助人们意识到营销活动对自然环境的影响,更要鼓励人们参与实践,尽量减少有害于环境的消费活动及行为。

对绿色营销概念的理解,虽然从不同角度有不同的表述,但本质上是基本一致的。

广义的绿色营销是指企业营销活动中体现的社会价值观和伦理道德观,充分考虑社会效益,既自觉维护自然生态平衡,又自觉抵制各种有害营销。因此,这一意义上的绿色营销也指伦理营销。

狭义的绿色营销主要是指企业在营销活动中谋求消费者利益、企业利益与环境利益的协调时，既充分满足消费者的需求，实现企业的利润目标，又充分注意自然生态平衡，实现经济与市场的可持续发展。因此，狭义的绿色营销又称为生态营销或环境营销。

2）绿色营销的特点

绿色营销是传统营销的延伸与发展，与传统营销相比，绿色营销在营销观念、经营手段、经营目标等方面又有自己的鲜明特点。

（1）绿色营销以绿色消费为前提

绿色消费是人类消费需求的较高层次，在满足了衣食住行等基本需求后，消费者追求的是更健康、安全、清洁的生活环境，由此产生了绿色产品、绿色产业和绿色营销。

（2）绿色营销以绿色观念为指导

与传统的营销观念相比，绿色营销观是企业营销观念由产品导向型转向顾客导向型的又一次升华，它追求人类的长远利益与可持续发展，力求使经济发展目标同生态发展和社会发展目标相协调，在研究自然环境与企业市场营销的相互作用时，具有鲜明的"绿色"特征。

（3）绿色营销以绿色科技为保证

绿色科技促进了绿色产品的开发，绿色产品的绿色程度体现在其全生命周期的各个阶段，包括产品的设计，原料的获取，产品的生产、使用、销售和服务，以及废弃产品的回收及重用过程。对企业来说，发展绿色产品和绿色产业是发展的必然选择。

（4）绿色营销倡导绿色的法律制度

在激烈的市场竞争中，绿色营销倡导健康的竞争机制，将消费者利益、企业自身利益、社会利益等多方利益结合起来，并遵循社会道德规范，实现社会责任。政府规范立法程序，制定企业实施绿色营销的法律、法规、规章、制度等，对企业绿色营销的实施起约束、监督作用。营销过程中全面考虑以保护环境为主要内容的绿色因素，以期维护全社会的长远利益。

11.1.2　知识营销

1）知识营销的概念

随着知识经济时代的到来，科学技术发展日新月异，全球经济一体化趋势迅速加强，使知识和信息逐渐成为生产的基本要素。在这些要素影响下生产的产品，知识含量大，信息丰富，功能多，使用复杂。而广大消费者尚不具备足够的知识识别自己的需求，掌握商品的相关知识，从而渴望通过一种快捷、有效的途径熟悉和掌握所购或欲购商品的性能、选购方法及使用和保养等知识。消费者因知识局限性而产生的新的深层次的需求，为知识营销创造出一个广阔的潜在市场。知识营销是营销创新的一项重要内容，是知识经济时代应运而生的一种新的营销方式。

有学者对知识营销做过这样的定义，即知识营销是以创新产品为对象，以品牌为基石，以技术知识为媒体的营销理念，是一种不断地向市场推出科技创新产品，并以科技知识为媒体强化创新产品的认知、使用、维护的全过程的营销活动。

知识营销是一种有效的市场竞争手段，它倡导"以知识推动营销，以知识赢得顾客，以知识培育市场"的理念,通过产品的技术创新和知识资本的积累,实现企业营销战略管理。

2) 知识营销的特点

①在营销思路上,知识营销以创造未确定的市场为目标,是一种外向型的营销模式;传统营销将占有已确定的市场为目标,是内向型的营销模式。

②知识营销以科普为先导,以知识拉动需求,培育和创造市场。相对于传统营销,知识营销更注重对消费者的引导,更注重通过供给来创造需求。

③知识营销的营销手段呈现信息化、科技化的特性,从而使得营销过程中的许多环节发生变化,形成新的营销格局。信息技术使得邮购营销、网络营销等新型营销手段不断出现,使消费者与企业之间一对一的沟通成为可能。

④知识营销以创新为核心。一是市场理念的创新,企业的营销观念从过去满足顾客需求转变到利用知识创造顾客需求,变被动为主动;二是市场占有观念的创新,关注重点从市场份额的作用转向企业主导市场的能力;三是消费沟通的创新,传统的营销活动停留在产品——消费者的表层上,企业只关心能否将产品推销到更多的消费者手中,知识营销更注重与消费者进行心与心的沟通,使消费者在购买产品的同时,获得与产品有关的知识技能,受到相关文化的熏陶,从浅层沟通转向深层沟通;四是资源观念上的创新,新经济时代市场已进入微利时期,依靠内部资源企业已难以获得成功,企业必须逐步建立知识供应体系,实施知识营销战略,提高营销效益。创新是企业在知识经济时代立于不败之地的根本途径,只有创新才能实现企业、社会、消费者利益的和谐统一。

11.1.3　关系营销

关系营销(relationship marketing)是由美国市场营销学家杰克逊在20世纪80年代中期提出的,它以科学的理论和方法为指导。

关系营销将企业置身于社会经济大环境中考察企业的营销活动,认为企业营销是企业与消费者、供应商、分销商、竞争者、政府机构及其他公众发生互动作用的过程。关系营销以系统论为基本思想,以建立和发展同利益相关者之间的良好关系为核心,它强调企业要与其他关系方加强经济、技术及社会等方面的联系和交往,致力于建立长久、稳定、和谐的客户关系网。

关系营销具备以下几个基本特征:

(1)关系营销是一个双向的信息沟通交流过程

关系营销主体应主动与其他关系方接触和联系,相互沟通,交流情况,主动为其他关系方服务和解决问题,即企业通过向顾客有效地传递信息,满足顾客需求,达到维系顾客的目的。

(2)关系营销是以协同为基础的战略过程

关系营销强调与利益相关者(即顾客、分销商、供应商、竞争者等)建立长期的、彼此信任的互利关系,使企业从追求单方利益最大化转向追求各方利益的最优化。

(3)关系营销是以互利为目标的营销活动

关系营销的发生是基于买卖双方利益上的互补,营销者要进行关系协调,首先要了解双方的利益需求,寻求双方利益的共同点。营销关系双方依据经济发展规律,在市场上公开、公正、平等地进行等价交换,彼此建立起相互信赖、互惠互利的合作关系,并努力使双方的共同利益得以实现。

(4)关系营销是利用控制反馈手段不断地完善产品和服务的管理系统

通过建立以反馈为职能的管理系统,我们可以对企业营销活动作出定性和定量分析,及时掌握顾客、经销商以及营销系统中参与者的信息,了解环境的动态变化,为企业挖掘新的市场机会。

11.1.4 整合营销

1)整合营销的基本内涵

整合营销又称整合营销传播(integrated marketing communication,IMC),兴起于商品经济发达的美国,是一种实战型极强的操作性策略。1995年,Paustian Chude首次提出了整合营销概念,他认为整合营销就是"根据目标设计企业的战略,并支配企业各种资源以达到企业目标"。菲利普·科特勒在《营销管理》一书中从实用主义角度揭示了整合营销实施的方式,即企业的所有部门都为了顾客利益而共同工作。这样,整合营销就包括两个层次的内容:一是不同营销功能——销售、广告、产品管理、售后服务、市场调研等必须协调;二是营销部门与企业其他部门,如生产部门、研发部门等职能部门之间的协同。

整合营销是欧美20世纪90年代营销传播界以消费者为导向的营销理念的具体体现,其基本思想是以顾客需求为中心,通过企业营销工具和手段的有机结合,使产品价值链上的所有部门和企业都一致服务于顾客利益,最大限度地满足消费者的需求。

2)整合营销的特点

①整合营销以服务顾客为宗旨,使每一位顾客都能体验到企业高效、优质、一致的服务。它把消费者贯穿于整个营销活动的每一环节,并实现与消费者的双向沟通。

②整合营销以系统论为基本思想,将整个营销沟通作为一个系统,对其进行计划、协调和控制。不仅关心局部,更注重整体,考察所有行动与方案的效果,使营销资源在营销工具间实现最优配置,提高企业的组织管理水平。

③整合营销理念引入了整体观与动态观,要求企业用动态的观点看待市场,认清企业与市场之间的互动关系,并根据市场变化及时调整发展战略。企业内部所有部门都应当相互配合,竭诚协作,形成一个紧密团结的整体。

11.1.5 体验营销

1)体验营销定义

体验营销是指企业邀请消费者亲自参与,通过看、听、触摸、使用等方式刺激并调动消费者的感官和情感,从而满足消费者体验需求的一切营销活动。其研究内容主要是如何在充分了解消费者内心期望的基础上,综合利用现代科技、美学、文化、自然风貌等多种手段营造良好的体验氛围和丰富的体验内涵,从而给消费者带来具有震撼性冲击力的亲身体验。

总的来说,体验形式可分为以下五种类型:

（1）知觉体验

企业通过视觉、听觉、触觉、嗅觉、味觉等感官渠道使消费者获得良好的体验感受，从而增强消费者对产品的认知，增加消费者对产品的正面印象，并留下强烈的产品记忆。

（2）思维体验

企业以意想不到的创意表达对消费者进行精神层面的刺激，引起消费者情绪和思维上的变化，如惊讶、喜悦等，也可以引发消费者对某一话题的思考、启迪等；通过带给消费者思维上的冲击，在表达自身价值观的同时，也可树立品牌个性和品牌形象。

（3）行为体验

消费者通过身体力行的体验，学习到平时生活中对某一事物处理的其他替代方法，使消费者接触到更多的生活形态，从而引导消费者的生活观、价值观等。

（4）情感体验

企业以感性诉求的方式与消费者进行沟通。其关键是对消费者内在情感和情绪的把握，让消费者参与到对爱情、友情、亲情等多种情感的诠释中去，以情动人，使消费者在体验中产生共鸣。

（5）相关体验

消费者通过体验企业产品，达到自我改进的目的，并获得他人的认同，从而使消费者将企业与自我成功联系起来，进而建立品牌偏好。

2）体验营销的特点

近年来，居民的收入水平迅速提高，生活品质也得到了极大提升。根据马斯洛的需要层次理论，此时消费者会更多地关注精神层面的享受而非单一的物质层面消费。对于心理上的效益的看重导致消费者的价格敏感度进一步降低，而体验营销的几大特点正好可以满足消费者在这方面的需求：

（1）消费者主动参与

体验营销必须要有消费者的主动参与和配合，这是体验营销区别于其他营销方式的重要特征。如果消费者没有主动参与的欲望，体验就变成了强迫，无法使消费者获得良好的参与体验。同时，消费者的积极性也与体验的质量密切相关。一般来说，主动参与性越高的消费者，越能获得正面积极的体验感受；而不够主动的参与者，则往往不会获得丰富的体验。

（2）消费者体验需求是关键

随着商品经济的不断发展，消费者在关注产品质量的同时，更看重在整个消费过程中是否获得良好的体验感受和体验满足。在这一前提下，企业应当充分了解消费者心理和体验需求，以消费者的体验需求为中心，设计各种购买服务流程和购买体验流程，使消费者获得购买过程中的体验满足。

（3）感性与理性相结合

消费者并不总是时刻理性的。在体验营销的观念中，消费者是一个既理性又感性的综合体。因此，体验营销的直接参与能够更好地与消费者建立情感上的联系，从而打动消费者做出购买决策。

11.2　网络营销

【案例 11-1】

2009 年春节,可口可乐深入地了解到消费者在不平凡的 2008—2009 年的情感交界,精准抓住了受众的微妙心态,倡导可口可乐积极乐观的品牌理念,推出"新年第一瓶可口可乐,你想与谁分享?"这个概念,鼓励人们跨越过去,冀望未来,以感恩与分享的情愫,营造了2009 年新年伊始的温情。

该活动充分整合了目前国内年轻人热衷的大部分网络资源:社交型网站、视频网站,以及每天都离不开的手机。通过社交型网站、视频等途径,让数以万计的消费者了解了"新年第一瓶可口可乐"的特殊含义,并积极参加分享活动,分享自己的故事,自己想说的话。除了使用年节时最广为应用的短信拜年,向 iCoke 会员发出"新年第一瓶可口可乐"新年祝福短信,同时还在 iCoke 平台上提供国内首次应用的全新手机交互体验,让拥有智能手机的使用者,通过手机增强现实技术(AR Code:Augmented Reality Code),用户收到电子贺卡时,只要将手机的摄像头对准荧幕上的贺卡,就能看见一瓶三维立体的可口可乐与环绕的"新年第一瓶可口可乐,我想与你分享"的动态画面浮现在手机屏幕上,并伴随着活动主题音乐。新技术的大胆运用给年轻消费者与众不同的超前品牌体验。

自活动开始,参与人数随着时间呈几何级数增长。超过 500 万的用户上传了自己的分享故事及照片,超过 300 万的 SNS 用户安装了定制的 API 参与分享活动,近 200 万的用户与自己心目中想分享的朋友发送了新年分享贺卡。同时,论坛、视频网站和博客上,一时间充满"新年第一瓶可口可乐"的分享故事。可口可乐此次网络营销取得极大成功。

21 世纪人类进入了数字化时代,全世界掀起了应用互联网热潮,各大公司及企业积极利用网络技术来变革企业的经营理念和管理方法。网络营销正是适应网络技术的发展而产生的,它一出现便显示出巨大的发展潜力。

11.2.1　网络营销的概念

网络营销是企业整体营销战略的一个组成部分,是建立在互联网基础上,借助互联网特性实现一定营销目标的营销手段。它以现代营销理论为基础,利用互联网的技术和功能,最大限度地满足客户需求,以达到开拓市场、增加盈利的目的。网络营销的实质是利用互联网对产品的售前、售中、售后各个环节进行跟踪服务,它自始至终贯穿于企业经营的全过程。

网络营销在英文中有多种表达方式,每种表达方式都有相应的侧重点和内涵,如 internet marketing 强调的是以互联网为工具的市场营销;Web marketing 指网站营销,着重网站的推广,站点与顾客的沟通;Cyber marketing 指网络营销是在虚拟的计算机空间进行运作;e-marketing指与电子商务(e-business)相对应的电子化、信息化、网络化的营销活动。现在常用的翻译方式是 Online marketing 和 Internet marketing，且专指国际互联网营销。

11.2.2　网络营销的特点

互联网的横空出世深刻地影响了人类生活的每一个角落，它如同一瓶"万能胶"，把企业、组织及个人跨时空地联结在一起。在这种新的营销环境下，网络营销呈现出独有的鲜有特点。

1）全球化

互联网的迅速崛起给企业带来了无限商机，同时也将企业推向一个更广阔、更具有选择性的全球市场。互联网存储信息容量大，时效长，并且具有跨时空进行信息交换的特点，可以不受时间和空间的限制，随时随地全天 24 小时提供全球性营销服务。

2）互动性

网络营销使企业可以通过电子布告栏、网上论坛和电子邮件等方式，与顾客进行双向互动沟通，实时了解顾客的需求，对企业的营销活动进行合理有效的规划。

3）个性化

传统的规模生产使营销产品只能满足顾客的一般需求，顾客的个性需求难以得到满足。网络营销使企业根据消费者的特殊需求进行产品设计、开发成为可能。例如，戴尔电脑公司，让顾客在网上选择自己需要的电脑组件，然后由公司为顾客组装、定价、生产其所需要的电脑。

4）高效性

信息的快速传播与获取，使企业可以迅速掌握市场行情。顾客在网上就可以购物、交易，无须远足、排队等环节，节省了时间和精力，提高了工作效率。

5）经济型

网络营销给交易双方带来了经济上的利益。Internet 提供了很多免费服务，厂商通过网络直接与顾客联系，减少了供应者与需求者之间的沟通环节，使销售渠道更加直接，加速了商品流、资金流和信息流。网络营销给消费者和生产者带来很多便利，消费者不受时间和空间的限制，节省了大量的时间和精力。网络使产品价格更加透明，减少消费者与营销人员直接面对面可能带来的冲突，消费者的购物将更加理智。他们可以登录不同公司的网站进行比较，选择物美价廉的产品。

对于生产者来说，网络的媒体功能可使厂家全方位地展示自己的产品和服务，节省实际开设商店的资金，降低成本，与消费者通过网络进行一对一的交流。同时为中小企业提供了发展契机。任何企业，不论大小，都不再受自身规模的限制，只需花极小的成本就可以建立自己的全球信息网，与大企业平等竞争。

11.2.3　网络营销的常用方法

1）搜索引擎营销与搜索引擎优化

（1）搜索引擎营销

用户通过网站获取信息有两种主要方式：如果已经知道或者可以猜测网站的网址，则用户直接通过网址访问;如果不了解网址,则可以通过搜索引擎查询,用户搜索信息的过程就为搜索引擎营销提供了机会。

所谓搜索引擎营销,就是当用户利用搜索引擎进行信息搜索时,在搜索结果中展示的信息获得用户的关注,并且吸引用户通过单击搜索结果的链接来到网站获取更详细的信息,从而实现网站或产品的推广。例如,用户通过搜索引擎检索"生日礼物送什么好",这很可能表明该用户希望通过搜索引擎了解有关生日礼物的介绍或推荐作为购买决策的参考。在这样的搜索结果页面出现的企业或网站信息,如果获得了用户的关注和点击,就意味着通过搜索引擎实现了推广目的。

(2)搜索引擎优化

搜索引擎优化(Search Engine Optimization,SEO),表面的含义,就是让网站更容易被搜索引擎收录,并且当用户通过搜索引擎进行检索时在检索结果中获得好的排名位置,从而达到网站推广的目的。这是对搜索引擎优化的初级认识,这种认识不仅不够全面,而且很容易引起争议。原因在于,许多从事搜索引擎优化的人员会专门针对搜索引擎的规则缺陷对某些关键词进行排名,不仅干扰搜索引擎检索排名的公正性,对用户通过搜索引擎获取信息形成误导,也损害了搜索引擎服务商的利益。

真正意义上的搜索引擎优化应当按照规范的方式,不仅网站设计应符合搜索引擎信息的一般规律,更重要的是为用户通过搜索引擎获取信息提供方便,最终让用户通过网站获取有价值的信息,通过以用户为核心的网站优化指导思想进行网站基本要素的优化设计,最终实现基于搜索引擎自然检索方式的网络营销目的,达到提升网站访问量、产品推广、获得潜在用户的效果。

作为网络营销的一种手段,搜索引擎优化的根本目的是让用户利用搜索引擎这种互联网工具获取有效信息。总而言之,搜索引擎优化是网站优化的组成部分,是通过对网站栏目结构、网站内容、网站功能和服务、网页布局等网站基本要素的合理设计,使用户更加方便地通过搜索引擎获取有效信息。

2)网络营销导向的企业网站研究

企业官方网站是构建企业官方网络营销信息源的主要平台之一,也是企业网络营销的核心资源,在以企业网站为基础的网络营销体系中,企业网站的建设、维护、推广、运营管理关系到企业网络营销的成败。

(1)创建网站

对大多数企业来说,网络营销的第一步是创建网站,而最基本的网站类型是企业(或品牌)网站。设计企业网站的目的是建立企业信誉、收集顾客意见和对其他销售渠道进行补充,并不是直接销售产品。这类网站通常会提供各种丰富的信息,以便尽量为顾客答疑解惑,建立更紧密的顾客关系,培养对企业或品牌的好感度。

比如,你不能在宝洁 Tide To Go 品牌网站上购买任何产品,但是你可以了解到如何使用污渍清除棒(包括视频演示),观看最新的广告,与其他人分享"Tide To Go!"有关的故事。联合利华的网站不销售任何多芬产品,但它为那些有兴趣从事女性自尊事业的人们提供了一方天地。在这里,他们可以分享想法、观看广告和恶搞视频比如"多芬的进化"或"猛攻",

下载自尊测评工具和规范手册;甚至还可以注册参加免费培训,接受指导成为一位多芬女孩真正美丽工厂(Dove Real Beauty Workshop for Girl)的助手。这些网站,曾经被当作数字"弹出广告"而置之不理,现在吸引了大量的消费者,与那些华丽的消费者网站甚至传统的大众媒体展开了竞争。

还有一些企业创建营销网站。这些网站吸引消费者与企业互动,促使消费者直接购买或取得其他营销成果。比如,索尼官网的访问者可以在几十种索尼产品中进行搜寻,了解更多的具体产品,阅读专家对产品的评价;访问者还可以查阅最近的热点交易,进行在线订购和信用卡支付。所有这些只需点击几下鼠标就完成。

MINI USA 经营着一个营销网站。如果潜在顾客点击进入,厂商就会立刻询问是否购买汽车,并要求建立长期关系。该网站提供大量的有用信息和互动的销售属性,包括富有趣味性的 MINI 最新车型详细地介绍,设计专属的 MINI 汽车工具,销售商的地址和服务信息,甚至包括 MINI 新车从工厂到递送的一系列过程进行跟踪的工具。

(2)设计有效的网站

除了简单地创建一个网站,营销者还必须设计具有吸引力的网页,并想方设法吸引访客访问、浏览并经常登录。为了吸引访客,企业应通过线下印刷品和广播广告,以及通过其他网站的广告和链接大力地推广自己的官方网站。但是,今天的网民会很快地抛弃那些不合格的网站。也就是说,能让访客停留并再次访问的网站必须能创造足够价值并刺激体验。这意味着,企业必须持续更新自己的网站以保持时尚、新鲜和有用。一位专家建议,为了吸引新的访客和鼓励再次访问,网络营销应当重视网站设计的 7C 原则:

①背(context):网站布局和设计。

②内容(context):网站包含的文字、图片、声音和视频。

③社区(community):网站使用者之间的沟通方式。

④定制化(customization):为不同使用者提供量身定制的网站或允许使用者个性化转化其网页的能力。

⑤沟通(communication):网站提供的"网站到使用者""使用者到网站",或双向沟通的方式。

⑥联系(connection):网站被其他网站链接的程度。

⑦商业(commerce):网站进行商业交易的能力。

为了吸引访客的再次访问,企业需要围绕另一个"C"——持续更新(constant change)。

一个网站至少应当方便使用,外观专业以及形式上具有吸引力。但是,网站最终还必须是有用的。对于网上冲浪和网上购物,大多数人重视网站实际内容而非网站样式,重视网站功能而非华丽的外表。因此,有效的网站应当包括深入和有用的信息、帮助购买者发现和评估感兴趣的产品的互动工具、与其他相关网站的链接、不断更新的促销优惠和令人愉悦的娱乐特征。

3)网络广告

网络广告是常用的网络营销方法之一,主要价值表现在品牌推广、网站推广、销售促进、在线调研、顾客关系及信息发布六个方面。网络广告策略既可以独立采用,也可以与其他网络营销方法相结合,网络广告是网络营销内容体系中不可缺少的组成部分。网络广告涉及的内容非常广泛,如网络广告设计、网络媒体投放策略、网络广告效果监测等。网络广告本身自成体系,是网络营销中一个相对完整的分支。

下面以表格形式对比介绍各种网络广告的形式及其特点,见表 11-1。

表 11-1　主要网络广告的形式及其特点

形式	网络广告的作用及特点
展示性广告	在网页上以静态湖综合超链接的方式展示企业广告内容或者企业形象等的网络广告形式。该广告形式是出现形式最早、互联网最传统而且多年来一直具有较高市场份额的网络广告形式,其作用主要在于提升企业品牌形象和企业品牌知名度
赞助式广告	赞助式广告的形式多种多样,如内容赞助、节目赞助、节日赞助以及活动赞助等。该广告形式主要是为了提升企业形象或者扩大产品知名度
分类广告	分类广告一般都放置在专业的分类广告网站或者综合性网站开设的相关频道或栏目,主要借助平台的大流量吸引更多访客关注企业。由于分类广告按照主题分类,访客可以自主选择感兴趣的主题,因此不容易使访客在心理上产生排斥心理
引导式广告	在 IAB(美国交互广告署——每一季度及每一年度都会发布美国网络广告市场的收入规模和各种网络形式所占份额)的统计中,主要指广告服务商向广告客户提供与广告客户相关的客户购物查询要求或者消费者的信息(如地理位置、联系方式以及行为方式)。这部分网络广告收入一般以消费者的行动如消费者应用、浏览、参与(如抽奖)或者注册作为广告客户支付广告服务商费用的依据。该广告形式对投资回报率 ROI 的企业比较有吸引力
邮件广告	利用企业的客户电子邮件资源或者第三方电子邮件列表,将各种形式的广告以直接发送广告邮件或者将广告内容搭载进新闻邮件、订阅期刊或者软件升级等形式发送给邮件所属人。该广告形式针对性较强,费用低廉,广告内容可以个性化定制
富媒体广告	富媒体并不是一种具体的媒体形式,而是指具有动画、声音、视频或交互性的信息传播方法,包括下列常见形式之一或者几种的组合:流媒体、声音、Flash,以及 Java、JavaScript、DHTML 等程序设计语言。富媒体可应用于各种网络服务中,如网站设计、电子邮件、BANNER、BUTTON、弹出式广告、插播式广告等。富媒体在多样性和互动性等方面也有显著优势。因此,富媒体广告的点击率明显比其他网络广告形式的点击率高
搜索引擎广告	在 IAB 的统计中,搜索引擎广告包括关键词广告和网站优化两个方面的内容。由于搜索引擎广告是在客户进行搜索行为时依据客户的个性化搜索需求显示的网络广告,不仅广告的针对性显著而且广告转化率也相对其他网络广告形式明显,因此,被业界认为是性价比较高的网络广告形式之一。近年来,该网络广告形式一直占据网络广告市场的主要地位

续表

形式	网络广告的作用及特点
数字视频广告	数字视频广告采用数码技术将广告以视频的形式展现在互联网上,可以是在网页上投放的视频广告,也可以是在网络视频分享网站等多种流媒体上投放的视频广告。该广告具有表现形式新颖且感官冲击力强、内容丰富、互动性强、实时信息更新快等优点,不仅带给客户记忆深刻的新奇体验,还可显著提高客户的眼球吸引力和心理占有率

随着互联网应用模式及用户上网行为的演变,网络广告的形式也不断地发展变化,应用于社会化网络及无线设备的新型网络广告模式将不断涌现,如多种形式的微博广告、在线百科、微信广告、手机客户端广告、移动网络广告等。

4) E-mail 营销

E-mail 营销是最早的网络营销方式之一,尽管电子邮件的使用率受到即时信息及微博等互联网服务的影响,但到目前为止,E-mail 营销仍然是网络营销信息传递的有效方式之一,也是常用的顾客服务手段之一。

按照发送信息是否事先经过用户许可来划分,E-mail 营销可分为许可 E-mail 营销(Permission E-mail Marketing, PEM)和未经许可的 E-mail 营销(Unsolicited Commercial Marketing, UCE)。未经许可的 E-mail 营销也就是通常所说的垃圾邮件,正规的 E-mail 营销都是基于用户许可的。本书所讲的 E-mail 营销指许可 E-mail 营销。

E-mail 营销是在用户事先许可的前提下,通过电子邮件的方式向目标用户传递有价值信息的一种网络营销手段。E-mail 营销强调三个基本因素:基于用户许可、通过电子邮件传递信息、信息对用户是有价值的。三个因素缺少一个,都不能称为有效的 E-mail 营销。

开展 E-mail 营销的基础之一是拥有潜在用户的 E-mail 地址资源。这些资源可以是企业内部所有(内部列表),也可以是合作伙伴或者专业服务商所拥有(外部列表),因此E-mail 营销的重要内容之一就是用户邮件地址资源的获取好而有效管理及应用。

在 E-mail 营销活动中,内部列表和外部列表 E-mail 营销过程也存在一定的差异,表11-2 对两种列表 E-mail 营销过程进行了简单比较。

表 11-2 内部列表和外部列表 E-mail 营销过程的比较

E-mail 营销的阶段	内部列表 E-mail 营销	外部列表 E-mail 营销
(1) 确定 E-mail 营销目的	需要在网站规划阶段制订,主要包括邮件列表的类型、目标用户、功能等内容。一旦确定,具有相对稳定性	在营销策略需要时确定营销活动目的、期望目标。每次 E-mail 营销活动的目的、内容、形式、规模等可能各不相同

续表

E-mail 营销的阶段	内部列表 E-mail 营销	外部列表 E-mail 营销
(2)建设或者选择邮件列表技术平台	邮件列表的主要功能需要在网站建设阶段完成,或者在必要的时候为网站增加邮件列表功能,也可以选择第三方的邮件列表发行平台	不需要企业自己建设和维护邮件发行系统,由服务商提供
(3)获取用户 E-mail 营销地址资源	通过各种推广手段,吸引尽可能多的用户加入列表。邮件列表用户 E-mail 地址属于企业的营销资源,发送邮件不需要额外支付费用	不需要自己建立用户资源,而是通过选择合适的 E-mail 营销服务商,在服务商的用户资源中按照一定条件选择潜在用户列表。一般来说,每次发送邮件均需向服务商支付费用
(4)E-mail 营销的内容设计	在总体方针的指导下设计每期邮件的内容,一般为营销人员的长期工作	根据每次 E-mail 营销活动需要制作邮件内容,或者委托专业服务商制作
(5)邮件内容发送	利用自己的邮件发送系统(或者选定的第三方发行系统),根据设定的邮件列表发行周期按时发送	由服务商根据服务协议发送邮件
(6)E-mail 营销效果跟踪评价	自行跟踪分析 E-mail 营销效果,可以定期进行	由服务商提供专门的分析报告,可以是在邮件发送后实时在线查询,也可能是一次活动结束后统一提供监测报告

5)微博营销

【案例 11-2】

《后会无期》:国民岳父韩寒教你做营销

导演韩寒的处女作《后会无期》在零点首映场取得 410 万元票房,首映日票房为 7 650 万元,最终票房超 6 亿元。

制造大事件:2014 年 1 月 31 日,韩寒在微博上发布了一张小野的照片,有网友在回复中称韩寒为"岳父大人",韩寒将该条回复转发到微博上,"国民岳父"的美名自此迅速走红。阿信、冯绍峰等明星也竞相在微博上称韩寒为岳父,有人还开辟了"国民岳父韩寒"的微博话题,该话题的讨论量也超过 10 万,阅读量则达到 121 万。

依仗高人气:《后会无期》的 3 支 MV 中,《平凡之路》最为成功,它的发布同时宣告了朴树的复出。朴树和韩寒联手复活了千万 80 后关于青春的记忆。这两位青年领袖成为引发热烈讨论的网络事件,该 MV 转发量最终突破 40 万,而这首歌也登上了当天虾米、腾讯网的音乐排行榜榜首。

社会化网络营销(SNS 营销)是利用社会化网络进行营销信息传递和交互的一种网络营

销方法,其核心是通过人的社会关系网络资源的扩展,实现信息分享和传播,实际上这是一种网络口碑营销与传统信息发布方式相结合的综合网络营销模式。

在所有 SNS 网络营销模式中,微博营销是发展最快、应用最广的模式之一。微博营销的构建模式比较简单,主要是利用影响力较大的公共微博平台实现企业信息传播及交互。但是微博营销的表现形式灵活多样,使得微博比博客更容易体现"营销在博客之外"的社会化营销思想。

常见的微博账户形式有以下几种:

(1)企业官方微博

官方微博是最基本的企业微博形式,即以企业官方信息发布的方式运营的企业微博。现在大多数网站及知名企业都开设了自己的官方微博,如当当网、携程旅行网、联想、海尔等。

(2)企业分支机构及职能部门微博

每一个部门、每一个产品、每一个网站、每一个品牌都可以开设自己的专属微博,这些在大企业中已经普遍采用,如中国电信客服、中国电信广东客服等。

(3)企业领导人微博

有影响力的企业领导人微博,对企业微博营销具有十分重要的意义。像王石、任志强这样的地产大亨,只要随便发几条消息,即使没有提及企业的任何消息,其网络营销价值也不可低估。

(4)企业员工微博

每个员工都可以有自己的微博,甚至可以有多个微博账户,如工作微博账户、个人生活与社交微博账户等。尽管员工微博账户的影响力无法与企业领导人相比,但由于多个员工的群体联动优势,仍然是微博营销不可忽视的重要力量。

(5)行业资讯微博

以发布行业资讯为主要内容的微博,往往可以吸引众多用户的关注,类似于通过电子邮件订阅的电子刊物(邮件列表)或者 RSS 订阅之类的,微博内容成为营销载体,订阅用户的数量决定了行业资讯微博的网络营销价值。

一般来说,微博营销包括以下六个基本步骤:

①选择用户数量大、有影响力、集中了目标用户群体的微博平台,在此平台开设企业微博账号,获得发布信息的基本资格。

②完善微博账户设置,体现企业基本信息,让访问者通过微博简介等信息了解企业基本信息并产生信任感,如品牌名称、核心产品、独特优势、与品牌相关的个性 URL 等。

③获得尽可能多的关注者(有些微博平台可能称之为粉丝、听众等),关注者的数量越多,企业微博信息获得关注和传播的机会越大,当然这不是一朝一夕之功,需要与微博内容建设一样付出长期不懈的努力。

④微博信息源创作及发布。与企业网站和博客的内容创建一样,有价值的微博内容是微博受到用户关注的基础,这是一项持久的、连续的工作,保持微博的持续更新以及用户关

注是微博营销的基本功。

⑤充分利用微博平台的各种网络推广机会营造企业微博营销环境,如关注并参与各种热点活动、发起各种活动与微博用户进行互动等,都有利于进一步扩大微博的影响力并不断积累更多的用户资源。

⑥将病毒式营销原理应用于微博活动中,通过微博用户网络资源放大微博传播效应,如获得影响力较大的用户转发、引发多数用户的共鸣而自愿转发等。

一个人发几条微博并不难,难的是长期坚持不懈地将微博当作互动营销工具持续地运转,浅尝辄止无法体现微博营销的价值。相对于一般规模的企业网站,企业微博的运营难度可能更高,因为要保持信息的实效性和微博运营人员的互动性等,这需要付出更多的精力。

6)移动营销和微信营销

(1)移动营销

在我国互联网的发展过程中,PC 互联网已日趋饱和,移动互联网却呈现井喷式发展。截至 2014 年 4 月,我国移动互联网用户总数达 8.48 亿户,在移动电话用户中的渗透率达 67.8%;手机网民规模达 5 亿,占总网民数的八成多,手机保持第一大上网终端地位。随着 4G 技术的不断完善,给移动商务带来新的发展机遇的同时,也为移动营销的发展提供了更好的保障。

美国移动营销协会(American Mobile Marketing Association,MMA)对"移动营销"的定义是:利用无线通信媒介作为传播内容进行沟通的主要渠道所进行的跨媒介营销。移动营销的目的主要是增大品牌知名度、收集客户资料数据库、增大客户参加活动或者拜访店面的机会、改进客户信任度和增加企业收入。

移动营销(Mobile Marketing)也称无线营销,是一种新型的关系营销,指面向移动终端(手机或平板电脑)用户,在移动终端上直接向分众目标受众定向和精确地传递个性化即时信息,通过与消费者的信息互动达到市场营销目标的行为。

移动营销是在强大的云端服务支持下,利用移动终端获取云端营销内容,达到"一对一"的互动营销目的。移动营销是互联网营销的一部分,它融合了现代网络经济中的"网络营销"(Online Marketing)和"数据库营销"(Database Marketing)理论,是各种营销方法中最具潜力的部分。移动营销包括多种形式,例如,短信营销(Short Message Service)、彩铃、彩信、声讯、流媒体、基于 App 的营销、移动搜索、蓝牙/红外线、移动游戏等。

一般来说,移动营销在实施过程中需要注意的问题有以下 3 个方面:

①制作富有创意的 App。与消费者沟通最有效的方式之一是进驻用户桌面,企业可以制作富有创意的手机客户端,通过广告平台等渠道进行曝光,让用户下载并且持续使用。

②充分发挥移动设备的互动、分享功能。移动设备的一大特性是随时随地可以进行互动和分享,消费者一旦认可广告方案,就会主动地分享给好友。广告主达到病毒式营销和口碑营销的目的。

③让用户获得真正的实惠。在参与营销的过程中获得真正的实惠,才会更好地激发用户互动、分享的欲望。以天翼院线通为例,用户使用院线通订购电影票,不仅以优惠的价格

购票,还可以免去排队购票的麻烦,甚至能够使用 App 选择座位。

7) 微信营销

【案例 11-3】

小米客服营销策略方案

新媒体营销策略方案怎么会少得了小米的身影?"9:100 万"的粉丝管理模式,据了解,小米手机的微信账号后台客服人员有 9 名,这 9 名员工的工作是每天回复 100 万粉丝的留言。

每天早上,当 9 名小米微信运营工作人员在电脑上打开小米手机的微信账号后台,看到后台用户的留言,他们一天的工作也就开始了。其实小米自己开发的微信后台可以自动抓取关键词回复,但小米微信客服人员还是会进行一对一的回复,小米正是通过这样的方式大大地提升了用户的品牌忠诚度。相较于在微信上开个淘宝店,对于类似小米这样的品牌微信用户来说,做客服显然比卖掉一两部手机更让人期待。

当然,除了提升用户的忠诚度,微信做客服也给小米带来了实实在在的收益。前小米营销教父黎万强表示,微信同样使小米的营销策略方案、CRM 成本开始降低,过去小米做活动通常会群发短信,100 万条短信发出去,就是 4 万元钱的成本,微信做客服的作用可见一斑。

《2015—2020 年中国移动互联网商业模式发展趋势与创新策略分析报告》数据显示,在最新的全球大型社交平台排名中,腾讯公司旗下 QQ、QQ 空间和微信进入前五名。

近年来,微信在中国市场的发展速度远超 QQ 及 QQ 空间,微信凭借 4.38 亿月活跃用户,成为全球第五大社交网络平台,位居脸谱旗下同类应用 WhatsApp 之后(活跃账户 6 亿)。据悉,近一半的微信用户来自其兄弟软件 QQ。2014 年 11 月,世界大型社交平台排名情况如图 11-1 所示。

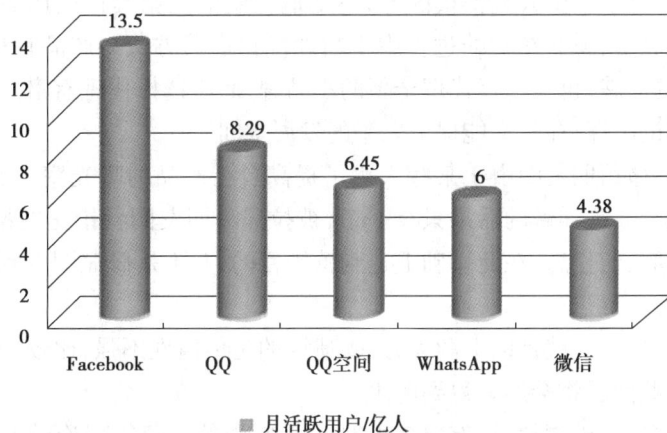

■ 月活跃用户/亿人

图 11-1 2014 年 11 月世界大型社交平台排名情况

(资料来源:前瞻产业研究院)

微信营销主要分为两个方面:一是微信公众平台,二是朋友圈营销。

微信公众号倾向于企业,用来做品牌和推广,维护老客户,吸引粉丝从而发掘新客户。朋友圈营销倾向于个人,现在许多中小卖家也在研究,用来向朋友卖货,通过"熟人"关系的购买率十分高,也被称为"熟人经济"。

(1)微信公众平台运营技巧

①公众号定位。微信公众号运营,定位就是一个账号运营方向,运营方向也决定着一个账号吸引来的用户群体。因此,第一步"定位"很重要。比如我的公众号是做"微营销"方面的公众号,那么来关注我的用户肯定是对这方面感兴趣的。那么这一部分人就是我要针对的用户,就是我要营销的对象。

②提供价值内容。现在做运营讲究内容为王,用户之所以关注你,是因为在你这里能得到他想要的价值内容。用户才是营销的基础,所以做好内容很关键。

③推送内容如何选择。首先,推送的内容要与账号运营内容搭边。就像刚才说的,我是做"微营销"方面的公众号运营,却推送一些与"微营销"完全无关的内容,用户从你这里获取不到想要的内容,自然就会取消关注。其次,避免推送内容含有太多的广告。有许多微信公众号运营者为了赚钱把广告植入到推送内容中,偶尔几次用户还不会反感,多了就会让人反胃。最后,切勿推送原创性低、没多大价值的文章。大家都知道,如今网络上的东西,基本上都在互相抄袭,大多数千篇一律。而且用户关注的其他公众号说不定就有与你推送内容重复的公众号,用户这时就会考虑二者选其一,可能把你取消关注。

④通过优惠活动来提高转化率。吸引粉丝的目的是创造更大的价值,实现营销目的。这时需要一个切入点,那就是"优惠活动",通过开展一些能给用户带来优惠或者利益的互动活动,引导用户到线下实体店进行消费,从而达到营销的最终目的。

(2)微信营销技巧

①产品定位。如果你想通过朋友圈卖货,那么你必须明确你的卖品针对什么样的消费群体,如何根据这些消费群体的需求来提供产品。

②如何选择产品。不少人觉得很困惑,不知道在微信究竟卖什么产品好。其实卖什么不重要,关键是怎么卖,怎么在卖的过程中不断地优化运营方式。产品宜精不宜多,既不选择代理已经成熟的品牌,也不选择代理全新的小品牌,而应选择代理有潜力和发展空间的品牌,既能保证现有的生存空间,又能保证未来的发展空间。

③营销有度。微信朋友圈由于某些人为了提高自己产品的曝光率,无节制地推送产品信息,严重骚扰用户。这样做的后果只有一个,被拉黑!朋友圈营销是"熟人社交经济",需要建立人与人之间的信任感,在此基础上达到营销目的,并不是修完图发到朋友圈就畅通无阻了。

微信营销的主要方式就是以上两大方面,遗憾的是传播性不强,比较"封闭性"。随着未来微信的开放,这些问题将会逐渐得到解决。

没有理论的事实是模糊的,没有事实的理论是空洞的。营销理论的变迁是以市场环境的变化为背景的,手机媒体的出现,体现了社会生活的发展与进步。随着微信时代的到来,营销理论将继续发展变化。以第五媒体——手机为基础的移动营销理论的出现,随着市场实践的不断丰富,移动营销理论体系必将随之建立。

11.2.4　网络营销策略

尽管网络营销具有很强的竞争优势,但并不是每个公司都适合进行网络营销,公司能否实施网络营销要考虑公司的业务需求、目标规模、顾客购买状况、技术支持等。开展网络营销仍以 4PS 为主体,即 product、price、place、promotion,同时贯彻 4CS 思想,即 consumer needs and wants、cost、convenience、communication。

1) 网络营销产品策略

网络营销是在网上虚拟市场开展的。在网络时代,个性化消费成为主流,市场主导地位从企业转向了消费者,企业面临着日益上升的开发、生产和营销费用。为此,首先应对网络营销的展品和服务进行定位。要通过网络市场调研充分了解消费者的需求,让顾客全程参与产品的开发过程。网络营销的产品和服务应尽量信息化和标准化,并充分利用互联网具有的双向沟通特性进行定制营销,使顾客通过互联网在企业的引导下对产品和服务进行选择、设计。

2) 定价策略

在网络营销中,由于企业生产成本降低,流通环节减少,价格竞争较为激烈,消费者会在网上广泛搜集信息,货比多家,从而使网上产品价格趋于较低水平。为此,首先应以消费者能接受的成本定价。先由顾客给出能接受的价格,然后由企业根据该成本组织生产和销售;其次议价将是企业产品定价最常见的方式。价格取决于产品对用户的价值,合理的价格表现为较低的价位,周到的服务和技术支持。

3) 渠道策略

网络营销最大的革命在渠道方面,网上销售渠道就是借助互联网将产品从生产者转移到消费者的中间环节,起点是制造商,终点是消费者和用户。一个完善的网络营销渠道应由订货系统、供货网络、生产网络和分销网络组成。消费者通过企业的订货系统发出订单,然后经供货系统输入原材料,再经生产网络加工生产,由分销网络将产品送达消费者,最后由服务网络解决售后服务问题。

4) 促销策略

在网络促销策略中最具创造性的方式是网络广告,它不同于报纸、杂志、电视这类传统广告媒体,它将产品的特点、功能、价格等信息放在网络上,由消费者在需要时进行查询。网络广告信息呈现立体化和多方位化,丰富多彩。网络广告改变了传播者与接受者之间的关系,由原来的单向交流转化为双向互动的信息交流。另外,如打折、优惠、推行会员制等传统促销策略也适用于网络促销,通过建立链接、发送电子邮件、发布新闻等方式来宣传网络营销站点,树立企业网上品牌形象,实现网络营销目标。

本章小结

现代市场营销的发展和变革建立在当前社会生产力高度发达、社会财富日益丰富、人民生活水平显著提高的基础上。美国营销大师唐·舒尔茨称当前的市场为"21世纪市场"。21世纪的市场是消费者统治的市场,是互动以及不断发展的。但我们现在的市场营销和营销方法还是按历史市场来设计的,我们的营销观念还存在诸多与新经济不相适应的方面。应该看到,当前一个时期以至未来,营销领域的发展变化无不要求我们必须适应社会、适应市场,才能迎合客户需求,从而最大限度地谋求利润,企业才能长期持续地健康发展。这也是国内外专家、学者和亲历者们的一致诉求。

【思考与练习】

1. 简述绿色营销的主要特点。
2. 知识营销的内涵是什么?
3. 关系营销应处理好哪些关系?
4. 简述网络营销的几种常用方法。

【应用题】

分别登录一个新闻网站、一个企业网站、一个专题网站,罗列不同网站上的营销信息,分析它们之间的不同及合理性。

【案例分析】

耐力运动器材公司材料

耐力运动器材有限公司(以下简称"耐力公司")是一家以生产、销售、出口运动健身器材为主营业务的中小公司,其主要产品是折叠式家用健身器材,可以帮助都市人摆脱时间紧张、居室狭小、预算不足等诸多约束,随时实现家中健身运动,达到健康、健美、长寿和精神放松的目的。

随着互联网的飞速发展,耐力公司的经营决策者敏锐地意识到互联网蕴藏着无穷的商机,投资建立了公司网站并运用搜索引擎、BBS论坛等网络营销工具开展网络营销,以扩大产品的市场影响力和市场覆盖范围。但公司网站访问量甚微,甚至有客户反映难以通过搜索引擎找到公司网站,公司对此非常不解。

此外,耐力公司经过多年经营已经积累了大量客户资源。这些客户使用的产品有许多已经到了使用年限。公司为了更好地服务新老顾客,策划了"以旧换新""买二赠一"等活动。如何把这些信息准确及时地送达相应的客户也成为困扰公司的一大难题。

【案例思考】

1.该公司可以选择哪些搜索引擎关键词以提高网站访问率?

2.该公司如何运用邮件列表开展营销活动?

3.该公司如何不断吸引新客户加入邮件列表?

【营销实训】

技能训练:网络信息搜集训练

【实训目标】

(1)认识利用网络信息的必要性,了解信息搜集的主要用途;

(2)掌握使用搜索引擎搜索特定信息的方法;

(3)掌握利用网络搜索结果完成实际任务的技巧。

实训内容:通过网络搜索相关信息资料,写一篇介绍网络营销的成功案例。

实训准备:学生事先了解使用互联网的基本知识,了解网络的登录设置,网上不同格式的特点及下载方法;教师给学生准备必要的网络基础知识,确定完成任务的要求。

【实训流程】

(1)登录互联网并选择搜索工具;

(2)搜索网络营销相关信息;

(3)通过不同搜索渠道搜索有关网络营销的信息;

(4)选择下载相关资料并建立专门文件夹存储;

(5)利用下载资料撰写案例并提交。

社群成就小米奇迹

2010年4月6日,小米科技公司正式成立。2012年初,正式迈进智能手机行业,创建了以智能手机、软件、硬件、互联网信息技术为主要产品,以及相关产品配件暨周边产品生态链条。小米公司仅用了5年时间就实现了品牌价值暴涨180倍,取得了举世瞩目的惊人成就。在2014年12月,小米手机的销量在国内手机市场超越了销量排行榜的冠、亚军苹果与三星,在手机市场成了全球领先的智能手机制造企业。2016年小米公司市场估值高达520亿美元,登顶价值最高的新创公司行列,当之无愧地成为市场上成长最为迅猛的公司之一。

在"社群商业"热火朝天的今天,小米公司创造了社群经济的奇迹。公司成立之初,小米就聚集了一批忠实的发烧友,小米产品和他们紧密地绑在了一起。从小米的社群化运营中,我们能窥知怎样的商业逻辑?

让用户高度参与

当初做MIUI时,雷军曾要求团队不花一分钱,将用户做到100万。那时,前小米营销教父黎万强只能将目光瞄准论坛,找人注册了上百个账号,到各大手机论坛灌水发消息。最终,他挑选了100位种子用户,这群人便是早期MIUI设计和研发的参与者。众所周知,小米诞生之初就是"为发烧友而生"的。小米公司的早期投资人、晨兴资本的刘芹曾说过,十多年来,晨兴资本的投资主题一直都是:寻找中国消费方式变迁和互联网技术创新带来的变革的结合点。小米最符合这一点。如今,消费者已经不再关注产品的功能和技术,而是热衷于更深层次的情感需求。正如"罗辑思维"创始人罗振宇所说:"工业时代承载的是产品的具体功能,而互联网时代承载的是趣味和情感。"发烧友这个群体,对于小米意味着什么? 他们不仅高度参与产品的改进和测试,还是小米手机的第一批用户和传播者。多重身份,让这群人成为小米手机的第一批种子用户。几年来,这一群体不断扩大。为了激发用户的参与感,小米甚至冒着很大的风险,成立了针对发烧友的"荣誉开发组",让他们试用未发布的开发版,甚至参与绝密产品的开发。

"全渠道"用户运营

2014年,依靠100位种子用户起家,至今小米论坛上的注册人数已经超过3 000万。数量如此庞大的用户群,小米是如何运营的呢? 2014年,小米社区举办了18场"爆米花会",1 000多场民间同城会活动。同样在这一年里,"米粉"组建了312个同城会,72组公益活动,全国的成员数达90万,小米社区总帖数破2.2亿。忠实的手机用户、粉丝、手机发烧友、购机意见领袖,构成了小米的用户群。针对不同的用户群,小米通过线上线下的各种平台将他们聚合在一起。小米的线上平台,有MIUI论坛、小米论坛、小米网。其中:MIUI论坛用于MIUI信息发布,以及用户的线下活动发布和MIUI系统的交流;小米论坛包括各种主题的论坛板块,是线下组织同城会以及"爆米花"活动的组织交流发布平台;小米网主要提供手机以及周边产品的销售,同时也作为前两者的入口。在线下,小米通过官方物资支持、民间志愿组织等形式,建立了三种组织:一是MIUI俱乐部,以市为单位成立,粉丝志愿申请成为部长,定期组织活动,小米负责提供物资支持。二是小米同城会,同样以市为单位成立,但规模更大,线下活动更大众化。三是小米爆米花,是由小米官方组织的大型线下活动,包括抽奖、游戏、才艺、互动等形式,连小米的合伙人都参与其中。

小米为什么能够有效地组织起来这些社群? 事实上,这也是很多效仿者想学却做不到的。第一,合伙人的高度参与。在很多活动上,小米的合伙人会和米粉一起狂欢。比如:在2014年爆米花年度盛典上,为了兑现前一年的承诺,小米总裁林斌身穿肉色肌肉男外套围绕舞台疯狂地"裸奔"了一圈。同时,所有合伙人身穿彩色西装,大跳《小苹果》。而传统企业的高管能做到这些吗? 第二,给予米粉荣誉感。在每年爆米花年度盛典上,米粉都会成为主角。米粉从全国各地聚集,展示自己的才艺。每年,小米还会评选出一年中表现最活跃的米粉,被称为 MIBOY、MIGIRL。第三,让米粉管理米粉。前小米营销教父黎万强曾在《参与感》中写道:让用户去帮助和管理用户,官方团队反而要在背后辅助核心用户团队。以小米校园俱乐部为例,俱乐部部长诞生于各大高校,他们主要负责产品体验、品牌建设、定期组织线上线下活动。优秀的部长还能获得专属校园组长身份与聘书,甚至可以享有到小米实习及工作的机会。

雷军称:小米的核心战略包括三大核心业务和"连接一切"。核心业务是手机、电视和智能家居。"连接一切"是指小米计划未来投资入股 100 家硬件公司,向其开放品牌和流量,以覆盖更多智能硬件领域。正如润米咨询董事长、《"互联网+"(小米案例版)》一书作者刘润所评价的那样,用户主权时代已经到来。在小米,用户实现了产品的深度参与,从而打造出高性价比的产品,是用户主权时代尊重用户的基本点,也是小米快速发展的基石。

(资料来源:谢丹丹.社群成就小米奇迹[J].中外管理,2015(6):44-45.)

【思考与讨论】

1.小米公司为什么能够创造社群营销奇迹?

2.社群管理应注意哪些问题?

3.结合案例,简析社群营销的流程。

4.在消费者权益日渐增强的情况下,企业如何引导、吸引更多的消费者?

5.小米公司社群营销的成功,为其他企业提供了哪些启示?

【案例讨论】

宜家家居的国际营销

瑞典宜家(IKEA)是 20 世纪少有的几个令人炫目的商业奇迹之一,自 1943 年从一点"可怜"的文具邮购业务开始,不到 60 年的时间发展到全球共有 180 家连锁商店、分布在 42个国家、雇用 7 万多名员工的企业航母,成为全球最大的家居用品零售商,还赢得了Interbrand 发布的 TOP100 全球最有价值品牌中排名第 44 位的殊誉。

"宜家的市场策略是为中国人提供廉价的家居解决方案。"这是宜家在中国市场的营销目标。在今天的宜家店里,代表降价商品的黄色标识正在增多。宜家在中国新策略的核心,是通过产品与成本——也就是更多、更好、更便宜的商品赢得中国市场份额的增加。为了调动中国百姓的口味,宜家正加速推出新产品,即更多简单实用的新产品。据不完全统计,宜家保持着 15% 的产品更新率。宜家采取的策略是非常稳健的,先进行精品、高档的形象铺垫,然后进行循序渐进的价格滑落,这使顾客始终感觉宜家产品的价格不太高,同时又让顾客觉得不是便宜货,保持着"有价值的低价格"的策略点。为了获得足够的访问量,宜家家居店需设在交通便利繁华的地区,并具备一定规模。

宜家与众不同之处在于它所经营的家具不是成品,而是出售家具组件,顾客可以拿起特殊的工具,设计自己喜欢的家具,这对自主设计成风的欧美市场来说,是一种独创的销售方式。早在1985年,宜家便成功地打入了美国市场,当时是在费城郊区开设第一家门店,欧美消费者认为自己动手组装中意的家具是一种享受,所以,在弗吉尼亚州的宜家门店开业仅1年左右,销售额就达到4 000万美元。

"全球化营销"和"当地化营销"是成功的跨国公司并行不悖的原则。我们面临着一个被科特勒博士称为"双枝营销"的时代,而且还会持续很久。宜家家居在中国市场的成功除了倡导自主设计这种对国人来说比较新奇的销售方式外,更加凸显的是宜家所独有的个性和颇具人文关怀的经营理念:更美好的日常生活。宜家旨在提供种类繁多、美观实用、老百姓买得起的家居用品。

【思考与讨论】

1.宜家提出的"市场策略是为中国人提供廉价的家居解决方案",您认为是否符合中国市场的需求状况?

2.宜家推行自我设计的销售模式,是否意味着这是一种高成本的销售模式?

3.在全球化时代,企业如何处理好"全球化营销"和"当地化营销"的关系?

参考文献

[1] 许以洪，李双玫，石梦菊. 市场营销学[M]. 3 版. 北京：机械工业出版社，2016.

[2] 郝文艺，于兰婷. 市场营销学[M]. 北京：高等教育出版社，2020.

[3] 吴健安，聂元昆. 市场营销学[M]. 6 版. 北京：高等教育出版社，2017.

[4] 钱旭潮. 市场营销管理：需求的创造和传递[M]. 北京：机械工业出版社，2005.

[5] 颜军梅，彭光辉. 市场营销学[M]. 南京：南京大学出版社，2014.

[6] 郑艳群，杜春丽，涂洪波. 市场营销学[M]. 上海：上海财经大学出版社，2013.

[7] 菲利普·科特勒，加里·阿姆斯特朗. 市场营销原理[M]. 北京：中国人民大学出版社，2010.

[8] 郭国庆. 市场营销学通论[M]. 4 版. 北京：中国人民大学出版社，2011.

[9] 吴健安. 市场营销学[M]. 4 版. 北京：清华大学出版社，2010.

[10] 甘碧群. 国际市场营销学[M]. 北京：高等教育出版社，2006.

[11] 庄贵军. 营销管理[M]. 北京：中国人民大学出版社，2011.

[12] 伍应环，刘秀. 市场营销理论与实务[M]. 北京：北京理工大学出版社，2019.

[13] 王月辉，杜向荣，冯艳. 市场营销学[M]. 北京：北京理工大学出版社，2017.